Die gemeinsame Verhandlung

# Schriften zum Strafrecht und Strafprozeßrecht

Herausgegeben von Manfred Maiwald
und Carsten Momsen

Band 113

PETER LANG
Frankfurt am Main · Berlin · Bern · Bruxelles · New York · Oxford · Wien

Lena Witzmann

# Die gemeinsame Verhandlung

## Eine Untersuchung des Öffentlichkeitsgrundsatzes, des Opportunitätsprinzips, des Anwesenheitsrechts und des Fairnessgrundsatzes im verbundenen Verfahren

PETER LANG
Internationaler Verlag der Wissenschaften

**Bibliografische Information der Deutschen Nationalbibliothek**
Die Deutsche Nationalbibliothek verzeichnet diese Publikation in der Deutschen Nationalbibliografie; detaillierte bibliografische Daten sind im Internet über http://dnb.d-nb.de abrufbar.

Zugl.: Hannover, Univ., Diss., 2012

D 89
ISSN 0938-6181
ISBN 978-3-631-63972-6

Internationaler Verlag der Wissenschaften
Frankfurt am Main 2012


www.peterlang.de

Meinen Eltern

# Vorwort

Die vorliegende Arbeit wurde im Juli 2012 von der Juristischen Fakultät der Gottfried Wilhelm Leibniz Universität Hannover als Dissertation angenommen.

Gedankt sei zunächst meinem Doktorvater Herrn Prof. Dr. Carsten Momsen für die hervorragende Betreuung während der Entstehung der Arbeit von deren Themenauswahl bis zu ihrem Abschluss.

Ebenso danke ich Herrn Prof. Dr. Bernd-Dieter Meier für die zügige Erstellung des Zweitgutachtens.

Danken möchte ich des Weiteren Herrn Dr. Dominic Schwer für seine stete Hilfsbereitschaft sowie den großartigen Lehrstuhlangehörigen von Prof. Dr. Carsten Momsen.

Ein besonderer Dank gebührt meinen Eltern, deren liebevolle Unterstützung und deren Zuspruch mir immer gewiss waren. Sie haben mich stets uneingeschränkt gefördert.

Meinen Brüdern danke ich für ihre Ermunterung und auch dafür, dass sie mich in schwierigen Phasen geerdet haben.

Schließlich danke ich meinem Verlobten Michael Kraus, dessen Liebe mich trägt.

Berlin, August 2012 *Lena Witzmann*

# Inhaltsverzeichnis

# 1 Einleitung und Zielsetzung

Bei einem ersten, flüchtigen Blick könnte man bei Betrachtung des Strafprozessrechts zu dem Schluss gelangen, die besondere Einrichtung von Jugendgerichten begründe eine (ausschließliche) Zuständigkeit dieser Gerichte für jugendliche Delinquenten, während die allgemeinen Strafgerichte den erwachsenen Angeklagten vorbehalten bleiben. Doch befasst man sich nur ein wenig näher mit dem Jugendstrafrecht, so wird schnell klar, dass diese Aufteilung nur einen Teil der denkbaren Zuständigkeiten der jeweiligen Gerichte widerspiegelt.

Verfahren gegen Jugendliche und Heranwachsende können statt vor dem Jugendstrafgericht auch vor dem allgemeinen Strafgericht verhandelt werden, wenn die Voraussetzungen des §§ 102, 103 Abs. 2 S. 2 und 3 JGG erfüllt sind. Auf der anderen Seite werden Mittäter einer Straftat unter Umständen und nach Maßgabe des § 103 Abs. 1 JGG bzw. der allgemeinen Vorschriften vor dem gleichen Gericht angeklagt, auch wenn sie zur Tatzeit unterschiedlichen Altersgruppen angehörten. Bei Beteiligung eines Jugendlichen oder Heranwachsenden ist hierfür entsprechend § 103 Abs. 2 S. 1 JGG regelmäßig ein Jugendgericht zuständig. Welches Jugendgericht sachlich für das verbundene Verfahren zuständig ist, ergibt sich schließlich aus den §§ 39 Abs. 1 S. 2, 41 Abs. 1 Nr. 3 JGG.[1]

Ratio der gemeinsamen Verhandlung von Angeklagten unterschiedlicher Altersgruppen vor demselben Gericht ist zum einen der Gedanke der Prozessökonomie[2], zugleich soll eine möglichst geringe Belastung der jungen Delinquenten durch das Strafverfahren bewirkt werden.[3]

Gleichzeitig führt eine solche Verfahrensverbindung aber auch zu Reibungspunkten unterschiedlicher Prinzipien aus dem allgemeinen Strafrecht und dem Jugendstrafrecht, welche sich gegenseitig beeinflussen und einschränken können.

Ansatz dieser Arbeit soll das Hervorheben und Bezeichnen der sich aus der gemeinsamen Verhandlung von Angeklagten verschiedener Altersgruppen ergebenden Konflikte sein. Der Fokus wird dabei auf den Verfahrensgrundsätzen der Öffentlichkeit, der Opportunität, des Anwesenheitsrechts sowie dem Fairnessgebot liegen.

---

1 Siehe *Kost*, Verbindung und Trennung von Strafverfahren, S. 213.

2 *Eisenberg*, JGG, § 103 Rdnr. 10a.

3 *Ostendorf*, JGG, § 103 Rdnr. 5.

Insgesamt soll eine „doppelte Perspektive“ eingenommen werde: die Problematik sowohl aus Sicht der jugendlichen bzw. heranwachsenden wie auch der erwachsenen Angeklagten. Bislang wurde in der juristischen Literatur vorwiegend die Sicht der Jugendlichen gewählt und die Auswirkungen der gemeinsamen Verhandlung auf die für sie geltenden Prinzipien des Jugendstrafrechts erörtert, wobei die gesetzliche Ausgestaltung der gemeinsamen Verhandlung mehr erläutert denn hinterfragt wurde.

Der normative Gesetzessinn der die gemeinsame Verhandlung regelnden Normen soll in dieser Arbeit analysiert und die Frage aufgeworfen werden, ob die praktische Ausgestaltung der gemeinsamen Verhandlung dieser normativen Gesetzesintention gerecht wird oder nicht viel mehr hinter ihren eigenen Ansprüchen zurück bleibt.

Schließlich sollen Reformansätze aufgezeigt werden, mit Hilfe derer der vorgegebenen Zielsetzung noch umfangreicher entsprochen werden kann.

# 2 Problemaufriss

Der Thematik dieser Arbeit wohnt aufgrund der zahlreichen denkbaren Anwendungsfälle im Justizalltag sowie einiger medienträchtiger Prozesse, welche die gewaltsamen Übergriffe von jugendlichen und heranwachsender Mittätern auf Passanten behandelten, eine ausgesprochene Aktualität inne (vgl. beispielsweise das Urteil der Jugendkammer des Landgerichts München I gegen einen zur Tatzeit 18-Jährigen, auf den Jugendstrafrecht angewandt wurde und der zu neun Jahren und sechs Monaten Jugendstrafe verurteilt wurde, sowie seinen zur Tatzeit 17-jährigen Mittäter wegen Mordes[4] oder das Urteil der gleichen Jugendkammer des Landgerichts München I gegen einen zum Tatzeitpunkt 20-Jährigen, auf den das allgemeine Strafrecht Anwendung fand und der zu zwölf Jahren Freiheitsstrafe verurteilt wurde, sowie seinen zur Tatzeit 17-jährigen Mittäter wegen versuchten Mordes[5]). Beispielsweise im Rahmen der Bandenkriminalität finden sich vor den Jugendstrafgerichten häufig Konstellationen, in welchen Verfahren gegen Jugendliche und Nichtjugendliche gleichzeitig vor dem gleichen Gericht verhandelt werden (vgl. z.B. das Verfahren gegen 9 Angeklagte wegen schweren Raubes vor dem LG Berlin).[6]

Bei derartigen gemeinschaftlich begangenen Straftaten von Tätern, die nur wenige Jahre oder gar nur einige Monate Altersunterschied aufweisen, kann u.U. auch auf den heranwachsenden Angeklagten Jugendstrafrecht angewandt werden. Aufgrund seines Status als Heranwachsender ist in einer solchen Verhandlung die Öffentlichkeit gemäß § 48 Abs. 3 S. 1 JGG zugelassen. Es ist eine Ermessensentscheidung des Gerichts erforderlich, um die Öffentlichkeit für diese Verhandlung auszuschließen, wenn dies nämlich im Interesse des Heranwachsenden geboten erscheint. Würde der Jugendliche ohne den Heranwachsenden angeklagt, so wäre die Verhandlung nach § 48 Abs. 1 JGG stets und ohne Ausnahmemöglichkeit nichtöffentlich.

---

4 Verfahren wegen des Todes von Dominik Brunner, LG München I, Urt. v. 06.09.2010 – JKLs 122 Js 11947/09 (unveröffentlicht).

5 Verfahren wegen eines gewaltsamen Überfalls auf einen Rentner auf einem U-Bahnhof, LG München I, Urt. v. 07.07.2008 – JKLs 122 Js 125/07 (unveröffentlicht).

6 Die sog. Machetenbande umfasste 9 Bandenmitglieder im Alter von 17 bis 22 Jahre und überfiel im Frühjahr 2011 mehrere Spielcasinos, LG Berlin, Urt. v. 22.12.2011 – 538–54/11 (unveröffentlicht).

Dieses Beispiel zeigt, dass eine Reihe von Fragen im Hinblick auf einzelne Verfahrensgrundsätze durch die gleichzeitige Verhandlung von Angeklagten unterschiedlicher Altersstufen aufgeworfen wird, die jeweils einer Entscheidung seitens des zuständigen Gerichts bedürfen. Selbstverständlich kommt zahlreichen Prinzipien des allgemeinen Strafrechts auch im Rahmen des Jugendstrafrechts ohne jedwede Einschränkung Geltung zu, da dieses zwar als „Sonderstrafrecht“[7] für jugendliche Delinquenten verstanden wird, es aber nicht separat neben dem allgemeinen Strafrecht steht, sondern vielmehr auf diesem aufbaut. Dennoch kann dort, wo das Gericht individuelle Fragen zu beantworten hat und eine Persönlichkeitserforschung des jungen Angeklagten erforderlich ist, die jeweilige gerichtliche Entscheidung für den betreffenden Angeklagten mit erheblichen Konsequenzen verbunden sein.

Es stellt sich die Frage, ob bereits durch die – de lege lata – erforderliche Entscheidung von Fall zu Fall, welchem der Prinzipien des allgemeinen und des Jugendstrafrechts Vorrang einzuräumen ist, eine einheitliche Rechtspraxis entsprechend dem Gesetzeszweck erreicht werden kann oder ob nicht viel eher durch Modifikationen der Gesetzeslage – de lege ferenda – eine einheitliche Rechtspraxis herbeigeführt werden kann und muss.

---

7 *Streng*, Jugendstrafrecht, S. 8.

# 3 Bedeutung und Anwendbarkeit des Jugendstrafrechts

Um die sich aus der gleichzeitigen Verhandlung von Angeklagten verschiedener Altersstufen ergebenden Konfliktfelder zu beleuchten und zu verstehen, ist es erforderlich, die Besonderheit des Jugendstrafrechts im Vergleich zum allgemeinen Strafrecht zu erfassen. Erst das Verständnis, was das Wesen des Jugendstrafrechts ausmacht und aus welcher Motivation heraus es erlassen wurde, ermöglicht einen kritischen Blick auf diejenigen Verhandlungskonstellationen, in welchen die Besonderheiten des Jugendstrafrechts mit Grundsätzen des allgemeinen Strafrechts in Konflikt treten. Erst auf Grundlage dieser Erkenntnisse lässt sich eine Analyse der gemeinsamen Verhandlung durchführen, welche die Frage beantwortet, ob die Gesetzesausgestaltung den normativen Zielsetzungen der Vorschriften gerecht wird.

Es stellt sich somit zunächst die Frage, weshalb überhaupt ein spezielles Jugendstrafrecht existiert und für wen es gedacht ist.

Daher soll im Folgenden zunächst zu diesen Fragen Stellung genommen werden.

## 3.1 Begriffsbestimmungen

Die gemeinsame Verhandlung wird in der juristischen Literatur sowie der einschlägigen Diskussion zuweilen als „gemischtes Verfahren" bezeichnet[8], wobei hierunter das Verfahren nach § 103 Abs. 1 JGG zu verstehen ist. Nachfolgend wird indes ausschließlich von *gemeinsamer Verhandlung* oder *verbundenem Verfahren* gesprochen werden, worunter zum einen eben jene Verfahrensverbindung von Strafsachen gegen Jugendliche und Erwachsene fällt, gleichzeitig aber auch die nach allgemeinem Verfahrensrecht verbundenen Strafsachen gegen Jugendliche und Heranwachsende. Eine genauere Unterscheidung zwischen den am Verfahren Beteiligten erfolgt jeweils in den zu behandelnden Abschnitten.

Ist nachfolgend von der „Verhandlung" die Rede, so ist hiermit die Hauptverhandlung gemeint. Unter dem „Strafverfahren" ist das Verfahren im engeren

8 Vgl. u.a. *Siegismund*, FS-Rieß, S. 858.

Sinne zu verstehen, also das Erkenntnisverfahren ohne Strafvollstreckung oder Strafvollzug.

Wie aus der bisherigen Erläuterung erkennbar, lassen sich drei strafprozessual relevante Altersgruppen unterscheiden:

Auf die Gruppe der *Jugendlichen*, zu denen gemäß § 1 Abs. 2 JGG gehört, wer zur Zeit der Tat vierzehn, aber noch nicht achtzehn Jahre alt ist, finden die Sondervorschriften des Jugendgerichtsgesetzes umfassend Anwendung. Das allgemeine Prozessrecht gilt gemäß § 2 Abs. 2 JGG nur, soweit im Jugendgerichtsgesetz nichts anderes bestimmt ist.

Zur Gruppe der *Heranwachsenden* zählt gemäß § 1 Abs. 2 JGG, wer zur Zeit der Tat das achtzehnte, aber noch nicht das einundzwanzigste Lebensjahr vollendet hat. Auf Heranwachsende findet grundsätzlich das allgemeine Strafprozessrecht Anwendung, soweit das Jugendgerichtsgesetz keine Abweichungen vorsieht. Im Rahmen dieser abweichenden Bestimmungen wird der Heranwachsende gleich einem Jugendlichen behandelt. § 109 Abs. 1 JGG verweist auf die anzuwendenden Normen des Jugendgerichtsgesetzes, wobei die Unterschiede zum Verfahren gegen einen Erwachsenen nicht von grundlegender Natur sind.[9]

Wird durch das Gericht gemäß § 105 Abs. 1 JGG indes positiv festgestellt, dass „(…) Nr. 1 die Gesamtwürdigung der Persönlichkeit des Täters bei Berücksichtigung auch der Umweltbedingungen ergibt, daß er zur Zeit der Tat nach seiner sittlichen und geistigen Entwicklung noch einem Jugendlichen gleichstand, oder Nr. 2 es sich nach der Art, den Umständen oder den Beweggründen der Tat um eine Jugendverfehlung handelt", so finden auch die in dieser Norm aufgelisteten Vorschriften des Jugendgerichtsgesetzes auf den Heranwachsenden Anwendung. In diesem Falle erweitert § 109 Abs. 2 JGG den Kreis der entsprechend auf den Heranwachsenden anzuwendenden Vorschriften also nochmals, wodurch die prozessuale Ausgestaltung des Verfahrens gegen den Heranwachsenden dem Verfahren gegen einen Jugendlichen angenähert wird.[10]

Bei der Einschätzung und Beurteilung, ob ein Fall des § 105 Abs. 1 JGG vorliegt, ist die Unterstützung durch die Jugendgerichtshilfe gemäß § 38 JGG heranzuziehen. Insgesamt muss das Gericht alle vorliegenden Erkenntnisquellen beachten, um sich ein möglichst umfassendes Bild von der Persönlichkeit des Heranwachsenden zu machen. Auch dessen Selbsteinschätzung ist – unter Beachtung des möglichen Anerkenntnisbedürfnisses, als Erwachsener angesehen zu werden, wie auch dem möglichen Wissen um eine Besserstellung bei einer jugendstrafrechtlichen Sanktionierung – zu berücksichtigen.[11] Das Gericht ent-

9 *Mohr*, Jugendliche, Heranwachsende und Erwachsene gemeinsam vor dem Strafgericht, S. 7.

10 *Mohr*, Jugendliche, Heranwachsende und Erwachsene gemeinsam vor dem Strafgericht, S. 7.

11 Vgl. *Ostendorf*, JGG, § 105 Rdnr. 21.

scheidet alleine auf Grund des Ergebnisses der Hauptverhandlung, in welche die oben genannten Erkenntnisquellen eingeführt werden können (und müssen).[12]

Als *Erwachsener* gilt schließlich jede Person, die zur Zeit der Tat das einundzwanzigste Lebensjahr vollendet hat. Auf Erwachsene werden ausschließlich die allgemeinen Verfahrensvorschriften der Strafprozessordnung angewandt.

## 3.2 Allgemeiner Überblick über die historische Entwicklung des Jugendstrafrechts

Der Ursprung des Jugendstrafrechts heutiger Fassung liegt bereits im ausgehenden 19. Jahrhundert begründet. Ein Jugendstrafrecht im engeren Sinne des Wortes existierte zwar noch nicht, jedoch wurden einige Regelungen im Rahmen des allgemeinen Strafrechts sowie im Fürsorge- und Vormundschaftsrecht speziell für Kinder und Jugendliche geschaffen, ebenso ein Verfahren der bedingten Begnadigung.[13] Mit dem Reichsstrafgesetzbuch von 1871 wurden reichseinheitliche Regelungen über die strafrechtliche Behandlung von Kindern und Jugendlichen getroffen.[14] So galt als Kind, wer das zwölfte Lebensjahr noch nicht vollendet hatte,[15] als Jugendlicher hingegen, wer bereits das zwölfte, nicht aber das achtzehnte Lebensjahr vollendet hatte.[16] Auf Kinder fand das Gesetz keine Anwendung. Eine weitergehende Unterscheidung erfolgte nicht, so dass für die Gruppe der jungen Erwachsenen jenseits des achtzehnten Lebensjahrs keine speziellen Regelungen bestanden.

Eine entscheidende Prägung erhielt das heutige Jugendstrafrecht durch das 1. Reichsjugendgerichtsgesetz vom 16.02.1923, in welchem der Anwendungsbereich des Gesetzes gemäß § 2 auf Jugendliche von der Vollendung des vierzehnten bis zur Vollendung des achtzehnten Lebensjahrs festgelegt wurde.[17] Anlass für die Schaffung eines solchen Jugendstrafrechts war – neben den politischen Veränderungen infolge des 1. Weltkrieges[18] – die durch sozialpsychologische Erkenntnisse gewonnene Einsicht, dass die Entwicklung des Menschen vom Kind zum Erwachsenen die strafrechtliche Frage aufwirft, in welchem Umfang in diesem Alter bereits von Verantwortlichkeit für das eigene Handeln ausge-

12 Vgl. *Eisenberg*, JGG, § 105 Rdnr. 12, nach dem Vorentscheidungen ein wichtiges Indiz für die Beurteilung des Entwicklungsstandes sein können; a.A. *Ostendorf*, JGG, § 105 Rdnr. 20.

13 *Fritsch*, Die jugendstrafrechtliche Reformbewegung (1871–1923), S. 1.

14 *Fritsch*, Die jugendstrafrechtliche Reformbewegung (1871–1923), S. 4.

15 § 55 Absatz 1 Reichsstrafgesetzbuch (RGBl. 1876, S. 50).

16 § 55 Absatz 1 Reichsstrafgesetzbuch (RGBl. 1876, S. 50).

17 RGBl. I 1923, S. 135.

18 *Rössner*, in: Grundfragen, S. 344.

gangen werden kann. Denn Voraussetzung einer Bestrafung für begangenes Unrecht ist Schuld und Schuld setzt Vorwerfbarkeit voraus. Von Vorwerfbarkeit kann aber nur dort gesprochen werden, wo der Delinquent sich für ein rechtmäßiges Verhalten hätte entscheiden können[19], denn bestraft soll nur werden, wer eine strafrechtliche Verhaltensnorm in schuldhafter, d.h. ihm als Person von der Gemeinschaft vorwerfbarer Weise verletzt hat.[20] Dies wiederum setzt die ausreichende Entwicklung der geistigen Fähigkeiten und der sittlichen Reife[21] des Jugendlichen voraus. Hierunter wird etwa das Erlernen des gesellschaftlich Norm- und Wertesystems verstanden.[22] Die sittliche Entwicklungsreife muss im Wertebewusstsein verankert sein, damit der Jugendliche auch in seiner Gefühlswelt zwischen Recht und Unrecht unterscheiden kann.[23] Alleine die Feststellung der positiven Kenntnis der Normen genügt indes nicht, um sittliche Reife anzunehmen. Der Jugendliche muss viel mehr auch in der Lage sein, entsprechend dieser Einsicht zu handeln. Diese Steuerungsfähigkeit kann etwa dann fehlen, wenn unterschiedliche Impulse und Antriebsgründe auf den Jugendlichen einwirken und der Impuls des rechtstreuen Verhaltens vom Jugendlichen nicht als der stärkste empfunden wird.[24]

Im Rahmen des Reichsjugendgerichtsgesetzes von 1923 wurde aus diesen Erkenntnissen die Notwendigkeit des Absehens von Strafe gefolgert, wenn erzieherische Eingriffe genügten.[25] Hierbei musste die Einsichts- und Handlungsfähigkeit nach § 3 RJGG 1923 positiv festgestellt werden[26]. Als Rechtsfolgen wurden für jugendliche Straftäter zwar noch ausschließlich die Sanktionen des Erwachsenenstrafrechts vorgesehen, diese konnten jedoch nach § 9 RJJG 1923 gemildert werden.[27] Zudem sah § 10 RJGG 1923 die Möglichkeit der Aussetzung einer Freiheitsstrafe zur Bewährung vor.[28]

Eine bedeutsame Neuerung wurde in die §§ 5 und 7 RJGG 1923 aufgenommen, wonach individuell durch die Gerichte geprüft werden musste, ob bei dem jugendlichen Straftäter eine Bestrafung erforderlich war, oder ob nicht Erziehungsmaßregeln als ausreichend betrachtet werden konnten. Hierunter wurden namentlich Verwarnung, Überweisung in die „Zucht“ eines Erziehungsberechtig-

---

19 Vgl. BGHSt 2,194 (200).

20 *Momsen*, Der rechtliche Rahmen für die Verschiebung der Altersgrenzen im Jugendstrafrecht, ZJJ 2005, S. 181.

21 Vgl. BGHSt 2,194 (200).

22 Vgl. *Kaiser*, in: KKW, S. 172.

23 *Ostendorf*, JGG, § 3 Rdnr. 6.

24 Vgl. *Streng*, Jugendstrafrecht, S. 32.

25 Vgl. *Streng*, Jugendstrafrecht, S. 15.

26 RGBl. I 1923, S. 135.

27 RGBl. I 1923, S. 136.

28 RGBl. I 1923, S. 136.

ten oder der Schule, Auferlegung besonderer Pflichten, Unterbringung, Schutzaufsicht oder Fürsorgeerziehung verstanden.[29] Das Gericht konnte nach § 5 Abs. 2 des Reichsjugendgerichtsgesetzes zudem Erziehungsmaßregeln anordnen, selbst wenn bei dem Jugendlichen ein persönlicher Strafausschließungsgrund nach § 3 des RJGG 1923 vorlag.[30] Das Leitmotiv war nunmehr „Erziehen, nicht strafen“[31], wodurch eine spezialpräventive Wirkung erhofft wurde.

Die Altersgruppe der Heranwachsenden war im JGG von 1923 noch nicht verankert.

Die Reformen, die das Jugendgerichtsgesetz während der nationalsozialistischen Herrschaft und schließlich mit der Fassung des RJGG von 1943[32] erfuhr, waren stark von der Ideologie der damaligen Zeit gefärbt[33] und sollten unter anderem dazu dienen, die Jugendlichen für die Gemeinschaft zu gewinnen.[34] Es galt fortan die Formel „Erziehung durch Strafe“.[35]

Die Altersstufen waren nicht mehr strikt definiert, das Alter der strafrechtlichen Verantwortlichkeit konnte von Fall zu Fall von vierzehn auf zwölf Jahre gesenkt werden, „*wenn der Schutz des Volkes wegen der Schwere der Verfehlung eine strafrechtliche Ahndung fordert(e)*“ (§ 3 Abs. 2 S. 2 RJGG 1943).[36] Das Jugendstrafrecht war demnach auf Jugendliche (bzw. Kinder) vom zwölften bis zum achtzehnten Lebensjahr anwendbar. Heranwachsende wurden nicht als spezielle Gruppe behandelt, so dass ab dem achtzehnten Lebensjahr das allgemeine Strafrecht zur Anwendung kam. Zudem konnten gemäß § 20 Abs. 1 RJGG 1943 Jugendliche auch nach allgemeinem Strafrecht behandelt werden, wenn festgestellt wurde, dass der Jugendliche zur Zeit der Tat sittlich und geistig so entwickelt war, dass er einem über achtzehn Jahre alten Täter gleichzustellen war und „*das gesunde Volksempfinden es wegen der besonders verwerflichen Gesinnung des Täters und wegen der Schwere der Tat fordert(e)*“. Aber auch, wenn die Gleichstellung bei dem Jugendlichen nicht aufgrund dieser Norm hergestellt werden konnte, gelangte man nach Absatz 2 gleichwohl zur Anwendung des allgemeinen Strafrecht, wenn „*die Gesamtwürdigung seiner Persönlichkeit und seiner Tat ergibt, dass er ein charakterlich abartiger Schwerverbrecher ist und der Schutz des Volkes diese Behandlung fordert*“.[37] Mit der Anwendung des

29 *Fritsch*, Die jugendstrafrechtliche Reformbewegung (1871–1923), S. 162 f.

30 *Fritsch*, Die jugendstrafrechtliche Reformbewegung (1871–1923), S. 162.

31 *Kaiser*, in: Erziehung und Strafe, S. 62.

32 Verordnung vom 06.11.1943, RGBl. I 1943, S. 635 ff.

33 *Laubenthal/Baier/Nestler*, Jugendstrafrecht, Rdnr. 30.

34 *Budelmann*, Jugendstrafrecht für Erwachsene?, S. 13.

35 *Rössner*, in: Grundfragen, S. 345.

36 RGBl. I 1943, S. 639

37 RGBl. I 1943, S. 641.

Erwachsenenstrafrechts konnte dann auch die Todesstrafe gegen einen jugendlichen Delinquenten verhängt werden.

Als neue Sanktionsart wurden die Zuchtmittel deklariert. Per Verordnung wurde bereits 1940[38] zur Vermeidung der als schädlich erachteten kurzen Freiheitsstrafe zudem der Jugendarrest eingeführt, welcher an das Ehrgefühl des jungen Täters appellieren sollte. Der Jugendarrest wurde drei Jahre später als schwerstes Zuchtmittel in § 8 RJGG 1943[39] aufgenommen. Als weitere Neuerung wurde in § 4 Abs. 2 Var. 2 RJGG 1943 die Jugendstrafe wegen schädlicher Neigung eingeführt. Die Aussetzung der Strafe zur Bewährung wurde wieder abgeschafft.

Es ergaben sich somit die auch heute noch geltenden Reaktionsmöglichkeiten auf jugendliche Straftaten in Form von Strafe, Zuchtmittel und Erziehungsmaßregeln. Die zeitliche Untergrenze der Verhängung von Jugendstrafe wurde auf drei Monate festgelegt (§ 5 Abs. 1 RJGG 1943), die Höchstgrenze betrug zehn Jahre. Der Strafrahmen des allgemeinen Strafrechts verlor insoweit an Bedeutung.[40]

Als Indiz für die nationalsozialistische Prägung des Reichsjugendgerichtsgesetzes von 1943 sei noch auf § 1 Abs. 2 RJGG 1943[41] hingewiesen, wonach das RJGG 1943 nur partiell, nämlich für Verfehlungen deutscher Jugendlicher sowie in sinngemäßer Anwendung für „artverwandte" Jugendliche Geltung beanspruchen sollte.[42]

Eine dritte Station in der Entwicklung des Jugendstrafrechts markiert das Jahr 1953. Mit dem am 04.08.1953 erlassenen Jugendgerichtsgesetz[43] wurde das Jugendstrafrecht größtenteils vom nationalsozialistischen Gedankengut bereinigt.[44] Als absolute Strafmündigkeitsgrenze bestimmte § 1 Abs. 3 JGG 1953 die Vollendung des vierzehnten Lebensjahrs und es wurde erstmals die Gruppe der Heranwachsenden (vom achtzehnten bis zur Vollendung des einundzwanzigsten Lebensjahrs, § 1 Abs. 2 JGG 1953) mit in das Jugendstrafrecht einbezogen (§§ 105 ff. JGG 1953). Diese Altersstufen wurden bis zur heutigen Fassung beibehalten.

Auch fand die Jugendstrafe zur Bewährung – nunmehr mit obligatorischer Unterstützung einer Bewährungshilfe – wieder Berücksichtigung (§§ 27 ff. JGG 1953).

---

38 RGBl. I 1940, S. 1336.

39 RGBl. I 1943, S. 640.

40 *Laubenthal/Baier/Nestler*, Jugendstrafrecht, Rdnr. 31.

41 RGBl. I 1943, S. 639.

42 *Laubenthal/Baier/Nestler*, Jugendstrafrecht, Rdnr. 32.

43 BGBl. I 1953, S. 751.

44 *Ostendorf*, Jugendstrafrecht, Rdnr. 17.

Mit § 43 JGG 1953 zu Beginn des Abschnitts „Jugendstrafverfahren“ legte der Gesetzgeber zudem den Fokus auf die Persönlichkeitserforschung des jugendlichen Delinquenten als wesentliches Element des Jugendstrafverfahrens. Hierzu bedienten sich die Gerichte fortan der Jugendgerichtshilfe, welche einen ermittelnden, berichtenden, beratenden, überwachenden sowie betreuenden Aufgabenbereich ausfüllt.[45]

Laut der Begründung zum Entwurf des Änderungsgesetzes zum Jugendgerichtsgesetz von 1953 sollte das Jugendgerichtsgesetz von 1923 mit seinem Erziehungsgedanken die Basis des neuen Gesetzes sein.[46]

Das Erste Gesetz zur Änderung des Jugendgerichtsgesetzes (1. JGGÄndG) vom 30.08.1990[47] stellt eine weitere Stufe in der Entwicklung des Jugendstrafrechts zu seiner heutigen Form dar. Durch dieses Gesetz wurden die sog. ambulanten Maßnahmen wie Täter-Opfer-Ausgleich, sozialer Trainingskurs und Betreuungsweisung eingeführt (§ 10 Abs. 1 S. 3 Nrn. 5, 6 und 7 JGG). Zudem erfuhren die Möglichkeiten der Staatsanwaltschaft und des Gerichts, das Verfahren durch §§ 45, 47 JGG einzustellen, eine Erweiterung.

Das 2. JGGÄndG vom 13.12.2007[48] führte schließlich zur Einführung des in der heutigen Fassung wesentlichen § 2 Abs. 1 JGG, wodurch sich der Gesetzgeber erstmals ausdrücklich zum Erziehungsgedanken im Jugendstrafrecht bekannte (hierzu sogleich).

## 3.3 Jugendstrafrecht und Erziehung

### 3.3.1 Zielsetzung des Jugendstrafrechts

In der Literatur wurde der Erziehungscharakter des Jugendstrafrechts (oftmals unter dem sehr umstrittenen Schlagwort „Erziehungsstrafrecht“) beständig diskutiert und als dessen Zweck gerade nicht die „Erziehung“ der jugendlichen Delinquenten im rein pädagogischen Sinne, sondern eine jugendgemäße Individualprävention bzw. Legalbewährung proklamiert.[49]

Gleichwohl herrschte weitgehend Einigkeit darüber, dass das vom BGH in ständiger Rechtsprechung deklarierte „Primat der Erziehung“, welches als „Basis

---

45 *Klier/Brehmer/Zinke*, Jugendhilfe in Strafverfahren – Jugendgerichtshilfe, S. 158 ff.

46 Begründung zum Entwurf des Gesetzes zur Änderung des Reichsjugendgerichtsgesetzes, Verhandlung des deutschen Bundestages, BT-Drucks. 1/3264, S. 35 ff.

47 BGBl. I 1990, S. 1853.

48 BGBl. I 2007, S. 2894.

49 Etwa *Laubenthal/Baier/Nestler*, Jugendstrafrecht, Rdnr. 5 ff. und *Brunner/Dölling*, JGG, Einf. II, Rdnr. 6.

aller Regelungen im Jugendstrafrecht"[50] anerkannt ist, den vorrangigen Grundsatz des Jugendstrafrechts darstellt.[51]

Dass Legalbewährung und Erziehung hierbei im Verhältnis Ziel-Mittel stehen, ergibt sich seit Einführung der Norm nunmehr ausdrücklich aus Teleologie, Systematik und Wortlaut des § 2 Abs. 1 JGG, wo es in S. 1 heißt: *„Die Anwendung des Jugendstrafrechts soll vor allem erneuten Straftaten eines Jugendlichen oder Heranwachsenden entgegenwirken"* (= Individualprävention bzw. Legalbewährung als Ziel) und in S. 2 anschließend: *„Um dieses Ziel zu erreichen, sind die Rechtsfolgen, und unter Beachtung des elterlichen Erziehungsrechts auch das Verfahren vorrangig am Erziehungsgedanken auszurichten"* (= Erziehung als Mittel).

*Goerdeler* bezeichnet den erst seit dem 1. Januar 2008 geltenden § 2 Abs. 1 JGG als „Zieldefinition des Jugendstrafrechts".[52] Hiernach soll sichergestellt sein, dass kriminologische, pädagogische, jugendpsychologische und andere fachliche Erkenntnisse im Verfahren besondere Beachtung finden.[53]

Im Hinblick auf die Beachtung des Erziehungsgedankens im Rahmen der Rechtsfolgen wird daher etwa in § 5 Abs. 1 und Abs. 2 JGG angeordnet, dass Erziehungsmaßregeln Vorrang vor Zuchtmitteln und Jugendstrafe haben. § 18 Abs. 2 JGG bestimmt zudem, dass auch eine zu verhängende Jugendstrafe so zu bemessen ist, dass eine erforderliche erzieherische Einwirkung möglich ist.

### 3.3.2 Der Begriff der „Erziehung"

Trotz des häufigen Gebrauchs des Begriffes „Erziehung" wird dieser im Jugendgerichtsgesetz an keiner Stelle definiert. Fraglich und viel diskutiert ist somit, was unter diesem auslegungsfähigen und auslegungsbedürftigen Erziehungsbegriff zu verstehen ist.

An dem in § 2 Abs. 1 S. 1 JGG ausgelobten Ziel der jugendgemäßen Individualprävention orientiert, kann Erziehung als das Bemühen betrachtet werden, dem Jugendlichen den „richtigen Weg" zu weisen und durch Erlernen der gesellschaftlichen und sozialen Normen sein Rechtsbewusstsein zu fördern, um künf-

---

50 U.a. BGHSt 36, 42.

51 Etwa *Brunner/Dölling*, JGG, Einf. II, Rdnr. 4 oder *Pieplow*, Beiträge zur Erziehung, S. 56; *Nowak*, Zur Zulässigkeit einer Verständigung, JR 2010, S. 250.

52 *Goerdeler*, Das „Ziel der Anwendung des Jugendstrafrechts", ZJJ 2008, S. 137; ebenso *Eisenberg*, JGG, § 2 Rdnr. 2.

53 *Laubenthal/Baier/Nestler*, Jugendstrafrecht, Rdnr. 4.

tig ein Leben ohne Straftaten zu bestreiten.[54] Diese Interpretation der Erziehung als Wertevermittlung[55] oder Werteverinnerlichung[56] zum Zwecke der Legalbewährung bleibt in ihrer konkreten Ausgestaltung und Reichweite zwar noch immer diffus, stellt aber zumindest einen Ansatzpunkt für die jugendstrafrechtliche Praxis dar, von welchem aus agiert werden kann.

Wie im Einzelfall eine Wertevermittlung erfolgen soll, hängt stets von den individuellen Defiziten des jungen Delinquenten sowie dem jeweiligen Erkenntnisstand von Kriminologie und Sozialpädagogik ab[57]. Bestrebungen, zu einem zeitlos gültigen Erziehungsbegriff zu gelangen, gehen daher fehl.[58] Es kann jedoch festgehalten werden, dass jedwede Maßnahme im Rahmen des Jugendstrafprozesses daran gemessen werden kann und muss, ob sie vorrangig der positiven Individualprävention dient und somit geeignet ist, eine Wertevermittlung und schließlich die Legalbewährung zu fördern.[59]

Die erzieherische Einwirkung des Staates auf strafrechtlich auffällig gewordene junge Menschen beschränkt sich nicht nur auf die Gruppe der Jugendlichen. Auch auf Heranwachsende, die als Volljährige nicht mehr dem Erziehungsrecht ihrer Eltern unterstehen, kann der Staat kriminalitätsvorbeugend einwirken. Dies darf jedoch nicht der „Besserung" des Heranwachsenden dienen, sondern viel mehr dem strafrechtlichen „Schutz der Allgemeinheit" sowie dem „Schutze des Betroffenen" selbst.[60] Darüber hinaus ist auch gegenüber einem Heranwachsenden der subsidiäre Erziehungsauftrag des Staates gerechtfertigt. Denn laut BVerfG erlischt lediglich das elterliche Erziehungsrecht mit der Volljährigkeit, wohingegen das staatliche Erziehungsrecht zeitlich bis zur Vollendung des 21. Lebensjahrs fortdauert.[61]

Bei der Entwicklung vom Kind zum Jugendlichen und schließlich zum Heranwachsenden ist keinesfalls von einer kontinuierlichen Abnahme des Erzie-

---

54 *Mohr*, Jugendliche, Heranwachsende und Erwachsene gemeinsam vor dem Strafgericht, S. 17 sowie *Ostendorf*, Jugendstrafrecht, II Rdnr. 50a; ebenso *Momsen*, der Erziehung im genannten Sinne als Erziehung zur altersbezogenen Schuldfähigkeit beschreibt, *Momsen*, Der rechtliche Rahmen für die Verschiebung der Altersgrenzen im Jugendstrafrecht, ZJJ 2005, S. 182 f.

55 *Budelmann*, Jugendstrafrecht für Erwachsene?, S. 26.

56 So *Schlüchter*, Wider die Entwurzelung des Strafrechts, ZRP 1992, S. 393.

57 *Brunner/Dölling*, JGG, Einf. II, Rdnr. 6.

58 Vgl. *Walter*, Beiträge zur Erziehung, S. 71.

59 Vgl. *Ostendorf*, JGG, § 2 Rdnr. 5.

60 Vgl. BVerfGE 22, 180 (219).

61 Vgl. BVerfGE 74, 102 (125) sowie *Brunner/Dölling*, JGG, Einf II Rdnr. 11a.

hungbedürfnisses auszugehen, ebenso wenig vom generellen Vorliegen eines Erziehungsdefizits bei den jüngeren Altersgruppen.[62]

### 3.3.3 Nebenziele des Jugendstrafrechts

Neben dem Hauptanliegen der Individualprävention werden noch weitere Nebenziele im Jugendstrafrecht verfolgt. Die Zulässigkeit solcher Nebenziele resultiert bereits aus dem Wortlaut des § 2 Abs. 1 JGG, demgemäß die Anwendung von Jugendstrafrecht „*vor allem*“ erneuten Straftaten eines Jugendlichen oder Heranwachsenden entgegenwirken soll.[63] Ausgerichtet ist diese Formulierung insbesondere auf die Gedanken des Schuldausgleichs und der Sühne, wobei sich aus ihr auch eine Hierarchie der Strafzwecke zugunsten der Individualprävention ergibt.[64]

Die Formulierung erklärt sich zudem im Hinblick auf die Erkenntnis, dass nicht bei jedem jugendlichen Delinquenten ein Erziehungsdefizit besteht und eine erzieherische Einflussnahme daher nicht immer erforderlich ist.[65] Ohnehin kann ein Großteil der jugendlichen Straftaten als entwicklungsbedingt bezeichnet werden. Dem größten Teil der jugendlichen Straftaten kommt Episodencharakter zu.[66]

Aber auch das Jugendstrafrecht bleibt zunächst Strafrecht und ist somit unweigerlich mit strafrechtlichen Sanktionen verbunden, mögen diese Repressionen auch jugendadäquat ausgestaltet sein.[67] Demnach wohnt auch dem Jugendstrafrecht durchaus der Gedanke des Schuldausgleichs für das begangene

62 Hierfür spricht bereits der „episodenhafte“ Charakter von Jugendkriminalität in der Biographie der Täter, *Diemer*, in: D/S/S, JGG, § 45 Rdnr. 4; in diesem Sinne auch *Sonnen,* in: D/S/S, JGG, § 2 Rdnr. 1; siehe sogleich.

63 *Ostendorf*, JGG, § 2 Rdnr. 2

64 Goerdeler, Das „Ziel der Anwendung des Jugendstrafrechts“, ZJJ 2008, S. 137.

65 *Sonnen,* in: D/S/S, JGG, § 2 Rdnr. 1.

66 So *Ostendorf*, Das deutsche Jugendstrafrecht – zwischen Erziehung und Repression, StV 1998, S. 298 sowie als offiziell-politische Bewertung die Antwort der Bundesregierung vom 23.07.1997 auf die Große Anfrage der SPD-Bundestagsfraktion „Jugendstrafrecht und Präventionsstrategien“: „*Überwiegend wird Jugenddelinquenz als Probierverhalten mit episodenhaften Charakter bewertet, das sich nach der Adoleszenzphase meist nicht in Erwachsenenkriminalität fortsetzt, wie die mit höherem Alter stark sinkenden Tatverdächtigungs-Belastungszahlen zeigen*“, BT-Drucks. 13/8284, S. 4; *Zieger*, Verteidigung in Jugendstrafsachen, Rdnr. 1 ff.

67 *Ostendorf*, Das deutsche Jugendstrafrecht – zwischen Erziehung und Repression, StV 1998, S. 302.

Unrecht inne.[68] Wie im allgemeinen Strafrecht ist es auch Funktion des Jugendstrafrechts, die Werte und Normen der Gesellschaft zu bestätigen und den Rechtsfrieden zu verteidigen.[69] Als Beispiel für das Sühne- und Vergeltungsbedürfnis des Jugendstrafrechts wird häufig die Verhängung von Jugendstrafe nach § 17 Abs. 2, 2. Alt. JGG „*wegen der Schwere der Schuld*" herangezogen.[70]

Grundsätzlich unzulässig ist das Nebenziel der Abschreckung anderer potentieller Straftäter als negative Generalprävention.[71]

---

68 *Ostendorf*, Das deutsche Jugendstrafrecht – zwischen Erziehung und Repression, StV 1998, S. 302 f.

69 *Streng*, Jugendstrafrecht, Rdnr. 16.

70 *Ostendorf*, JGG, § 2 Rdnr. 3; *Streng*, Die Jugendstrafe wegen „schädlicher Neigungen", GA 1984, S. 150.

71 BT-Drucks. 16/6293, S. 10.

# 4 Die gesetzlichen Voraussetzungen der gemeinsamen Verhandlung

Im nachfolgenden Abschnitt sollen nunmehr die gesetzlichen Voraussetzungen der gemeinsamen Verhandlung und damit der Ausgangspunkt der diskutierten Konfliktbereiche dargestellt werden.

Maßgeblich für die Betrachtung ist § 103 JGG, der die Voraussetzungen der sachlichen Verbindung von Strafsachen gegen Jugendliche und Erwachsene benennt. § 112 S. 1 JGG erklärt § 103 JGG zudem für stets anwendbar auf das Verfahren gegen Heranwachsende und seine Verbindung mit einem Erwachsenenverfahren. Die Verbindung von Strafsachen gegen Jugendliche und Heranwachsende richtet sich hingegen nicht nach jugendstrafprozessualen Vorschriften, sondern nach den Vorschriften des allgemeinen Strafprozessrechts.[72]

Jene allgemeinen Vorschriften des Strafprozessrechts sind allerdings nicht nur für die Verbindung von Strafsachen von Jugendlichen und Heranwachsenden von Bedeutung. Auch in § 103 Abs. 1 JGG werden die allgemeinen Vorschriften als Voraussetzung für die Verbindung der Strafsachen gegen Jugendliche und Erwachsene genannt. Über § 112 S. 1 JGG erhalten die Vorschriften schließlich auch Bedeutung für die letzte mögliche Konstellation der gemeinsamen Verhandlung, der Verbindung von Strafsachen gegen Heranwachsende und Erwachsene.

Neben den allgemeinen Vorschriften der Strafprozessordnung zur Verbindung von Strafsachen setzt § 103 Abs. 1 JGG voraus, dass zumindest eines von zwei Merkmalen erfüllt ist, um die Strafsachen gegen einen Jugendlichen und einen Erwachsenen zu verbinden. Die Verbindung muss demnach entweder „*zur Erforschung der Wahrheit*“ oder aber „*aus anderen wichtigen Gründen geboten*“ sein.

Prozessual liegt die Entscheidung über eine Verbindung zunächst im pflichtgemäßen Ermessen der Staatsanwaltschaft, ob sie die ursprünglich unabhängigen Verfahren in einer gemeinsamen Anklage anhängig macht.[73]

Im nächsten Schritt entscheidet das Jugendgericht ebenfalls nach pflichtgemäßem Ermessen, ob die bei ihm anhängig gemachte verbundene Anklage zu trennen ist, weil die Voraussetzungen nicht (mehr) vorliegen. In diesem Falle

72 *Brunner/Dölling*, JGG, § 103 Rdnr. 2; *Ostendorf*, JGG, § 103 Rdnr. 4.
73 *Eisenberg*, JGG, § 103 Rdnr. 11.

wird das abgetrennte Verfahren an den ohne die Verbindung zuständigen Richter abgegeben (§ 103 Abs. 3 JGG). Dabei ist zu differenzieren:

Kommt das Jugendgericht noch vor oder mit Erlass des Eröffnungsbeschlusses zu dem Ergebnis, dass die anhängig gemachte, verbundene Sache getrennt werden muss, so gibt es das abgetrennt Verfahren an das zuständige Erwachsenengericht ab.[74]

Werden die Verfahren nach Eröffnung des Hauptverfahrens getrennt, so kann – mit Ausnahme der Sonderfälle in § 103 Abs. 2 S. 2 und 3 JGG – nicht mehr an ein Erwachsenengericht gleicher oder niedrigerer Ordnung abgegeben werden. Der diesen Fall behandelnde § 47a JGG ist insoweit lex specialis gegenüber § 103 Abs. 3 JGG.[75]

Werden die Verfahren getrennt und es soll eine Abgabe an ein Erwachsenengericht gleicher oder niederer Ordnung erfolgen, so hat das Jugendgericht über die Eröffnung des Hauptverfahrens in *beiden* Verfahren zu entscheiden, da dieses insoweit nach Maßgabe der §§ 207, 209 und 209a Nr. 2a StPO einem Gericht höherer Ordnung gleichsteht. Dies gilt auch, wenn nach Ausscheiden des Jugendlichen oder Heranwachsenden nur noch gegen den Erwachsenen verhandelt wird.[76]

Bei getrennt anhängig gemachten Verfahren hat das Gericht nach Maßgabe des § 103 Abs. 1 JGG darüber zu entscheiden, ob eine Verbindung angezeigt ist, was auch noch geschehen kann, wenn zuvor bereits einmal eine Verfahrenstrennung erfolgte.[77]

Eine Verbindung von Strafsachen gegen Jugendliche und Erwachsene bzw. gegen Heranwachsende ist nur im förmlichen Strafverfahren möglich. Das vereinfachte Jugendverfahren gemäß §§ 76 bis 78 JGG scheidet hierfür aus, da diese Vorschriften ausschließlich auf Jugendliche anwendbar sind.[78]

## 4.1 Die allgemeinen strafprozessualen Voraussetzungen

In Rechtsprechung und Literatur ist allgemein anerkannt, dass es sich bei den in § 103 Abs. 1 JGG erwähnten „*Vorschriften des allgemeinen Verfahrensrechts*“ um die §§ 2, 3, 4, 13 Abs. 2 und 237 StPO handelt.[79] Da sie Voraussetzung für

74 *Schatz,* in: D/S/S, JGG, § 103 Rdnr. 21.

75 So *Ostendorf*, JGG, §103 Rdnr. 9; BGH NJW 1982, S. 454.

76 *Ostendorf*, JGG, §103 Rdnr. 10.

77 Vgl. *Schatz,* in: D/S/S, JGG, § 103 Rdnr. 19.

78 *Ostendorf*, JGG, § 103 Rdnr. 2.

79 *Ostendorf*, JGG, § 103 Rdnr. 5; HansOLG, Beschl. v. 08.03.2004 – 2 Ws 40–44/04, ZfJ 2004, S. 433.

jede Verfahrensverbindung von Angeklagten unterschiedlicher Altersstufen sind, werden diese Normen im Folgenden kurz erläutert:

§ 3 StPO definiert den Begriff des Zusammenhangs und somit die Voraussetzung einer jeden Verbindung nach den §§ 2, 4 und 13 StPO.[80]

Von einem Zusammenhang ist auszugehen, wenn eine Person mehrerer Straftaten beschuldigt wird oder wenn bei einer Tat mehrere Personen als Täter, Teilnehmer oder der Begünstigung, Strafvereitelung oder Hehlerei beschuldigt werden. Hierbei wird nach persönlichem und sachlichem Zusammenhang sowie einer Kombination aus beidem unterschieden.

Ein persönlicher (oder auch subjektiver) Zusammenhang liegt vor, wenn einem Beschuldigten vorgeworfen wird, mehrere Straftaten begangen zu haben.[81] Diese Variante ist für die gemeinsame Verhandlung von Angeklagten verschiedener Altersgruppen nicht von Bedeutung.

Der sachliche (oder objektive) Zusammenhang ist hingegen sehr bedeutsam für das verbundene Verfahren. Hier werden mehrere Personen als Täter (§ 25 Abs. 1 StGB) oder Teilnehmer (§§ 26, 27 StGB) *einer* Tat oder der Begünstigung, Strafvereitelung oder Hehlerei beschuldigt. Der Begriff „Täter" umfasst hierbei alle Formen täterschaftlichen Verhaltens, also auch Mit- und Nebentäterschaft.[82]

Der kombinierte (sachliche und persönliche) Zusammenhang schließlich ist vom Gesetz nicht ausdrücklich genannt, kann aber vorliegen und berechtigt gleichermaßen zur Verbindung.[83]

§ 2 StPO betrifft die Verbindung und Trennung zusammenhängender, noch nicht anhängiger Strafsachen[84], welche ohne Verbindung einzeln erstinstanzlich der Zuständigkeit von Gerichten unterschiedlicher Ordnung unterlägen. Die Stufen dieser Ordnung ergeben sich aus dem GVG entsprechend der Reihenfolge Strafrichter (§ 25 GVG), Schöffengericht (§§ 24, 28 GVG), große oder besondere Strafkammer (§§ 74 ff. GVG) und OLG (§ 120 GVG).[85]

„Strafsache" im Sinne dieser Vorschrift ist jedes staatsanwaltschaftliche Ermittlungsverfahren oder gerichtliche Strafverfahren gegen eine Person wegen eines geschichtlichen Vorgangs, der eine Tat im Sinne von §§ 155, 264 StPO

80 *Fischer,* in: KK-StPO, § 3 Rdnr. 1.

81 *Julius;* in: HK-StPO, § 3 Rdnr. 3.

82 *Fischer,* in: KK-StPO, § 3 Rdnr. 4; RGSt 34, 255 (258); 43, 293 (296).

83 *Meyer-Goßner*, StPO, § 3 Rdnr. 4.

84 *Fischer,* in: KK-StPO, § 2 Rdnr. 4; anders *Julius,* in: HK-StPO, § 2 Rdnr. 9, nach dem die Verbindung nach § 2 entgegen dem Gesetzeswortlaut auch nach Anhängigkeit möglich ist.

85 *Fischer,* in: KK-StPO, § 3 Rdnr. 5.

darstellt. Es kann sich auch um mehrer Straftaten im materiell-rechtlichen Sinne der §§ 53, 54 StGB handeln.[86]

§ 2 Abs. 1 S. 1 StPO ermöglicht es der Staatsanwaltschaft, zusammenhängende Strafsachen im Sinne des § 3 StPO zu verbinden und gemeinsam bei dem höheren Gericht anhängig zu machen.[87] Das Gericht ist an die Entscheidung der Staatsanwaltschaft jedoch nicht gebunden und kann im Rahmen des Eröffnungsbeschlusses entweder die Verbindung beibehalten oder die Trennung der Strafsachen anordnen (§ 2 Abs. 2 StPO).[88]

Die Entscheidung für oder gegen die Verbindung mehrerer Strafsachen ist stets eine Frage der Zweckmäßigkeit und von den Umständen des Einzelfalls abhängig. Eine gemeinsame Aburteilung kann Doppelarbeit ersparen und insofern der Funktionstüchtigkeit der Strafrechtspflege dienen.[89] Sie verhindert zugleich, dass mehrere Gerichte denselben Sachverhalt in tatsächlicher oder rechtlicher Hinsicht unterschiedlich würdigen.[90]

§ 4 StPO erweitert die Regelung des § 2 StPO für solche Fälle, in welchen sich die Verfahren wegen zusammenhängender Strafsachen im Sinne des § 3 StPO bereits im Stadium nach Eröffnung des Hauptverfahrens befinden.[91] Die im Falle separater Verhandlung erstinstanzlich zuständigen Gerichte müssen daher ebenfalls von unterschiedlicher Rangordnung sein.[92]

§ 4 Abs. 1 StPO findet entsprechende Anwendung auf den im Gesetz nicht geregelten Fall, dass zusammenhängende Verfahren, welche bei gleichrangigen Spruchkörpern des gleichen Gerichts anhängig sind, verbunden werden sollen.[93] Fälle unterschiedlicher örtlicher oder funktioneller Zuständigkeit sind von § 4 StPO nicht erfasst.[94]

Verbindung und Trennung nach § 4 StPO können auf Antrag der Staatsanwaltschaft oder des Angeklagten oder von Amts wegen angeordnet werden. In jedem Fall muss dem Beschluss eine Ermessensentscheidung aus Gründen prozessualer Zweckmäßigkeit zugrunde liegen.[95] Zuständig für den Beschluss über Verbindung oder Trennung ist nach § 4 Abs. 2 StPO das Gericht höherer Ordnung.

---

86 *Julius,* in: HK-StPO, § 2 Rdnr. 3

87 *Meyer-Goßner*, StPO, § 2 Rdnr. 6.

88 *Fischer,* in: KK-StPO, § 3 Rdnr. 9.

89 *Erb,* in: LR-StPO, § 2 Rdnr. 1.

90 *Meyer-Goßner*, StPO, § 2 Rdnr. 2; BGHSt 11, 130 (133); 18, 238 (239).

91 *Fischer,* in: KK-StPO, § 4 Rdnr. 1.

92 *Meyer-Goßner*, StPO, § 4 Rdnr. 2.

93 *Fischer* in KK-StPO, § 4 Rdnr. 7.

94 *Julius;* in: HK-StPO, § 4 Rdnr. 3, BGH NJW 1953, S. 1272.

95 *Fischer,* in: KK-StPO, § 4 Rdnr. 8; BGHSt 18, 238.

Unterlässt die Staatsanwaltschaft eine Verbindung bei im Sinne des § 3 StPO zusammengehörigen Strafsachen und sind diese an gemäß §§ 7 bis 11 StPO örtlich unterschiedlichen Gerichten anhängig, so können die Verfahren nach § 13 Abs. 2 StPO nachträglich vom Gericht verbunden werden.[96] Voraussetzung ist, dass der Sachzusammenhang im Sinne von § 3 StPO auch im Zeitpunkt der Verbindung noch besteht.[97] Zudem müssen sich die Verfahren in der gleichen Verfahrenslage befinden, also etwa alle in der gleichen Instanz[98], die Strafsachen müssen zudem bei Gerichten gleicher Ordnung anhängig sein, d.h. die sachliche Zuständigkeit darf durch die Verbindung nicht geändert werden, da sonst § 4 StPO gilt und eine Verbindung nach § 13 Abs. 2 StPO unwirksam wäre. Zudem darf noch kein Urteil in einem der Verfahren ergangen sein.[99]

§ 237 StPO dient schließlich der Verfahrensvereinfachung.[100] Im Gegensatz zu § 4 StPO lässt er den verbundenen Strafverfahren ihre prozessuale Selbstständigkeit.[101] Weder die sachliche noch die örtliche Zuständigkeit wird durch diese Vorschrift verändert.[102]

Voraussetzung für eine Verbindung nach § 237 StPO ist, dass die Strafsachen am selben Gericht anhängig sind, wobei hierunter der einzelne Spruchkörper zu verstehen ist, nicht das Gericht als administrative Einheit.[103] Unter der Voraussetzung der Zuständigkeit desselben Spruchkörpers kann die Verbindung auch Strafsachen in unterschiedlichen Verfahrensstadien oder Rechtszügen erfassen.[104] Des Weiteren muss ein Zusammenhang zwischen sämtlichen zu verbindenden Verfahren bestehen. Jedoch ist ausdrücklich des Wortlautes nicht ein Zusammenhang im Sinne des § 3 StPO gemeint. Für eine Verbindung nach § 237 StPO genügt bereits ein weitaus loserer Zusammenhang, der die gleichzeitige Verhandlung als zweckmäßig erscheinen lässt, etwa wenn die Person des Täters oder die des Opfers in den verschiedenen Verfahren identisch ist.[105] Ebenfalls anerkannt ist die Verbindung, wenn gemeinsame Beweismittel vorliegen oder der strafrechtliche Vorwurf gleichartig ist.[106]

---

96 *Zöller,* in: HK-StPO, § 13 Rdnr. 4.

97 BGHSt 16, 391 (392); OLG Zweibrücken NJW 1979, S. 827.

98 *Fischer,* in: KK-StPO, § 13 Rdnr. 5.

99 *Meyer-Goßner*, StPO, § 13 Rdnr. 5a.

100 BGH 19, 177 (182); 26, 271 (273).

101 *Julius,* in: HK-StPO, § 237 Rdnr. 5; BGHSt 19, 177 (182); 26, 271 (275).

102 *Meyer-Goßner*, StPO, § 237 Rdnr. 1

103 *Gmel,* in: KK-StPO, § 237 Rdnr. 2; BGH NJW 1976, S. 721; *Meyer-Goßner*, Zur Zulässigkeit von Verfahrensverbindungen, DRiZ 1990, S. 286.

104 *Deiters,* in: SK-StPO, § 237 Rdnr.5.

105 *Julius,* in: HK-StPO, § 237 Rdnr. 3.

106 *Gmel,* in: KK-StPO, § 237 Rdnr. 5.

Auf den ersten Blick erscheint es zwar fraglich, ob eine derart lose Verbindung wie die des § 237 StPO auch auf die Verbindung von Verfahren gegen Angeklagte verschiedener Altersstufen nach § 103 JGG Anwendung finden kann.

Entgegen der Ansicht von *Kost*[107] steht der Anwendung des § 237 StPO auf das Verfahren gegen Jugendliche bzw. Heranwachsende jedoch nicht § 31 JGG entgegen, da § 31 JGG den Fall betrifft, dass *ein* Jugendlicher mehrere Straftaten begangen hat, nicht aber den Fall gleichzeitiger Verhandlung gegen *mehrere* Angeklagte.

Gleichwohl erscheint fraglich, ob der lose Zusammenhang des § 237 StPO ausreicht, ein Verfahren gegen Angeklagte verschiedener Altersstufen zu verbinden. Dem könnte entgegenstehen, dass die Verbindung nach § 103 JGG restriktiv anzuwenden ist[108] und als in der Regel unerwünscht gilt.[109]

§ 103 JGG gestattet aber gerade die Verbindung der Verfahren gegen Angeklagte unterschiedlicher Altersstufen nach den Vorschriften des allgemeinen Verfahrensrechts, also auch des § 237 StPO. Zusätzlich erfüllt sein muss zudem noch eines der beiden weiteren Kriterien des § 103 JGG. Der Schwerpunkt der Regelung der Vorschrift liegt somit im Abstellen auf eines der beiden Merkmale „*zur Erforschung der Wahrheit*" und „*aus einem anderen wichtigen Grund*"[110], da ansonsten die speziellen Anforderungen an eine Verbindung gemäß § 103 JGG im Hinblick auf § 2 Abs. 2 JGG nicht erforderlich wären. Sind diese eng auszulegenden, speziellen Voraussetzungen erfüllt, so ist eine Verbindung auch nach Maßgabe des § 237 StPO möglich.

Da die einzelnen Verfahren auch bei einer Verbindung ihre prozessuale Selbstständigkeit beibehalten, folgen die Verfahren gegen Jugendliche, Heranwachsende und Erwachsene auch nach einer Verbindung „ihren eigenen Gesetzen"[111], d.h. sie werden weitestgehend auch in diesem Fall noch nach Jugend- oder Erwachsenenstrafrecht beurteilt. Sind die jugendspezifischen Voraussetzungen des § 103 JGG erfüllt, ist eine Verbindung somit auch bei einem nur losen Zusammenhang im Sinne des § 237 StPO möglich, da auch bei einer Ver-

---

107 *Kost*, Verbindung und Trennung von Strafverfahren, S. 27.

108 Siehe unten unter 6.1.2.2, 6.1.3.2, und 6.1.4.

109 Vgl. *Eisenberg*, JGG, § 103 Rdnr. 7 sowie Nr. 1 der Richtlinie zu § 103 JGG: „*Die Verbindung von Strafsachen gegen Jugendliche und Erwachsene ist im allgemeinen nicht zweckmäßig. Sie ist namentlich dann nicht angebracht, wenn der Jugendliche geständig und der Sachverhalt einfach ist oder wenn es sich bei den Erwachsenen um die Eltern des Jugendlichen handelt.*"

110 So auch *Mohr*, Jugendliche, Heranwachsende und Erwachsene gemeinsam vor dem Strafgericht, S. 47.

111 KG Berlin, Beschl. v. 15.11.1994 – 4 Ws 270/94, JR 1995, S. 260, ähnlich BGHSt 19, 177 (182)

bindung auf dieser Grundlage den jeweiligen Verfahrensrechten der Angeklagten ein möglichst großer Geltungsumfang eingeräumt wird.

Die Voraussetzungen besagter allgemeiner Vorschriften zur Verbindung von Verfahren müssen zunächst erfüllt sein, ehe überhaupt eine Prüfung der besonderen Merkmale des § 103 Abs. 1 JGG erfolgen kann. Mangelt es bereits an ihnen, kann demzufolge auch das Vorliegen der speziellen Voraussetzungen eine Verbindung nicht rechtfertigen.

## 4.2 Die speziellen Voraussetzungen des § 103 Abs. 1 JGG

Wie bereits angeschnitten, stellt § 103 Abs. 1 JGG zusätzlich zu den allgemeinen Verfahrensvorschriften auch auf das Vorliegen eines der Merkmale *„zur Erforschung der Wahrheit"* oder *„aus einem anderen wichtigen Grund"* ab, um eine Verbindung der Verfahren gegen Angeklagte unterschiedlicher Altersgruppen für zulässig zu erklären. Es herrscht Einigkeit darüber, dass es aus Gründen des Schutzes der Jugendlichen bzw. Heranwachsenden einer restriktiven Handhabung des § 103 JGG bedarf.[112]

Es lässt sich sowohl in der Literatur wie auch in der Rechtsprechung eine Tendenz erkennen, die beiden Merkmale nicht strikt zu trennen, sondern die Entscheidung für bzw. gegen eine Verbindung in einer Art Gesamtschau der für und wider eine Verbindung sprechenden Umstände, die zumindest unter eines der beiden Merkmale subsumiert werden können, zu treffen.

### 4.2.1 „Zur Erforschung der Wahrheit" und „aus einem anderen wichtigen Grund"

Was genau unter *„zur Erforschung der Wahrheit"* zu verstehen ist und welche Umstände maßgeblich sind, damit diese Bedingung erfüllt ist, ist in Rechtsprechung und Literatur stets heftig diskutiert worden. Fest steht insoweit nur, dass unter „Wahrheit" im Sinne des § 103 JGG die materielle Wahrheit[113] zu verstehen ist, wie dies auch im allgemeinen Strafprozessrecht in den §§ 160, 244 Abs. 2 StPO der Fall ist.[114] Die materielle Wahrheit erfasst den tatsächlichen

112 Siehe u.a. LG Köln, Beschl. v. 18.08.2009 – 103 KLs 29/09, ZJJ 2009, S. 382; OLG Stuttgart, Beschl. v. 03.11.1994 – 1 Ws 225/94, ZfJ 1995, S. 297 sowie *Brunner/Dölling*, JGG, § 103 Rdnr. 8; für eine äußerst restriktive Handhabung *Kost*, Verbindung und Trennung von Strafverfahren, S. 30 und 90.

113 Zum Begriff *Volk*, Grundkurs StPO, § 18 Rdnr. 15.

114 *Meyer-Goßner*, StPO, § 244 Rdnr. 11.

Geschehensablauf, die Ermittlung des „wahren Sachverhalts“[115] als das zentrale Anliegen des Strafprozesses, welcher der strafrechtlichen Betrachtung zu Grunde liegt. Dieser Wahrheitsbegriff ist auch für das verbundene Verfahren nach § 103 Abs. 1 JGG maßgeblich. Daher muss an dem vorgegebenen Zwecke der Erforschung des tatsächlichen Lebenssachverhalts gemessen werden, ob die Verbindung der Strafverfahren diesem Ziel dient.

Welche Umstände und Kriterien herangezogen werden können, damit die Annahme gerechtfertigt ist, die Verbindung diene der Erforschung der Wahrheit, ist nicht abschließend geklärt.[116] Denkbar ist, dass sich ein Angeklagter geständig zeigt und nur mithilfe seines Geständnisses der Tatnachweis auch gegenüber dem nichtgeständigen Mitangeklagten möglich erscheint. So entschied etwa das OLG Köln in einem Fall mit drei erwachsenen und einem heranwachsenden Angeklagten, in dem sich nur der Heranwachsende geständig zeigte. Maßgeblich war hier für das Gericht, dass die erwartete Aussage des Heranwachsenden geeignet erschien, die Überführung auch der übrigen Angeklagten zu ermöglichen. Darüber hinaus versprach man sich aufgrund der Kenntnisse des Heranwachsenden von der Organisation und Struktur der örtlichen Drogengeschäfte zusätzlich Nachweise zu den ebenfalls angeklagten Tatkomplexen, an denen der Heranwachsende jedoch nicht beteiligt war.

Aber auch für den geschilderten Fall bleibt festzuhalten, dass weitere Erwägungen, über diejenige der Wahrheitserforschung hinaus, für die Verbindungsentscheidung herangezogen wurden, insbesondere die Aussicht auf schuldangemessene Sanktionen für alle Angklagten im Falle der Verurteilung.[117]

Das KG Berlin sieht das Merkmal der Wahrheitserforschung bereits erfüllt und die gemeinsame Verhandlung im Interesse einer geordneten Rechtspflege gerechtfertigt, wenn den Angeklagten der unterschiedlichen Altersgruppen eine gemeinschaftlich begangene Straftat zur Last gelegt und voraussichtlich eine umfangreiche Beweisaufnahme erforderlich wird.[118]

Demgegenüber plädieren *Eisenberg*[119] und *Fahl*[120] für eine restriktive Auslegung des Merkmals der Wahrheitserforschung. Dieses sei nur erfüllt, wenn die gemeinsame Verhandlung der *Ermöglichung* der Wahrheitserforschung diene, nicht aber deren *Erleichterung*.

---

115 *Meyer-Goßner*, StPO, § 244 Rdnr. 11.

116 Insbesondere, da im Rahmen der Erläuterung mitunter auch „*andere wichtige Gründe*“ in die Argumentation miteinbezogen werden, siehe die Strukturierung des HansOLG in seinem Beschl. v. 08.03.2004 – 2 Ws 40–44/04, ZfJ 2004, S. 433.

117 OLG Köln, Beschl. v. 11.04.2000 – 2 Ws 166/00, NStZ-RR 2000, S. 313 f.

118 KG, Beschl. v. 06.01.2006 – 4 Ws 183/05, NStZ 2006, S. 521 f.

119 *Eisenberg*, JGG, § 103 Rdnr. 10.

120 *Fahl*, Zur Verbindung von Strafsachen, NStZ 1983, S. 310.

Der Katalog der „*anderen*“ wichtigen Gründe ist nicht abschließend bestimmt. Fest steht aufgrund der Systematik des § 103 Abs. 1 JGG nur, dass diese Gründe nicht vornehmlich an der Wahrheitserforschung orientiert sind. Häufig genannt wird die Verbindung aufgrund einer erwarteten umfangreichen Beweisaufnahme, welche nicht mehrfach durchgeführt werden soll, wodurch sowohl eine Beschleunigung des Verfahrens wie auch die Vermeidung unnötiger Kosten erreicht werden sollen.[121]

Ebenso dient die Verbindung in solchen Fällen der Vermeidung einer Mehrbelastung der Angeklagten, gleichzeitig sollen unterschiedliche Rechtsfolgen von Mittätern im Rahmen getrennter Verhandlungen verhindert werden.[122]

Reine Bequemlichkeitsgründe oder lediglich formelle Gründe dürfen nach einhelliger Ansicht nicht maßgeblich sein bei der Entscheidung über eine Verbindung[123], wobei der Aspekt der Prozessökonomie wiederum durchaus Berücksichtigung finden darf.

## 4.2.2 Die Diskussion innerhalb der Literatur und Rechtsprechung

Die oben erwähnte Tendenz zur Gesamtschau der für und wider eine Verbindung sprechenden Umstände und Kriterien kann – wie bereits angedeutet – in einer Vielzahl von gerichtlichen Entscheidungen sowie einer umfangreichen Diskussion in der Literatur verfolgt werden.

Die Merkmale „*zur Erforschung der Wahrheit*“ und „*aus einem anderen wichtigen Grund*“ werden hierbei – entgegen dem Wortlaut des § 103 Abs. 1 JGG – nicht immer separat herangezogen, sondern zum Teil eher wie ein einziges jugendspezifisches Merkmal „*aus wichtigem Grund*“ behandelt. Neben dem Nutzen für die Wahrheitserforschung werden gleichzeitig auch Zweckmäßigkeit, Prozessökonomie und Kostenaspekte in die Diskussion aufgenommen.

Diese Tendenz zur „Gesamtschau“ vor allem in der Rechtspraxis bleibt indes nicht ohne Widerspruch.

Wie bereits ausgeführt, erachtete es das OLG Köln für eine Verbindung als ausreichend, wenn die Aussagen eines überwiegend geständigen Heranwachsenden – neben den Bekundungen der Zeugen – geeignet sein *können*, die Überführung der übrigen, nicht geständigen Angeklagten zu ermöglichen. Die in der Hauptverhandlung zu erwartenden Angaben des Heranwachsenden sollen zudem einen Rückschluss auf den weiteren Tatkomplex zulassen, an dem der Heran-

121 *Eisenberg*, JGG, § 103 Rdnr. 10a.

122 *Schatz*, in: D/S/S, JGG, § 103 Rdnr. 11.

123 BGHSt 10, 327 (329); *Eisenberg*, JGG, § 103 Rdnr. 10a.

wachsende selbst unmittelbar nicht beteiligt war. Ausreichend soll danach sein, dass eine einheitliche Beweisaufnahme sachgerecht und geboten erscheint und die gemeinsame Verhandlung vor demselben Gericht wesentlich zur Verhängung schuldangemessener Sanktionen für die einzelnen Mittäter führt.[124]

Das KG Berlin lässt es genügen, wenn den jugendlichen bzw. heranwachsenden und den erwachsenen Angeklagten gemeinschaftlich begangene Straftaten zur Last gelegt werden und voraussichtlich eine umfangreiche Beweisaufnahme erforderlich wird, um eine Verbindung für zulässig zu erklären.[125] Ausschlaggebend für diese Ansicht ist, dass „*man den Angeklagten sowohl bei der Aufklärung ihrer Rolle im Gesamtgeschehen als auch bei der Strafzumessung regelmäßig nur in einer gemeinsamen Verhandlung gerecht werden*“ könne. „*Auch lassen sich dadurch divergierende Entscheidungen vermeiden.*“[126] Ebenso wie für das OLG Köln rechtfertigt auch nach Ansicht des KG das legitime Interesse der Rechtspflege, die in der Hauptverhandlung zu erwartenden Angaben der jugendlichen bzw. heranwachsenden Angeklagten für den Schuldnachweis gegen den erwachsenen Angeklagten berücksichtigen zu können, die Verbindung der Verfahren zur „*Erforschung der Wahrheit*“.

Aus vergleichbaren Motiven, aber unter zusätzlicher Heranziehung des Arguments, durch die Verbindung unnütze Doppelarbeit in Form mehrerer separater Verfahren zu vermeiden, wurde auch vom OLG Koblenz eine Verbindung von acht Verfahren bejaht, von denen nur eines gegen eine Heranwachsende geführt wurde.[127]

Dem gegenüber wird nach einer restriktiv zu bezeichnenden Auffassung in der Lehre die Ansicht vertreten, dass Zweckmäßigkeitsgesichtspunkte für eine Verbindung keinesfalls mitentscheidend sein dürfen, wobei hierunter insbesondere Erwägungen der Prozessökonomie wie Kostenersparnis und Beschleunigung des Verfahrens zu verstehen sind.[128] Die Zulassung einer Sachverbindung soll daran gemessen werden, ob diese erzieherisch sinnvoll und tatsächlich geboten ist. Diesbezügliche Bedenken müssen sodann unweigerlich zum Regelfall der Trennung führen.

Insgesamt darf im Rahmen dieser Auffassung die Wahrheitserforschung durch die Verbindung nicht nur erleichtert werden, sie muss aufgrund der Verbindung

---

124 OLG Köln, Beschl. v. 11.04.2000 – 2 Ws 166/00, NStZ-RR 2000, S. 314.

125 KG, Beschl. v. 06.01.2006 – 4 Ws 183/05, NStZ 2006, S. 522.

126 So auch OLG Karlsruhe, Beschl. v. 12.03.1981 – 1 Ws 41/81, MDR 1981, S. 694.

127 OLG Koblenz, Beschl. v.09.02.1982 – 1 Ws 44/82, JR 1982, S. 480 f.

128 *Fahl*, Zur Verbindung von Strafsachen, NStZ 1983, S. 310; BGHSt 10, 327 (329).

überhaupt erst ermöglicht werden.[129] Bereits die Untergliederung von Taten in verschiedene Orte, Tatzeiten, Handlungsabläufe oder -erfolge ist hiernach ein Indiz gegen eine Verbindung nach § 103 Abs. 1 JGG.[130] Zudem muss stets der Einfluss des mitangeklagten Erwachsenen auf das Verhalten des Jugendlichen bzw. Heranwachsenden vor einer Entscheidung über die Verbindung berücksichtigt werden. Eine Hemmung des jungen Angeklagten muss ausgeschlossen sein, da sonst eine Aufklärung der Tatbeiträge und insgesamt die Erforschung der Wahrheit gehindert würden.[131]

Auch einer weiteren, weniger engen Auffassung in der Lehre genügen Zweckmäßigkeitserwägungen, Prozessökonomie sowie die Gefahr sich widersprechender Entscheidungen alleine nicht als Grundlage, um eine Verbindung als zulässig anzuerkennen. Diese Aspekte dürfen nach dieser Ansicht aber durchaus in die gerichtliche Entscheidung[132] nach § 103 Abs. 1 JGG mit einfließen, wenn daneben noch weitere jugend- bzw. heranwachsendenspezifische Gesichtspunkte treten.

Nach *Brunner/Dölling* sollen die jugendrechtlichen Voraussetzungen besonders streng geprüft werden und auch der allgemeine Erziehungsgedanke des Jugendgerichtsgesetzes dürfe nicht aus dem Auge verloren werden, da sich jede Entscheidung an diesem messen lassen müsse.[133]

*Eisenberg* wendet sich zudem gegen die Unterstellung der weiten Auffassung, ein im Ermittlungsverfahren getätigtes Geständnis des Jugendlichen bzw. Heranwachsenden könne, in der Hauptverhandlung erneut abgelegt, herangezogen werden, um im Rahmen einer umfassenden Beweisaufnahme die Tatbeiträge der Erwachsenen und deren Einfluss auf den jungen Mitangeklagten erschöpfend zu beleuchten.[134] Denn der Gerichtssaal gilt gemeinhin als ungeeigneter Ort, um zur Aufklärung zwischenmenschlicher Beziehungen beizutragen[135], zumal forensisch erwiesen ist, dass vielfach „falsche" Geständnisse abgelegt werden.[136]

*Ostendorf* führt weiter aus, dass es nicht nur prozessökonomischen Grundsätzen widerspräche, umfangreiche Beweisaufnahmen zu wiederholen. Die hierbei

---

129 So *Fahl*, Zur Verbindung von Strafsachen, NStZ 1983, S. 310; ebenso *Eisenberg*, JGG, § 103 Rdnr. 10; Grund ist, dass bereits die Vorschriften des allgemeinen Verfahrensrechts an die Zweckmäßigkeit anknüpfen, vgl. *Meyer-Goßner*, StPO, § 2 Rdnr. 2.

130 *Fahl*, Zur Verbindung von Strafsachen, NStZ 1983, S. 310.

131 *Fahl*, Zur Verbindung von Strafsachen, NStZ 1983, S. 310

132 Mit Rücksicht auf Art. 101 Abs. 1 S. 2 GG spricht *Ostendorf* von einer Subsumtionskompetenz des Gerichts, *Ostendorf*, JGG, § 103 Rdnr. 6.

133 *Brunner/Dölling*, JGG, § 103 Rdnr. 8b; diesen zitierend mit gleicher Ansicht *Eisenberg*, Anmerkung zum Beschluss des KG (Fn. 125), NStZ 2006, S. 523.

134 *Eisenberg*, Anmerkung zum Beschluss des KG, NStZ 2006, S. 524, vgl. Fn. 125.

135 *Peters*, Strafprozessrecht, S. 405.

136 *Kühne*, Strafprozessrecht, Rdnr. 792.

anfallenden zusätzlichen Kosten für die Betroffenen sowie der Zeitaufwand und die persönliche Belastung könnten ebenso für eine einheitliche Verhandlung sprechen wie der Gesichtspunkt, mit der Zeugenvernehmung des früheren Angeklagten nicht die Position des verbliebenen Angeklagten beweismäßig zu verschlechtern.[137]

### 4.2.3 Stellungnahme

Auch wenn einhellig in Literatur und Rechtsprechung die restriktive Anwendung des § 103 Abs. 1 JGG proklamiert und der Ausnahmecharakter der Norm stets betont wird, so muss doch festgehalten werden, dass es bislang nicht gelungen ist, eindeutige Kriterien dafür zu definieren, was unter „spezifisch jugendrechtliche Voraussetzungen“[138] oder „erzieherisch sinnvoll“[139] zu verstehen ist. Zieht man den in § 2 Abs. 1 JGG aufgeführten Erziehungsgedanken heran, um eine Verbindung zu rechtfertigen, so muss sie folglich dort unterbleiben, wo die Gefahr besteht, dass diese der Wertevermittlung und somit auch dem Ziel der Legalprävention des jungen Delinquenten abträglich sein kann.

Eine Verbindung kommt daher nicht in Betracht, wenn der oder die jugendlichen bzw. heranwachsenden Angeklagten in vollem Umfang geständig sind, die mitbeschuldigten Erwachsenen sich hingegen nicht geständig einlassen und die Verbindung das Verfahren gegen die jungen Angeklagten unnötig in die Länge ziehen würde.[140] Ähnlich entschied das OLG Stuttgart in einem Fall mit sechs erwachsenen und einem heranwachsenden Angeklagten, in welchem der Heranwachsende bezüglich des äußeren Tatgeschehens geständig war und ihm aufgrund weiterer Beweise auch die innere Tatseite nachgewiesen werden konnte. Auch hatten drei der sechs Erwachsenen bereits umfassende Angaben getätigt, weswegen eine Verbindung mit einer gemeinsamen und umfangreichen Beweisaufnahme das Verfahren gegen den Heranwachsenden nur unnötig in die Länge gezogen hätte. Hinzu trat der Umstand, dass einer der erwachsenen Angeklagten ein Vetter und Schwager des Heranwachsenden war.[141] Eine Verwandtschaft zwischen dem nicht-erwachsenen und einem erwachsenen Angeklagten ist nicht nur in den Fällen der Eltern-Kind-Beziehung – wie in Nr. 1 der Richtlinie zu § 103 JGG aufgeführt – als ungünstig für eine gemeinsame Verhandlung zu bewerten.

---

137 *Ostendorf*, JGG, § 103 Rdnr. 5.

138 So das KG, Beschl. v. 06.01.2006 – 4 Ws 183/05, NStZ 2006, S. 522.

139 So *Fahl*, Zur Verbindung von Strafsachen, NStZ 1983, S. 310.

140 Etwa LG Darmstadt, Beschl. v. 24.05.2000 – 18 Js 37.615/99, SraFo 2002, S. 90 f.

141 OLG Stuttgart, Beschl. v. 03.11.1994 – 1 Ws 225/94, ZfJ 1995, S. 297 f.

In diesen beiden Fällen hätte eine Verbindung nicht der Erforschung der Wahrheit gedient und es war für das OLG Stuttgart auch sonst kein „*anderer wichtiger Grund*“ erkennbar.

Eine Verbindung hat somit zu unterbleiben, wenn die Durchführung eines förmlichen Verfahrens gegen den jungen Delinquenten zwar erforderlich ist, aus erzieherischen Erwägungen heraus eine Verfahrensverbindung indes nicht geboten erscheint. Als einzige Ausnahme dieses Grundsatzes kann die tatsächliche Ermöglichung der Wahrheitserforschung gelten, welche indes nur in seltenen Ausnahmefällen anzunehmen sein wird.

Stellen sich die Beweissituation und der Tatnachweis indes nicht so eindeutig und günstig im Sinne der Anklage dar wie in den genannten Fällen, so muss im Rahmen einer Einzellfallbetrachtung entschieden werden, ob die Verbindung der Erforschung der Wahrheit dient oder aus anderen wichtigen Gründen geboten ist. Den jugendspezifischen Voraussetzungen einer Trennung bzw. Verbindung, d.h. insbesondere der erzieherischen Gebotenheit, müssen dabei vom Gericht besondere Bedeutung zugemessen werden, da sie gerade den Unterschied zu den allgemeinen Verbindungsvoraussetzungen darstellen. Der Umstand, dass die erzieherischen Auswirkungen der Verfahrensverbindung für den betroffenen jungen Angeklagten lediglich auf Grundlage der Akten beurteilt werden, da ein persönlicher Eindruck des jungen Angeklagten durch das Gericht zum Zeitpunkt der Entscheidung noch nicht möglich ist, wird unter Abschnitt 6.2.1. weiter ausgeführt und diskutiert werden.

Eine Gefährdung des Ziels Legalprävention durch Wertevermittlung bzw. Erziehung kann namentlich dort vorliegen, wo die Verbindung zu einer erheblichen Verlängerung des Verfahrens gegen den Jugendlichen bzw. Heranwachsenden führt, ohne gleichzeitig für die Wahrheitserforschung unerlässlich zu sein. Denn hierdurch wird dem Beschleunigungsgebot zuwider gehandelt, nach welchem gerade im Verfahren gegen Jugendliche bzw. Heranwachsende die Hauptverhandlung und damit auch ein etwaiges Urteil möglichst zeitnah zur vorgeworfenen Tat erfolgen sollen.[142] Dem liegt die Erkenntnis zugrunde, dass dem Jugendlichen/Heranwachsenden das Verfahren und dessen Ergebnis als unmittelbare Folge seiner Verfehlung nur dann vor Augen geführt werden kann, wenn der zeitliche Abstand zwischen Tat und Verhandlung auch in der Erfahrungswelt des jungen Delinquenten als unmittelbare Konsequenz empfunden wird. Während einer größeren Zeitverzögerungen kann es zum einen zu erheblichen Verände-

---

142 Vgl. *Ostendorf*, Jugendstrafrecht, Rdnr. 57; ebenso die Feststellung in der Richtlinie Nr. 6 zu § 43 JGG: „*Die Maßnahmen und Strafen des Jugendstrafrechts sind regelmäßig dann am wirksamsten, wenn sie der Tat auf dem Fuße folgen*“; laut BGH kommt dem Beschleunigungsgebot im Jugendstrafrecht aus erzieherischen Gründen eine besondere Bedeutung zu (Beschl. v. 22.09.1999 – 3 StR 358/99, StV 1999, S. 661)

rungen in der Lebenssituation des jungen Delinquenten gekommen sein, zum anderen besteht die Gefahr, dass die Bereitschaft zur Verantwortungsübernahme gemindert wird, da bereits eine Verdrängung des Geschehens stattgefunden hat.[143]

Des Weiteren kann die Anwesenheit des erwachsenen Angeklagten im Rahmen einer gemeinsamen Verhandlung zu einer Hemmung des jugendlichen bzw. heranwachsenden Angeklagten führen[144] – insbesondere bei einer erheblichen Einflussnahme und Machtstellung des Erwachsenen gegenüber dem Jugendlichen/Heranwachsenden –, so dass ein individuelles Einwirken des Gerichts auf ihn und somit auch die Möglichkeit der Wertevermittlung erschwert wird. Das Gefährdungspotential der gemeinsamen Verhandlung ist abhängig von der Persönlichkeit des jungen Delinquenten und seiner Beziehung zum erwachsenen Angeklagten.[145]

Diese beiden Faktoren können ebenfalls maßgeblich werden für den umgekehrten Fall, dass nicht eine Trennung – wie in der soeben bezeichneten Situation – sondern gerade die Verbindung der Verfahren dazu führt, dass der junge Delinquent bereit ist, die Verantwortung für seine Verfehlungen zu übernehmen. Dies ist denkbar, wenn er beispielsweise zu dem erwachsenen Angeklagten aufschaut und dieser seinerseits bereit ist, die Verantwortung zu übernehmen und die Konsequenzen seiner Handlung zu akzeptieren.

Unter Beachtung der soeben erläuterten Aspekte erscheint für die Entscheidung, ob eine Verbindung der Verfahren erfolgen soll, die Heranziehung eines einheitlichen Merkmals tunlich, wie dies bereits in Literatur und Rechtsprechung im großen Umfang der Fall ist, ohne dass diese Handhabung bislang jedoch als solche bezeichnet wurde.

Unter ein einziges, jugendadäquat auszulegendes Merkmal *„aus wichtigem Grund"* könnte sowohl der Aspekt der Wahrheitserforschung wie auch alle weiteren Gründe subsumiert werden, ohne dass die Verbindung hierbei ausschließlich der Ermöglichung der Wahrheitserfoschung (im eigentlichen Wortsinne) dienen muss.

Gleichzeitig müssten die Auswirkungen, welche die gemeinsame Verhandlung auf den jungen Angeklagten hat, bei der Entscheidungsfindung berücksichtigt werden. Dies wurde bislang stets von der Lehre gefordert und in der Praxis auch entsprechend gehandhabt, jedoch fehlt bisher eine gesetzliche Fixierung dieser Verbindungsvoraussetzung.

---

143 Vgl. *Ostendorf*, Jugendstrafrecht, Rdnr. 61 a.E.

144 *Fahl*, Zur Verbindung von Strafsachen, NStZ 1983, S. 310.

145 Vgl. *Mohr*, Jugendliche, Heranwachsende und Erwachsene gemeinsam vor dem Strafgericht, S. 26.

Erforderlich hierzu ist eine Persönlichkeitserforschung beim jungen Delinquenten, um die positiven oder negativen Auswirkungen einer gemeinsamen Verhandlung auf ihn möglichst im Vorfeld zu ergründen.

Zur Problematik der Persönlichkeitserforschung, welche bisher größtenteils auf Aktengrundlage erfolgt, findet sich eine ausführliche Erläuterung unter Abschnitt 6.2.1.

# 5 Ausgestaltung einzelner Verfahrensgrundsätze in der gemeinsamen Verhandlung

Im Rahmen des § 103 JGG kommt es nicht nur zu einer Verbindung verschiedener Verfahren, sondern ebenfalls zu einer Verbindung unterschiedlicher Verfahrens*arten*. Hierbei entsteht zuweilen eine Kollision zwischen den Verfahrensgrundsätzen des allgemeinen Strafverfahrens und denen des Jugendstrafrechts. Die Ursache des auftretenden Widerstreits der Prozessmaximen ist in dem Umstand zu sehen, dass sich bereits die Verfahrensziele unterscheiden[146] und einige Grundsätze des allgemeinen Strafverfahrens im Zuge der Ausgestaltung des Jugendstrafrechts und des diesem zu Grunde liegenden Erziehungsgedankens modifiziert wurden.[147]

Als Ziel des allgemeinen Strafverfahrensrechts kann die (Wieder)Herstellung des Rechtsfriedens durch Ausspruch eines gerechten Urteils bezeichnet werden.[148] Durch das Verfahren soll die Verwirklichung des materiellen Strafrechts in justizförmiger Weise gewährleistet werden.[149] Über eine generalpräventive Reflexwirkung sowie die individualpräventiven Sondervorschriften der Maßregeln der Besserung und Sicherung hinaus ist es nicht Aufgabe des allgemeinen Strafverfahrensrechts, Prävention zu bewirken.[150]

Im Gegensatz dazu wurde als Verfahrensziel des Jugendstrafverfahrens gerade eine Individualprävention bzw. Legalbewährung durch das Mittel der Erziehung in § 2 Abs. 1 JGG kodifiziert.[151]

Aufgrund der unterschiedlichen Zielsetzungen der beiden Verfahrensarten entwickeln einige Verfahrensgrundsätze unterschiedlich starke Ausprägungen in der praktischen Anwendung.

Anliegen des verbundenen Verfahrens ist es daher, jedem Angeklagten die seinem Verfahren zukommenden Verfahrensrechte weitestgehend einzuräumen.

---

146 Vgl. *Schäfer*, Die Praxis des Strafverfahrens, Rdnr. 167; *Lemke*, in: HK-StPO, Einleitung Rdnr. 1 und 8.

147 Vgl. *Mohr*, Jugendliche, Heranwachsende und Erwachsene gemeinsam vor dem Strafgericht, S. 9.

148 *Kühne*, Strafprozessrecht, § 1 Rdnr. 1 sowie Meyer-Goßner, StPO, Einl Rdnr. 4.

149 *Peters*, FS-Murach, S. 453 und 460.

150 *Rieß*, Über die Aufgabe des Strafverfahrens, JR 2006, S. 275.

151 S.o. unter 3.3.

Die zwangsläufig entstehenden Reibungspunkte werden durch spezielle Vorschriften bzw. durch gerichtliche Ermessensentscheidungen geregelt.

In einem ersten Schritt sollen nun einige Verfahrensgrundsätze des allgemeinen Strafverfahrens sowie des Jugendstrafrechts dargestellt werden und sodann die Auswirkungen der gemeinsamen Verhandlung in ihrer derzeitigen Ausgestaltung auf die jeweiligen Grundsätze aufgezeigt werden.

## 5.1 Die einzelnen Verfahrensgrundsätze

Der Fokus der Darstellung soll im Folgenden auf einigen Verfahrensgrundsätzen liegen, bei denen sich aus der unterschiedlichen Zielsetzung der Verfahrensarten heraus Abweichungen der Ausgestaltung und somit Reibungspunkte ergeben.

Die weiteren Verfahrensmaximen des allgemeinen Strafverfahrens bleiben zwar nicht gänzlich unbeeinflusst von den unterschiedlichen Verfahrenszielen, gelten im Hinblick auf § 2 Abs. 2 JGG jedoch hinsichtlich ihres wesentlichen Gehalts für die Angeklagten im Jugendstrafrecht unverändert und weisen daher auch keine Reibungspunkte im Falle des verbundenen Verfahrens auf, welche einer besonderen Betrachtung bedürfen.

Untergliedert werden die einzelnen Verfahrensgrundsätze in der nachfolgenden Erörterung in ihre Geltung im Verfahren gegen Erwachsene, gegen Jugendliche und schließlich gegen Heranwachsende.

### 5.1.1 Der Öffentlichkeitsgrundsatz

#### 5.1.1.1 Im Verfahren gegen Erwachsene

Für das Verfahren gegen erwachsene Delinquenten bestimmt § 169 S. 1 GVG: „*Die Verhandlung vor dem erkennenden Gericht einschließlich der Verkündung der Urteile und Beschlüsse ist öffentlich.*" Der Grundsatz der Öffentlichkeit beinhaltet, dass im Rahmen der tatsächlichen Gegebenheiten jedermann die Möglichkeit hat, an der Verhandlung der Gerichte als Zuschauer teilzunehmen[152], zudem muss sich jedermann Informationen zu Ort und Zeit der Verhandlung verschaffen können.[153] *Jedermann* ist jede Person, ohne Ansehung ihrer Zugehörigkeit zu einer bestimmten Bevölkerungsgruppe oder bestimmter Eigenschaf-

152 BGHSt 36, 119 (120).

153 *Schäfer*, Die Praxis des Strafverfahrens, Rdnr. 836.

ten.[154] Der Grundsatz beschränkt sich hierbei auf die Hauptverhandlung, zu welcher die Beweisaufnahme (auch diejenige außerhalb des Gerichtssaals) sowie die Urteilsverkündung gehören.[155] Er gilt zudem nur im Rahmen der gegebenen räumlichen Möglichkeiten und Kapazitäten.[156]

Die Funktionen des Öffentlichkeitsgrundsatzes sind vielfältig und teilweise historisch bedingt wie bspw. die Kontrolle der Gerichtsverfahren zum Schutze vor Geheimjustiz.[157] Weitere wichtige Funktionen sind die Befriedigung des Informationsinteresses der Allgemeinheit sowie die Stärkung des Vertrauens der Allgemeinheit in die Rechtsprechung und damit einhergehend die Gewährleistung eines Sicherheitsgefühls innerhalb der Bevölkerung.[158]

Aufgrund der gewichtigen Bedeutung des Grundsatzes hat der BGH bereits in einer seinen frühen Entscheidungen festgestellt, dass die Öffentlichkeit der Hauptverhandlung zu den Grundlagen des Strafverfahrens gehört.[159] Als Konsequenz dieser erheblichen Bedeutung stellt ein Verstoß gegen den Grundsatz auch einen absoluten Revisionsgrund nach § 338 Nr. 6 StPO dar[160], dessen Rüge unverzichtbar ist und auch nicht verwirkt werden kann.[161]

Der Grundsatz gilt bereits dann als verletzt, wenn auch nur eine einzige Person zu Unrecht aus dem Verhandlungsraumsraum entfernt wird.[162] Die Verfahrensmaxime wurzelt im Rechtsstaatsprinzip nach Art. 20 Abs. 3 GG – auch wenn er keinen Verfassungsrechtssatz des Grundgesetzes darstellt, weswegen die Öffentlichkeit zum Schutze widerstreitender Interessen eingeschränkt werden kann.[163]

Das Gesetz kennt jedoch auch Ausnahmen vom Grundsatz der Öffentlichkeit, namentlich die §§ 171a, 171b und 172 GVG, welche eine abschließende Aufzählung darstellen. Ein Ausschluss der Öffentlichkeit ist immer dann zulässig, wenn das Interesse am Unterbleiben der Verbreitung der verhandelten Tatsachen größer ist als das Interesse an der Öffentlichkeit des Verfahrens.[164]

---

154 *Diemer,* in: KK-StPO, § 169 GVG Rdnr. 6.

155 *Diemer,* in: KK-StPO, § 169 GVG Rdnr. 3.

156 BGHSt 24, 72 (73).

157 *Hartmann/Schmidt*, Strafprozessrecht, Rdnr. 134.

158 *Wickern,* in: LR-StPO, Vor § 169 GVG Rdnr. 5; einen allgemeinen Überblick über die Funktionen, aber auch die Nachteile der Öffentlichkeit in der Hauptverhandlung bietet *Hillermeier*, Zum Öffentlichkeitsgrundsatz im Strafverfahren, DRiZ 1982, S. 282 f.

159 BGHSt 1, 334 (335).

160 *Kleinknecht*, FS-Schmidt-Leichner, S. 112.

161 *Wickern,* in: LR-StPO, §169 GVG Rdnr. 56; *Kissel/Mayer*, GVG, § 169 Rdnr. 4.

162 *Mosbacher*, Aktuelles Strafprozessrecht, JuS 2004, S. 976.

163 BGHSt 23, 176 (178); *Wickern,* in: LR-StPO, Vor § 169 Rdnr. 6.

164 *Kühne*, Strafprozessrecht, Rdnr. 700.1.

§ 171a GVG betrifft den Fall, dass das Verfahren (auch) die Unterbringung des Beschuldigten in einem psychiatrischen Krankenhaus (§ 63 StGB) oder in einer Entziehungsanstalt (§ 64 StGB) zum Gegenstand hat, eine derartige Maßregel also zumindest möglicherweise angeordnet werden kann. In einem solchen Verfahren besteht die Gefahr, Umstände aus der Intimsphäre des Angeklagten zu verhandeln, so dass verhindert werden soll, dass sich der Angeklagte öffentlich psychisch entblößen muss.[165] Hier *kann* die für die gesamte Hauptverhandlung oder einen Teil von ihr die Öffentlichkeit ausgeschlossen werden.

Nach § 171b GVG *kann oder muss* die Öffentlichkeit ausgeschlossen werden, wenn und soweit die öffentliche Erörterung von Umständen aus dem persönlichen Lebensbereich eines Prozessbeteiligten, eines Zeugen oder eines durch die Tat Verletzten schutzwürdige private Interessen verletzen würde, wobei eine Abwägung dieser Interessen mit dem Interesse der Öffentlichkeit an deren Erörterung zu erfolgen hat. Unter dem persönlichen Lebensbereich wird die Privat- und Intimsphäre verstanden sowie alles dasjenige, was die betreffende Person dazu rechnet und geschützt wissen will[166], also insbesondere private Eigenschaften und Neigungen des Betroffenen, sein Gesundheitszustand, sein Sexualleben, seine politische und religiöse Einstellung sowie u.U. auch Umstände aus seinem Familienleben.[167] Die öffentliche Erörterung dieser Tatsachen muss schutzwürdige Interessen des Betroffenen verletzen, d.h. es muss durch ihre Erörterung eine nachteilige Auswirkung für den Betroffenen drohen.[168] Der drohende Nachteil ist hierbei nach rein objektiven Maßstäben zu beurteilen und nicht nach den subjektiven Wertevorstellungen des Betroffenen.[169]

Das Gericht hat die genannte Abwägung nach pflichtgemäßem Ermessen durchzuführen.[170] Der Ausschluss der Öffentlichkeit unterbleibt nur bei überwiegendem Interesse an der öffentlichen Erörterung der Umstände aus dem Lebensbereich des Betroffenen. Als Gründe für ein Überwiegen des öffentlichen Interesses kommen tatbezogene Umstände des persönlichen Lebensbereichs einer Person in Betracht, die im Verfahren eine Rolle spielen und aufgrund ihres Gegenstandes von allgemeinem Interesse sind, nicht jedoch Umstände, die lediglich für die Rechtsfolgenseite von Bedeutung sind.[171]

---

165 *Kühne*, Strafprozessrecht, Rdnr. 700.1.
166 *Diemer,* in: KK-StPO, § 171b GVG Rdnr. 3.
167 *Meyer-Goßner*, StPO, § 171b GVG Rdnr. 3.
168 Vgl. *Meyer-Goßner*, StPO, § 171b GVG Rdnr. 4.
169 *Odersky*, FS-Pfeiffer, S. 332.
170 *Diemer,* in: KK-StPO, § 171b GVG Rdnr. 4.
171 *Diemer,* in: KK-StPO, § 171b GVG Rdnr. 4.

Gegen den Widerspruch des Betroffenen ist ein Ausschluss der Öffentlichkeit nicht zulässig.[172] Die Entscheidung ergeht per Beschluss, wobei das Gericht die Dauer des Ausschlusses zu bestimmen hat. Dabei können die Tatsachen, über die unter Ausschluss der Öffentlichkeit verhandelt werden soll, mit Sammelbegriffen angeben werden, wenn und soweit das Schutzinteresse des Betroffenen durch diese Formulierungen nicht bereits verletzt wird.[173]

§ 172 GVG listet in seinen einzelnen Nummern noch weitere Gründe für den Ausschluss der Öffentlichkeit auf. Nach Nr. 1 kann dies der Fall sein, wenn eine Gefährdung der Staatssicherheit, der öffentlichen Ordnung oder der Sittlichkeit zu besorgen ist, beispielsweise bei der zu erwartenden Enttarnung eines V-Mannes.[174]

Nr. 1a nennt die Gefährdung des Lebens, des Leibes oder der Freiheit eines Zeugen oder einer anderen Person als Grund für den Ausschluss. Neben dem Zeugenschutz dient diese Norm auch dem Schutz des Angeklagten und sämtlicher weiterer Prozessbeteiligten, also etwa dem des Informanten, über dessen Person und Tätigkeit ein Zeuge aussagen soll.[175] Nach dem BGH kann im Hinblick auf § 244 Abs. 2 StPO auch eine Pflicht des Gerichts zum Ausschluss der Öffentlichkeit bestehen, wenn nämlich ein Zeuge nur unter dieser Voraussetzung zur Aussage bereit ist.[176]

Die Öffentlichkeit kann nach Nr. 2 ferner ausgeschlossen werden, wenn ein wichtiges Geschäfts-, Betriebs-, Erfindungs- oder Steuergeheimnis zur Sprache kommen soll, durch dessen öffentliche Erörterung überwiegende schutzwürdige Interessen verletzt würden. Geschützt sind Geheimnisse der Verfahrensbeteiligten wie auch solche Dritter. Als Geheimnis gilt eine Tatsache, die nur einem beschränkten Personenkreis bekannt ist, an deren Geheimhaltung der Betroffene interessiert ist und die er auch geheim halten will.[177] Bei der Abwägung der Schutzwürdigkeit der bezeichneten Interessen ist abermals ein objektiver Maßstab anzulegen, das Geheimnis muss ein gewisses Schutz- und Wertniveau besitzen.[178]

Nr. 3 schützt private Geheimnisse, durch deren Offenlegung in der Öffentlichkeit der Zeuge oder Sachverständige gegen ein mit Strafe bedrohtes Geheimhaltungsgebot verstoßen würde. Eine Abwägung mit dem öffentlichen Interesse

172 *Meyer-Goßner*, StPO, § 171b GVG Rdnr. 6.
173 *Kleinknecht*, FS-Schmidt-Leichner, S. 116.
174 *Hartmann/Schmidt*, Strafprozessrecht, Rdnr. 137.
175 *Meyer-Goßner*, StPO, § 172 GVG Rdnr. 6.
176 BGH NStZ 1993, S. 350.
177 *Diemer*, in: KK-StPO, § 172 GVG Rdnr. 8.
178 *Kissel/Mayer*, GVG, § 172 Rdnr. 39.

ist hier nicht erforderlich. Die Strafbedrohung ergibt sich zumeist aus §§ 201, 203, 353b, 354, 355 StGB sowie zahlreichen Nebengesetzen.[179]

Nr. 4, die den Ausschluss für den Fall ermöglicht, dass eine Person unter sechzehn Jahren vernommen wird, dient dem Schutze der Person des Zeugen sowie einer besseren Sachaufklärung, da bei einem so jungen Zeugen die Gefahr besteht, dass ihn die Kulisse der öffentlichen Verhandlung einschüchtert und er gehemmt ist, seine Aussage zu tätigen. Die Zulassung der Öffentlichkeit ist dann auch nicht mehr mit dem Informationsinteresse der Allgemeinheit zu rechtfertigen.[180] Ein weitergehender Schutz jugendlicher Zeugen wird durch die §§ 241a und 247 StPO angestrebt.

Einzelnen Personen kann der Zutritt zur ansonsten öffentlichen Verhandlung gemäß § 175 GVG versagt werden, etwa „unerwachsenen" Personen, die offensichtlich zu unreif sind, um ernsthaft an der Verhandlung teilzunehmen, sowie betrunkenen oder provokativen Personen.[181] Maßgeblich ist, dass anderenfalls die „Würde des Gerichts" verletzt wird.

Schließlich folgt noch aus § 58 Abs. 1 StPO, dass Zuhörer zum Verlassen der Verhandlung aufgefordert werden dürfen, wenn sich aus konkreten und individualisierten Anhaltspunkten ergibt, dass sie als Zeugen in dem Verfahren in Betracht kommen.[182]

Die Urteilsverkündung ist gemäß § 173 Abs. 1 GVG stets öffentlich, wenn nicht ein besonderer Beschluss nach § 173 Abs. 2 GVG ergangen ist.

#### 5.1.1.2 Im Verfahren gegen Jugendliche

Begriff und Bedeutung des Öffentlichkeitsgrundsatzes sind im Verfahren gegen Jugendliche identisch mit denjenigen im Verfahren gegen Erwachsene, so dass auf das soeben Erläuterte verwiesen werden kann. Die Reichweite des Grundsatzes ist im Jugendstrafverfahren jedoch modifiziert.

Maßgebliche Vorschrift hinsichtlich des Öffentlichkeitsgrundsatzes für die Verhandlung gegen einen Jugendlichen ist § 48 Abs. 1 JGG. Durch diese Norm wird die Verhandlung vor dem erkennenden Gericht wie auch die Verkündung der Entscheidung für grundsätzlich nicht öffentlich erklärt, wenn gegen (zum Zeitpunkt der Tat) Jugendliche verhandelt wird. Keine Anwendung findet § 48 JGG, wenn vor einem Jugendgericht Erwachsene angeklagt werden, beispiels-

179 *Diemer,* in: KK-StPO, § 172 GVG Rdnr. 9.
180 *Meyer-Goßner*, StPO, § 172 GVG Rdnr. 14.
181 *Hartmann/Schmidt*, StPO, Rdnr. 139.
182 Vgl. BGHSt 3, 386 (388).

weise im Jugendschutzverfahren nach §§ 26 Abs. 1, 74b GVG.[183] § 48 Abs. 1 JGG gilt für alle Rechtszüge, also auch für das Revisionsverfahren.[184]

Gründe für den Ausschluss der Öffentlichkeit sind entwicklungspsychologische und jugendpädagogische Erwägungen.[185] Schüchternheit und Hemmungen des Jugendlichen, nicht nur vor einem Gericht, sondern auch vor evtl. wildfremden Personen die eigene Entwicklung und u.U. Straftaten erörtern zu müssen, sollen vermieden und so eine Atmosphäre geschaffen werden, in welcher der Jugendliche über das ihm vorgeworfene Fehlverhalten frei sprechen kann. Eine solche Atmosphäre dient der Wahrheitserforschung[186], sie kann aber zudem die Bereitschaft des Jugendlichen fördern, das Unrecht seiner Tat einzusehen. Andererseits soll geltungssüchtigen jungen Delinquenten keine Gelegenheit zur Selbstinszenierung geboten werden.[187] Des Weiteren wird durch den Ausschluss eine Stigmatisierung des Jugendlichen durch die Öffentlichkeit vermieden, Angeklagter eines Verfahrens gewesen zu sein. Aus einer derartigen Bloßstellung des Jugendlichen könnten anderenfalls ungewollte Nachteile für seine persönliche, soziale und berufliche Entwicklung erwachsen.[188]

Mit der prinzipiellen Nichtöffentlichkeit des Verfahrens ordnet der Gesetzgeber „die Gedanken der Erziehung und des Schutzes der Jugend“ dem Öffentlichkeitsgrundsatz des § 169 GVG über.[189]

§ 48 Abs. 1 JGG ist gegenüber den §§ 169 ff. GVG die speziellere Norm, da hier generell und nicht erst im Einzelfall die Öffentlichkeit ausgeschlossen wird.[190]

Für Jugendliche vor dem Jugendgericht ist die Regelung zwingend, für Jugendliche vor den allgemeinen Strafgerichten (also in den Fällen der § 102 und § 103 Abs. 2 S. 2 und 3 JGG)[191] steht die Anwendung des § 48 Abs. 1 JGG nach § 104 Abs. 2 JGG im Ermessen des Gerichts.[192] Diese Ermessensentscheidung wird seitens des Gerichts nach Aufruf der Verhandlung gefällt. Tendenziell wird

---

183 *Brunner/Dölling*, JGG, § 48 Rdnr. 2; BGH MDR 1955, S. 246.

184 *Ostendorf*, JGG, § 48 Rdnr. 6.

185 *Eisenberg*, JGG, § 48 Rdnr. 8.

186 *Laubenthal/Baier/Nestler*, Jugendstrafrecht, Rdnr. 354.

187 *Schaffstein/Beulke*, Jugendstrafrecht, § 37 II 1; *Laubenthal/Baier/Nestler*, Jugendstrafrecht, Rdnr. 354.

188 *Ott*, Probleme des Jugendstrafrechts, S. 886; BGHSt 44, 43 (44).

189 Vgl. BGHSt 22, 25; *Laubenthal/Baier/Nestler*, Jugendstrafrecht, Rdnr. 354.

190 *Ostendorf*, JGG, § 48 Rdnr. 9.

191 Ebenfalls denkbar ist die Situation der Widerklage gegen einen jugendlichen Privatkläger; in diesem Fall ist ebenfalls das mit der Privatklage befasste (Erwachsenen-)Gericht zuständig, § 80 Abs. 2 JGG i.V.m. § 388 StPO.

192 *Ostendorf*, JGG, § 48 Rdnr. 1; *Eisenberg*, JGG, § 48 Rdnr. 1; *Brunner/Dölling*, JGG, § 48 Rdnr. 3 ff.

das Ermessen zugunsten der Gewährung eines jugendadäquaten Verfahrens zu einem Ausschluss der Öffentlichkeit genutzt.[193]

Wer in dem Verfahren gegen den Jugendlichen zur Anwesenheit berechtigt ist, normiert § 48 Abs. 2 JGG. Dies sind zum einen die ohnehin am Verfahren Beteiligten wie Verteidiger (§§ 137, 218 StPO), Beistand (§ 69 JGG), Vertreter der Jugendgerichtshilfe (§§ 38 Abs. 3, 50 Abs. 3 JGG), Erziehungsberechtigte und gesetzliche Vertreter (§§ 67 Abs. 1 und 5, 50 Abs. 2 JGG). Kraft Gesetzes ebenfalls anwesenheitsberechtigt ist der Dienstaufsicht führende Beamte der Justizverwaltung gemäß § 175 Abs. 3 GVG.[194] Nach § 48 Abs. 2 S. 1 JGG ist die Anwesenheit weiterhin einem Verletzten gestattet, der in seinem durch die verletzte Strafvorschrift rechtlich geschützten Interessen beeinträchtigt ist, ebenso den Angehörigen eines durch die Tat Getöteten.[195] Ob auch bei angeklagten konkreten Gefährdungsdelikten dem Gefährdeten ein Anwesenheitsrecht zusteht, ist umstritten.[196]

Weiterhin ist während eines bestehenden Betreuungs- oder Aufsichtsverhältnisses der Betreuungshelfer (§ 10 Abs. 1 Nr. 5 JGG), Bewährungshelfer (§§ 24, 25 JGG) oder Erziehungsbeistand (§ 12 JGG) zur Anwesenheit während der Verhandlung berechtigt. Gleiches gilt, falls dem Angeklagten bereits zuvor Hilfe zur Erziehung in einem Heim oder einer vergleichbaren Einrichtung gewährt wurde, für den Leiter dieser Einrichtung. Die Anwesenheit dieser Personen dient der in § 43 Abs. 1 JGG vorgeschriebenen Beurteilung der Persönlichkeitsentwicklung des Angeklagten, da die bezeichneten Personen im Kontakt mit dem Jugendlichen stehen und aufgrund ihrer beruflichen Qualifikation in der Lage sind, dem Gericht u.U. wichtige Informationen für eine gerichtliche Prognose mitzuteilen.

Weiteren Personen kann der vorsitzende Richter gemäß § 48 Abs. 2 S. 3 JGG „*aus besonderen Gründen, namentlich zu Ausbildungszwecken*" die Anwesenheit gestatten. Ausweislich der Richtlinie zu § 48 JGG sind dies insbesondere Studenten der Rechts- und Erziehungswissenschaften, Referendare, angehende Sozialarbeiter und Polizeibeamte.[197] Aus den Erwägungen, die für den grundsätzlichen Ausschluss der Öffentlichkeit maßgeblich sind, ist die Zahl der auf diese Weise zugelassenen Personen vom Gericht im Interesse des Jugendlichen zu

---

193 *Ostendorf*, JGG, § 104 Rdnr. 20.

194 *Laubenthal/Baier/Nestler*, Jugendstrafrecht, Rdnr. 355.

195 *Brunner/Dölling*, JGG, § 48 Rdnr. 12 mit Verweis auf *Meyer-Goßner*, StPO, § 172 Rdnr. 11.

196 Bejahend *Brunner/Dölling*, JGG, § 48 Rdnr. 12; verneinend *Ostendorf*, JGG, § 48 Rdnr. 12.

197 S. 1 der Richtlinie zu § 48 JGG lautet: „*Personen, die sich im juristischen Studium oder Vorbereitungsdienst befinden sowie Personen, die in Ausbildung bei der Polizei oder für soziale Dienste stehen, kann die Anwesenheit im allgemeinen gestattet werden.*"

begrenzen.[198] Ebenfalls nach Satz 3 kann die Anwesenheit von Medienberichterstattern und Pressevertretern gestattet werden, wobei auch hier auf die Belange des jugendlichen Delinquenten Rücksicht genommen werden muss.

Die grds. Nichtöffentlichkeit umfasst sowohl die körperliche Anwesenheit von Publikum während der Hauptverhandlung als auch nach h.M. die öffentliche Zustellung nach § 40 StPO, da durch diese der Schutzzweck des § 48 Abs. 1 JGG gerade ausgehebelt würde.[199]

Die Verletzung des § 48 Abs. 1 JGG stellt einen nur unter den Voraussetzungen des § 337 StPO beachtlichen relativen Revisionsgrund dar[200], d.h. das Urteil muss auf dem Verfahrensfehler *beruhen*. Das kann etwa der Fall sein, wenn die Entscheidung auf Angaben des Jugendlichen beruht, die durch Einflüsse nicht zur Anwesenheit Berechtigter verfälscht worden sind.[201] Diese Konstellation dürfte jedoch eher die Ausnahme darstellen, da zumeist Familienangehörige anwesend sein werden, die als Unterstützung des jugendlichen Angeklagten agieren und keinen psychischen oder verbalen Druck auf diesen ausüben.[202] Zudem wird das Gericht eine massive Beeinflussung unterbinden, wenn diese äußerlich (verbal oder visuell) erkennbar ist.

#### 5.1.1.3 Im Verfahren gegen Heranwachsende

Auch im Verfahren gegen Heranwachsende sind Begriff und Bedeutung des Öffentlichkeitsgrundsatzes identisch mit denen im Verfahren gegen Erwachsene. Steht ein Heranwachsender vor Gericht, so kann dies auch hier entweder ein allgemeines Strafgericht oder ein Jugendstrafgericht sein.

Zu einem Verfahren vor dem Erwachsenengericht kommt es gegen einen Heranwachsenden unter den gleichen Voraussetzungen wie gegen einen Jugend-

198 *Ostendorf*, JGG, § 48 Rdnr. 14.

199 *Ostendorf*, JGG, § 48 Rdnr. 7; *Eisenberg/Haeseler*, Anmerkung zum Beschl. des KG v. 27.09.2005 – 4 Ws 128/05, JR 2006, S. 304; a.A. *Nowak*, Die Zulässigkeit der öffentlichen Zustellung, JR 2008, S. 234 ff. m.w.N.

200 *Eisenberg*, JGG, § 48 Rdnr. 23; *Ostendorf*, JGG, § 48 Rdnr. 20; *Schatz*, in: D/S/S, JGG, § 48 Rdnr. 40; a.A. *Roxin* in FS-Peters, S. 402 ff., der auf § 338 Nr. 6 StPO abstellt, da es im Einzellfall schwer darzutun sein wird, dass das Urteil von der unzulässigen Öffentlichkeitserweiterung beeinflusst wurde.

201 *Eisenberg*, JGG, § 48 Rdnr. 23; BGHSt 23, 176 (181).

202 Im Ergebnis ähnlich *Kusch*, Aus der Rechtsprechung des BGH zum Strafverfahrensrecht, NStZ 1994, S. 230.

lichen.[203] In diesem Fall steht der Ausschluss der Öffentlichkeit von der grundsätzlich öffentlichen Verhandlung gemäß §§ 112 S. 1, 104 Abs. 2, 48 Abs. 1 JGG im Ermessen des Gerichts. Nach Maßgabe des § 109 Abs. 1 S. 4 JGG kann die Öffentlichkeit ausgeschlossen werden, *„wenn dies im Interesse des Heranwachsenden geboten ist.“*[204] Hierbei sind die gleichen Erwägungen heranzuziehen, die für die Nichtöffentlichkeit des Verfahrens gegen Jugendliche sprechen. Auch diese Ermessensentscheidung erfolgt nach Aufruf des Verfahrens.

Aber auch im Regelfall des Heranwachsenden vor dem Jugendgericht ist die Öffentlichkeit grds. zuzulassen, denn § 48 Abs. 1 JGG gilt nicht für Heranwachsende. Auch hier liegt es im Ermessen des Gerichts, die Öffentlichkeit auszuschließen, wenn dies im Interesse des Heranwachsenden geboten ist, § 109 Abs. 1 S. 4 JGG. Diese Ermessensentscheidung erfolgt unabhängig von der Frage, ob entsprechend § 105 Abs. 1 JGG Jugendstrafrecht auf den Heranwachsenden Anwendung findet oder das allgemeine Strafrecht.[205] Sie erfolgt unmittelbar nach Aufruf der Sache, damit nicht bereits die Angaben zur Person vor der Öffentlichkeit getätigt werden müssen. Auch hier sind Aspekte der Spezialprävention und des Persönlichkeitsschutzes sowie die Aufgabe der Wahrheitsermittlung maßgeblich für die Entscheidung.[206] Insgesamt ist die Vorschrift weit auszulegen[207], wobei es aber durchaus im Interesse des Heranwachsenden liegen kann, im Rahmen der „Öffentlichkeit“ anwesende Freunde als psychische Unterstützung bei sich zu wissen.[208]

Wird ein Heranwachsender wegen Taten angeklagt, die er teils als Jugendlicher, teils als Heranwachsender begangen hat, so richtet sich der Öffentlichkeitsgrundsatz wiederum nach § 48 Abs. 1 JGG, so dass es diesbezüglich keiner Ermessensentscheidung des Gerichts bedarf.[209]

---

203 Also ebenfalls im Rahmen der § 102 und § 103 Abs. 2 S. 2 und 3 JGG sowie im Falle der Widerklage gegen einen heranwachsenden Privatkläger; *Brunner/Dölling*, JGG, § 112 Rdnr. 1.

204 Vgl. *Ostendorf*, JGG, § 112 Rdnr. 5 sowie Richtlinie Nr. 1 zu § 109 JGG, wonach die Öffentlichkeit *„im Interesse des Heranwachsenden ausgeschlossen werden“* kann.

205 *Sonnen*, in: D/S/S, JGG, § 109 Rdnr. 4 und 9; *Eisenberg*, JGG, § 109 Rdnr. 42.

206 *Sonnen*, in: D/S/S, JGG, § 109 Rdnr. 9.

207 *Brunner/Dölling*, JGG, § 109 Rdnr. 4; *Eisenberg* JGG, § 109 Rdnr. 43; BGHSt 44, 43.

208 Vgl. *Ostendorf*, JGG, § 109 Rdnr. 3.

209 *Laubenthal/Baier/Nestler*, Jugendstrafrecht, Rdnr. 359; BGHSt 22, 21; BGH, Urt. v. 25.02.1998 – 3 StR 362/97, JR 1999, S. 171 ff., dies gilt auch für den Fall der vorläufigen Einstellung der Taten als Jugendlicher gem. § 154 Abs. 2 StPO; mit kritischer Anmerkung von *Bernd Wölfl*.

Ob ein Ausschluss der Öffentlichkeit im Falle seiner Anordnung nur für die Hauptverhandlung an sich oder auch für die Urteilsverkündung gilt, ist umstritten.[210]

#### 5.1.1.4 Zusammenfassung

Der Öffentlichkeitsgrundsatz stellt eine zentrale Prozessmaxime des deutschen Strafverfahrens dar und ist direkter Ausfluss des Rechtsstaatsprinzips. Dass diese Maxime gleichwohl aus Erwägungen des Persönlichkeitsschutzes und der Erziehung des Jugendlichen im Verfahren gegen diesen ausgesetzt wird, spricht für eine unbedingte Ausrichtung des Jugendstrafverfahrens auf das Ziel der Erziehung und Legalbewährung des Betroffenen. Trotz der bedeutenden Aufgaben der Öffentlichkeit in der Verhandlung misst der Gesetzgeber der jugendadäquaten Verhandlungsatmosphäre durch eine ungehemmte Verständigung der Beteiligten im Jugendstrafverfahren eine höhere Bedeutung zu.

Dem Heranwachsenden hingegen wird bereits grundsätzlich zugetraut, auch in der öffentlichen Verhandlung – einem Erwachsenen gleich – seine Position zu vertreten und sich durch die Anwesenheit von Publikum nicht irritieren zu lassen. Hier soll im Einzelfall entschieden werden, ob nicht aus entwicklungspsychologischen Gründen oder wegen Gefährdung der Wahrheitsermittlung (bspw. infolge einer Hemmung des Angeklagten) die Öffentlichkeit ausgeschlossen werden soll.

Die stärkere Gewichtung mal des Öffentlichkeitsgrundsatzes, mal des Erziehungsziels und des jugendadäquaten Verfahrens führen im Falle der gleichzeitigen Verhandlung zu einem Widerstreit der Grundsätze, der keine für alle Beteiligten befriedigende Lösung ermöglicht, da zwangsläufig zulasten eines Angeklagten der für ihn geltende Grundsatz zurücktreten muss. Ein Nebeneinander der unterschiedlichen Verfahrensziele ist hier nicht möglich. Eine weitergehende Erläuterung dieser Problematik findet sich unter den Punkten 5.2.1 sowie 6.2.2.

### 5.1.2 Das Opportunitätsprinzip

Das Opportunitätsprinzip stellt die Ausnahme zum Legalitätsprinzip dar, weswegen zunächst die Bedeutung des letztgenannten Grundsatzes kurz zu erläutern ist.

---

210 Für den Ausschluss auch bei Urteilsverkündung BGH NStZ 1998, 53; *Brunner/Dölling*, JGG, § 109 Rdnr. 4; *Ostendorf*, JGG, § 109 Rdnr. 3, *Sonnen*, in: D/S/S, JGG, § 109 Rdnr. 10; ablehnend *Eisenberg*, JGG, § 109 Rdnr. 43.

Entsprechend dem Legalitätsprinzip ist die Staatsanwaltschaft verpflichtet, bei Vorliegen eines Anfangsverdachts Ermittlungen einzuleiten sowie bei Feststellung eines hinreichenden Tatverdachts Anklage zu erheben, §§ 152 Abs. 2, 160, 170 Abs. 2 StPO.[211] Hieraus leitet sich ein Verfolgungszwang gegen jeden Verdächtigen ab.[212] Das Legalitätsprinzip gilt dabei nicht nur im Ermittlungsverfahren gegenüber der Staatsanwaltschaft, sondern auch in allen weiteren Verfahrensstadien und somit auch gegenüber den Gerichten.[213]

Unter den Begriff des Opportunitätsprinzips werden alle gesetzlichen Ausnahmen vom Legalitätsprinzip zusammengefasst.[214] Die Verfolgungspflicht wird in diesen Fällen zwar nicht aufgehoben, jedoch – trotz Vorliegens der Verfolgungsvoraussetzungen – nach Maßgabe der entsprechenden Vorschrift eingeschränkt.[215]

#### 5.1.2.1 Im Verfahren gegen Erwachsene

Im Verfahren gegen Erwachsene sind Ausgestaltungen des Opportunitätsprinzips diejenigen Vorschriften, auf Grundlage derer eine Verfahrenseinstellung trotz hinreichender Beweislage ermöglicht wird, namentlich die §§ 153 bis 154e StPO.

Es lassen sich insgesamt drei Gründe für die Gewährung einer Einstellung nach den oben genannten Vorschriften anführen: Die geringe Betroffenheit des Staates durch die Tat, die Schadensabwehr durch Nichtverfolgung sowie die Verfahrensvorbereitung durch Abwarten des Spruchs eines anderen Entscheidungsträgers.[216]

Die Entscheidung für eine Nichtverfolgung bzw. Verfahrenseinstellung hängt von konkreten Wertungs- und Beurteilungskriterien ab, die in Form von unbestimmten Rechtsbegriffen in den gesetzlichen Ausgestaltungen des Opportunitätsprinzips enthalten sind. Dabei steht den Ermittlungsbehörden und Gerichten keine Ermessensentscheidung im Sinne eines echten Wahlrechts zwischen Verfolgung und Nichtverfolgung zu.[217] Aufgrund des Gebrauchs unbestimmter Rechtsbegriffe kommt es zur Rechtsanwendung mit entsprechenden Beurtei-

---

211 *Hartmann/Schmidt*, Strafprozessrecht, Rdnr. 86.
212 *Pfeiffer*, StPO, § 152 Rdnr. 2.
213 *Kühne*, Strafprozessrecht, Rdnr. 305.
214 *Pfeiffer*, StPO, Einl. Rdnr. 5.
215 *Kühne*, Strafprozessrecht, Rdnr. 309; *Meyer-Goßner*, StPO, § 152 Rdnr. 7.
216 So *Kühne*, Strafprozessrecht, Rdnr. 585.
217 *Meyer-Goßner*, StPO, § 152 Rdnr. 7.

lungsspielräumen[218], eine Willkürentscheidung darf hieraus selbstverständlich nicht erwachsen. Es handelt sich viel mehr um Sachentscheidungen, bei denen außer dem Interesse an der Strafverfolgung noch weitere Interessen berücksichtigt werden.[219]

*Pfeiffer* nennt als weiteres Interesse etwa Zweckmäßigkeitserwägungen[220], bspw. der außer Verhältnis stehende Aufwand eines Strafverfahrens bei nur geringen Verfehlungen und der damit einhergehenden erheblichen Belastung des staatlichen Verfolgungsapparats.[221]

Kritik wird geäußert im Hinblick auf den Anspruch aller in Strafverfahren Beschuldigten auf Gleichbehandlung, da der gegenwärtige Rechtszustand zu teilweise erheblichen Unterschieden in der Einstellungspraxis in den verschiedenen Bundesländern führt.[222]

Im Einzelnen kann die Staatsanwaltschaft die Verfolgung eines Vergehens nach § 153 Abs. 1 StPO einstellen, wenn die Schuld des Täters als gering anzusehen wäre und kein öffentliches Interesse an der Strafverfolgung besteht. Aus dem Wortlaut der Vorschrift ergibt sich, dass es nicht auf den Nachweis einer nur geringen Schuld ankommt, sondern auf die Schuld, die nach der Ermittlungs- und Verfahrenslage *möglicherweise* nachweisbar ist. Die Bewertung basiert hierbei auf hypothetischen Überlegungen.[223] Ob ein öffentliches Interesse an der Strafverfolgung besteht, richtet sich nach Aspekten wie dem öffentlichen Sicherheitsbedürfnis, dem Interesse an der Aufklärung einer Tat, welche Aufsehen erregt hat, sowie dem Interesse des Verletzten hieran.[224] Die Staatsanwaltschaft benötigt die Zustimmung des Gerichts, wenn es sich um ein Vergehen handelt, welches im Mindestmaß mit einer erhöhten Strafe bedroht ist (§ 38 Abs. 2 StGB) und dessen Folgen nicht „*gering*" sind. Nur geringe Tatfolgen werden bei Vermögensschäden in der Regel bei einer Wertgrenze von 50 Euro angenommen[225], bei Nichtvermögensdelikten muss ein deliktsspezifischer Maßstab herangezogen werden.[226] Dem Beschuldigten steht kein Rechtsbehelf gegen die Entscheidung der Staatsanwaltschaft zu. Diese kann die Verfolgung zudem bei Vorliegen sach-

---

218 Vgl. *Steffen*, Haftung für Amtspflichtverletzng des Staatsanwalts, DRiZ 1972, S. 156.
219 *Schoreit,* in: KK-StPO, § 152 Rdnr. 23.
220 *Pfeiffer*, StPO, § 152 Rdnr. 4.
221 Vgl. *Ranft*, Strafprozessrecht, Rdnr. 1140 sowie *Geppert*, Das Opportunitätsprinzip, Jura 1986, S. 310.
222 Vgl. *Weßlau,* in: SK-StPO, Vor §§ 151 ff. Rdnr. 20 mit Hinweis auf die Kritik des BVerfG in der sog. Cannabis-Entscheidung, BVerfGE 90, 145.
223 *Weßlau,* in: SK-StPO, § 153 Rdnr. 16.
224 *Volk*, Grundkurs StPO, § 12 Rdnr. 17.
225 *Weßlau,* in: SK-StPO, § 153 Rdnr. 37.
226 *Beulke,* in: LR-StPO, § 153 Rdnr. 52.

licher Gründe hierfür jederzeit wieder aufnehmen.[227] Ein Strafklageverbrauch tritt folglich nicht ein.[228] Eine erfolgte Verfahrenseinstellung wird gemäß § 492 Abs. 2 Nr. 5 StPO in das staatsanwaltliche Verfahrensregister eingetragen.

Nach § 153 Abs. 2 StPO kann das Gericht, wenn bereits Anklage erhoben wurde unter den Voraussetzungen des Absatzes 1 in jeder Verfahrenslage selbst einstellen.[229] Hierbei bedarf es allerdings stets der Zustimmung der Staatsanwaltschaft. Der Zustimmung des Angeschuldigten bedarf es ebenfalls, da diesem die Möglichkeit eingeräumt werden soll, die Durchführung der Verhandlung zum Zwecke einer für ihn günstigen Entscheidung wie Freispruch oder Einstellung wegen Verfahrenshindernissen zu erzwingen.[230] Nach § 153 Abs. 2 S. 2 StPO bedarf es seiner Zustimmung nur dann nicht, wenn die Hauptverhandlung aus den in § 205 StPO aufgeführten Gründen nicht oder in den Fällen des § 231 Abs. 2 und der §§ 232, 233 StPO in Abwesenheit des Angeschuldigten durchgeführt wird.

§ 153a Abs. 1 StPO ermöglicht der Staatsanwaltschaft die Einstellung trotz eines öffentlichen Interesses an der Strafverfolgung, wenn die Erfüllung von Auflagen und bzw. oder Weisungen durch den Beschuldigten geeignet ist, das Strafverfolgungsinteresse zu kompensieren und die Schwere der Schuld bei einem Verbrechen nicht entgegensteht.[231] Erforderlich sind sowohl die Zustimmung des für die Eröffnung des Hauptverfahrens zuständigen Gerichts wie auch des Beschuldigten.

Nach Absatz 2 kann auch das Gericht nach Anklageerhebung – mit Zustimmung der Staatsanwaltschaft und des Angeschuldigten – das Verfahren bis zum Ende der Hauptverhandlung unter den Voraussetzungen des Absatzes 1 vorläufig einstellen.

Wird die Auflage/Weisung innerhalb der gesetzten Frist erledigt, stellt die Staatsanwaltschaft bzw. das Gericht das Verfahren endgültig ein. In diesem Fall tritt ein Strafklageverbrauch ein.[232]

Nach § 153b Abs. 1 StPO kann die Staatsanwaltschaft – und nach Absatz 2 nach Anklageerhebung ebenso das Gericht – das Verfahren einstellen, wenn die Voraussetzungen einer materiellen Strafrechtsvorschrift erfüllt sind, die ausdrücklich das Absehen von Strafe gestattet. Die Staatsanwaltschaft benötigt

227 *Volk*, Grundkurs StPO, § 12 Rdnr. 19 f.

228 *Weßlau,* in: SK-StPO, § 153 Rdnr. 43; *Beulke,* in: LR-StPO, § 153 Rdnr. 56; *Meyer-Goßner*, StPO, § 153 Rdnr. 37.

229 *Weßlau,* in: SK-StPO, § 153 Rdnr. 46.

230 *Meyer-Goßner*, StPO, § 153 Rdnr. 27.

231 *Kühne*, Strafprozessrecht, Rdnr. 589.

232 *Radtke,* in: Radtke/Hohmann-StPO, § 153a Rdnr. 78.

hierzu die Zustimmung des zuständigen Gerichts, das Gericht seinerseits die Zustimmung der Staatsanwaltschaft.

§ 153c StPO betrifft die Nichtverfolgung von Auslandsstraftaten, § 153d StPO das Absehen von Strafverfolgung bei politischen Straftaten. §§ 153e und 153f StPO ermöglichen dies auch bei tätiger Reue bzw. bei Straftaten nach dem Völkerstrafgesetzbuch bei Vorliegen der in diesen Vorschriften genannten Voraussetzungen.

Der Arbeitserleichterung der Justiz sowie der Verfahrensbeschleunigung dienen die §§ 154, 154a StPO, wonach ganze Tatkomplexe oder Teile von Tatkomplexen nicht verfolgt werden müssen, wenn das Ergebnis dieser Strafverfolgung (also Strafe oder Maßregel) neben dem Ergebnis einer anderen Strafverfolgung nicht beträchtlich ins Gewicht fällt[233], insbesondere also bei einem Rechtsfolgenminus.[234]

Die §§ 154c bis 154e StPO regeln schließlich die Einstellungsmöglichkeiten der Staatsanwaltschaft und im Falle des § 154e Abs. 2 StPO auch des Gerichts nach den jeweiligen dortigen – sehr speziellen – Voraussetzungen. Diese Einstellungsvorschriften gelangen nur in Ausnahmefällen zur Anwendung und sollen nicht im Fokus dieser Untersuchung stehen.

Nach *Heinz* lag im Jahr 1996 die Einstellungsrate für anklagefähige Ermittlungsverfahren der Staatsanwaltschaft als primärer Einstellungsbehörde[235] bei 37,4 %, wobei hier nur Einstellungen nach §§ 153, 153a und 153b StPO berücksichtigt wurden.[236] Für das Jahr 2009 stellte die Staatsanwaltschaft in rund 30 % der anklagefähigen Verfahren aus Opportunitätsgründen ein, wobei 80 % der gleichwohl zur Anklage gebrachten Verfahren mit einer Verurteilung endeten, 3 % mit einem Strafbefehl und 17 % mit einer gerichtlichen Einstellung.[237]

### 5.1.2.2 Im Verfahren gegen Jugendliche

Auch im Jugendstrafverfahren gilt das Legalitätsprinzip, welches jedoch durch die §§ 45, 47 JGG entsprechend dem Vorrang einer erzieherisch geprägten Verfahrensgestaltung nach § 2 Abs. 1 JGG eingeschränkt wird (im Rahmen des

---

233 *Schäfer*, Die Praxis des Strafverfahrens, Rdnr. 270.

234 Vgl. *Volk*, Grundkurs StPO, § 12 Rdnr. 29.

235 *Heinz*, FS-Kaiser, S. 94.

236 *Heinz*, FS-Kaiser, S. 111.

237 Vgl. Statistisches Bundesamt, Justiz auf einen Blick Ausgabe 2011, 2. Daten und Fakten zum Gang der justiziellen Strafverfolgung, 2.1 Anklage- und Einstellungsquoten, S. 11 und 12.

Subsidiaritätsprinzips).[238] Hierbei sind im Vergleich der Bundesländer – und selbst innerhalb eines Bundeslandes – große Unterschiede bei der Einstellungspraxis zu erkennen (siehe Anhang, Schaubild 1).[239]

§ 45 JGG ist eine wesentliche Ausgestaltung des Diversionsgedankens[240] im Jugendstrafrecht. Diversionsziel ist die vom Erziehungsgedanken geprägte möglichst weitgehende Vermeidung förmlicher Verfahren durch informelle Erledigung zum Zwecke einer Individualprävention.[241] Dabei ermöglicht § 45 Abs. 1 JGG unter den Voraussetzungen des § 153 StPO die Einstellung wegen Geringfügigkeit. Diese Einstellungsmöglichkeit ist im Vergleich zu den Möglichkeiten der Absätze 2 und 3 primär zu prüfen, da sie sich als Nonintervention (im Vergleich zur sog. intervenierender Diversion nach § 45 Abs. 2 und Abs. 3 JGG) für den Jugendlichen am wenigsten belastend auswirkt.[242] Ausweislich des Wortlauts der Vorschrift erfolgt eine Einstellung nach Absatz 1 ohne Zustimmung des Jugendrichters, worin ein maßgeblicher Unterschied zu § 153 StPO liegt.

Die unbestimmten Rechtsbegriffe der geringen Schuld und des fehlenden öffentlichen Interesses an der Strafverfolgung müssen hier jugendadäquat ausgelegt werden.[243] Eine Einstellung nach § 45 Abs. 1 JGG findet jedoch, ebenso wie die Einstellung nach den Absätzen 2 und 3, stets Eintrag in das Erziehungsregister gemäß § 60 Abs. 1 Nr. 7 BZRG. Auskunft aus dem Register ist dann gemäß § 61 Abs. 1 Nr. 1 BZRG im Falle eines erneuten Verfahrens den Strafgerichten und Staatsanwaltschaften zu erteilen. Nach § 63 Abs. 1 BZRG wird die Eintragung mit Vollendung des vierundzwanzigsten Lebensjahrs des Betroffenen entfernt, wobei in den Absätzen 2 und 3 sowie den §§ 51, 52 BZRG Ausnahmen bestimmt sind. § 64 Abs. 1 BZRG gewährt dem Betroffenen schließlich von vornherein ein Verschweigerecht hinsichtlich der Eintragung ins Erziehungsregister sowie des zugrunde liegenden Sachverhalts[244], etwa gegenüber Arbeitgebern, nicht aber bei Auskunftsverlangen durch Gerichte oder Behörden nach vorheriger Belehrung hierüber (§ 64 Abs. 2 BZRG), soweit diesen ein Auskunftsrecht nach § 61 BZRG zusteht.

---

238 *Eisenberg*, JGG, § 45 Rdnr. 9; *Schaffstein/Beulke*, Jugendstrafrecht, § 35 III 2 sowie *Kaiser*, KKW, S. 174.

239 *Ostendorf*, JGG, Grdl. z. §§ 45 und 47 Rdnr. 7 sowie *Feigen*, Staatsanwaltschaftliche Diversion, ZJJ 2008, S. 354 f.

240 „Diversion“ meint wörtlich soviel wie Ablenkung/Umleitung, vgl. *Schaffstein/Beulke*, Jugendstrafrecht, § 36 I.

241 *Diemer*, in: D/S/S, JGG, § 45 Rdnr. 4.

242 *Ostendorf*, JGG, Grdl. z. §§ 45 und 47 Rdnr. 5 sowie § 45 Rdnr. 9.

243 *Brunner/Dölling*, JGG, § 45 Rdnr. 17.

244 *Hase*, BZRG, § 64 Rdnr. 1.

Nach § 45 Abs. 2 JGG wird die Einstellung durch den Jugendstaatsanwalt wegen der Durchführung einer erzieherischen Maßnahme verfügt. Eine Zustimmung des Jugendrichters ist hier ebenfalls nicht erforderlich. Eine erzieherische Maßnahme muss dabei entweder bereits durchgeführt oder zumindest eingeleitet worden sein. Die Vorschrift ist – anders als die Einstellung nach Abs. 1 – auch bei Verbrechen anwendbar.[245] Unter „*erzieherischen Maßnahmen*" werden alle Maßnahmen verstanden, die zur Erziehung des Beschuldigten von privater oder öffentlicher Seite im Rahmen bestehender Erziehungsaufgaben eingeleitet werden können.[246] Insbesondere das Bemühen des Jugendlichen, mit dem mutmaßlichen Opfer einen Ausgleich zu finden, soll einer erzieherischen Maßnahme gleichstehen.

Das formlose jugendgerichtliche Erziehungsverfahren nach § 45 Abs. 3 JGG kommt hingegen nur zur Anwendung, wenn der Jugendstaatsanwalt zwar nicht die Erhebung einer Anklage, gleichwohl aber die Einschaltung des Jugendrichters für erzieherisch geboten hält. Der Staatsanwalt regt hierbei die Erteilung einer Ermahnung, Weisung oder von Auflagen an. Grund für die Einschaltung des Richters soll die zumindest erhoffte erzieherische Wirkung durch das erforderliche Erscheinen vor Gericht sein, auch wenn es sich dabei um ein formloses Verfahren handelt.[247]

Die Reihenfolge der Absätze 1 bis 3 des § 45 JGG bringt ein auf dem Verhältnismäßigkeitsgrundsatz beruhendes Stufenverhältnis zum Ausdruck.[248]

Nach Erhebung der Anklage kann der Richter das Verfahren aus den vier in § 47 Abs. 1 JGG aufgelisteten Gründen einstellen.

Hierbei verweist Abs. 1 Nr. 1 ebenso wie § 45 Abs. 1 JGG auf die Voraussetzungen des § 153 StPO, also auf die Einstellung wegen Geringfügigkeit.

Abs. 1 Nr. 2 nimmt Bezug auf die erzieherischen Maßnahmen des § 45 Abs. 2 JGG. Eine solche Maßnahme muss bereits durchgeführt oder eingeleitet worden sein, so dass eine Entscheidung durch Urteil entbehrlich wird.

In Nr. 3 wird auf die in § 45 Abs. 3 S. 1 JGG bezeichneten Maßnahmen verwiesen (Ermahnung, Weisung, Auflage). Diese können vom Richter angeordnet werden, wenn er eine Entscheidung durch Urteil für entbehrlich hält.

Nr. 4 schließlich sieht eine Einstellung für den Fall vor, dass sich erst nach Eröffnung des Hauptverfahrens herausstellt, dass der Jugendliche mangels Verantwortungsreife nicht verantwortlich für die ihm vorgeworfene Tat war (§ 3 JGG).[249]

---

245 *Ostendorf*, JGG, § 45 Rdnr. 11.

246 *Eisenberg*, JGG, § 45 Rdnr. 19.

247 *Eisenberg*, JGG, § 45 Rdnr. 23.

248 *Diemer*, in: D/S/S, JGG, § 45 Rdnr. 8.

249 *Eisenberg*, JGG, § 47 Rdnr. 12.

Eine Einstellung nach § 47 Abs. 1 JGG bedarf stets der Zustimmung des Jugendstaatsanwalts (§ 47 Abs. 2 S. 1 JGG), die Zustimmung des Angeschuldigten/Angeklagten ist hingegen nicht erforderlich.[250]

Auch die Einstellung nach § 47 JGG führt zu einer Eintragung in das Erziehungsregister gemäß § 60 Abs. 1 Nr. 7 BZRG.

Der Einstellungsbeschluss ist unanfechtbar und entfaltet eine nur beschränkte Rechtskraft (§ 47 Abs. 3 JGG). Eine „schlechte Führung“ des Jugendlichen nach Erlass des Einstellungsbeschlusses reicht jedoch nicht aus, um eine Neuanklage zu ermöglichen.[251]

§§ 45, 47 JGG gelten für Jugendliche gemäß § 104 Abs. 1 Nr. 4 JGG auch vor den für allgemeine Strafsachen zuständigen Gerichten.

Sehr kontrovers diskutiert wird das Verhältnis der §§ 45, 47 JGG zu den §§ 153 ff. StPO, wobei die Diskussion darauf fokussiert ist, ob § 153 StPO durch die Regelungen der §§ 45 Abs. 1, 47 Abs. 1 S. 1 Nr. 1 JGG und der § 153a StPO durch die §§ 45 Abs. 2, Absatz 3, 47 Abs. 1 S. 1 Nr. 2 und Nr. 3 JGG verdrängt wird.

Dem Meinungsstreit kommt beachtliche Bedeutung zu, da die Voraussetzungen und Rechtsfolgen der verschiedenen Normen – trotz der weitgehend identischen Regelungssachverhalte – erhebliche Unterschiede aufweisen.

In der Diskussion werden insbesondere die folgenden Positionen vertreten:

Nach einer Ansicht sollen §§ 45 Abs. 1, 47 Abs. 1 S. 1 Nr. 1 JGG nur subsidiär gelten, wenn die Voraussetzungen des § 153 StPO erfüllt sind, da so die Eintragung ins Erziehungsregister vermieden wird, was eine Schlechterstellung im Vergleich zum Erwachsenen verhindern soll. Es müsse im Einzelfall geprüft werden, ob die Anwendung des § 153 StPO aus erzieherischen Gründen nicht sogar angebrachter erscheint, weil eine Stigmatisierung in Form der Erziehungsregistereintragung vermieden werde. Jedenfalls sei auch im Jugendstrafrecht von einer Anwendbarkeit aller Einstellungsgründe auszugehen.[252]

*Ostendorf* etwa plädiert für eine Anwendung des § 45 Abs. 1 JGG nur für den Fall, dass vom Jugendstaatsanwalt eine Eintragung in das Erziehungsregister für notwendig erachtet wird, ansonsten sei § 153 StPO zur Anwendung zu bringen.[253] Für das Verhältnis des § 153a StPO zu den §§ 45 Abs. 2, Abs. 3, 47 Abs. 1 S. 1 Nr. 3 JGG wird ebenfalls ein Vorrang des § 153a StPO befürwortet, da der Jugendliche so von dem Erfordernis eines Geständnisses befreit sei und

---

250 *Ostendorf*, JGG, § 47 Rdnr. 11.

251 *Brunner/Dölling*, JGG, § 47 Rdnr. 16.

252 So LG Itzehoe, Beschl. v. 23.12.1992 – 9 Qs 167/92, StV 93, 537 ff.; *Bohnert*, Die Reichweite der staatsanwaltschaftlichen Einstellung im Jugendstrafrecht, NJW 1980, S. 1931, der für eine grds. Einstellungspraxis nach den §§ 153 ff. StPO auch im Jugendstrafrecht plädiert.

253 *Ostendorf*, JGG, § 45 Rdnr. 5.

ebenso wie ein Erwachsener in vergleichbarer Lage nur noch der Einstellung zustimmen müsse.[254]

Nach einer anderen Ansicht treten die allgemeinen Einstellungsvorschriften hinter den insofern abschließenden Regelungen der §§ 45, 47 JGG als legis specialis zurück.[255] Danach schließen §§ 45 Abs. 1, 47 Abs. 1 S. 1 Nr. 1 JGG die Anwendung des § 153 StPO grundsätzlich aus, da nach § 45 Abs. 1 JGG eine Zustimmung des Jugendrichters für die Einstellung – im Gegensatz zum Regelfall des § 153 Abs. 1 S. 1 StPO – nicht erforderlich ist und somit die Einschränkung des Legalitätsprinzips gegenüber den Regelungen des allgemeinen Strafverfahrensrechts erweitert werde. Es solle aber doch nach § 153 StPO statt nach § 45 Abs. 1 JGG eingestellt werden, wenn eine richterliche Zustimmung hierzu vorliege, da somit eine Eintragung ins Register vermieden werde.[256] Ebenso sei ein Rückgriff auf § 153a StPO ausnahmsweise legitim, wenn die Einstellung nach dem Jugendstrafrecht nicht möglich ist, da die Voraussetzungen der §§ 45 Abs. 2, Abs. 3, 47 Abs. 1 S. 1 Nr. 3 JGG nicht vorliegen.[257] Dieser Rückgriff sei insbesondere bei fehlendem Geständnis des Jugendlichen, welches von § 45 Abs. 3 JGG ausdrücklich gefordert wird, möglich.[258]

Einen weiteren Ansatz vertritt *Rieß*, bei dem §§ 45, 47 JGG den § 153 StPO zwar im Wege der Spezialität gänzlich verdrängen, der § 153a StPO aber stets Vorrang vor den jugendstrafprozessualen Normen genießt, um eine Schlechterstellung des Jugendlichen aufgrund der Eintragung ins Erziehungsregister zu vermeiden.[259]

Der Meinungsstreit ist für die hier fokussierte Problematik insbesondere im Hinblick auf die Frage von Bedeutung, ob der Umstand der Eintragung ins Er-

---

254 Vgl. *Bottke*, Zur Ideologie und Teleologie des Jugendstrafverfahrens, ZStW 95 (1983), S. 93 sowie *Bohnert*, Die Reichweite der staatsanwaltschaftlichen Einstellung im Jugendstrafrecht, NJW 1980, S. 1931.

255 *Eisenberg*, JGG, § 45 Rdnr. 9; *Brunner/Dölling*, JGG, § 45 Rdnr. 3; *Diemer*, in: D/S/S, JGG, § 45 Rdnr. 9 und § 47 Rdnr. 6; *Schaffstein/Beulke*, Jugendstrafrecht, § 35 III 2.

256 Vgl. *Nothacker*, Das Absehen von der Verfolgung, JZ 1982, S. 61 sowie *Eisenberg*, JGG, § 45 Rdnr. 10 f.

257 *Eisenberg*, JGG, § 45 Rdnr. 12; *Laubenthal/Baier/Nestler*, Jugendstrafrecht, Rdnr. 311; *Pfeiffer*, StPO, § 153a Rdnr. 1; *Hanft*, Ausbildungsrelevante Besonderheiten, Jura 2008, S. 370.

258 *Meyer-Goßner*, StPO, § 153a Rdnr. 4; *Nothacker*, Das Absehen von der Verfolgung, JZ 1982, S. 62; *Eisenberg*, NStZ 1991, S. 450 mit ablehnender Anmerkung zum Beschluss des LG Aachen; a.A. *Brunner/Dölling*, JGG, § 45 Rdnr. 3, der die Anwendung der §§ 153, 153a StPO neben den §§ 45, 47 JGG generell ablehnt; zudem *Ostendorf*, JGG, § 45 Rdnr. 6, der es für unzulässig hält, das Geständniserfordernis des § 45 Abs. 3 JGG zu umgehen und § 153a StPO dann für anwendbar hält, wenn die in § 45 Abs. 3 JGG aufgeführten Maßnahmen nicht „passen".

259 *Rieß*, in: LR-StPO, 24. Aufl., § 153 Rdnr. 12 sowie § 153a Rdnr. 19.

ziehungsregister die richterliche Einstellungsbereitschaft im Vergleich zum Erwachsenen schmälert. Unter 6.2.3 soll zu dieser Frage Stellung genommen und ein Lösungsansatz für die aufgezeigte Problematik dargestellt werden.

In der Justizpraxis spielt der Meinungsstreit im Übrigen keine entscheidende Rolle, da nur verschwindend geringe Prozentzahlen an Jugendstrafverfahren nach §§ 153, 153a StPO eingestellt werden. Hingegen lag die Diversionsrate für Verfahren gegen Jugendliche und Heranwachsende nach §§ 45, 47 JGG für das Jahr 2008 im Bundesdurchschnitt bei 70 % (zur Entwicklung der letzten Jahre siehe Anhang, Schaubild 2).[260]

### 5.1.2.3 Im Verfahren gegen Heranwachsende

Die Einstellungsmöglichkeiten des § 45 JGG können entsprechend der Verweisung des § 109 Abs. 2 S. 1 JGG auch im Verfahren gegen Heranwachsende herangezogen werden, wenn auf sie gemäß § 105 Abs. 1 JGG Jugendstrafrecht Anwendung findet. Zwar knüpft das Gesetz in § 109 Abs. 2 S. 1 JGG für die Einschätzung nach § 105 Abs. 1 JGG an die Person des Richters an, jedoch entspricht es ausweislich der zu § 45 JGG erlassenen Richtlinie Nr. 5 dem gesetzgeberischen Willen, § 45 Abs. 1 und 2 JGG auch auf Heranwachsende anzuwenden, auch wenn die erforderliche Einschätzung hier durch den Jugendstaatsanwalt erfolgt.[261]

Findet Jugendstrafrecht Anwendung, sind auch im Verfahren vor den allgemeinen Strafgerichten die Einstellungsmöglichkeiten des § 45 JGG eröffnet, §§ 112, 104 Abs. 1 Nr. 4, 109 Abs. 2 S. 1 JGG.

Im Falle des § 105 Abs. 1 JGG kann § 47 JGG nur mit Einschränkungen auf den Heranwachsenden angewendet werden. So verweist § 109 Abs. 2 S. 1 JGG nur auf die § 47 Abs. 1 S. 1 Nr. 1 bis 3, Abs. 2 und 3 JGG. Ein Verweis auf Nr. 4 des Absatz 1 scheidet aus, da im Verfahren gegen Heranwachsende die Verantwortungsreife gemäß § 3 JGG nicht geprüft wird. Die in Absatz 2 Satz 4 vorgesehene Regelung, die Einstellungsgründe dem Angeklagten nicht mitzuteilen, wenn Nachteile für die Erziehung zu befürchten sind, wird zwar nicht im § 109 Abs. 2 S. 1 JGG genannt, muss aber gleichwohl als unanwendbar im Verfahren

260 Vgl. *Heinz*, Wolfgang: Das strafrechtliche Sanktionensystem und die Sanktionierungspraxis in Deutschland 1882–2008 (Stand: Berichtsjahr 2008), S. 103, Schaubild 53; einsehbar unter http://ki.uni-konstanz.de/kis/; hier Schaubild 2 im Anhang.

261 Ebenso *Ostendorf*, JGG, § 45 Rdnr. 1; *Brunner/Dölling*, JGG, § 109 Rdnr. 5; Richtlinie Nr. 5 zu § 45 JGG lautet: *„§ 45 gilt auch im Verfahren gegen Jugendliche vor den für allgemeine Strafsachen zuständigen Gerichten (§ 104 Abs. 1 Nr. 4), im Verfahren gegen Heranwachsende nur, wenn Jugendstrafrecht zur Anwendung kommt (§ 109 Abs. 2).“*

gegen Heranwachsende betrachtet werden. Denn § 54 Abs. 2 JGG, der die gleiche Regelung für die Mitteilung der Urteilsgründe trifft, wird im Verweis des § 109 Abs. 2 JGG ausdrücklich ausgenommen, so dass es als Redaktionsversehen angesehen werden muss, dass keine vergleichbare Regelung für die Einstellungsgründe getroffen wurde.[262] Ebenfalls als Redaktionsversehen erscheint der fehlende Verweis auf § 47 Abs. 1 S. 2 JGG, in § 47 Abs. 2 S. 1, auf welche verwiesen wird, auf die vorläufige Einstellung Bezug nimmt.[263]

In dem soeben beschriebenen Umfang findet § 47 JGG entsprechend der Verweisung der §§ 112, 105 Abs. 1, 109 Abs. 2 S. 1, 104 Abs. 1 Nr. 4 JGG auch vor den allgemeinen Strafgerichten Beachtung.

Der (teilweise) Verweis des § 109 Abs. 2 S. 1 JGG auf die §§ 45, 47 JGG bezieht sich zwar auch auf das dort enthaltene Wort „*erzieherisch*". Wegen der Volljährigkeit der Heranwachsenden ist jedoch weniger Augenmerk auf eine erzieherische Einflussnahme zu legen, als viel mehr auf ein Einwirken im Sinne einer positiven Spezialprävention[264] oder – wie *Eisenberg* es ausdrückt – eine „Nach-Sozialisation".[265]

Für die Konkurrenz der Einstellungsmöglichkeiten nach §§ 45, 47 JGG zu denen des allgemeinen Strafverfahrensrechts kann größtenteils auf das bereits oben zum Verfahren gegen Jugendliche Gesagte verwiesen werden. Für den Fall, dass Zweifel an der Anwendbarkeit des Jugendstrafrechts auf den Heranwachsenden bestehen bleiben, spricht sich *Ostendorf* für ein vorrangiges Heranziehen der §§ 153, 153a StPO aus, um die Eintragung ins EZR zu vermeiden.[266]

Findet das Jugendstrafrecht keine Anwendung auf den Heranwachsenden, gelten für ihn stets (ausschließlich) die allgemeinen Einstellungsmöglichkeiten der §§ 153 bis 154e StPO.

#### 5.1.2.4 Zusammenfassung

Für das Verfahren gegen Jugendliche sorgt das Vorhandensein der Einstellungsmöglichkeiten der §§ 45, 47 JGG innerhalb der Literatur für Diskussion. Gleiches gilt – wenn auch im geringeren Maße – für den nach Jugendstrafrecht behandelten Heranwachsenden.

---

262 Vgl. *Ostendorf*, JGG, § 47 Rdnr. 1 sowie *Eisenberg*, JGG, § 47 Rdnr. 2.

263 *Ostendorf*, JGG, § 109 Rdnr. 5.

264 *Sonnen,* in: D/S/S, JGG, § 109, Rdnr. 13.

265 *Eisenberg*, JGG, § 109 Rdnr. 15.

266 *Ostendorf*, JGG, § 109 Rdnr. 5 und § 105 Rdnr. 24; ebenso *Sonnen,* in: D/S/S, JGG, § 109, Rdnr. 13; a.A. *Diemer,* in: D/S/S, JGG, § 45 Rdnr. 9.

Das im Zusammenhang mit dieser Kontroverse immer wieder zu hörende Argument der Schlechterstellung des jungen Delinquenten im Vergleich zum Erwachsenen aufgrund der Eintragung der Einstellung nach §§ 45, 47 JGG in das Erziehungsregister erlangt eine zusätzliche Bedeutung im Falle der gemeinsamen Verhandlung. Es stellt sich die Frage, ob sich das Einstellungsverhalten von Staatsanwaltschaft und Gerichten gegenüber der einen Altersgruppe im Falle der gemeinsamen Verhandlung auch auf das Einstellungsverhalten gegenüber der anderen Altersgruppe auswirkt und dieses beeinflusst. Bejahendenfalls bleibt zu untersuchen, ob dies aufgrund des durch das Jugendstrafrecht verfolgten Zwecks gerechtfertig ist. Ist eine gegenseitige Beeinflussung nicht festzustellen, muss gleichwohl gefragt werden, ob besagte Schlechterstellung des Jugendlichen aufgrund der Eintragung ins Erziehungsregister ihre Rechtfertigung im Erziehungsgedanken des Jugendstrafrechts findet oder ob sie nicht viel mehr eine nicht zu rechtfertigende Härte darstellt, die in dieser Form u.U. gar nicht beabsichtigt ist.

### 5.1.3 Anwesenheitsrechte und -pflichten des Angeklagten

Als ein weiterer wesentlicher Verfahrensgrundsatz des auf die mündliche Hauptverhandlung ausgerichteten Strafprozesses ist die Anwesenheit des Angeklagten anzusehen. In seiner Gegenwart soll über die ihm zur Last gelegte Tat entschieden werden.[267]

Dies gilt grundsätzlich für Angeklagte aller Altersgruppen, wobei sich jedoch gewisse Unterschiede in der Ausprägung des Grundsatzes ergeben.

#### 5.1.3.1 Im Verfahren gegen Erwachsene

Die Anwesenheit des Angeklagten stellt ein Recht zu seinen Gunsten, gleichzeitig aber auch eine hiermit korrespondierende Pflicht dar.[268] Weder kann der Angeklagte auf sein Recht verzichten[269], noch kann das Gericht ihn von seiner Pflicht entbinden[270], die Anwesenheit ist insofern zwingend.

---

267 *Gollwitzer*, FS-Tröndle, S. 455.

268 BGH NJW 1991, S. 1365.

269 BGH NStZ 1991, S. 296.

270 BGH NJW 1973, S. 522.

Das Anwesenheitsrecht des Angeklagten ist Ausdruck seines Anspruchs auf ein faires Verfahren, da nur so eine effiziente Verteidigung möglich ist,[271] sowie auf rechtliches Gehör.[272] Ihm soll Gelegenheit geboten werden, zu der ihm vorgeworfenen Tat sowie den Aussagen von Sachverständigen und Zeugen Stellung zu nehmen. Hierdurch ist sichergestellt, dass sich das Gericht einen persönlichen Eindruck vom Angeklagten machen kann, was für eine etwaige Strafzumessung mit entscheidend ist.[273]

Als Pflicht des Angeklagten dient seine Anwesenheit der Wahrheitsfindung und der Aufklärung der Tat.[274] Nach *Gollwitzer* wurzelt diese Pflicht in der Gemeinschaftsbindung des Einzelnen, gegenüber den dazu berufenen Organen der Gemeinschaft für sein Fehlverhalten einzustehen und sich dem Verfahren zur Klärung eines erhobenen Vorwurfes nicht zu entziehen.[275]

Zentrale Vorschrift des allgemeinen Verfahrensrechts ist der § 230 Abs. 1 StPO, wonach gegen einen ausgebliebenen Angeklagten eine Hauptverhandlung nicht stattfindet, so dass bei dessen Abwesenheit die Verhandlung grundsätzlich zu vertagen ist.[276] Ein Ausbleiben des Angeklagten liegt vor, wenn dieser entweder nicht körperlich präsent, verhandlungsunfähig[277] oder aus sonstigen Gründen nicht in der Lage ist, der Verhandlung zu folgen (oft genannt als „sonstige Gründe" werden Schlaf, Krankheit und Schwerhörigkeit).[278] Das Ausbleiben des Angeklagten kann aber nach dem Wortlaut des § 230 Abs. 2 StPO entschuldigt sein, so dass zumindest keine Zwangsmittel gegen ihn eingeleitet werden und die Verhandlung vertagt wird.

Genügend entschuldigt ist das Ausbleiben des Angeklagten, wenn ihm bei verständiger Würdigung aller Umstände des Einzellfalls daraus billigerweise kein Vorwurf gemacht werden kann.[279]

Der Angeklagte muss während der gesamten Dauer der Hauptverhandlung anwesend sein. Entsprechend der überragend wichtigen Bedeutung, welche dem Anwesenheitsrecht zukommt, stellt seine Verletzung einen absoluten Revisions-

---

271 Vgl. *Schäfer*, Die Praxis des Strafverfahrens, Rdnr. 857; im Hinblick auf Art. 6 MRK auch EGMR (Dritte Sektion) Urt. v. 13.02.2001 – 29731/96 (Krombach./.Frankreich), NJW 2001, S. 2391; zum Anspruch auf ein faires Verfahren siehe unten unter 5.1.4.1.

272 *Pfeiffer*, StPO, § 230 Rdnr. 1.

273 *Gollwitzer*, FS-Tröndle, S. 456 sowie *Peukert*, Die Garantie des „fair trial" in der Straßburger Rechtsprechung, S. 256.

274 *Gmel*, in: KK-StPO, § 230 Rdnr. 1; *Peukert*, Die Garantie des „fair trial" in der Straßburger Rechtsprechung, S. 256.

275 *Gollwitzer*, FS-Tröndle, S. 456.

276 *Britz*, in: Radtke/Hohmann-StPO, § 230 Rdnr. 7.

277 BGHSt 32, 331 (334).

278 Pfeiffer, StPO, § 230 Rdnr. 3 sowie *Britz*, in: Radtke/Hohmann-StPO, § 230 Rdnr. 9.

279 *Meyer-Goßner*, StPO, § 230 Rdnr. 16 sowie § 329 Rdnr. 18 ff.

grund nach § 338 Nr. 5 StPO dar.[280] Die Abwesenheit des Angeklagten bei nur unwesentlichen Teilen der Hauptverhandlung hat indes keine solch weitreichenden Folgen.[281]

Das Gesetz kennt jedoch auch Ausnahmen vom Grundsatz der notwendigen persönlichen Anwesenheit, welche sich in drei Gruppen unterteilen lassen: Verfahren gegen Abwesende (§§ 276 ff. StPO), Verfahren in Abwesenheit des ausgebliebenen Angeklagten (§§ 232, 233, 329 Abs. 2, 350 Abs. 2, 387 Abs. 1, 411 Abs. 2 S. 1 und 412 StPO) sowie Verfahren mit zeitweiliger Abwesenheit des Angeklagten (§§ 231 Abs. 2 bis 231c und § 247 StPO).[282] Hierzu im Einzelnen:

§ 276 StPO enthält eine gesetzliche Fiktion der Abwesenheit des Beschuldigten[283], nämlich dann, wenn sein Aufenthaltsort unbekannt ist, oder dieser zwar bekannt ist, aber im Ausland liegt und die Bewirkung des Erscheinens mittels Ladung nicht ausführbar oder aber nicht angemessen ist.[284] Nicht ausführbar ist die sog. Gestellung, wenn der Beschuldigte der Ladung nicht freiwillig Folge leistet und eine Erzwingung des Erscheinens nicht möglich ist.[285] Die Gestellung ist nicht angemessen, wenn der mit dem Auslieferungsverfahren verbundene Verwaltungsaufwand in keinem Verhältnis zur Bedeutung der Sache und dem sich aus ihr ergebenen Strafverfolgungsinteresse steht.[286] In Abwesenheit findet zwar keine Hauptverhandlung statt (§ 285 Abs. 1 S. 1 StPO). Die Abwesenheit stellt indes kein Verfahrenshindernis dar, so dass sie weder der Eröffnung des Hauptverfahrens noch einem sonstigen Weiterbetreiben des bereits eingeleiteten Verfahrens entgegensteht.[287] Die Vorschriften zur Verhandlung gegen einen Ausgebliebenen werden durch § 285 StPO nicht eingeschränkt,[288] d.h. die Regelung erstreckt sich nur auf diejenigen Fälle, in denen der Angeklagte noch überhaupt keine Gelegenheit erhalten hat, sich angemessen zu verteidigen.[289] Ebenfalls nicht umfasst von § 285 StPO ist das staatsanwaltschaftliche Ermittlungsverfahren.

Ist der Angeklagte entsprechend § 230 Abs. 1 StPO ausgeblieben, so eröffnet der § 232 StPO die Möglichkeit, die Hauptverhandlung gleichwohl gegen den ausgebliebenen Angeklagten durchzuführen. Die Vorschrift gibt dabei enge

---

280 *Meyer-Goßner*, StPO, § 338 Rdnr. 35 ff.

281 *Gmel,* in: KK-StPO, § 230 Rdnr. 4.

282 *Britz,* in: Radtke/Hohmann-StPO, § 230 Rdnr. 8.

283 *Temming*, Anmerkung zur Entscheidung des BGH, Urt. v. 25.07.1990 – 3 StR 172/90, NStZ 1990, S. 585.

284 *Ullenbruch,* in: Radtke/Hohmann-StPO, § 276 Rdnr. 4 und 7.

285 *Engelhardt,* in: KK-StPO, § 276 Rdnr. 6.

286 *Gollwitzer,* in: LR-StPO, § 276 Rdnr. 9.

287 *Ullenbruch,* in: Radtke/Hohmann-StPO, § 285 Rdnr. 2.

288 *Meyer-Goßner*, StPO, § 285 Rdnr. 1.

289 *Ullenbruch,* in: Radtke/Hohmann-StPO, § 285 Rdnr. 2.

Voraussetzungen vor: So muss eine ordnungsgemäße, nicht öffentliche Ladung erfolgt sein, in welcher der Angeklagte auf die Möglichkeit der Verhandlung ohne seine Anwesenheit hingewiesen worden sein muss, und es darf eine nur geringe Sanktionserwartung bestehen (die zu erwartenden Sanktionen sind enumerativ in § 232 Abs. 1 StPO aufgelistet[290]). Das Urteil muss dem Angeklagten oder dessen Verteidiger mitsamt den Urteilsgründen zugestellt werden.

Im Gegensatz dazu ermöglicht § 233 StPO eine Entbindung des Angeklagten von der Anwesenheitspflicht unter den dort genannten Voraussetzungen. So muss der Angeklagte die Entbindung beantragen und sich die Sanktionserwartung im Rahmen der in Absatz 1 Satz 1 genannten Rechtsfolgen bewegen. Ist der Angeklagte aufgrund eines im pflichtgemäßen Ermessen des Gerichts liegenden Beschlusses[291] von der Anwesenheitspflicht entbunden worden, so ist er dennoch zwingend[292] durch einen beauftragten oder ersuchten Richter zu vernehmen. Dieser hat ihn über die in seiner Abwesenheit in zulässiger Weise zu erkennenden Rechtsfolgen zu belehren sowie erneut zu fragen, ob er seinen Antrag aufrechterhalten möchte.

§ 329 Abs. 2 StPO ermöglicht unter den Voraussetzungen des Absatzes 1 die Durchführung des durch die Staatsanwaltschaft eingeleiteten Berufungsverfahrens auch bei Ausbleiben des Angeklagten. Erforderlich ist, dass weder der Angeklagte noch – in den Fällen, in denen dies zulässig ist – sein Vertreter erschienen sind und ihr Ausbleiben entsprechend § 230 Abs. 2 StPO nicht genügend entschuldigt ist.

Im Revisionsverfahren ist entsprechend § 350 Abs. 2 StPO die Anwesenheit des Angeklagten nicht zwingend erforderlich. Er kann sich daher von einem mit schriftlicher Vollmacht versehenen Verteidiger vertreten lassen. Ein Anwesenheits*recht* des Angeklagten besteht nur, wenn sich dieser auf freiem Fuß befindet.[293]

§ 387 Abs. 1 StPO ermöglicht es dem Angeklagten, sich im Privatklageverfahren durch einen mit schriftlicher Vollmacht versehenen Rechtsanwalt vertreten zu lassen.

Eine Vertretung durch einen schriftlich bevollmächtigten Verteidiger sieht § 411 Abs. 2 S. 1 StPO schließlich auch für den Angeklagten im Strafbefehlsverfahren vor.

Eine weitere Ausnahme vom Anwesenheitsgrundsatz ist für das Verfahren mit zeitweiliger Abwesenheit des Angeklagten vorgesehen. So ordnet § 231 Abs. 1

---

290 *Gmel,* in: KK-StPO, § 232 Rdnr. 6.

291 *Pfeiffer*, StPO, § 233 Rdnr. 3.

292 *Meyer-Goßner*, StPO, § 233 Rdnr. 14.

293 *Pfeiffer*, StPO, § 350 Rdnr. 2.

StPO zwar an, dass sich der erschienene Angeklagte nicht aus der Verhandlung entfernen darf, was durch entsprechende Mittel seitens des Vorsitzenden zu gewährleisten ist. Entfernt sich der Angeklagt gleichwohl, so kann die Hauptverhandlung jedoch in seiner Abwesenheit fortgeführt werden. Voraussetzung ist allerdings, dass der Angeklagte bereits zur Sache vernommen wurde und das Gericht seine weitere Anwesenheit nicht für erforderlich erachtet. Die Norm ist als Ausnahmevorschrift eng auszulegen.[294]

Führt der Angeklagte bewusst seine Verhandlungsunfähigkeit herbei, so wird die Hauptverhandlung gemäß § 231a Abs. 1 StPO in seiner Abwesenheit durchgeführt, auch wenn er innerhalb der Hauptverhandlung noch nicht zur Sache gehört wurde, ihm nach Eröffnung des Hauptverfahrens aber zumindest einmal Gelegenheit gegeben worden ist, sich vor dem Gericht oder einem beauftragten Richter zur Sache zu äußern.[295] Die Regelung in Absatz 1 Satz 2 ist als Muss-Vorschrift zu verstehen[296] und dient dem Angeklagten zugleich als Warnung, dass auch ohne ihn verhandelt wird, sollte er sein Verhalten nicht ändern.[297] Die Anwesenheit des Angeklagten während der Hauptverhandlung darf nicht unerlässlich sein, was nur selten anzunehmen ist, etwa wenn das Gericht wegen der besonderen Sachgestaltung ohne unmittelbaren Eindruck von dem Angeklagten oder ohne Gegenüberstellung mit Zeugen kein richtiges Urteil finden zu können glaubt.[298]

§ 231b StPO ordnet an, dass im Falle des Entfernens des Angeklagten aus dem Sitzungssaal infolge ordnungswidrigen Verhaltens auch in dessen Abwesenheit weiterverhandelt werden darf. Voraussetzung ist auch hier, dass das Gericht die weitere Anwesenheit des Angeklagten nicht als unerlässlich erachtet (s.o.). Seitens des Gerichts muss eine schwerwiegende Beeinträchtigung des Ablaufs der Hauptverhandlung bei weiterer Anwesenheit des Angeklagten befürchtet werden. Für diese Prognose ist durch das Gericht das bisherige Verhalten des Angeklagten zu berücksichtigen, von welchem eine weitere erhebliche Störung zu erwarten sein muss.[299]

Im Falle der Hauptverhandlung gegen mehrere Angeklagte ermöglicht § 231c StPO die Abwesenheit einzelner Angeklagter für die Dauer von Verhandlungsteilen, von denen sie nicht betroffen sind. Erforderlich ist hier ein Antrag des jeweiligen Angeklagten. In dem bewilligenden Beschluss sind die betreffenden Verhandlungsteile zu bezeichnen.

---

294 *Britz*, in: Radtke/Hohmann-StPO, § 231 Rdnr. 7 und 10.

295 *Pfeiffer*, StPO, § 231a Rdnr. 2.

296 BGHSt 26, 228 (234).

297 *Rieß*, Die Durchführung der Hauptverhandlung ohne Angeklagten, JZ 1975, S. 270.

298 *Meyer-Goßner*, StPO, § 231a Rdnr. 14.

299 Vgl. *Pfeiffer*, StPO, § 231b Rdnr. 1.

§ 247 StPO sieht schließlich die vorübergehende Entfernung des Angeklagten aus der Hauptverhandlung vor und dient vorwiegend der Sachaufklärung und Wahrheitsfindung.[300] Denn die zeitweilige Entfernung des Angeklagten ist dann zulässig, wenn durch seine Anwesenheit die wahrheitsgemäße Aussage eines Mitangeklagten oder Zeugen gefährdet wird oder sie der Gesundheit eines Zeugen abträglich ist. Ebenfalls kann der Angeklagte zum eigenen Schutze aus der Hauptverhandlung entfernt werden, dann nämlich, wenn der (gesundheitliche bzw. geistige) Zustand des Angeklagten und seine Behandlungsaussichten erörtert werden und hierdurch eine Gefährdung seiner Gesundheit zu befürchten ist.[301] Der Wunsch des Angeklagten, ein Gutachten oder ähnliches nicht mit anhören zu müssen, genügt hingegen nicht.[302] Das Recht und die Pflicht des Angeklagten zur ständigen Anwesenheit in der Hauptverhandlung findet hierdurch eine Einschränkung. Die Vorschrift dient dem Schutze vorrangiger, gewichtiger Rechtsgüter oder Verfahrensinteressen, so dass die Teilnahme des Angeklagten an der Hauptverhandlung in dem für den jeweiligen Schutzzweck unerlässlichen Umfang versagt werden kann.[303] Im Hinblick auf das Recht auf sachgerechte Verteidigung sowie das Recht auf Gehör ist es jedoch notwendig geboten, dass der Angeklagte uneingeschränkte Kenntnis vom Prozessgeschehen und vom Inhalt der Verhandlung erhält, weswegen § 247 S. 4 StPO anordnet, dass der Vorsitzende ihm unverzüglich nach seiner Rückkehr und vor der Fortsetzung des weiteren Verfahrens über das wesentliche Ergebnis des in seiner Abwesenheit Verhandelten zu unterrichten hat.[304] Die Vorschrift ist aufgrund ihres Ausnahmecharakters und wegen der Bedeutung der Anwesenheit des Angeklagten für die Verteidigung eng auszulegen.[305]

§ 247 StPO stellt die einzige echte Ausnahme vom Anwesenheitsrecht des Angeklagten aufgrund von Gründen dar, die nicht vom Willen des Angeklagten abhängen.[306]

### 5.1.3.2 Im Verfahren gegen Jugendliche

Zentrale Vorschriften im Hinblick auf die Anwesenheit des Jugendlichen in der Hauptverhandlung sind §§ 50 Abs. 1, 51 Abs. 1 JGG. Im Verfahren vor den

300 *Meyer-Goßner*, StPO, § 247 Rdnr. 1.
301 *Pfeiffer*, StPO, § 247 Rdnr. 6.
302 BGH StV 1993, S. 285.
303 *Gollwitzer*, FS-Tröndle, S. 457.
304 *Gollwitzer*, FS-Tröndle, S. 464.
305 *Becker*, in: LR-StPO, § 247 Rdnr. 6.
306 *Rieß*, Die Durchführung der Hauptverhandlung ohne Angeklagten, JZ 1975, S. 272.

Jugendgerichten gelten beide Vorschriften unmittelbar, vor allgemeinen Strafgerichten stellt § 104 Abs. 2 JGG ihre Anwendung in das richterliche Ermessen.[307]

Die Vorschriften des allgemeinen Verfahrensrechts erhalten durch §§ 50 Abs. 1, 51 Abs. 1 JGG eine Modifikation, durch welche den Angeklagten eine gesteigerte Anwesenheitspflicht trifft, zum anderen aber die Möglichkeit der zeitweiligen Verhandlung ohne den Angeklagten eine Erweiterung erfährt.[308]

Der Verweis des § 50 Abs. 1 JGG auf die Vorschriften des allgemeinen Verfahrens beschränkt sich auf diejenigen Vorschriften, welche für die Hauptverhandlung wesentlich sind, d.h. §§ 231 bis 233 StPO sowie §§ 329 und 350 Abs. 2 StPO für die Rechtsmittelinstanzen. Im Hinblick auf §§ 232, 233 StPO stellt sich jedoch das Problem der Vergleichbarkeit der Sanktionen: Während im Rahmen der beiden StPO-Vorschriften Geld- und Freiheitsstrafen als erwartete Rechtsfolgen aufgelistet werden, treten an ihre Stelle im Verfahren gegen Jugendliche die Erziehungsmaßregeln (mit Ausnahme der Hilfe zur Erziehung) und Zuchtmittel.[309]

Neben den Voraussetzungen der allgemeinen Vorschriften zur Verhandlung in Abwesenheit des Angeklagten müssen zusätzlich besondere Gründe vorliegen, die einen Verzicht auf die Anwesenheit des Jugendlichen rechtfertigen. Ratio des Erfordernisses der „besonderen Gründe“ ist die erhebliche Bedeutung des persönlichen Eindrucks des Gerichts von der Person des Jugendlichen. Dieser ist sowohl für die Persönlichkeitserforschung (§ 43 JGG) wie auch für die Rechtfolgenauswahl und -bemessung unerlässlich.[310] Das bloße Nichterscheinen gemäß § 232 StPO oder der bloße Antrag nach § 233 StPO genügen alleine nicht, um eine Verhandlung in Abwesenheit des Angeklagten zu rechtfertigen. Eine positive Formulierung der besonderen Gründe versucht Richtlinie Nr. 1 zu § 50 JGG[311], wobei die Geringfügigkeit der Sache im Hinblick auf die Einstellungs-

---

307 *Schatz,* in: D/S/S, JGG, § 50 Rdnr. 4 und § 51 Rdnr. 1.

308 *Laubenthal/Baier/Nestler*, Jugendstrafrecht, Rdnr. 362.

309 *Brunner/Dölling*, JGG, § 50 Rdnr. 2; *Eisenberg*, JGG, § 50 Rdnr. 17; *Ostendorf,* JGG, § 50 Rdnr. 10, dieser aber einschränkend bzgl. der Anordnung eines Arrests, da es sich hierbei um eine Freiheitsentziehung handelt.

310 *Eisenberg*, JGG, § 50 Rdnr. 15; vgl. auch Satz 1 der Richtlinie Nr. 1 zu § 50 JGG: „*Im Jugendverfahren ist der persönliche Eindruck, den das Gericht von dem Jugendlichen erhält, von entscheidender Bedeutung.*“

311 Satz 2 der Richtlinie Nr. 1 zu § 50 JGG: „*Eine Hauptverhandlung in Abwesenheit des Angeklagten sollte deshalb nur in Erwägung gezogen werden, wenn es sich um eine geringfügige Verfehlung handelt, auf Grund des Berichts der Jugendgerichtshilfe ein klares Persönlichkeitsbild vorliegt und das Erscheinen des Jugendlichen wegen weiter Entfernung mit großen Schwierigkeiten verbunden ist oder wenn gegebenenfalls eine Abtrennung des Verfahrens gegen den abwesenden Jugendlichen mit Rücksicht auf eine umfangreiche Beweisaufnahme unangebracht ist.*“

möglichkeiten der §§ 45, 47 JGG bzw. das Verfahren nach §§ 76 ff. JGG kaum Anlass zur Anwendung des § 50 Abs. 1 JGG bietet.[312] Zum Teil werden erhebliche (und möglicherweise irreparable) Belastungen des Jugendlichen, beispielsweise für seine Ausbildung, oder enge persönliche bzw. familiäre Beziehungen als besondere Gründe genannt, da hierdurch eine zusätzliche Härte zu Lasten des Jugendlichen entsteht.[313]

In Anbetracht des Umstandes, dass sowohl Staatsanwaltschaft als auch das Gericht im Vorfeld keine Einstellung vorgenommen haben, wird regelmäßig gerade keine nur geringfügige Verfehlung vorliegen, so dass der in Richtlinie Nr. 1 zu § 50 JGG genannte Grund in der Regel entfällt. Daher kann es m.E. nach als ausreichend angesehen werden, wenn im Rahmen der Terminierung weitestgehend beachtet wird, ob durch den Zeitpunkt der Hauptverhandlung eine besondere persönliche oder sonstige Härte für den Jugendlichen entsteht. Wird etwa bewusst ein Tag in den Schulferien ausgesucht, so erfährt der Jugendliche durch die Verhandlung keine zusätzliche Bloßstellung oder Stigmatisierung, weil er in der Schule oder seinem Ausbildungsbetrieb seine Abwesenheit erklären muss. Einen besonderen Grund im Sinne der Norm stellen diese Erwägungen nicht dar, insbesondere im Hinblick darauf, dass es nicht selten aus erzieherischen Gründen geboten erscheint, dem Jugendlichen gerade in einer Verhandlung vor Gericht sein Fehlverhalten vor Augen zu führen.[314]

Schließlich bedarf die Verhandlung in Abwesenheit des Angeklagten, außer in den Fällen des vereinfachten Verfahrens, noch der Zustimmung des Staatsanwalts.

Verglichen mit den eingeschränkten Möglichkeiten der Verhandlung in Abwesenheit des Angeklagten durch § 50 Abs. 1 JGG erfährt die Verfahrensgestaltung der vorübergehenden Entfernung des Angeklagten aus der Verhandlung durch § 51 Abs. 1 JGG eine Erweiterung. Diese jugendspezifische Entfernungsmöglichkeit beschränkt sich auf die Dauer solcher Erörterungen in der Hauptverhandlung, die erzieherische Nachteile befürchten lassen.[315] Dies kann etwa der Fall sein, wenn das Versagen des Elternhauses erörtert oder ein Sachverständigengutachten über die Persönlichkeit des Angeklagten erstattet wird, ebenso, wenn die künftige Betreuungs- und Fürsorgetätigkeit durch den Mitarbeiter der Jugendgerichtshilfe gerade gegenüber diesem Jugendlichen gefährdet würde.[316] Was konkret unter „*Erörterungen*" im Sinne der Norm zu verstehen ist, lassen sowohl das Gesetz selbst wie auch die Richtlinie zu § 51 JGG offen. Gesetzes-

---

312 *Ostendorf*, JGG, § 50 Rdnr. 10; *Eisenberg*, JGG, § 50 Rdnr. 18.

313 *Schatz*, in: D/S/S, JGG, § 50 Rdnr. 15; *Eisenberg*, JGG, § 50 Rdnr. 18.

314 Hinsichtlich der erzieherischen Intention auch *Eisenberg*, JGG, § 50 Rdnr. 11.

315 *Laubenthal/Baier/Nestler*, Jugendstrafrecht, Rdnr. 368.

316 *Schaffstein*, Jugendstrafrecht, § 37 II Nr. 2 b).

systematisch muss in Hinblick auf § 247 StPO hierunter jedoch mehr als eine Vernehmung zu verstehen sein und somit eine über die Beweisverhandlung hinausgehende Bedeutung.[317] „*Erörterungen*" umfassen daher auch die Ausführungen sämtlicher Prozessbeteiligter einschließlich der Schlussvorträge[318], nicht jedoch Urteilsverkündung und -begründung.[319]

Die Verpflichtung des Vorsitzenden gemäß § 51 Abs. 1 S. 2 JGG, den Jugendlichen nach dessen Rückkehr über das in seiner Abwesenheit Verhandelte zu unterrichten, beschränkt sich ausweislich des Wortlauts auf das zu seiner Verteidigung Erforderliche.[320]

Strittig ist der sachliche Anwendungsbereich der Vorschrift: Während *Ostendorf* aufgrund der Systematik und des Ausnahmecharakters der Norm für eine Geltung nur während der Hauptverhandlung plädiert[321], wird auch die Meinung vertreten, die Vorschrift gelte auch außerhalb der Hauptverhandlung für gewisse Untersuchungshandlungen.[322]

### 5.1.3.3 Im Verfahren gegen Heranwachsende

Die Regelung des § 50 Abs. 1 JGG findet auf Heranwachsende mangels Verweisung in § 109 Abs. 1 S. 1 JGG keine Anwendung, so dass ein Rückgriff auf die allgemeinen Verfahrensvorschriften stattfindet. Gleichwohl ist nach allgemeiner Ansicht auch im Verfahren gegen Heranwachsende zumindest der Grundgedanke des § 50 Abs. 1 JGG heranzuziehen, eine Hauptverhandlung in Abwesenheit des Angeklagten also möglichst zu vermeiden.[323] Diese Ansicht wird insbesondere durch den Umstand gestützt, dass die im Rahmen des § 105 JGG erforderliche Gesamtwürdigung der Persönlichkeit des Heranwachsenden und damit auch die Entscheidung über die Anwendbarkeit von materiellem Jugendstrafrecht kaum in Abwesenheit des Angeklagten möglich scheint.[324]

---

317 *Schatz,* in: D/S/S, JGG, § 51 Rdnr. 13.

318 Vgl. BGH, NStZ 2002, S. 217.

319 Vgl. *Brunner/Dölling*, JGG, § 51 Rdnr. 2; *Eisenberg*, JGG, § 51 Rdnr. 7; *Ostendorf*, JGG, § 51 Rdnr. 5 sowie *Schatz,* in: D/S/S, JGG, § 51 Rdnr. 13.

320 So auch BGH, NStZ 2002, S. 216 f.

321 *Ostendorf*, JGG, § 51 Rdnr. 2.

322 *Eisenberg*, JGG. § 51 Rdnr. 3; *Brunner/Dölling*, JGG, § 51 Rdnr. 11.

323 So *Brunner/Dölling*, JGG, § 50 Rdnr. 4; i.E. ebenso *Ostendorf*, JGG, § 50 Rdnr. 2; *Schatz,* in: D/S/S, JGG, § 50 Rdnr. 4; *Eisenberg*, JGG, § 50 Rdnr. 2.

324 OLG Hamburg, NJW 1963, S. 67 f.

Auch § 51 Abs. 1 JGG ist auf das Verfahren gegen Heranwachsende nicht anwendbar, da der § 109 Abs. 1 JGG nicht auf diese Vorschrift verweist.[325]

Es bleibt insoweit bei den Vorschriften des allgemeinen Verfahrensrechts.

#### 5.1.3.4 Zusammenfassung

Das Recht, aber auch die Pflicht des Angeklagten zur Anwesenheit während der Hauptverhandlung trifft diesen grundsätzlich unabhängig von seinem Alter. Es bleibt jedoch festzustellen, dass dem jugendlichen Angeklagten – und im gewissen Maße auch dem heranwachsenden – eine gesteigerte Pflicht zur Anwesenheit zukommt, andererseits aber sein Recht auf Anwesenheit im Vergleich zum Erwachsenen eingeschränkt wird. Beides wird erneut mit der erzieherischen Zielsetzung des Jugendstrafverfahrens begründet.

Im gemeinsamen Verfahren macht diese unterschiedliche Ausgestaltung des Rechts auf und der Pflicht zur Anwesenheit von Angeklagten verschiedener Altersstufen einen nur schwer zu erzielenden Interessenausgleich erforderlich, da ein Ausschlussgrund für den Fall, dass der jugendliche Angeklagte ebenfalls zeitweilig abwesend ist, nicht vorgesehen ist. Die Anwesenheit des nichtjugendlichen Angeklagten während der Erörterungen intimer Umstände und Berichte, welche ausschließlich den Jugendlichen betreffen, birgt die Gefahr einer Persönlichkeitsrechtsverletzung bei diesem in sich.

### 5.1.4 Der „fair-trial"-Grundsatz

Dem „fair-trial"-Grundsatz ist im Wesentlichen zu entnehmen, dass dem Beschuldigten ein Anspruch auf ein faires Verfahren zusteht.[326] Abgeleitet wird der Grundsatz seitens des BGH aus dem Rechtsstaatsprinzip[327], von Seiten des BVerfG auch aus einer Gesamtschau der Art. 1 Abs. 1, 2 Abs. 2 S. 2, 20 Abs. 3,

---

325 Eindeutig auch Satz 2 der Richtlinie zu § 51 JGG: „*Im Verfahren gegen Heranwachsende gilt die Vorschrift nicht (§ 109); hier kann das Gericht den Angeklagte nur nach den allgemeinen Verfahrensvorschriften von der Verhandlung ausschließen (vgl. insbesondere § 247 StPO).*"

326 „fair-trial" gilt aufgrund seiner komplexen Bedeutung als unübersetzbar, weswegen es auch hier beim Originalbegriff und allenfalls dem „fairen Verfahren" belassen wird; vgl. *Hartmann/Apfel*, Das Grundrecht auf ein faires Strafverfahren, Jura 2008, S. 495; *Müller*, Der Grundsatz der Waffengleichheit, NJW 1976, S. 1066.

327 BGHSt 32, 345 (350); 37, 10 (13).

101 Abs. 1 S. 2 und 103 Abs. 1 GG im Zusammenhang mit Art. 6 Abs. 1 S. 1 MRK.[328]

Obwohl die Existenz dieses Grundsatzes unbestritten ist, gelingt es nach wie vor nicht, seinen Umfang und seine Reichweite erschöpfend zu erfassen. Zumindest aber lässt sich sagen, dass der „fair-trial"-Grundsatz rechtsstaatliche Mindeststandards gewährt[329] und als ein „Prozessgrundrecht" zu betrachten ist.[330]

### 5.1.4.1 Im Verfahren gegen Erwachsene

Um der Gefahr einer unüberschaubaren Vielzahl an Deutungen und Auslegungen des Fairnessgebots entgegenzuwirken, die sich aus der schwierigen Umgrenzung seiner Reichweite einerseits, seiner immensen Bedeutung als oberster Grundsatz des Strafprozessrechts[331] andererseits ergibt, hat das Bundesverfassungsgericht ausgeführt: *„Das Recht auf ein faires Verfahren als eine Ausprägung des Rechtsstaatsprinzips, das in der Verfassung nur zum Teil näher konkretisiert ist, enthält keine in allen Einzelheiten bestimmten Gebote und Verbote; es bedarf daher der Konkretisierung je nach den sachlichen Gegebenheiten."*[332] In einer anderen Entscheidung wird der inhaltliche Schutzbereich des Grundsatzes zumindest näher konkretisiert: *„[Das Fairnessgebot] erschöpft sich nicht in der Selbstbeschränkung staatlicher Mittel gegenüber den beschränkten Möglichkeiten des Einzelnen, die sich in der Verpflichtung niederschlägt, dass staatliche Organe korrekt und fair zu verfahren haben (...). Als ein unverzichtbares Element der Rechtsstaatlichkeit des Strafverfahrens und daran anknüpfender Verfahren gewährleistet es dem Betroffenen, prozessuale Rechte und Möglichkeiten mit der erforderlichen Sachkunde selbständig wahrnehmen und Übergriffe der im vorstehenden Sinne rechtsstaatlich begrenzten Rechtsausübung staatlicher Stellen oder anderer Verfahrensbeteiligter angemessen abwehren zu können."*[333]

Aus dieser Vorgabe heraus wurden durch Rechtsprechung und Rechtswissenschaft einige Fallgruppen entwickelt, in denen dem Angeklagten individuelle Teilhabe-, Mitwirkungs- und Abwehrrechte gewährt werden, wobei vorliegend nur auf diejenigen des Hauptverfahrens eingegangen werden soll.

---

328 Vgl. *Beulke*, Strafprozessrecht, Rdnr. 28; BVerfG NJW 2001, S. 2245; aufgrund der unmittelbaren Geltung der MRK ist das deutsche Strafverfahren an ihren Anforderungen auszurichten, so *Gaede*, Faires Verfahren und Zeugensperrung, StV 2006, S. 600 f.

329 *Hartmann/Apfel*, Das Grundrecht auf ein faires Strafverfahren, Jura 2008, S. 500; *Geppert*, Zum „fair-trial-Prinzip", Jura 1992, S. 599.

330 BVerfGE 57, 274 f.; 70, 308; *Rogall*, in: SK-StPO, Vor. § 133 ff. Rdnr. 101.

331 *Geppert*, Zum „fair-trial-Prinzip", Jura 1992, S. 599.

332 BVerfGE 57, 250 (275).

333 BVerfGE 38, 105 (111).

So wird das Recht des Angeklagten, während des gesamten Verfahrens von seinem Schweigerecht Gebrauch machen zu können (als direkte Auswirkung des nemo-tenetur-Grundsatzes), zumindest auch auf den „fair-trial"-Grundsatz gestützt.[334] Auch das bereits oben erläuterte Anwesenheitsrecht des Angeklagten ist eine Ausgestaltung des Grundsatzes.[335] Ebenso lässt sich der Anspruch auf rechtliches Gehör u.a. mit dem Fairnessgebot begründen.[336]

Als eine der wesentlichsten Aussagen des „fair-trial"-Grundsatzes, insbesondere aufgrund seiner Herleitung aus dem Rechtsstaatsprinzip, muss hervorgehoben werden, dass der Beschuldigte niemals zum bloßen Objekt des Strafverfahrens degradiert werden darf, sondern als Beteiligter in erster Linie Prozesssubjekt ist.[337] Daher muss ihm ein Mindeststandard an verfahrensrechtlichen Befugnissen zur Verfügung gestellt werden, die es ihm ermöglichen, Einfluss auf den Gang und das Ergebnis des Verfahrens zu nehmen.[338]

Der sich aus dem Fairnessgebot ergebende Grundsatz der „Waffengleichheit"[339], zu verstehen als Chancengleichheit unter Berücksichtigung der sich aus den jeweiligen Prozessrollen ergebenden Unterschiede, beinhaltet das Recht des Angeklagten, sich selbst zu verteidigen oder aber einen Verteidiger seines Vertrauens hiermit zu beauftragen.[340] Kann der Betroffene die Kosten eines gewählten Verteidigers nicht selbst aufbringen, so ist ihm in Fällen der notwendigen Verteidigung (§ 140 StPO) von Amts wegen und auf Staatskosten ein Pflichtverteidiger zur Seite zu stellen.[341] Hierdurch soll dem Angeklagten ermöglicht werden, seine ihm zustehenden Verfahrensrechte auch tatsächlich wahrzunehmen und eine mögliche Überforderung bzw. Überrumplung zu vermeiden.[342] Die Waffengleichheit ist direkter Ausfluss der Subjektsstellung des Angeklagten. Denn der Inhalt des Prinzips der Waffengleichheit lässt sich auch dahingehend umschreiben, dass sowohl dem Angeklagten wie auch seinem Verteidiger während des Verfahrens eine aktive Rolle zusteht, um sich eine weitestgehend mit

---

334 *Hartmann/Apfel*, Das Grundrecht auf ein faires Strafverfahren, Jura 2008, S. 500; BVerfG, NStZ 1995, S. 555.

335 BVerfGE 41, 246 (249); 54,100 (116).

336 *Heinrich*, Rechtsstaatliche Mindestgarantien im Strafverfahren, Jura 2003, S. 172; *Rogall*, in: SK-StPO, Vor. § 133 ff. Rdnr. 103.

337 *Müller*, Der Grundsatz der Waffengleichheit, NJW 1976, S. 1066; *Heinrich*, Rechtsstaatliche Mindestgarantien im Strafverfahren, Jura 2003, S. 172; *Rogall*, in: SK-StPO, Vor. § 133 ff. Rdnr. 59; BGHSt 5, 332 (333).

338 *Rogall*, in: SK-StPO, Vor. § 133 ff. Rdnr. 59; BVerfGE 26, 66 (71); 46, 202 (210).

339 Zu dem Begriff ausführlich *Geppert*, Zum „fair-trial-Prinzip", Jura 1992, S. 599.

340 BVerfGE 39, 238 (243); 46, 202 (210 f.).

341 *Heinrich*, Rechtsstaatliche Mindestgarantien im Strafverfahren, Jura 2003, S. 172; *Hartmann/Apfel*, Das Grundrecht auf ein faires Strafverfahren, Jura 2008, S. 500.

342 *Geppert*, Zum „fair-trial-Prinzip", Jura 1992, S. 599.

den Kompetenzen der Staatsanwaltschaft vergleichbare verfahrensrechtliche Stellung einzuräumen[343] (beispielsweise Beweisantrags-, Frage- und Auskunftsrechte). Hierbei darf aber keinesfalls außer Acht gelassen werden, dass bereits strukturell bedingte Differenzierungen, deren Ursprung in der Ausgestaltung und den Verfahrensrollen im deutschen Strafprozess liegen, ein Prozessungleichgewicht bedingen und rechtfertigen können. Eine Waffengleichheit im absoluten Sinne ist mit der Struktur des deutschen Strafverfahrens nicht vereinbar, da die Verfahrensrollen dort – anders als im Zivilprozess – nicht austauschbar sind. So steht nur dem Staatsanwalt das Anklagerecht zu, ebenso kann nur er einen Zeugen wegen Verdachts der Falschaussage verfolgen. Auf der anderen Seite kommt dem Angeklagten etwa ein weiterreichendes Recht zur Ablehnung des Richters zu als dem Staatsanwalt.[344]

Ist der Angeklagte der deutschen Sprache nicht mächtig, so folgt aus dem Fairnessgebot, dass er in eine Lage zu versetzen ist, die es ihm ermöglicht, die ihn betreffenden wesentlichen Verfahrensvorgänge zu verstehen und verfolgen zu können. Daher ist ihm vom Gericht ein Dolmetscher zur Seite zu stellen.[345]

Die Beiordnung eines Dolmetschers ist Ausgestaltung der gerichtlichen Fürsorgepflicht, die ihrerseits im Fairnessgebot wurzelt. Die Fürsorgepflicht umfasst des Weiteren Hinweis-, Belehrungs- und Aussetzungspflichten des Gerichts wie bspw. in §§ 35a, 243 Abs. 4 S. 1 oder 265 StPO[346] und dient dazu, dem Angeklagten die sachgerechte Wahrnehmung seiner Verteidigung zu ermöglichen und seine verfassungsmäßigen Rechte zu sichern, insbesondere im Hinblick auf die regelmäßig vorliegende Laienstellung des Betroffenen.[347]

Ebenfalls aus dem Fairnessgebot folgt der Grundsatz der Verfahrensbeschleunigung und damit die Verpflichtung der staatlichen Strafverfolgungsbehörden, das Strafverfahren zügig durchzuführen und in angemessener Zeit abzuschließen.[348] Hierin liegt zugleich das Verbot unangemessener Verfahrensverzögerung, welche u.U. im Falle einer unangebrachten, zögerlichen Bearbeitung einer Rechtssache als Rechtsbeugung gemäß § 339 StGB bestraft werden kann.[349] Die Ratio des Beschleunigungsgebots liegt vor allem in der Erkenntnis, dass eine

---

343 Vgl. *Kohlmann*, FS-Peters, S. 316 f.

344 Vgl. *Müller*, Der Grundsatz der Waffengleichheit, NJW 1976, S. 1065 f.

345 *Heinrich*, Rechtsstaatliche Mindestgarantien im Strafverfahren, Jura 2003, S. 172; *Hartmann/Apfel*, Das Grundrecht auf ein faires Strafverfahren, Jura 2008, S. 500

346 *Geppert*, Zum „fair-trial-Prinzip", Jura 1992, S. 600.

347 Vgl. *Rogall,* in: SK-StPO, Vor. § 133 ff. Rdnr. 110.

348 *Heinrich*, Rechtsstaatliche Mindestgarantien im Strafverfahren, Jura 2003, S. 172; BVerfG, NJW 1992, S. 2472; BVerfGE 46, 17 (28 f.).

349 *Rogall,* in: SK-StPO, Vor. § 133 ff. Rdnr. 118; zur strafbaren Rechtsbeugung BGHSt 47, 105 ff.

überlange Verfahrensdauer zu einer unerträglichen Leidsituation aufgrund des permanenten Drucks und des anhaltenden Schwebezustands seitens des Angeklagten führt.[350] Zudem beugt die Beschleunigung des Verfahrens der Trübung von Beweisquellen vor und stärkt die general- und spezialpräventive Wirkung der Sanktion sowie des gesamten Strafverfahrens.[351]

Schließlich widerspricht es auch dem Fairnessgebot und stellt eine Verletzung des „fair-trial"-Grundsatzes dar, wenn hoheitliche Macht bewusst missbraucht und hierdurch Verfahrensvorschriften bewusst umgangen werden[352], etwa im Falle eines Formmissbrauchs (Trennung von Strafverfahren ausschließlich zum Zwecke der Vernehmung des Beschuldigten als Zeugen[353]), oder wenn die Strafverfolgungsbehörden in sonstiger Weise rechtswidrig vorgehen (prozessrechtswidrig bewirkte Einsichtnahme in das Verteidigungskonzept des Angeklagten; überraschende Nichteinhaltung einer Absprache zum Strafmaß).[354] Ähnlich ist die Situation der Tatprovokation einer ursprünglich nicht tatgeneigten Person durch einen verdeckten Ermittler der Polizei zu bewerten und durch das Gericht zu würdigen.[355]

Die Verletzung des Fairnessgebots ist mit der Verfahrensrüge geltend zu machen[356] und stellt grundsätzlich kein Verfahrenshindernis dar.[357] Dies erklärt sich insbesondere aus dem Umstand, dass die Verfahrensbeendigung als Folge eines Verfahrenshindernisses[358] nicht als geeignete Konsequenz eines Verstoßes gegen den „fair-trial"-Grundsatz anzusehen ist, da sich die geforderte Fairness gerade im Verfahren verwirklichen soll und sich aus ihrer Verletzung in der Regel das Bedürfnis ergibt, die Vorgänge im Zusammenhang mit den unfairen Vorgängen aufzuklären.[359] Das Fairnessgebot soll gerade nicht *vor* einem Verfahren schützen, sondern Schutz *im* Verfahren gewähren.[360] Verstöße gegen das Fairnessgebot führen in der Regel lediglich zu einer Strafmilderung im Rahmen der Strafzumessung.[361]

---

350 *Geppert*, Zum „fair-trial-Prinzip", Jura 1992, S. 602.

351 *Rogall,* in: SK-StPO, Vor. § 133 ff. Rdnr. 118.

352 *Geppert*, Zum „fair-trial-Prinzip", Jura 1992, S. 603.

353 BGH JR 1969, S. 148.

354 BGH NStZ 1984, S. 419; BGHSt 36, 210; siehe hierzu *Rogall,* in: SK-StPO, Vor. § 133 ff. Rdnr. 104.

355 BGHSt 45, 321 (335 f.).

356 *Meyer-Goßner*, StPO, Einl Rdnr. 19a.

357 BGHSt 32, 345 (350 f.).

358 Siehe hierzu BGHSt 36, 294 (295).

359 *Weigend*, Anmerkung zum Urt. des BGH v. 18.04.1990 – 3 StR 252/88 in JR 1991, S. 258.

360 *Beulke/Satzger*, Der fehlgeschlagene Deal und seine prozessualen Folgen, JuS 1997, S. 1074.

361 *Heinrich*, Rechtsstaatliche Mindestgarantien im Strafverfahren, Jura 2003, S. 172; *Hartmann/Apfel*, Das Grundrecht auf ein faires Strafverfahren, Jura 2008, S. 500.

### 5.1.4.2 Im Verfahren gegen Jugendliche

Selbstverständlich gilt der „fair-trial"-Grundsatz auch im Verfahren gegen Jugendliche, auch ihnen steht ein Anspruch auf ein faires Verfahren zu. Gleichwohl ergeben sich bezüglich einzelner Aspekte Unterschiede zum Verfahren gegen Erwachsene, die aus der erzieherischen Ausrichtung des Jugendstrafrechts heraus begründet werden.

Ausgehend von dem Anspruch des Angeklagten, als Subjekt des Verfahrens behandelt zu werden, und daher auch Einfluss auf dessen Gang und Ergebnis nehmen zu können, kritisiert *Albrecht* die Ausgestaltung und die – aus seiner Sicht – unzureichende Berücksichtigung des „fair-trial"-Grundsatzes im Jugendstrafverfahren.[362] Beispielhaft bezieht er sich auf die unzureichende Anordnung einer notwendigen Verteidigung, die er für stets gegeben hält, wenn es zu einem förmlichen Verfahren gegen den Jugendlichen kommt. Ein Jugendlicher sei altersbedingt in seiner sozialen Interaktionskompetenz noch ungeübt und bedürfe daher gegenüber staatlichen und sozialen Kontroll- und Strafansprüchen maximalen Schutz, was konkret durch eine grundsätzliche und kompetente Verteidigung zu geschehen habe[363].

Auch den zeitweiligen Ausschluss des Jugendlichen von der Verhandlung bei Erörterung von Umständen, aus denen ein Nachteil für seine Erziehung entstehen kann (§ 51 Abs. 1 S. 1 JGG bzw. ebenso für die Mitteilung der Urteilsgründe gem. § 54 Abs. 2 JGG) hält *Albrecht* für rechtsstaatlich nicht zu rechtfertigen und mit dem Fairnessgrundsatz nicht zu vereinbaren. Hierin läge eine erhebliche Ungleichbehandlung gegenüber einem Erwachsenen in vergleichbarer Verfahrenslage.[364] Ebenso kritisch beurteilt er den dem Jugendstrafverfahren innewohnenden Beschleunigungsgrundsatz[365], im Zuge dessen aus administrativen und verfahrensökonomischen Gründen die Rechte des Jugendlichen verkürzt würden (beispielhaft wird die Rechtsmittelbeschränkung nach § 55 JGG genannt). Insgesamt könne der Rechtsstellung des Jugendlichen unter Beachtung des Fairnessgrundsatzes nur durch ein „justizförmiges Verfahren" entsprochen werden[366], und somit gerade nicht durch die Lockerung des Verfahrens, wie es für das Jugendstrafverfahren in seiner derzeitigen Ausgestaltung prägend ist. *Albrecht*

362 *Albrecht*, Jugendstrafrecht, S. 289 f.

363 *Albrecht*, Jugendstrafrecht, S. 289 f.

364 *Albrecht*, Jugendstrafrecht, S. 290.

365 Vgl. Richtlinie Nr. 1 S. 1 zu § 55: *„Aus erzieherischen Gründen ist es regelmäßig erwünscht, daß das Jugendstrafverfahren möglichst schnell zum Abschluss gebracht wird" sowie Richtlinie Nr 6 S. 1 zu § 43 JGG: „Die Maßnahmen und Strafen des Jugendstrafrechts sind regelmäßig dann am wirksamsten, wenn sie der Tat auf dem Fuße folgen.*"

366 *Albrecht*, Jugendstrafrecht, S. 290.

plädiert für eine Abkehr von der, wie er es nennt, „pseudo-wissenschaftlichen Erziehungstheorie", da nur so die Sicherung der Grundrechte auch der jugendlichen Angeklagten gewährleistet sei.[367] Insbesondere dürfe ohne eine justizförmige Tatüberführung und Schuldfeststellung nicht aufgrund allgemeiner erzieherischer Defizite eine Maßnahme gegen den Jugendlichen angeordnet werden, da es rechtsstaatlichen Grundsätzen entspricht, bis zum Nachweis der Schuld als unschuldig zu gelten.[368]

Demgegenüber wird von *Jung* der gegenteilige Ansatz vertreten, wonach durch Vereinfachung und den Abbau von „Formalsprache und ritualisierte(n) Abläufe(n)" in der Verhandlung das „kommunikative Gefälle" zwischen den Beteiligten reduziert werden könne, wodurch das Verfahren für den Jugendlichen verständlicher werde und dessen Ergebnis eher Akzeptanz fände.[369] Maßstab für den Verlauf der gerichtlichen Verhandlung sei das Auffassungsvermögen des jugendlichen Angeklagten. Rechtsstaatliche Garantien sollen jedoch – insoweit stimmen *Jung* und *Albrecht* überein – durch einen verstärkten Einsatz notwendiger Verteidiger gewahrt werden.[370] *Jung* befürwortet allerdings neben dem Abbau von Förmlichkeiten eine noch weiterreichende Beschleunigung des Jugendstrafverfahrens, wobei er eine stärkere Integration der Jugendgerichtshilfe in das Verfahren für notwendig erachtet.[371]

Eine vermittelnde Position vertritt *Kudlich*, der wie *Jung* als die wesentlichen Elemente des Jugendstrafverfahrens eine gewisse Reaktionsbeweglichkeit unter Beachtung der Persönlichkeitsentwicklung des Angeklagten, eine Entformalisierung zur Verhinderung von „Ohnmachtsgefühl(en)" und Stigmatisierung seitens des Jugendlichen sowie eine Verfahrensbeschleunigung benennt.[372] Er begegnet der Gefahr der Herabsetzung des prozessualen Schutzniveaus des Angeklagten aufgrund besagter Entformalisierung durch den Versuch eines Ausgleichs zwischen den strafprozessualen Mindestgarantien und der erzieherischen Zielsetzung des Jugendstrafverfahrens. Hierbei vertritt *Kudlich* den an *Albrecht* angenäherten Ansatz, dass eine Herabsetzung des prozessualen Schutzniveaus im Zusammenhang mit Tat- und Schuldfragen nur sehr eingeschränkt möglich sein dürfe. Anders als dieser meint *Kudlich* jedoch, dass, soweit die Reaktionsauswahl betroffen sei, die erzieherische Ausrichtung des Verfahrens eine größere Flexibilität ermögliche, durch welche der „fair-trial"-Grundsatz nicht verletzt

367 *Albrecht*, Jugendstrafrecht, S. 290 f.

368 *Albrecht*, Jugendstrafrecht, S. 291.

369 *Jung*, Die jugendrichterliche Entscheidung, ZRP 1981, S. 41.

370 *Jung*, Die jugendrichterliche Entscheidung, ZRP 1981, S. 44.

371 *Jung*, Die jugendrichterliche Entscheidung, ZRP 1981, S. 44 und 42.

372 *Kudlich*, Besonderheiten des jugendstrafgerichtlichen Verfahrens, JuS 1999, S. 877.

werde.[373] Wie *Jung* folgert *Kudlich* aus dem Fairnessgrundsatz die Notwendigkeit eines Ausgleichs des Macht- und Kommunikationsgefälles zwischen den Verfahrensbeteiligten[374], er bezieht die geforderte Entformalisierung jedoch mehr auf die Vielfalt an Reaktionsmöglichkeiten und die formlose Verfahrenseinstellung. Zugunsten der prozessualen Sicherung des Fairnessgrundsatzes spricht er sich jedoch für eine Anlehnung des Verfahrensablaufs an den Erwachsenenprozess mit all seinen Förmlichkeiten aus.[375] Bezüglich der Verteidigung des jugendlichen Angeklagten erachtet *Kudlich* die derzeitige Erweiterung der §§ 137 ff. StPO um die Sonderregelungen des § 68 JGG als ausreichend, da die geregelten Fälle bereits die für den Jugendlichen besonders belastenden Situationen abdeckten. Stellung und Aufgabe des Verteidigers differenziert er nach dem jeweiligen Verfahrensstand: Zunächst sei es Auftrag des Verteidigers, in gleicher Weise wie beim Erwachsenen den Schuldspruch zu verhindern, ebenso die Sanktion der Jugendstrafe. Im Übrigen müsse aber auch der Verteidiger bei der Rechtsfolgenauswahl im Erziehungsinteresse u.U. belastende, aber pädagogisch angezeigte Maßnahmen anstreben und akzeptieren.[376]

Aus Gründen der Waffengleichheit und somit gerade aus dem „fair-trial"-Grundsatz motiviert wird seitens der Rechtsprechung die notwendige Mitwirkung eines Verteidigers auch in Fällen für erforderlich erachtet, die nicht ausdrücklich von § 68 JGG erfasst werden[377]: So hat das OLG Hamm in einer von zwei zeitnah beieinander liegenden Entscheidungen aus dem Jahr 2004 die Mitwirkung eines Verteidigers wegen Unfähigkeit der Selbstverteidigung für erforderlich erklärt, weil sich der an der Verhandlung teilnehmende Nebenkläger anwaltlichen Beistandes bediente.[378] In der zweiten Entscheidung wurde die Mitwirkung eines Verteidigers als notwendig beurteilt, weil eine beweisrechtliche Problematik vorlag, welche nur durch Kenntnis der Akten sachgerecht im Sinne der Verteidigung gelöst werden konnte.[379]

In der Konsequenz dieser beiden exemplarischen Entscheidungen wird zudem eine Verteidigerbestellung aufgrund der strukturellen Unterlegenheit des jungen

---

373 *Kudlich*, Besonderheiten des jugendstrafgerichtlichen Verfahrens, JuS 1999, S. 878; wegen der Bedeutung von fixen Förmlichkeiten im Strafprozess verweist *Kudlich* auf *Schlüchter*, in: Wolter (Hrsg.), Zur Theorie und Systematik des Strafprozeßrechts.

374 *Kudlich*, Besonderheiten des jugendstrafgerichtlichen Verfahrens, JuS 1999, S. 878.

375 *Kudlich*, Besonderheiten des jugendstrafgerichtlichen Verfahrens, JuS 1999, S. 879 f.

376 *Kudlich*, Besonderheiten des jugendstrafgerichtlichen Verfahrens, JuS 1999, S. 879.

377 Wohl aber indirekt über § 68 Nr. 1 JGG i.V.m. § 140 StPO.

378 OLG Hamm, Besch. v. 09.02.2004 – 2 Ss 21/04; StraFo 2004, S. 242 f.; das OLG berief sich hier explizit auf den „fair-trial"-Grundsatz und bejahte die notwendige Verteidigung auch für den vorliegenden Fall der anwaltlichen Vertretung des Nebenklägers auf eigene Kosten.

379 OLG Hamm, Beschl. v. 22.04.2004 – 2 Ws 88/04; StraFo 2004, S. 397 f.; auch hier wird ausdrücklich der „fair-trial"-Grundsatz herangezogen.

Beschuldigten zum frühest möglichen Zeitpunkt zu fordern sein, also bereits im Ermittlungsverfahren – vor einer polizeilichen Vernehmung und vor dem ersten Kontakt mit der Jugendgerichtshilfe –, wenn bereits der Tatvorwurf bei Ermittlungsbeginn eine spätere Beiordnung erwarten lässt. Denn diesbezügliche Versäumnisse lassen sich nur schwerlich – wenn überhaupt – im weiteren Verfahren kompensieren. Einmal getätige Aussagen vor einer staatlichen Ermittlungsbehörde können regelmäßig im Hauptsacheverfahren verwendet werden.

### 5.1.4.3 Im Verfahren gegen Heranwachsende

Der „fair-trial"-Grundsatz gilt im gleichen Maße wie beim Jugendlichen auch für den Heranwachsenden, auf den entsprechend § 105 Abs. 1 JGG Jugendstrafrecht Anwendung findet. Denn stand der Heranwachsende zum Zeitpunkt der Tat nach seiner geistigen und sittlichen Reife noch einem Jugendlichen gleich (Nr. 1) oder handelt es sich bei der Tat um eine Jugendverfehlung (Nr. 2), so kommen die gleichen Bedenken gegen eine dem Fairnessgrundsatz im Erwachsenenprozess angenäherte Interpretaion zum Tragen, wie dies auch im Verfahren gegen Jugendliche der Fall ist. Hier muss auch beim Heranwachsenden davon ausgegangen werden, dass seine Handlungs- und Kommunikationskompetenz nicht so weit ausgereift ist, dass er den Verfahrenshergang erfassen und seine eigene Position während der Verhandlung angemessen vertreten kann. Auch er ist dann auf eine seinen Bedürfnissen angepasste Verfahrensgestaltung angewiesen.

Auch im Verfahren gegen Heranwachsende soll – wie von *Jung* vertreten, der jedoch ausschließlich von Jugendlichen spricht – die Abkehr von strengen Verfahrensformalia die Kommunikation der Beteiligten sowie die Akzeptanz der Entscheidung durch den Angeklagten fördern. Auch hier dient die Verfahrensbeschleunigung im Zuge der Entformalisierung den Zielen des Jugendstrafrechts.

Die Ablehnung jener Verfahrensbeschleunigung sowie sein Plädoyer für ein justizförmiges Verfahren bezieht *Albrecht* ausdrücklich auch auf das Verfahren gegen Heranwachsende.[380]

*Kudlich* hingegen trifft in seinen Erwägungen keine derartige Unterscheidung zwischen Jugendlichen und Heranwachsenden und spricht mal vom Jugendlichen, mal vom „jungen Straftäter".[381] Auch seine Ausführungen zum Schutze junger Angeklagter im Wege der Einhaltung des justizförmigen Verfahrens bezüglich Tat- und Schuldfragen lassen sich auf den nach Jugendstrafrecht behan-

380 *Albrecht*, Jugendstrafrecht, S. 290.

381 Und eben nicht vom „jugendlichen" Straftäter, vgl. *Kudlich*, Besonderheiten des jugendstrafgerichtlichen Verfahrens, JuS 1999, S. 877 ff.

delten Heranwachsenden übertragen, so dass sich diesbezüglich keine Unterschiede ergeben.

In den beiden genannten Beschlüssen des OLG Hamm aus dem Jahre 2004 werden die Heranwachsenden wiederum ausdrücklich in die Entscheidungen mit einbezogen.[382] Aufgrund der Verweisung in § 109 Abs. 1 S. 1 JGG gelten die § 68 Nr. 1 und Nr. 4 JGG stets auch für Heranwachsende.[383]

Für solche Heranwachsende, auf welche das allgemeine Strafrecht Anwendung findet, gelten die soeben genannten Erwägungen nicht, so dass auf die Bedeutung des „fair-trial"-Grundsatzes im Verfahren gegen Erwachsene verwiesen werden kann.

### 5.1.4.4 Zusammenfassung

Die immense Bedeutung des „fair-trial"-Grundsatzes für die Rechtsposition des Angeklagten im Verfahren ist grundsätzlich unabhängig vom Alter des Delinquenten.

Wie jedoch bereits zuvor beobachtet, ergeben sich die bestehenden Unterschiede – oder vorliegend viel mehr die bestehenden Streitpunkte – aus der erzieherischen Zielsetzung des Jugendstrafrechts. Gerade die Ausrichtung an den erzieherischen Defiziten der jungen Angeklagten, welche es zu beheben gilt, führt hinsichtlich des Fairnessgrundsatzes zu einer Minderung des Schutzniveaus, etwa durch die Abkehr von Verfahrensformalia. Andererseits findet die im Vergleich zu erwachsenen Angeklagten geringere Kommunikationsmöglichkeit der jungen Angeklagten Berücksichtigung, so dass z.B. die Möglichkeit der Beiordnung eines notwendigen Verteidigers aus diesem Grunde erweitert wurde.

Zusammenfassen lässt sich das soeben Erörterte wohl dahingehend, dass seitens Rechtsprechung und Wissenschaft der Versuch unternommen wird, dem „Prozessgrundrecht" des „fair-trial"-Grundsatzes auch im Verfahren gegen Jugendliche und Heranwachsende eine möglichst weitreichende Geltung zu verschaffen, wobei im Hinblick auf die erzieherische Aufgabenstellung des Jugendstrafrechts die Umsetzung dieses Vorhabens nicht unumstritten ist, da sich das Erziehungsziel und der Fairnessgrundsatz nicht in allen Fällen vereinbaren lassen.

Die genannten Abweichungen im Verfahren gegen junge Angeklagte führen bereits in ausschließlich gegen sie geführten Verhandlungen zu Konflikten mit

---

382 OLG Hamm Besch. v. 09.02.2004 – 2 Ss 21/04; StraFo 2004, S. 243 sowie OLG Hamm, Beschl. v. 22.04.2004 – 2 Ws 88/04; StraFo 2004, 398.

383 Vgl. *Ostendorf*, JGG, § 68 Rdnr. 1; *Sonnen,* in: D/S/S, JGG, § 109 Rdnr. 7; irrtümlicherweise auch für eine Anwendung der Nr. 3 und 5 *Diemer,* in: D/S/S, JGG, § 68 Rdnr. 1.

dem Fairnessgebot. Für die Konstellation der gemeinsamen Verhandlungen ergibt sich die noch zu erörternde Problematik des Anwendungsumfangs des Fairnessgrundsatzes bei Gegenüberstellung der Angeklagten der unterschiedlichen Altersstufen.

## 5.2 Auswirkungen der gemeinsamen Verhandlung auf die Grundsätze

Die vier dargestellten Verfahrensgrundsätze sollen im Folgenden im Hinblick auf ihre Ausgestaltung im Rahmen der gemeinsamen Verhandlung erörtert werden, wobei wieder jeder Grundsatz für sich untersucht wird, untergliedert in die verschiedenen Konstellationen von Altersgruppen. Dabei erfolgt zunächst eine Beschreibung der Geltung der Grundsätze im gemeinsamen Verfahren de lege lata bzw. nach der Justizpraxis. Erst im folgenden Kapitel 6 soll dieser Ist-Zustand im Lichte der normativen Gesetzintention des Jugendstrafrechts hinterfragt werden.

### 5.2.1 Der Öffentlichkeitsgrundsatz

Für den Fall der Verbindung der Verfahren gegen einen Jugendlichen mit dem gegen zumindest einen Heranwachsenden und/oder[384] Erwachsenen bestimmt § 48 Abs. 3 S. 1 JGG ausdrücklich, dass die Verhandlung öffentlich stattzufinden hat. In dieser Konstellation wird somit das rechtsstaatliche Öffentlichkeitsprinzip gegenüber dem Persönlichkeitsschutz des Jugendlichen als gewichtiger eingeschätzt.[385]

Satz 2 des § 48 Abs. 3 JGG eröffnet dem Gericht jedoch die Möglichkeit im Rahmen einer Ermessensentscheidung die Öffentlichkeit auszuschließen. Die Entscheidung hat gem. § 174 GVG durch Beschluss zu ergehen[386], ist zu begründen[387], öffentlich zu verkünden und muss im Interesse der Erziehung des Jugendlichen geboten sein. Das Erziehungsinteresse ist hier als Präventions- und Per-

384 § 48 Abs. 3 JGG gilt sowohl für die gemeinsame Verhandlung von Jugendlichen mit Heranwachsenden, Erwachsenen oder Heranwachsenden *und* Erwachsenen, vgl. *Eisenberg*, JGG, § 48 Rdnr. 21.

385 *Streng*, Jugendstrafrecht, Rdnr. 211.

386 Vgl. OLG Hamm, Beschl. v. 13.03.2000 – 2 Ss 213/2000, StraFo 2000, 195; *Brunner/Dölling*, JGG, § 48 Rdnr. 22.

387 BGHSt 27, 187 ff.

sönlichkeitsinteresse zu verstehen[388], im Rahmen dessen die jugendspezifischen Ausschlussgründe mit denen in § 48 Abs. 1 JGG (siehe unter 5.1.1.2) genannten identisch sind. Stigmatisierung, Hemmung und Benachteiligung des Jugendlichen in seiner sozialen und beruflichen Entwicklung sollen vermieden werden.[389] Vor der Entscheidung bzgl. des Ausschlusses der Öffentlichkeit ist den Beteiligten Gelegenheit zur Äußerung zu geben.[390]

Umstritten ist die Frage, ob der Ausschluss der Öffentlichkeit aufgrund eines Beschlusses nach § 48 Abs. 3 S. 2 JGG nur für die Verhandlung selbst oder auch für die Urteilsverkündung gilt. Nach der in Rechtsprechung und weiten Teilen der Literatur wohl herrschenden Meinung wird die Geltung des Ausschlusses auch für die Urteilsverkündung angenommen. Begründet wird dies vor allem mit der systematischen Stellung des § 48 Abs. 3 zu § 48 Abs. 1 JGG, der seinerseits entsprechend § 2 Abs. 2 JGG eine Spezialvorschrift zu § 173 GVG darstelle. Denn die ausdrückliche Erwähnung der Geltung des Öffentlichkeitsausschlusses nach § 48 Abs. 1 JGG für die Verhandlung *„einschließlich der Verkündung der Entscheidungen“* beziehe sich aufgrund des engen Zusammenhangs auch auf den 3. Absatz.[391] Zudem entspreche der mit dem Ausschluss der Öffentlichkeit im verbundenen Verfahren verfolgte Schutzzweck demjenigen des Öffentlichkeitsausschlusses für das Verfahren ausschließlich gegen Jugendliche, so dass auch aus diesem Grunde der Umfang des Ausschlusses identisch sein müsse.[392]

Eine andere Ansicht vertritt *Eisenberg*, der für einen Ausschluss der Öffentlichkeit auch für die Urteilsverkündung einen besonderen Beschluss nach § 173 Abs. 2 GVG fordert.[393] Er hält der h.M. entgegen, dass gerade aus der ausdrücklichen Erweiterung der Ausschlussgeltung auch für die Urteilsverkündung in § 48 Abs. 1 JGG und dem Fehlen einer derartigen Klarstellung in Abs. 3 geschlossen werden müsse, dass eine mit Abs. 1 vergleichbare Reichweite der Ausschlussgeltung in Abs. 3 nicht gewollt sei. Auch erfolge in der Begründung zum Gesetzesentwurf kein derartiger Hinweis.[394] Zudem könne nur durch eine grundsätzlich öffentliche Urteilsverkündung das Interesse des heranwachsenden und/oder erwachsenen Mitangeklagten an einer öffentlich zugänglichen Ver-

---

388 So *Ostendorf*, JGG, § 48 Rdnr. 18.

389 *Brunner/Dölling*, JGG, § 48 Rdnr. 3.

390 *Ostendorf*, JGG, § 48 Rdnr. 19; BGHSt 10, 119 (120).

391 So OLG Oldenburg, Urt. v. 09.04.1959 – 2 Ss 42/59, NJW 1959, 1506 f.; OLG Düsseldorf, Urt. v. 18.05.1961 – (1) Ss 203/61, NJW 1961, 1547 f.; BGH, Urt. v. 06.11.1996 – 2 StR 391/96, NStZ 1998, S. 53; *Ostendorf*, JGG, § 48 Rdnr. 6; *Schatz*, in: D/S/S, JGG, § 48 Rdnr. 11; *Brunner/Dölling*, JGG, § 48 Rdnr. 23.

392 So etwa BGH, Urt. v. 06.11.1996 – 2 StR 391/96, NStZ 1998, S. 53.

393 *Eisenberg*, JGG, § 48 Rdnr. 22.

394 *Eisenberg*, Anmerkung zum Urteil des BGH, NStZ 1998, S. 54.

handlung angemessen berücksichtigt und in Einklang mit dem Schutzinteresse des Jugendlichen gebracht werden, da die Öffentlichkeit so auf ein für den Jugendlichen noch erträgliches Maß reduziert sei. Dies entspräche auch der generellen Höherbewertung des Öffentlichkeitsgrundsatzes bei gemeinsamer Verhandlung entsprechend § 48 Abs. 3 S. 1 JGG.[395]

Unstrittig hingegen ist der Umstand, dass der Ausschluss der Öffentlichkeit auch für lediglich einen Teil der Verhandlung erfolgen kann, etwa für die Erörterung der persönlichen Lebensumstände des Jugendlichen.[396]

Geltung erlangt der Ausschluss nur für die jeweilige Instanz.[397] Erfolgt der Ausschluss ohne nähere Prüfung des Interesses des Jugendlichen oder ohne Beschluss, so stellt dies nur für die nichtjugendlichen Angeklagten einen absoluten Revisionsgrund nach § 338 Nr. 6 StPO dar, der zur Aufhebung der Entscheidung gegen sie führt, nicht aber für den Jugendlichen, da ihm gegenüber keine Beschwer vorliegt.[398]

Entgegen dem insoweit eindeutigen Gesetzeswortlaut und der systematischen Stellung ist der Ausschluss der Öffentlichkeit nach § 48 Abs. 3 S. 2 JGG nicht als Ausnahme zu betrachten, sondern aus teleologischen Gründen als Regelfall.[399] Dies ergibt sich aus dem Schutzbedürfnis des Jugendlichen, so dass das „*Interesse der Erziehung*“ zu seinen Gunsten weit auszulegen ist.[400]

Abzulehnen ist insoweit die Ansicht *Eisenbergs*, der für die gemeinsame Verhandlung von Jugendlichen mit Heranwachsenden fordert, dass für einen Ausschluss der Öffentlichkeit sowohl die Voraussetzungen des § 48 Abs. 3 S. 2 JGG als auch die des § 109 Abs. 1 S. 4 JGG erfüllt sein müssen, der Ausschluss also sowohl im Interesse der Erziehung des Jugendlichen als auch im Interesse des Heranwachsenden liegen müsse.[401] Die Kumulation der Voraussetzungen ist mit dem Wortlaut der beiden Normen nicht vereinbar und vernachlässigt zudem den Schutzgedanken, welcher der Regelung innewohnt. Bereits die Gefährdung *eines* jungen Angeklagten rechtfertigt den Ausschluss der Öffentlichkeit.

Demgegenüber befürworten *Brunner/Dölling* den Ausschluss, wenn dies entweder „*– und in erster Linie –*“ im Interesse der Erziehung des Jugendlichen

---

395 *Eisenberg*, Anmerkung zum Urteil des BGH, NStZ 1998, S. 54 f.

396 BGH, Beschl. v. 14.12.2000 – 3 StR 414/00 (unveröffentlicht); *Ostendorf*, JGG, § 48 Rdnr. 19.

397 *Brunner/Dölling*, JGG, § 48 Rdnr. 23.

398 BGHSt 10, 119 (120); *Eisenberg*, JGG, § 48 Rdnr. 24.

399 *Ostendorf*, JGG, § 48 Rdnr. 18; *Schatz*, in: D/S/S, JGG, § 48 Rdnr. 37; vgl. hierzu die Erläuterungen unter 6.1.4.

400 Vgl. *Laubenthal/Baier/Nestler*, Jugendstrafrecht, Rdnr. 357 mit Verweis auf BGHSt 44, 44.

401 So *Eisenberg*, JGG, § 109 Rdnr. 47.

oder aber im Interesse des Heranwachsenden geboten ist.[402] Die alternative Anwendung erscheint gegenüber der kumulativen aufgrund der Schutzfunktion beider Normen vorzugswürdig.

Wird die Öffentlichkeit nach § 48 Abs. 3 S. 2 JGG ausgeschlossen, so gilt auch § 48 Abs. 2 JGG entsprechend.[403]

Über § 104 Abs. 2 JGG steht die Anwendung des § 48 Abs. 3 JGG für die gemeinsame Verhandlung von Jugendlichen und nichtjugendlichen Angeklagten vor den allgemeinen Strafgerichten ebenfalls im Ermessen des Gerichts.[404]

Über §§ 112 S. 1, 104 Abs. 2, 48 Abs. 3 S. 2 JGG steht es auch im Falle der gleichzeitigen Verhandlung von Heranwachsenden mit Erwachsenen vor einem allgemeinen Strafgericht im Ermessen des Gerichts, die Öffentlichkeit auszuschließen. Zwar findet sich zu dieser Problematik keine einschlägige Rechtsprechung, und auch die Literatur äußert sich nicht eindeutig zu dieser Frage. Dort wird jedoch einhellig die Ansicht vertreten, über die Verweisung der §§ 112 S. 1, 104 Abs. 2 JGG fände § 48 Abs. 3 JGG nach Maßgabe des § 109 Abs. 1 S. 4 JGG Anwendung.[405] Es ist kein Grund ersichtlich, weswegen im Falle der gemeinsamen Verhandlung der Verweis des §§ 112 S. 1, 104 Abs. 2 JGG nicht auch § 48 Abs. 3 S. 2 JGG umfassen und den Ausschluss der Öffentlichkeit in das Ermessen des Gerichts stellen sollte, insbesondere im Hinblick auf das ja bereits nach § 109 Abs. 1 S. 4 JGG eingeräumte Ermessen.

Insofern muss § 48 Abs. 3 S. 2 JGG entsprechend § 109 Abs. 1 S. 4 JGG angewandt werden, so dass die Entscheidung *„im Interesse des Heranwachsenden“* zu treffen ist und eben nicht *„im Interesse der Erziehung“*. Im *„Interesse des Heranwachsenden“* liegt die nichtöffentliche Verhandlung, wenn aus entwicklungspsychologischen Gründen die Anwesenheit einer nur geringen Anzahl von Personen als angebracht erscheint.[406]

Wird das Verfahren gegen einen Heranwachsenden gemeinsam mit dem Verfahren gegen einen Erwachsenen vor dem Jugendstrafgericht verhandelt, so ist ebenfalls bereits nach dem für den jeweiligen Angeklagten geltenden Verfahrensrecht die Öffentlichkeit grundsätzlich zugelassen (s.o.). § 109 Abs. 1 S. 4 JGG gilt an sich nicht für diese Konstellation, da er ursprünglich nur auf den Heranwachsenden (als einzigem Angeklagten) vor dem Jugendgericht Anwendung findet. Jedoch muss auch bei gemeinsamer Verhandlung vor dem Jugend-

---

402 *Brunner/Dölling*, JGG, § 48 Rdnr. 6.

403 *Ostendorf*, JGG, § 48 Rdnr. 4.

404 *Eisenberg*, JGG, § 48 Rdnr. 4; *Brunner/Dölling*, JGG, § 48 Rdnr. 6.

405 *Eisenberg*, JGG, § 112 Rdnr. 8; *Brunner/Dölling*, JGG, § 112 Rdnr. 3; *Sonnen,* in: D/S/S, JGG, § 112 Rdnr. 5; *Ostendorf*, JGG, § 112 Rdnr. 5.

406 Vgl. *Eisenberg*, JGG, § 109 Rdnr. 43 mit Verweis auf § 48 Rdnr. 19; vgl. die Ausführungen unter 5.1.1.3.

gericht die Möglichkeit bestehen, die Öffentlichkeit im Interesse des Heranwachsenden auszuschließen, wenn dies nach dem oben Erläuterten sogar vor dem „fremden“ allgemeinen Strafgericht der Fall ist. Der Schutzgedanke sowohl des § 48 Abs. 3 S. 2 JGG wie auch des § 109 Abs. 1 S. 4 JGG eröffnet daher auch bei gemeinsamer Verhandlung mit einem Erwachsenen vor dem Jugendstrafgericht das richterliche Ermessen, die Öffentlichkeit auszuschließen.

Als Schlussfolgerung der gesetzlichen Ausgestaltung des Öffentlichkeitsgrundsatzes im Rahmen der gemeinsamen Verhandlung lässt sich festhalten, dass die Zulassung der Öffentlichkeit in allen Konstellationen zunächst den Regelfall darstellt und nur aufgrund einer entsprechenden, auf jugendstrafrechtlichen Gründen beruhenden Ermessensentscheidung des Gerichts ausgeschlossen werden kann. Zur Frage, ob diese Verfahrensausgestaltung mit der normativen Gesetzesintention vereinbar ist, soll im folgenden Kapitel 6 Stellung genommen werden, siehe insbesondere 6.2.2.

## 5.2.2 Das Opportunitätsprinzip

Die Auswirkungen der gemeinsamen Verhandlung auf die richterliche Handhabung des Opportunitätsgrundsatzes lassen sich nicht ohne weiteres sondieren. Während bereits seit Jahren Statistiken zu den Divisionsraten auf Bundes- und Länderebene geführt werden[407], sind bislang noch keine Daten zu der Frage erhoben wurden, wie häufig es ihm Falle eines gemeinsamen Verfahrens von Angeklagten unterschiedlicher Altersgruppen für einen oder alle Beteiligten zu (vorläufigen) Einstellungen gekommen ist. Mit Hilfe solcher Daten wäre ein Rückschluss auf etwaige Beeinflussungen der richterlichen Einstellungsbereitschaft möglich, vergliche man die Einstellungsrate dort mit derjenigen bei vergleichbaren Tatvorwürfen im getrennten Verfahren. Ebenfalls erfasst werden müssten Art und Häufigkeit vorheriger Sanktionierungen der Angeklagten, damit sich der Unterschied der Vergleichsgruppen ausschließlich auf den Umstand der gemeinsamen Verhandlung beschränkt.

Aus dem Umstand, dass es sich um ein gemeinsames gerichtliches Verfahren handelt, ergibt sich notwendigerweise, dass bzgl. der angeklagten Delikte zugunsten des Jugendlichen bzw. des nach Jugendrecht behandelten Heranwachsenden von § 45 JGG kein Gebrauch gemacht wurde, zugunsten des Erwachse-

407 Vgl. *Heinz*, Diversion im Jugendstrafrecht und Allgemeinen Strafrecht, Teil 1 und 2, DVJJ-Journal 1998, S. 245 ff. sowie DVJJ-Journal 1999, S. 11 ff.; *Heinz*, Zahlt sich Milde aus?, ZJJ 2005, S. 166 ff. und 302 ff.; *Ostendorf*, JGG, Grdl. z, §§ 45 und 47 Rdnr. 7.

nen oder nach allgemeinem Strafrecht behandelten Heranwachsenden nicht von § 153 Abs. 1 oder § 154 Abs. 1 StPO.

Empirischen Erhebungen kaum zugänglich ist in diesem Zusammenhang die Frage, inwieweit der Aspekt der Wahrheitsermittlung im Rahmen des § 103 Abs. 1 JGG die staatsanwaltschaftliche Bereitschaft zur Diversion nach § 45 JGG beeinflusst. Die gemeinsame Verhandlung soll gemäß Nr. 1 S. 1 der Richtlinie zu § 103 JGG eine Ausnahme darstellen, da sie als in der Regel nicht zweckmäßig erachtet wird (s.o.). Als zweckmäßig gilt sie aber, wenn hierdurch – als anderer wichtiger Grund – das Verfahren gegen den jungen Delinquenten beschleunigt wird und umfangreiche Beweisaufnahmen nicht wiederholt werden müssen, was insgesamt zu einer geringeren Belastung des jungen Mitangeklagten führen soll.[408] Ist aber der junge Angeklagte geständig – wobei § 45 Abs. 1 und 2 JGG dies nicht voraussetzen –, der Erwachsene hingegen räumt seine Täterschaft nicht ein und auch sonst stellt sich die Beweissituation für die Anklage als ungünstig dar, so erfolgt zuweilen eine Verbindung aufgrund der Möglichkeit, auch gegenüber dem erwachsenen Angeklagten den Tatnachweis zu führen.[409] In einer solchen Konstellation entscheidet sich die Staatsanwaltschaft gegen eine Diversion nach § 45 JGG, obwohl im Bundesdurchschnitt etwa 58 % der Verfahren gegen sanktionierbare Jugendliche bzw. Heranwachsende nach § 45 JGG eingestellt werden.[410] Demnach stellt eine von der Staatsanwaltschaft verbundene Anklage nach § 103 Abs. 1 JGG stets eines der in den restlichen 42 % enthaltenen Verfahren dar.

Gleichwohl ist eine gerichtliche Einstellung nach § 47 JGG dann noch immer möglich, was etwa 28,5 % der Gesamtanzahl an gerichtlichen Verfahren gegen Jugendliche oder Heranwachsende betrifft.[411] Die Belastung, vor Gericht erscheinen und die Rolle eines Angeklagten übernehmen zu müssen, ist dem jungen Delinquenten dann jedoch bereits zugemutet worden.

Andererseits kann es auch aus Sicht des Erwachsenen einen Nachteil bedeuten, mit einem Nicht-Erwachsenen gemeinsam angeklagt zu werden, da gegen ihn u.U. nach Erbringung einer Geldauflage das Verfahren hätte eingestellt wer-

---

408 Vgl. *Ostendorf*, JGG, § 103 Rdnr. 5 sowie die Ausführungen unter 4.2.

409 Bspw. OLG Köln, Beschl. v. 11.04.2000 – 2 Ws 166/00, NStZ-RR 2000, S. 313 f. unter 4.2.1.

410 Vgl. *Heinz*, Wolfgang: Das strafrechtliche Sanktionensystem und die Sanktionierungspraxis in Deutschland 1882–2008 (Stand: Berichtsjahr 2008), S. 103, Schaubild 53; einsehbar unter http://ki.uni-konstanz.de/kis/ bzw. Schaubild 2 im Anhang; *Linke*, Diversionsrichtlinien im Jugendstrafverfahren, NStZ 2010, S. 609.

411 Eigene Berechnung auf Grundlage der Diversionsrate im Jugendstrafrecht für 2008 nach *Heinz*, Wolfgang: Das strafrechtliche Sanktionensystem und die Sanktionierungspraxis in Deutschland 1882–2008 (Stand: Berichtsjahr 2008), S. 103, Schaubild 53; hier Schaubild 2 im Anhang.

den können, zugunsten einer erhofften Werteverdeutlichung auf Seiten des jungen Delinquenten jedoch eine Hauptverhandlung angestrengt wird.

Auch denkbar ist die Konstellation, dass der Jugendrichter aufgrund zahlreicher früherer Einstellungen, welche im Erziehungsregister des jungen Angeklagten aufgelistet sind, eine Einstellung zu dessen Gunsten ausschließt und diese Haltung auch Auswirkungen auf die Einstellungsbereitschaft gegenüber dem Erwachsenen entfaltet.

Hingegen kann es für den erwachsenen Angeklagten von Vorteil sein, zusammen mit einem nach Jugendstrafrecht behandelten Mitangeklagten gemeinsam angeklagt zu werden, wenn für ihn eine Einstellung im Vorverfahren nicht in Betracht gekommen ist. Denn eine gerichtliche Diversionsrate von 28,5 % spricht für eine tendenziell größere Bereitschaft der Gerichte, das Verfahren gegen junge Delinquenten einzustellen, als dies im Verfahren gegen Erwachsene mit einer gerichtlichen Einstellungsrate von 17 % der Fall zu sein scheint (s.o.). Um vergleichbare Entscheidungen für eine einheitlich angeklagte Tat herzustellen, erscheint es zumindest nicht ausgeschlossen, dass sich ein Jugendrichter – etwa unter Auflagenerteilung – auch gegenüber dem erwachsenen Angeklagten eher zur Einstellung bereiterklärt, als dies der ansonsten zuständige Richter im getrennten Verfahren getan hätte.

Insgesamt erscheinen zum Zwecke einer kritischen Selbstkontrolle von Staatsanwaltschaft und Gerichten künftig auch Erhebungen zur Einstellungspraxis bei gemeinsamer Verhandlung von Angeklagten unterschiedlicher Altersgruppen wünschenswert. Aus den so gewonnen Daten ließe sich zumindest ein Rückschluss auf eine mögliche Beeinflussung der Einstellungsbereitschaft aufgrund der besonderen Verhandlungssituation ziehen.

### 5.2.3 Anwesenheitsrechte und -pflichten

Sind von einer Verhandlung Angeklagte unterschiedlicher Altersgruppen betroffen, so gilt für jeden von ihnen grundsätzlich ein individuelles Recht auf Anwesenheit, so als seien die Verfahren weiterhin getrennt.

Aus der gleichzeitigen Anwesenheit der Angeklagten vor Gericht können sich aber im Vergleich zu separaten Verfahren zusätzliche Gründe für einen zeitweiligen Ausschluss von der Verhandlung ergeben.

Zunächst eröffnet sich infolge der Verhandlung von mehreren Mitangeklagten die Möglichkeit des Ausschlusses eines der Angeklagten nach § 247 S. 1 StPO. Das Gericht kann insbesondere für die Vernehmung des Jugendlichen oder Heranwachsenden den Erwachsenen zeitweilig von der Verhandlung ausschließen, wenn es befürchtet, der junge Angeklagte werde in Gegenwart des erwachsenen

Mitangeklagten nicht wahrheitsgemäß aussagen. Diese Befürchtung muss sich im Hinblick auf die Bedeutung der Anwesenheit des Angeklagten während der Verhandlung aus konkreten Tatsachen heraus ergeben und nicht lediglich aufgrund allgemeiner Befürchtungen. Entscheidend muss die Förderung der Wahrheitsermittlung sein, nicht hingegen die Vermeidung der Anpassung der jeweiligen Einlassungen der Angeklagten oder die Erhöhung der Aussichten auf ein Geständnis.[412]

Gleiches gilt auch für den Heranwachsenden im Verhältnis zum jugendlichen Mitangeklagten.

Für die Dauer des Berichts der Jugendgerichtshilfe gem. § 38 Abs. 2 S. 2 JGG, in welchem Umstände aus dem persönlichen Lebensbereich des jungen Angeklagten, wie etwa dessen private Eigenschaften, Neigungen, seine Sexualität sowie seine politische und religiöse Ausrichtung thematisiert werden[413], ist strittig, ob der jeweilige Mitangeklagte (unabhängig von seiner Altersgruppenzugehörigkeit) dann ebenfalls zeitweilig von der Verhandlung ausgeschlossen werden kann. Während *Eisenberg* dies mangels einer gesetzlichen Ermächtigungsgrundlage und im Hinblick auf die enorme Bedeutung der Anwesenheit des Angeklagten verneint[414], bejaht *Ostendorf* die Ausschlussmöglichkeit und stützt sie für erwachsene Mitangeklagte auf § 247 StPO analog, für Heranwachsende und Jugendliche auf § 51 Abs. 1 JGG.[415] Werden Ausführungen der Jugendgerichtshilfe erörtert, die nur einen der Angeklagten betreffen und intime Angelegenheiten beinhalten, so soll neben dessen Ausschluss auch der eines nach Jugendstrafrecht behandelten Heranwachsenden nach § 247 StPO (unter Beachtung der Wertung des § 51 Abs. 1 S. 1 JGG) bzw. eines Jugendlichen nach § 51 Abs. 1 S. 1 JGG direkt möglich sein, wenn zu befürchten ist, dass der auszuschließende Mitangeklagte das Achtungsgefühl für Privatheit verliert und somit der Erziehungsprozess gestört wird.[416]

Problematisch im Rahmen dieser Konstellationen erscheint, dass im Falle eines Ausschlusses des Erwachsenen nach § 247 StPO für die Dauer der Erörterung intimer Umstände aus dem Lebensbereich des Jugendlichen ein gleichzeitiger Ausschluss auch des Jugendlichen selbst gem. § 51 Abs. 1 S. 1 JGG möglich ist. Dies hätte zur Folge, dass – zumindest zeitweilig – überhaupt kein Angeklag-

412 *Becker,* in: LR-StPO, § 247 Rdnr. 14, 15 und 18.

413 *Bex,* Ausschließung anderer Prozessbeteiligter, DVJJ-J 1997, S. 419.

414 *Eisenberg*, JGG, § 51 Rdnr. 6; ebenso *Bex,* Ausschließung anderer Prozessbeteiligter, DVJJ-J 1997, S. 422.

415 *Ostendorf,* Jugendstrafverfahren, Rdnr. 66; mit drei unterschiedlichen Lösungsansätzen *Ostendorf,* FS-Rieß, S. 853 f.

416 *Ostendorf,* JGG, § 51 Rdnr. 6; a.A. *Bex,* Ausschließung anderer Prozessbeteiligter, DVJJ-J 1997, S. 421 sowie *Eisenberg*, JGG, § 51 Rdnr. 6.

ter mehr in der Hauptverhandlung anwesend ist. Gleiches gilt für den Ausschluss eines Jugendlichen oder Heranwachsenden aufgrund erwarteter erzieherischer Nachteile während des JGH-Berichts, welcher jedoch den anderen Angeklagten betrifft. Auch hier ist ein zusätzlicher Ausschluss des durch den Bericht Betroffenen nach § 51 Abs. 1 S. 1 JGG denkbar.[417]

### 5.2.4 Der „fair-trial"-Grundsatz

Seiner äußeren Form nach orientiert sich die Ausgestaltung des verbundenen Verfahrens vor dem Jugendstrafgericht grundsätzlich am Jugendstrafverfahren.[418] Wie auch in der Verhandlung ausschließlich gegen einen oder mehrere Jugendliche bzw. Heranwachsende findet eine Abkehr von den strengen Verfahrensformalia statt. Um die Kommunikation zwischen den Beteiligten zu fördern und so dem jungen Angeklagten das Verfahren begreiflich zu machen und die Akzeptanz der richterlichen Entscheidung zu steigern[419], werden Verhandlungsgespräche angeregt, die dem Erwachsenenprozess fremd sind. Die Ausrichtung des Verfahrens an der Person des jungen Angeklagten entzieht dem Erwachsenen zwar nicht seine Subjektsqualität, doch wird der Fokus eindeutig auf den Jugendlichen/Heranwachsenden gelegt. In Folge dessen tritt der Erwachsene als Beteiligter, dem im separaten Verfahren ein Anspruch auf ein justizförmiges Verfahren zustünde, hinter den Belangen des jungen Angeklagten zurück.

Als Folge der gesteigerten Aufmerksamkeit, welche dem Jugendlichen/Heranwachsenden im Vergleich zum Erwachsenen zuteil wird, besteht die Gefahr, dass sich der erwachsene Angeklagte wie vor einem „fremden Gericht" fühlt[420], da zum einen gem. § 103 Abs. 2 S. 1 JGG in der Regel ein Jugendgericht zuständig ist und zum anderen das formalisierte Strafverfahren einem jugendadäquaten Verfahren weichen muss.

Andererseits besteht auch die Gefahr, dass ein „gerichtserfahrener" Erwachsener die weniger formalisierte Atmosphäre zu seinen Gunsten ausnutzt und das Verhandlungsgespräch auf diese Weise torpediert.[421]

Beiden soeben beschriebenen Gefahren muss seitens des Gerichts wie auch der Staatsanwaltschaft begegnet werden, um einen Ausgleich zwischen den Interessen und Belangen der Angeklagten zu erzeugen. Jeder der Angeklagten muss

---

417 Zu letztgenanntem Fall daher auch ablehnend *Bex,* Ausschließung anderer Prozessbeteiligter, DVJJ-J 1997, S. 422.

418 *Brunner/Dölling*, JGG, § 103 Rdnr. 18.

419 Vgl. *Jung*, Die jugendrichterliche Entscheidung, ZRP 1981, S. 41.

420 *Ostendorf*, JGG, § 103 Rdnr. 5.

421 *Ostendorf*, JGG, § 103 Rdnr. 5.

in seiner Subjektsqualität geachtet werden, ohne die des jeweiligen Mitangeklagten zu tangieren.

Gleichwohl wirkt sich die in diesem Zusammenhang erforderliche Wertung regelmäßig zu Lasten des erwachsenen Angeklagten aus, da zumindest – wie bereits erläutert – grundsätzlich ein Jugendstrafgericht zuständig ist und das Verfahren jugendstrafprozessual ausgestaltet ist, so dass a priori der Fokus auf dem jungen Delinquenten liegt.

Eine weitere, mögliche Benachteiligung der erwachsenen Angeklagten ergibt sich vor dem Hintergrund der Feststellung, dass Jugendliche und nach Jugendstrafrecht behandelte Heranwachsende tendenziell öfter und härter sanktioniert werden als Erwachsene in vergleichbaren Verfahren.[422] Insbesondere im Bereich der mittleren Kriminalität fällt das Gewicht der stationären Sanktionen, d.h. Freiheitsstrafe ohne Bewährung bzw. Jugendstrafe ohne Bewährung inklusive stationären Arrests, deutlich zu Lasten der jungen Delinquenten aus.[423] *Pfeiffer* hat für die Delikte einfacher Diebstahl und Unterschlagung Erhebungen angestrengt und festgestellt, dass – mit ansteigender Zahl der Vorverurteilungen – das Risiko für Jugendliche und Heranwachsende erheblich höher ist, stationäre Sanktionen zu erhalten, als dies bei Erwachsenen mit ebenso vielen Vorverurteilungen der Fall ist. Bei drei Vorverurteilungen etwa erhalten 9,9 % Jugendstrafe/ Freiheitsstrafe ohne Bewährung und nochmals 27,3 % Jugendarrest. Demgegenüber wurden nur 6,2 % der Erwachsenen zu Freiheitsstrafe ohne Bewährung verurteilt.[424]

Auch die durchschnittliche Dauer der von den Jugendgerichten in diesen Fällen verhängten Jugendstrafen bzw. Freiheitsstrafen ohne Bewährung liegt mit 1,4 Jahren deutlich über dem Vergleichswert der Erwachsenen mit 0,5 Jahren.[425]

Für diese Tendenz wird der Erziehungsgedanke verantwortlich gemacht, da aus dogmatischen Erwägungen die Ansicht vertreten wird, durch eine längere stationäre Einwirkung eine nachhaltige Wertevermittlung erreichen zu können[426], was bereits in § 18 Abs. 1 S. 1 JGG seinen Anklang findet, wonach eine Jugend-

422 *Schlüchter*, Wider die Entwurzelung des Jugendstrafrechts, ZRP 1992, S. 391; sie spricht von „Strafinflation", S. 392; erhebliche Einwände gegen diese Feststellung finden sich bei *Kaiser*, Strafen statt Erziehen?, ZRP 1997, 455.

423 *Ostendorf*, Das deutsche Jugendstrafrecht – zwischen Erziehung und Repression, StV 1998, S. 302.

424 *Pfeiffer*, Wird nach Jugendstrafrecht härter gestraft?, StV 1991, S. 363.

425 *Pfeiffer*, Wird nach Jugendstrafrecht härter gestraft?, StV 1991, S. 363; mit weiteren, z.T. extremen Beispielen auch *Weber*, Die Anwendung der Jugendstrafe, S. 182 f.

426 Vgl. *Schlüchter*, Wider die Entwurzelung des Jugendstrafrechts, ZRP 1992, S. 391 f.

strafe mindestens sechs Monate zu betragen hat, § 38 Abs. 2 StGB für Erwachsene indes nur eine Mindestfreiheitsstrafe von einem Monat vorsieht.[427]

Für den Fall der gemeinsamen Verhandlung stellt sich nunmehr die Frage, ob die tendenziell häufigere und härtere Sanktionierung der nach Jugendstrafrecht Behandelten sich auf die Sanktionierung des mitangeklagten Erwachsenen niederschlägt. Denn auch wenn jeder Angeklagte individuell zu behandeln ist und dem Grunde nach lediglich mehrere „lose Verfahren, die ihren eigenen Gesetzen folgen“[428] gleichzeitig verhandelt werden, kann doch etwa bei Mittätern das Urteil gegen den einen nicht unbeeinflusst von der Sanktion gegen den anderen ergehen. Bereits die gegenseitige Zurechnung der erbrachten Tatbeiträge versetzt die Mitangeklagten in eine vergleichbare Lage, so dass – auch unter Berücksichtigung der nach §§ 2 Abs. 1, 43 JGG erforderlichen Persönlichkeitserforschung, welche Einfluss auf die Entscheidung nehmen soll – das Jugendgericht um eine vergleichbare Sanktionierung bemüht sein wird. Richtet sich diese aber vorwiegend nach der gegenüber Jugendlichen/Heranwachsenden geübten Praxis, kann dies für den erwachsenen Angeklagten ebenfalls eine, im Vergleich zu einer Verurteilung im gesonderten Verfahren, härtere Sanktion zur Folge haben.

Vor diesem Hintergrund stellt sich die Frage, ob von einem rechtsstaatlichen und damit fairen Verfahren gesprochen werden kann, wenn die gemeinsame Verhandlung mit Jugendlichen und/oder Heranwachsenden dem erwachsenen Angeklagten ein justizförmiges Verfahren vorenthält und u.U zu einer im Vergleich zum separaten Verfahren höheren Sanktionierung führt.

Die gleiche Frage stellt sich aus Sicht der jungen Delinquenten bzgl. der vergleichsweise geringen Bereitschaft zur (informellen) Diversion im verbundenen Verfahren.

Hinsichtlich der Beeinflussung der Einstellungsbereitschaft zu Ungunsten der jungen Angeklagten kann als Rechtfertigung nicht vorgebracht werden, nur so sei gegenüber dem erwachsenen Mitangeklagten der Schuldnachweis zu führen. Gerade unter Beachtung der gesetzgeberischen Vorgabe, eine derartige Verbindung sei in der Regel *„nicht zweckmäßig“*[429], sowie den besonderen, jugendspezifischen Voraussetzungen des § 103 Abs. 1 JGG kann ein reines Strafverfolgungs- und Überführungsinteresse des Staates alleine nicht ausreichen, um einen *„anderen wichtigen Grund“* darzustellen. Gelingt der Tat- und Schuldnachweis gegenüber dem Erwachsenen nicht ohne die Aussage des Jungendlichen/Heranwachsenden, so muss es genügen, diesen als Zeugen in einem separaten Verfahren gegen den Erwachsenen zu hören, wenn sonst kein besonderer jugendspezifi-

427 *Pfeiffer*, Wird nach Jugendstrafrecht härter gestraft?, StV 1991, S. 363.

428 Vgl. KG Berlin, Beschl. v. 15.11.1994 – 4 Ws 270/94, JR 1995, S. 260.

429 Vgl. Richtlinie zu § 103 Nr. 1 S. 1, Fn. 109.

scher Grund nach § 103 Abs. 1 JGG erfüllt ist, um eine Verbindung zu rechtfertigen.

Werden die Verfahren gegen die Beschuldigten aus unterschiedlichen Altersstufen bereits bei der Staatsanwaltschaft getrennt betrieben, so ist die Gefahr der Beeinflussung der staatsanwaltschaftlichen und schließlich auch der gerichtlichen Einstellungsbereitschaft zu Lasten des Jugendlichen/Heranwachsenden gebannt.

Kommen Staatsanwaltschaft und Gericht zu dem Schluss, dass eine Diversion im jeweiligen Fall nicht (mehr) in Betracht kommt und liegt zusätzlich ein besonderer Grund nach § 103 Abs. 1 JGG für eine Verbindung der Verfahren vor, so ist die Verbindung möglich, ohne dem jungen Angeklagten die Chance auf eine Einstellung verschlechtert zu haben.

Hinsichtlich der beschriebenen negativen Beeinflussung der Sanktionspraxis zu Lasten der erwachsenen Angeklagten aufgrund der Verfahrensverbindung muss der Ansatzpunkt für eine Vermeidung bereits im eigentlichen Ursprung des Dilemmas festgemacht werden, nämlich der Tendenz zur härteren und häufigeren Sanktionierung von jungen Delinquenten. Eine konsequente Orientierung der Reaktion auf rechtsbrecherisches Verhalten am Maßstab der strafrechtlichen Schuld sowie dem Grundsatz der Verhältnismäßigkeit auch gegenüber Jugendlichen und Heranwachsenden würde diese durch den Erziehungsgedanken nur scheinbar gerechtfertigte Ungleichbehandlung beenden.[430] Nicht die Feststellung von Erziehungsdefiziten darf ausschlaggebend sein für die Verhängung von Sanktionen, sondern allein die verwirklichte und nachgewiesene Schuld.[431] Die adäquate Reaktion auf diese Schuld ist sodann an dem Erziehungsgedanken zu messen, nicht umgekehrt. *Brunner/Dölling* führen aus, es könnten „rechtsstaatliche Erfordernisse in Widerstreit mit dem Erziehungsziel des JGG geraten."[432] Ist dies der Fall, so dürfen bei dem Versuch, den Widerstreit zu einem Ausgleich zu führen, die rechtsstaatlichen Erfordernisse keinesfalls abgeschwächt oder relativiert werden. Mögen sich im Jugendstrafverfahren Verfahrenspraxis und Sanktionsarten von denen im Verfahren gegen Erwachsenen unterscheiden, das Verfahren gegen Jugendliche/Heranwachsende ist dennoch ebenso an rechtsstaatlichen Grundsätzen auszurichten, um hierdurch seine Legitimation zu erhalten. Die als Verfahrensziel ausgelobte Wertevermittlung und Legalbewährung des § 2 Abs. 1 S. 1 JGG erfährt ihren Geltungsanspruch erst vor dem Hintergrund eines rechtsstaatlichen Strafverfahrens.

---

430 Vgl. den Vorschlag der 2. Jugendstrafrechtsreform-Kommission, Abschlussbericht, DVJJ-Journal EXTRA Nr. 5, S. 16.

431 So *Albrecht*, Jugendstrafrecht, S. 291.

432 *Brunner/Dölling*, JGG, Einf II Rdnr. 17.

Die Ausrichtung des verbundenen Verfahrens am Jugendstrafverfahren basiert auf einer vom Gesetzgeber selbst vorgenommenen Wertung, indem er in § 103 Abs. 2 S. 1 JGG für den Regelfall die Zuständigkeit der Jugendgerichte begründet. Im Gegensatz zu den beiden soeben erläuterten Bereichen, in welchen eine Benachteiligung eines Angeklagten möglich erscheint, ist der Verzicht auf ein justizförmiges Verfahren hier die eindeutige gesetzgeberische Vorgabe. Das Jugendstrafverfahren ist entsprechend § 2 Abs. 1 S. 2 JGG an dem Erziehungsgedanken auszurichten, was gleichzeitig zu einer Auflockerung der Formenstrenge des normalen Strafprozesses führt.[433] Anders als die Einstellungsbereitschaft oder die Sanktionspraxis kann die Ausgestaltung des verbundenen Verfahrens als Jugendstrafverfahren nicht durch die Beteiligten des Verfahrens selbst beeinflusst oder verändert werden.

433 Vgl. *Böhm/Feuerhelm*, Einführung in das Jugendstrafrecht, S. 97.

# 6 Untersuchung der Verfahrensgrundsätze im Hinblick auf die normativen Gesetzesintention sowie Ansätze zu deren konsequenteren Umsetzung

Den im vorherigen Kapitel erörterten Verfahrensgrundsätzen kommt – wie soeben gezeigt – in der gemeinsamen Verhandlung eine gegenüber dem separaten Verfahren teilweise modifizierte Bedeutung zu.

Derartige Unterschiede sind zum Teil Folge ausdrücklicher gesetzgeberischer Wertungen, zum Teil aber auch Entwicklungen aus der Rechtspraxis.

Es soll nunmehr zunächst zu der Frage Stellung genommen werden, ob die Ausgestaltung der Verfahrensgrundsätze im verbundenen Verfahren durch Gesetz und Rechtspraxis der ursprünglichen normativen Gesetzesintention bei Erlass der Vorschriften zum gemeinsamen Verfahren entspricht oder ob sich auch Divergenzen ausmachen lassen.

Im nächsten Schritt sollen sodann Überlegungen zur Beseitigung etwaiger Divergenzen erfolgen, sodass die normative Gesetzesintention konsequenter umgesetzt werden kann.

## 6.1 Auslegung der normativen Gesetzesintention

Um die normative Gesetzesintention[434] der heutigen Fassung der Vorschriften zum gemeinsamen Verfahren als solche herausfiltern zu können, erfolgt im Anschluss entsprechend der rechtsdogmatischen Methodik eine Auslegung nach Systematik, Historie, Wortlaut und Teleologie, um schließlich mit einer eigenen Stellungnahme abzuschließen.[435]

Zur Auslegung herangezogen werden zunächst die jugendstrafrechtlichen Normen §§ 2 und 103 JGG, anschließend die die Verfahrensgrundsätze betreffenden Vorschriften.

434 Auch als „normativer Gesetzessinn“ zu verstehen, so *Wank*, Die Auslegung von Gesetzen, § 3 II Nr. 2.

435 Zur Auslegungsmethodik siehe *Wank*, Die Auslegung von Gesetzen; zur Divergenz zwischen Gesetzeswortlaut und Willen des Gesetzgebers siehe insbesondere § 3 II Nr. 3.

## 6.1.1 Gesetzessystematische Auslegung

In der Gesetzessystematik des JGG nimmt § 2 JGG, welcher im Ersten Teil unter „Anwendungsbereich" geführt wird, eine exponierte Stellung ein. Die hier getroffene Regelung und Zielsetzung folgt der Bestimmung des persönlichen und sachlichen Anwendungsbereichs des Jugendstrafrechts in § 1 JGG und ist ebenso wie diese Norm stets und in jeder Verfahrenslage zu beachten, wenn ein Jugendlicher oder Heranwachsender einer Tat verdächtigt wird.[436] Der Umstand, dass lediglich die Definition des persönlichen und sachlichen Anwendungsbereichs noch vor der Zielvorgabe des Jugendstrafrechts geregelt wurde, unterstreicht die Bedeutung dieser Vorschrift, da sie von solch grundsätzlicher Natur ist wie auch die Anwendung des Jugendstrafrechts auf junge Menschen im Alter von 14 bis 21 Jahren. Ist somit nach § 1 JGG der Anwendungsbereich des Jugendstrafrechts eröffnet, ist jede weitere Maßnahme an der Vorgabe des § 2 Abs. 1 JGG, also dem Erziehungsgedanken und dem Ziel der Individualprävention, auszurichten.[437]

Infolge der exponierten Stellung des § 2 JGG, nach dessen Absatz 2 die Jugendstrafrechtsnormen vor den *„allgemeinen Vorschriften"* Vorrang genießen[438], sowie der bereits in Absatz 1 enthaltenen Gesetzeszielbestimmung entspricht es der Auslegung eines beachtlichen Teils der Literaturmeinung, von einem Vorrang der jugendspezifischen Vorschriften gegenüber den allgemeinen Vorschriften nicht nur für den Fall einer ausdrücklichen Regelung auszugehen, sondern auch von einem Vorrang der allgemeinen Grundsätze des Jugendstrafrechts, sofern es Widersprüche mit Grundsätzen des allgemeinen Strafrechts oder Strafverfahrensrechts zu bereinigen gilt.[439] Nach der Systematik des § 2 JGG bezieht sich Absatz 2 auch auf Absatz 1 und dessen Inhalt, also die vorrangige Ausrichtung des jugendstrafrechtlichen Verfahrens am Erziehungsgedanken, so dass dieser maßgebliche Gedanke des Jugendstrafrechts ebenfalls Vorrang vor den allgemeinen Verfahrensrechten im Falle einer Friktion von Verfahrensgrundsät-

436 Vgl. *Ostendorf*, JGG, § 2 Rdnr. 8

437 Vgl. *Ostendorf*, JGG, § 2 Rdnr. 8.

438 Gemeint sind all diejenigen Rechtsnormen, die strafrechtlich relevantes Verhalten unabhängig vom Alter des Beschuldigten erfassen, vgl. auch § 10 StGB, so *Eisenberg*, JGG, § 2 Rdnr. 26.

439 *Eisenberg*, Anwendungsmodifizierung bzw. Sperrung von Normen der StPO, NStZ 1999, S. 281; *Laubenthal/Baier/Nestler*, Jugendstrafrecht, Rdnr. 262; *Sonnen*, in: D/S/S, JGG, § 2 Rdnr. 15; *Eisenberg/Haeseler*, Anmerkung zum Beschl. des KG v. 27.09.2005 – 4 Ws 128/05, JR 2006, S. 303; folgt man dieser Ansicht nicht, muss in der Konsequenz bei jeder Friktion von Verfahrensgrundsätzen des allgemeinen Verfahrensrechts und des Jugendstrafrechts im Rahmen der gemeinsamen Verhandlung der Anwendungsumfang der Grundsätze ausgelotet werden.

zen genießt. In Folge dessen muss bei jedweder Maßnahme im Rahmen des Jugendstrafrechts deren Vereinbarkeit mit jugendstrafrechtlichen Verfahrensgrundsätzen sichergestellt werden. Bei Aufeinandertreffen mit Verfahrensgrundsätzen des allgemeinen Verfahrensrechts treten diese daher im gewissen Umfang zurück, sollte es zu Widersprüchen kommen, da der Vorrang der spezifisch jugendstrafrechtlichen Grundsätze infolge der systematischen Wertung gewährleistet werden muss. Gleichwohl gilt es, auch den Verfahrensgrundsätzen des allgemeinen Verfahrensrechts einen möglichst weitgehenden Anwendungsumfang einzuräumen.

§ 103 JGG befindet sich im Fünften Hauptstück des Zweiten Teils und regelt das Verfahren für *„Jugendliche vor Gerichten, die für allgemeine Strafsachen zuständig sind*". Systematisch betrachtet ist die Vorschrift an sich fehlplatziert, da nach § 103 Abs. 2 S. 1 JGG gerade nicht Gerichte für allgemeine Strafsachen, sondern grds. Jugendgerichte für das gemeinsame Verfahren zuständig sein sollen. Da § 33 Abs. 1 JGG bereits ausdrücklich spezielle Jugendgerichte grundsätzlich für das Jugendstrafverfahren für zuständig erklärt, lässt sich die Überschrift dergestalt erklären, dass die unter dem Fünften Hauptstück geführten Verfahren die Ausnahmen zu diesem Grundsatz darstellen und die in § 103 Abs. 2 S. 2 JGG aufgeführten Möglichkeiten der gemeinsamen Verhandlung vor Erwachsenengerichten die Stellung in der Gesetzessystematik rechtfertigen.[440]

Durch die Einrichtung der speziellen Jugendgerichte stellt der Gesetzgeber sicher, dass jede Altersgruppe vor das für sie angemessene Gericht gelangt. Als angemessen werden in den in § 103 Abs. 2 S. 2 JGG genannten Fällen jedoch nicht die Jugendgerichte, sondern die speziellen Erwachsenenstrafgerichte angesehen. Indes kann das Bestreben, durch ein jugendadäquates Verfahren angemessen auf die Verfehlung eines jungen Delinquenten zu reagieren, als Ursache dafür gesehen werden, dass in § 103 Abs. 2 S. 1 JGG – und damit noch vor den speziellen und als Ausnahme zu betrachtenden Regelungen des Satzes 2 – die Jugendgerichte für regelmäßig im gemeinsamen Verfahren zuständig erklärt werden. Die Überschrift des Fünften Hauptstücks bezieht sich somit vor allem auf die Ausnahmen von diesem Grundsatz in § 103 Abs. 2 S. 2 und 3 JGG, so dass die Regelung des § 103 Abs. 1 JGG dort insgesamt als eher gesetzessystematisch verfehlt angesehen werden kann.[441]

Durch die angeordnete, grundsätzlichen Zuständigkeit der Jugendgerichte für die Verbindung nach Absatz 1 entsprechend § 103 Abs. 2 S. 1 JGG werden der Gedanke und die Zielsetzung einer jugendadäquaten Verfahrensgestaltung auf-

---

440 Vgl. *Mohr*, Jugendliche, Heranwachsende und Erwachsene gemeinsam vor dem Strafgericht, S. 22.

441 Vgl. *Eisenberg*, JGG, § 103 Rdnr. 8.

gegriffen, welche bereits in §§ 2 und 33 Abs. 1 JGG ihren gesetzlichen Niederschlag finden. Somit wird dem Jugendstrafverfahren und seinen Zuständigkeitsregeln der Vorrang vor den allgemeinen Verfahrensvorschriften eingeräumt.

In den §§ 48 bis 51 JGG werden Sonderregelungen für das Hauptverfahren im Jugendstrafprozess getroffen, die von denen des allgemeinen Strafverfahrens abweichen oder diese modifizieren.[442]

Dabei ist § 48 JGG die einzige Vorschrift, in welcher ausdrücklich das verbundene Verfahren Berücksichtigung findet. Innerhalb der Norm spricht deren Systematik für die Annahme, dass Absatz 1 den Grundsatz der Nichtöffentlichkeit des Verfahrens gegen Jugendliche festlegt und Absatz 3 Satz 1 die Ausnahme hierzu, nämlich die grundsätzlich öffentliche Verhandlung bei verbundenen Verfahren mit Angeklagten unterschiedlicher Altersstufen. Satz 2 des Absatzes 3 stellt dann wiederum die Gegenausnahme des Öffentlichkeitsausschlusses dar, sollte dies im Interesse des Jugendlichen geboten sein.[443]

Die beschriebene Systematik der Norm stellt infolge der grundsätzlichen Öffentlichkeit des verbundenen Verfahrens vorwiegend auf das Interesse der erwachsenen Angeklagten an der Beachtung des Öffentlichkeitsgrundsatzes ab. Das Interesse des jungen Delinquenten an der Nichtöffentlichkeit der Verhandlung bleibt zunächst unberücksichtigt, so dass hier den allgemeinen Verfahrensvorschriften zunächst ein Vorrang eingeräumt wird. Erst nach positiver Feststellung von entgegenstehenden Interessen des Jugendlichen ist eine Ausnahme vom Öffentlichkeitsgrundsatz möglich. Erst eine ausdrückliche gerichtliche Entscheidung in Form eines Beschlusses kann eine Veränderung im systematisch vorgesehenen Verhältnis der Verfahrensgrundsätze bewirken.

Aufgrund der systematischen Stellung des § 109 Abs. 1 S. 4 JGG muss dieser ebenfalls als eine Ausnahme vom Grundsatz des § 48 Abs. 3 S. 1 JGG betrachtet werden. Denn ist entsprechend § 48 Abs. 3 S. 1 JGG neben dem Jugendlichen noch zumindest ein Heranwachsender an dem Verfahren beteiligt, ist das Verfahren zunächst öffentlich. Spricht nicht das Interesse an der Erziehung des Jugendlichen für einen Öffentlichkeitsausschluss, so kann nach der Systematik des Gesetzes entsprechend § 109 Abs. 1 S. 4 JGG auch das Interesse des Heranwachsenden für den Öffentlichkeitsausschluss sprechen.[444] Denn die Norm befindet sich im Zweiten Abschnitt des Dritten Teils, welcher sich mit dem Verfahren gegen Heranwachsende befasst. Eine Geltungsbeschränkung auf Verfahren *ausschließlich* gegen Heranwachsende erfolgt zumindest nicht ausdrücklich. Zudem findet § 109 Abs. 1 JGG Anwendung in *allen* Verfahren vor Jugendge-

---

442 *Ostendorf*, JGG, Grdl. z. §§ 48–51 Rdnr. 1.

443 Zu diesem gesetzessystematischen Schluss siehe *Ostendorf*, JGG, § 48 Rdnr. 18.

444 Vgl. *Brunner/Dölling*, JGG, § 48 Rdnr. 6.

richten, unabhängig von der späteren Entscheidung, ob Jugendstrafrecht zur Anwendung gelangt oder nicht.[445] Des Weiteren kann nach Maßgabe des § 109 Abs. 1 S. 4 JGG die Öffentlichkeit über § 112 S. 1 i.V.m. § 104 Abs. 2 JGG auch im Verfahren vor Erwachsenengerichten ausgeschlossen werden.[446] Der Vorschrift wird somit ein weites Geltungsfeld zuteil, woraus sich schließen lässt, dass die in ihr enthaltene Regelung in allen Verfahren gegen einen Heranwachsenden Beachtung finden und nicht vom Zufall der Verfahrensverbindung abhängig gemacht werden soll.

Zieht man zudem noch die Zielbestimmung des § 2 Abs. 1 JGG heran, welche ausdrücklich auch Heranwachsende mit einbezieht und aufgrund ihrer Stellung im Gesetz für *sämtliche* nachfolgenden Regelungen der Teile Zwei bis Fünf gilt, spricht auch diese für die Funktion des § 109 Abs. 1 S. 4 JGG als mit zu berücksichtigende Gegenausnahme zum Grundsatz des § 48 Abs. 3 S. 1 JGG, da die Ausrichtung des Verfahrens am Erziehungsgedanken auch zugunsten des Heranwachsenden im gemeinsamen Verfahren zu beachten ist.

Im Gegensatz zu § 48 Abs. 3 JGG, der eine Ausnahme vom Grundsatz des § 48 Abs. 1 JGG für den Fall der gemeinsamen Verhandlung vorsieht und somit eine Sonderregelung trifft, findet diese besondere Verfahrenskonstellation in §§ 50, 51 JGG keine Erwähnung. Aufgrund der Systematik der Verfahrensvorschriften bietet sich daher der Schluss an, dass die Regelungen der §§ 50, 51 JGG in *jeder* Verhandlung gegen Jugendliche berücksichtigt werden müssen, auch im Falle der gemeinsamen Verhandlung.

Unterstützt wird diese Auslegung durch Bezugnahme auf die Öffnungsklausel des § 104 Abs. 2 JGG, über den die Anwendung der beiden Vorschriften auf Jugendliche vor Gerichten der allgemeinen Zuständigkeit in das Ermessen des Richters gelegt wird.[447] Hieraus lässt sich schließen, dass die in §§ 50, 51 JGG verkörperten Grundsätze von solcher Bedeutung für das Verfahren gegen Jugendliche sind, dass sie bei jeder erdenklichen Verfahrenskostellation bedacht werden sollen. Folglich sind §§ 50, 51 JGG im verbundenen Verfahren auf den Jugendlichen anwendbar.

Dem Anwesenheitsrecht des Jugendlichen gemäß den Vorschriften des Jugendstrafrechts kann in der speziellen Verfahrenssituation der gemeinsamen Verhandlung neben dem Anwesenheitsrecht des allgemeinen Verfahrensrechts Geltung eingeräumt werden, ohne dass ein Vorrang vor den allgemeinen Vor-

---

445 Vgl. *Ostendorf*, JGG, § 109 Rdnr. 1 und 3.

446 *Ostendorf*, JGG, § 112 Rdnr. 5 sowie § 109 Rdnr. 1.

447 Im Ergebnis zustimmend *Eisenberg*, JGG, § 50 Rdnr. 1 sowie § 51 Rdnr. 1; *Ostendorf*, JGG, § 104 Rdnr. 21.

schriften erforderlich wäre. Die jeweiligen Anwesenheitsrechte können unabhängig voneinander bestehen.

Im Verhältnis der jugendstrafrechtlichen Sonderregelungen zu den allgemeinen Einstellungsvorschriften spricht das Vorhandensein der §§ 45, 47 JGG als speziellen Regelungen der Einstellung von Verfahren gegen junge Beschuldigte für eine ausschließliche Geltung dieser Normen, da in ihnen überdies ausdrücklich auf die Voraussetzungen des allgemeinen Verfahrensrechts Bezug genommen wird. Bestärkt wird diese Auslegung durch die Regelung in § 2 Abs. 2 JGG.[448]

§ 47 JGG ist der erste Paragraph des Zweiten Unterabschnitts, welcher das Hauptverfahren innerhalb des Dritten Abschnitts „*Jugendstrafverfahren*" betrifft. Der gewählte Standort der Norm noch vor den Vorschriften zur Verfahrensmodifikation im Jugendstrafverfahren gemäß §§ 48 bis 51 JGG kann als Verdeutlichung der hervorgehobenen Stellung des Diversionsgedankens im Sinne des Subsidiaritätsgrundsatzes verstanden werden. Demnach genießt die Diversion „als Alternative zur strafverurteilenden Konfliktserledigung"[449] gegenüber der formellen Verfahrenserledigung Vorrang.[450] Zudem erweitern §§ 45, 47 JGG die Diversionsmöglichkeiten im Jugendstrafverfahren im Vergleich zu den Einstellungsmöglichkeiten des allgemeinen Verfahrensrechts.

Berücksichtigt man besagten Subsidiaritätsgrundsatz sowie die erweiterten Diversionsmöglichkeiten im Jugendstrafverfahren, so erscheint die Systematik der entsprechenden Normen die Gewährleistung eines jugendadäquaten Strafverfahrens entsprechend § 2 Abs. 1 JGG zu unterstützen, da die vermehrten Einstellungs- und Reaktionsmöglichkeiten diesem Ziel entsprechen.

Die denkbare Möglichkeit einer (unbewussten) Beeinflussung des Einstellungsverhaltens infolge der Verbindung von Verfahren mit Angeklagten unterschiedlicher Altersgruppen muss dann aber als nicht mit der Gesetzesintention vereinbar angesehen werden.

§ 68 JGG schließlich befindet sich im siebenten Unterabschnitt des Dritten Abschnitts „Jugendstrafverfahren" unter der Überschrift „Gemeinsame Verfahrensvorschriften". Durch die in diesem Unterabschnitt aufgeführten Vorschriften werden den jugendlichen und teilweise auch den heranwachsenden Angeklagten zusätzliche Verfahrenshilfen eingeräumt. Im Rahmen des § 68 JGG wird so etwa eine Ergänzung des § 140 StPO vorgenommen.[451]

---

448 *Schaffstein/Beulke*, Jugendstrafrecht, § 35 III 2 sowie *Brunner/Dölling*, JGG, § 45 Rdnr. 3.

449 *Ostendorf*, JGG, Grdl. z. §§ 45 und 47 Rdnr. 1.

450 Im Ergebnis ebenso *Laubenthal/Baier/Nestler*, Jugendstrafrecht, Rdnr. 281; *Brunner/Dölling*, JGG, Einf. II Rdnr. 18.

451 *Ostendorf*, JGG, Grdl. z. §§ 67–69 Rdnr. 1.

Nr. 1 nimmt dementsprechend auch zunächst auf die allgemeinen Beiordnungsgründe des § 140 StPO Bezug, ehe in den folgenden Nummern 2 bis 5 spezielle, auf junge Angeklagte und ihre Defizite abgestimmte Fälle der notwendigen Verteidigung aufgelistet werden.

Die Verfahrenskonstellation der gemeinsamen Verhandlung ist in diese Auflistung nicht aufgenommen worden, so dass aus systematischen Gesichtspunkten keine Unterschiede zur separaten Verhandlung zu bestehen scheinen. Ein Vergleich wie zwischen § 48 Abs. 3 JGG zu §§ 50, 51 JGG verbietet sich hier, da die Vorschrift in einem speziellen Unterabschnitt verortet ist.

Zusammenfassend lässt die systematische Auslegung den Schluss zu, dass – auch und gerade im Falle der gemeinsamen Verhandlung – die Grundsätze des Jugendstrafverfahrens entsprechend § 2 JGG Vorrang vor denjenigen des allgemeinen Verfahrens genießen sollen. Bei Untersuchung der hier maßgeblichen Vorschriften fällt auf, dass kaum ausdrückliche Regelungen zu dieser speziellen Verfahrenssituation getroffen wurden, mit Ausnahme des § 103 JGG und des Öffentlichkeitsgrundsatzes nach § 48 Abs. 3 JGG sowie dessen Rückausnahmen. Dabei entspricht die systematische Auslegung des § 48 Abs. 3 JGG jedoch nicht dem soeben genannten Ergebnis hinsichtlich der übrigen Normen, so dass die Gesetzesauslegung insoweit nicht eindeutig und stringent erscheint.

Aus der Systematik der Vorschriften zur speziell jugendstrafrechtlichen Verfahrensgestaltung ergibt sich, dass das Anwesenheitsrecht nach §§ 50, 51 JGG in ungeschmälerten Maße auch in der gemeinsamen Verhandlung gilt. Zudem kann ein Spezialitätsverhältnis der Diversionsvorschriften gegenüber den allgemeinen Einstellungsvorschriften ausgemacht werden. Hinsichtlich der Notwendigkeit einer Verteidigerbestellung sieht das Jugendstrafrecht aufgrund der Unterlegenheit der jungen Beschuldigten bzw. Angeklagten eine größere Anzahl von Anwendungsfällen vor, wobei das verbundene Verfahren keine spezielle Berücksichtigung findet.

### 6.1.2 Historische Auslegung

Welche Zwecke der heutige Gesetzgeber durch die Vorschriften zur gemeinsamen Verhandlung verfolgt, lässt sich deutlich sowohl an den Veränderungen wie auch an den Konstanten erkennen, welche über die Jahrzehnte die Entwicklung des Jugendgerichtsgesetz geprägt haben. Daher soll im Folgenden die Entwicklung der Vorschriften, welche das Verfahren einer gemeinsamen Verhandlung regeln und ausgestalten, auf Grundlage der Fassungen des JGG von 1923, 1943, 1953 bis zur heutigen erläutert werden.

### 6.1.2.1 Das Reichsjugendgerichtsgesetz vom 16.02.1923

Das RJGG von 1923 kodifizierte zum ersten Mal ein förmliches Jugendstrafverfahren, wie es die Jugendgerichtsbewegung der vorangegangenen Jahre gefordert hatte.[452]

Der Fassung von 1923 lag ein Entwurf vom 14.02.1920 zugrunde, auch wenn gegenüber diesem Entwurf eine Vielzahl von Änderungen vorgenommen wurde.[453] Bereits mit der Übernahme der Grundzüge dieses Entwurfs entschied sich der Gesetzgeber für die Strömung innerhalb der Jugendgerichtsbewegung, welche das Jugendstrafgericht zu einem „Jugenderziehungsgericht" ausbauen wollte.[454] Grundlage des Entwurfs waren daher auch die Vorschläge von *Köhne* aus dem Jahre 1908.[455] *Köhnes* Vorschlag für einen Gesetzesentwurf prägte die Diskussion um das Wesen des Jugendstrafrechts und erhielt seinen Niederschlag in der in §§ 5, 6 RJGG enthaltenen Subsidiaritätsklausel, wonach ein straffälliger Jugendlicher nur zu bestrafen war, wenn durch Erziehungsmaßnahmen seine Besserung nicht erreicht werden konnte.[456] Insgesamt herrschte hinsichtlich der Bedeutung des Erziehungsbegriffs und seiner Auswirkungen auf das Jugendstrafrecht auch noch zum Zeitpunkt des Gesetzerlasses Uneinigkeit, so dass die Begrifflichkeiten als unbestimmt zu bezeichnen sind.[457] Die ausgelobte Zielsetzung des Jugendstrafrechts erscheint jedoch insgesamt eher grundsätzlicher Natur im Sinne einer Integration der straffälligen Jugendlichen in die Gesellschaft, wenn Blumenthal sich vom RJGG *„eine wirksame Waffe im Kampfe gegen Verwilderung und Verwahrlosung der Jugend"* verspricht.[458]

Den Strafcharakter auch dieses Rechts wird man indes nicht in Abrede stellen können, auch wenn *Blumenthal* meint, das Jugendgericht sei *kein* Strafgericht[459], und *Friedeberg* vom „Jugendbesserungsrecht"[460] spricht.

Das RJGG von 1923 begründete in § 17 erstmals die Zuständigkeit von Jugendgerichten für die Verfehlungen von Jugendlichen, wobei in den Vorschriften des ersten Abschnitts (§§ 1–16 RJGG) lediglich von „Gerichten" die Rede ist, da zahlreiche Fälle denkbar waren, in welchen ein Jugendlicher vor einem Erwach-

---

452 *Kraft*, Tendenzen in der Entwicklung des Jugendstrafrechts, S. 100.

453 *Blumenthal*, Das Reichsjugendgerichtsgesetz, DJZ 1923, S. 274 f.

454 *Friedeberg*, Grundzüge eines Jugendgerichtsgesetzes, DJZ 1920, S. 193.

455 Vgl. *Köhne*, Entwurf 1908, S. S. 4 und 22 ff.

456 *Köhne*, Entwurf 1908, S. 3 und 13; *Heß*, RJGG 1923, § 5 Anm. 2; so auch ausführlich *Kraft*, Tendenzen in der Entwicklung des Jugendstrafrechts, S. 37.

457 Vgl. *Kraft*, Tendenzen in der Entwicklung des Jugendstrafrechts, S. 44.

458 *Blumenthal*, Das Reichsjugendgerichtsgesetz, DJZ 1923, S. 278.

459 Vgl. *Blumenthal*, Das Reichsjugendgerichtsgesetz, DJZ 1923, S. 275.

460 *Friedeberg*, Grundzüge eines Jugendgerichtsgesetzes, DJZ 1920, S. 195.

senen- oder Sondergericht angeklagt werden konnte, welches lediglich an die §§ 1–16 RJGG gebunden war.[461]

Parallel hierzu kam den Vormundschaftsgerichten bei der „Fürsorgeerziehung“[462] eine erhebliche Bedeutung zu. So sah § 5 Abs. 2 RJGG beispielsweise vor, dass das Jugendgericht die Anordnung und Auswahl der von ihm als erforderlich erachteten Erziehungsmaßnahme dem Vormundschaftsgericht überlassen konnte.[463]

Hinsichtlich der Verbindung von Verfahren gegen Jugendliche und Erwachsene wurde bereits in dieser ersten Kodifikation fixiert, dass eine solche Verbindung grundsätzlich nicht erwünscht war, indem § 26 Abs. 2 RJGG bestimmte: „*Jugendsachen sollen mit Strafsachen gegen Erwachsene nicht verbunden werden; dies gilt insbesondere, wenn diese Strafsachen zur Zuständigkeit des Reichgerichts oder der Schwurgerichte gehören.*“[464]

In Absatz 3 heißt es sodann weiter: „*Nach Erhebung der Anklage können bis zum Erlasse des Urteils erster Instanz Jugendsachen von Strafsachen gegen Erwachsene durch Gerichtsbeschluß getrennt und an das Jugendgericht verwiesen werden.*“[465] Es wurden also im Vergleich zu heute keine besonderen Voraussetzungen festgelegt, bei deren Vorliegen die Verbindung für geboten gehalten wurde. Viel mehr kommt lediglich durch die Sollvorschrift zum Ausdruck, dass eine Verbindung als unerwünscht galt.[466] Zweck der Regelung war es, eine „Ausschaltung des Jugendgerichts möglichst zu verhindern“[467], da sich aus § 26 Abs. 2 und Abs. 3 RJGG ergab, dass im Falle der Verbindung die allgemeinen

461 Vgl. *Francke*, RJGG 1923, Vorbem. zum zweiten Abschnitt; *Drewes/Sandré*, RJGG 1923, 2. Vorbem., S. 267.

462 *Friedeberg*, Grundzüge eines Jugendgerichtsgesetzes, DJZ 1920, S. 195.

463 Vgl. *Blumenthal*, Das Reichsjugendgerichtsgesetz, DJZ 1923, S. 275.

464 RGBl. I 1923, S. 138; zu dieser ablehnenden Haltung bzgl. der Verfahrensverbindung *Blumenthal*, Das Reichsjugendgerichtsgesetz, DJZ 1923, S. 277; in *Drewes/Sandré*, RJGG 1923, § 26 Anm. 4 wird die Formulierung als bewusste Verdeutlichung der „Notwendigkeit der Trennung“ verstanden, da im Vergleich zum Gesetzesentwurf eine Änderung erfolgte; dort hieß es noch „*Strafsachen gegen Erwachsene sollen mit Jugendsachen nicht verbunden werden*“; im Entwurf von *Köhne* war die grds. Trennung ebenfalls vorgesehen, in seiner Kommentierung hieß es schlicht: „*Die Notwendigkeit, jugendliche Personen von der Berührung mit erwachsenen Verbrechern fernzuhalten, ist so allgemein anerkannt, daß sie näherer Begründung nicht bedarf*“, *Köhne*, Entwurf 1908, S. 26.

465 RGBl. I 1923, S. 138.

466 *Heß*, RJGG 1923, § 26 Anm. 5; *Peters* bringt es auf den Punkt, wenn er ausführt, die Verbindung sollte nur „als seltene Ausnahme erfolgen, da die Aburteilung vor dem Erwachsenengericht bedeutsame Nachteile mit sich bringt. (…) Gewisse Verfahrensbestimmungen (…) finden keine Anwendung“, *Peters*, RJGG 1923, § 26 Anm. 2.

467 *Francke*, RJGG 1923, § 26 Anm. I.

Strafgerichte zuständig blieben und erst nach Abtrennung eine Verweisung der Jugendsache an das Jugendgericht erfolgen konnte.[468]

Als zulässig wurde die Verbindung beispielsweise in dem aus heutiger Sicht abenteuerlich anmutenden Fall eines Spionageprozesses[469] angesehen, aber auch, wenn widersprüchliche Entscheidungen sowie eine umfangreiche Beweisaufnahme vermieden werden sollten.[470]

Untermauert wurde die ablehnende Haltung auf bemerkenswerte Weise, indem § 33 Abs. 1 RJGG anordnete, dass selbst separate Hauptverhandlungen in Jugendsachen von anderen Hauptverhandlungen gegen Nicht-Jugendliche derart abgesondert werden sollten, dass ein Kontakt zwischen den Jugendlichen und erwachsenen Angeklagten anderer Strafsachen vermieden wurde.[471] Der Kontakt zwischen jugendlichen und erwachsenen Angeklagten sollte folglich so strikt unterbunden werden und galt als derart unerwünscht, dass sich diese Ablehnung auch auf zusammenhangslose Verfahren bezog, welche lediglich im gleichen Gebäude stattfanden.

In § 23 RJGG wurde die prinzipielle Nichtöffentlichkeit der Verhandlung vor den Jugendgerichten, einschließlich der Urteilsverkündung, bestimmt.[472] Eine besondere Regelung für den Fall der gemeinsamen Verhandlung enthält die Vorschrift nicht. Da jedoch verbundene Verfahren nicht vor Jugendgerichten verhandelt wurden, galt der § 23 RJGG für diese Verfahren auch nicht, so dass hier die Öffentlichkeit zugelassen war. Insgesamt richtete sich in verbundenen Verfahren das Verfahrensrecht grundsätzlich nach den allgemeinen Vorschriften und nur insoweit nach dem RJGG, wie dies das für den Erwachsenen geltende

---

468 Vgl. *Mohr*, Jugendliche, Heranwachsende und Erwachsene gemeinsam vor dem Strafgericht, S. 33; vgl. *Heß*, RJGG 1923, § 26 Anm. 6 lit. c; *Kiesow*, Das Jugendgerichtsgesetz, Leipziger Zeitschrift1923, 444.

469 So *Messerer*, RJGG 1923, § 26 Anm. 2; als Hintergrund dieses Beispiels von *Messerer* muss die gespannte politische Lage infolge der alliierten Besetzung der linksrheinischen Gebiete von 1919 bis 1930 und das Verbot der militärischen Aufrüstung in Deutschland berücksichtigt werden; in diesem Zusammenhang kam es zu zahlreichen Verhandlungen wegen Verletzung des Spionagegesetzes sowie des § 92 RStGB (Landesverrat), vgl. *Hanten*, Das Reichsgericht zum publizistischen Landesverrat während der Weimarer Republik, StraFo 1999, S. 9 ff. sowie bspw. RGSt 58, 1; bei der heutigen (welt)politischen Lage ist an einen Vergleich mit einem Prozess wegen Gründung einer terroristischen Gruppierung zu denken.

470 *Francke*, RJGG 1923, § 26 Anm. I.

471 Vgl. RGBl. I 1923, S. 139; über die verfahrensrechtliche Trennung hinaus soll es also auch eine zeitliche und räumliche geben, so *Heß*, RJGG 1923, § 33 Anm. 1; *Kiesow*, Das Jugendgerichtsgesetz, Leipziger Zeitschrift 1923, S. 444; bzgl. des dem Gesetz zugrundeligeneden Entwurfs *Friedeberg*, Grundzüge eines Jugendgerichtsgesetzes, DJZ 1920, S. 195.

472 RGBl. I 1923, S. 137 f.; vgl. *Kraft*, Tendenzen in der Entwicklung des Jugendstrafrechts, S. 101; *Blumenthal*, Das Reichsjugendgerichtsgesetz, DJZ 1923, S. 277.

Verfahrensrecht nicht beeinträchtigte.[473] Eine Ermessensentscheidung des Gerichts bzgl. des Ausschlusses der Öffentlichkeit sah das Gesetz nicht vor.

Die Einstellungsmöglichkeiten des RJGG waren im Vergleich zur heutigen Praxis recht beschränkt. So sah § 32 RJGG[474] in Absatz 1 vor, dass die Staatsanwaltschaft das Verfahren nur mit Zustimmung des Jugendrichters einstellen konnte, wenn der Jugendliche gemäß § 3 RJGG nur deshalb nicht strafrechtlich verantwortlich gemacht wurde, weil er *„nach seiner geistigen und sittlichen Entwicklung unfähig war, das Ungesetzliche seiner Tat einzusehen oder seinen Willen dieser Einsicht gemäß zu bestimmen."*[475] Hierbei sollte *„tunlichst"* das Jugendamt vor der Einstellung gehört werden, die grundsätzliche Einschaltung war folglich nicht vorgesehen. Die mangelnde Einsichtsfähigkeit stellte somit, wie auch heute noch, keinen Einstellungsgrund aus rechtlichen Gründen im Sinne des § 170 Abs. 2 StPO dar.[476]

Des Weiteren konnte die Staatsanwaltschaft nach Absatz 2 mit Zustimmung des Jugendrichters von der Anklageerhebung absehen, wenn zuvor eine Erziehungsmaßregel angeordnet worden war und weitere Maßnahmen nicht erforderlich schienen oder wenn anzunehmen war, dass das Gericht wegen Geringfügigkeit von Strafe absehen würde. War die Klage bereits erhoben, so konnte das Gericht mit Zustimmung der Staatsanwaltschaft die Einstellung des Verfahrens verfügen.[477] Aus der Systematik des Paragraphen lässt sich schließen, dass gerichtliche Einstellungsgründe nach Klageerhebung ebenfalls nur diejenigen der mangelnden Einsichtsfähigkeit nach § 3 RJGG und der Geringfügigkeit sein konnten.[478] Als geringfügig galten nach § 9 Abs. 4 RJGG[479] Vergehen und sog. Übertretungen, welche in § 1 Abs. 3 StGB von 1876 als Handlungen definiert wurden, die mit Haft oder Geldstrafe bis zu einhundertfünfzig Mark bedroht waren.[480] Eine rein staatsanwaltschaftliche Einstellung war ausschließlich im Falle mangelnder Einsichtsfähigkeit möglich[481], eine schlichte richterliche Ermahnung, falls ein Urteil für entbehrlich gehalten wurde, war dem Gesetz gänzlich fremd.

---

473 *Heß*, RJGG 1923, § 26 Anm. 5.

474 Vgl. RGBl. I 1923, S. 139.

475 RGBl. I 1923, S. 135.

476 *Ostendorf*, JGG, Grdl. z. §§ 45 und 47 Rdnr. 2; zur Diskussion im Rahmen der Einführung der Norm *Francke*, RJGG 1923, § 32 Anm. II.

477 Vgl. *Blumenthal*, Das Reichsjugendgerichtsgesetz, DJZ 1923, S. 278.

478 Vgl. *Blumenthal*, Das Reichsjugendgerichtsgesetz, DJZ 1923, S. 277.

479 Vgl. RGBl. I 1923, S. 136.

480 Vgl. RGBl. I 1876, S. 40.

481 Vgl. *Friedeberg*, Grundzüge eines Jugendgerichtsgesetzes, DJZ 1920, S. 193.

Gleichwohl sind Parallelen zur heutigen Regelung in §§ 45 und 47 JGG hinsichtlich der Einstellungsgründe mangelnde Einsichtsfähigkeit und Geringfügigkeit erkennbar.

Bereits mit Einführung des § 153 StPO a.F. im Jahre 1924 begann die Diskussion, ob für den Jugendlichen die allgemeine Vorschrift zur Einstellung gelten sollte oder ausschließlich diejenige des RJGG, wobei „überwiegende Gründe" für die letztgenannte Ansicht sprachen, da nur so auch die regelmäßig für angemessen erachteten Erziehungsmaßregeln angeordnet werden konnten.[482]

Im Hinblick auf die Anwesenheit des jugendlichen Angeklagten sah das RJGG keine Besonderheiten gegenüber erwachsenen Angeklagten vor. § 30 RJGG gewährte lediglich den gesetzlichen Vertretern die gleichen Rechte auf Anwesenheit während der Vornahme von Amtshandlungen, wie diese auch den Angeklagten zustanden.[483] § 33 Abs. 2 RJGG kannte jedoch bereits den zeitweiligen Ausschluss des Angeklagten, wenn *„von einzelnen Erörterungen ein nachteiliger Einfluß auf den Angeklagten zu befürchten"*[484] war. Für die Dauer dieser Erörterungen musste der Angeklagte auf Anordnung des Gerichts das Sitzungszimmer verlassen. Wurde er wieder zur Verhandlung zugelassen, so *sollte* der Vorsitzende ihn über den wesentlichen Inhalt des inzwischen Verhandelten unterrichten. Im Gegensatz zur heutigen Regelung in § 51 Abs. 1 JGG enthielt das RJGG somit eine bloße Sollvorschrift bzgl. des grundlegenden Rechts des Angeklagten, über das Verhandelte umfangreich informiert zu werden. Es lag im pflichtgemäßen Ermessen des Vorsitzenden zu entscheiden, ob dem Jugendlichen überhaupt etwas von dem Verhandelten mitgeteilt wurde.[485]

Die Verteidigerbestellung zugunsten eines jugendlichen Angeklagten nach § 29 RJGG orientierte sich vorwiegend an den Voraussetzungen, unter welchen auch einem Erwachsenen ein Verteidiger gestellt wurde. So nannte § 29 Abs. 1 RJGG ausdrückliche diese Voraussetzungen, um eine notwendige Verteidigung anzunehmen. Absatz 2 ergänzte die Fälle der notwendigen Verteidigung jedoch noch um solche, in denen dies aus besonderen Gründen angemessen erschien, namentlich bei *„verwickelte(r) Sach- und Rechtslage"*[486], wobei anstelle eines Verteidigers auch ein Beistand bestellt werden konnte, dem die Rechte, nicht aber die Pflichten eines Verteidigers zukamen.[487]

---

482 So *Francke*, RJGG 1923, § 32 Anm. III.

483 Vgl. RGBl. I 1923, S. 139.

484 RGBl. I 1923, S. 139; *Blumenthal*, Das Reichsjugendgerichtsgesetz, DJZ 1923, S. 278; *Friedeberg* spricht noch nicht von „Einfluss", sondern von „erziehungswidrigen Erörterungen", *Friedeberg*, Grundzüge eines Jugendgerichtsgesetzes, DJZ 1920, S. 195.

485 *Kiesow*, RJGG 1923, § 33 Anm. 2a.

486 RGBl. I 1923, S. 138.

487 Vgl. *Blumenthal*, Das Reichsjugendgerichtsgesetz, DJZ 1923, S. 277.

Insgesamt umfasst die Kodifikation von 1923 hinsichtlich der hiesigen Untersuchung bereits einige Stellungnahmen des historischen Gesetzgebers, welche sich auch noch in der heutigen Ausgestaltung des Jugendstrafrechts finden. Die in § 26 RJGG enthaltene grundsätzliche Ablehnung einer gemeinsamen Verhandlung von Jugendlichen mit Erwachsenen entspricht beispielsweise der auch heute noch vertretenen Ansicht. Und auch die Möglichkeit des zeitweiligen Ausschlusses des Jugendlichen für die Dauer von Erörterungen, welche seine Erziehung beeinflussen könnten, ist dem heutigen Jugendstrafrecht grds. bekannt.

Indes darf nicht verkannt werden, dass das damals erst in der Entwicklung befindliche Jugendstrafverfahren mit seinen heute bekannten Besonderheiten nur im weitaus geringeren Maße gewährleistet war. Dies wird am augenfälligsten im Rahmen der Zuständigkeitsregelung im Falle der Verfahrensverbindung, die nicht die Möglichkeit vorsah, Erwachsene vor Jugendgerichten anzuklagen. Im Verhältnis der aufeinandertreffenden Verfahrensarten erhielt im Zweifel das allgemeine Verfahrensrecht den Vorrang.[488]

So waren für den durchaus zulässigen, wenn auch restriktiv zu handhabenden Fall der Verfahrensverbindung keine speziellen Regelungen vorgesehen, die die Beibehaltung der zum Teil bereits existenten Besonderheiten des Jugendstrafrechts auch für das verbundene Verfahren anordneten.[489]

Der Kodifikation von 1923 kommt somit für das Jugendstrafrecht insgesamt eine grundlegende Bedeutung zu, während das verbundene Verfahren kaum Berücksichtigung fand.

#### 6.1.2.2 Das Reichsjugendgerichtsgesetz vom 06.11.1943

Der von der NS-Ideologie geprägten Fassung des RJGG von 1943 lag ein im Vergleich zu 1923 veränderter, nun klar definierter Erziehungsbegriff zugrunde. Oberstes Ziel war nunmehr die „Gesundheit der Volksgemeinschaft“, das Individuum hatte zurückzutreten.[490] Durch Konzentration zahlreicher Kompetenzen auf Organisationen und Einrichtungen der NSDAP wurde deren Macht gestärkt, was zu einer vermehrten Kontrolle des jugendlichen Alltags führte[491]. Ziel der Erziehung war das Einfügen und Funktionieren innerhalb der vorgegebenen Struktu-

488 Besipielsweise wurde im gemeinsamen Verfahren vor den Erwachsenengerichten öffentlich verhandelt, *Heß*, RJGG 1923, § 26 Anm. 5; *Peters*, RJGG 1923, § 26 Anm. 2.

489 Blieb es bei einer Verbindung der Verfahren, galt das allgemeine Verfahrensrecht auchfür den Jugendlichen, *Drewes/Sandré*, RJGG 1923, § 27 Anm. 8.

490 *Kraft*, Tendenzen in der Entwicklung des Jugendstrafrechts, S. 111.

491 *Kraft*, Tendenzen in der Entwicklung des Jugendstrafrechts, S. 110.

ren. Strafe bzw. Sühne und Erziehung als Zwecke des speziellen Jugendstrafrechts traten nunmehr gleichberechtigt nebeneinander.[492]

Zwanzig Jahre nach der ersten Kodifikation wurden in der umfassenden Neugestaltung des RJGG von 1943 erstmals auch die Voraussetzungen einer Verbindung von Verfahren gegen Jugendliche und Erwachsene spezifiziert. § 77 RJGG legte die noch heute erforderlichen Voraussetzungen einer Verbindung fest: „*Verfahren, die zur Zuständigkeit der Jugendgerichte gehören, sollen mit Verfahren gegen andere Beschuldigte, für die ein Erwachsenengericht zuständig ist, nur verbunden werden, wenn es zur Erforschung der Wahrheit oder aus anderen wichtigen Gründen geboten ist.*“[493] Auch nach der neuen Regelung sollte eine solche Verbindung grundsätzlich unterbleiben und galt weiterhin als unerwünscht, da das Verfahren gegen Jugendliche möglichst jugendgerecht geführt werden sollte.[494]

Als anderer wichtiger Grund im Sinne der Norm wurde die Vermeidung sowohl widersprüchlicher Urteile gegen die Angeklagten als auch der Wiederholung umfangreicher Beweisaufnahmen anerkannt. Reine Bequemlichkeitsgründe durften indes nicht entscheidend sein.[495]

Gegenüber der Fassung von 1923 war es nun erstmals möglich, Erwachsene vor Jugendgerichten anzuklagen. Erforderlich hierfür war, dass bei Verbindung der Verfahren „*das Schwergewicht*“ im Verfahren gegen den Jugendlichen lag, ihm also der schwerwiegendere Tatvorwurf gemacht wurde[496]. Zudem musste die Besetzung des Jugendgerichts dem des Erwachsenengerichts entsprechen.[497] Eine Einschränkung der Zuständigkeit der Jugendgerichte für Jugendstrafsachen folgte aus der vorrangigen Zuständigkeit des Reichsgerichts, des Volksgerichtshofs

---

492 Vgl. *Keßler*, Die besonderen Erziehungsmaßnahmen des Jugendgerichtsgesetzes, ZAkDtR 1938, S. 120; *Kraft*, Tendenzen in der Entwicklung des Jugendstrafrechts, S. 81.

493 RGBl. I 1943, S. 650.

494 Vgl. *Potrykus*, RJGG 1943, § 77 Bem. 3; wie ein solches jugendadäquates Verfahen auszusehen hatte ist bei *Kümmerlein* ausführlich beschrieben, *Kümmerlein*, Das neue Reichsjugendgerichtsgesetz, DJ 1943, S. 553 ff.

495 Vgl. *Peters*, RJGG 1943, § 77 Anm. 2 und *Potrykus*, RJGG 1943, § 77 Bem. 2; siehe auch die Richtlinie Nr. 1 zu § 77 RJGG, abgedruckt bei *Kümmerlein*, RJGG 1943, § 77: „*Die Verbindung von Verfahren, die zur Zuständigkeit der Jugendgerichte gehören, mit Verfahren gegen andere Beschuldigte, für die ein Erwachsenengericht zuständig ist, wird insbesondere notwenig sein, wenn ohne die Verbindung eine umfangreiche Beweisaufnahme wiederholt werden müßte.*“

496 *Kümmerlein*, Das neue Reichsjugendgerichtsgesetz, DJ 1943, 554; Satz 2 der Richtlinie Nr. zu § 77 lautete: „*Der Staatsanwalt erhebt die Anklage vor diesem Amtsgericht oder dieser Strafkammer, wenn das Schwergewicht bei dem Verfahren gegen die Jugendlichen liegt*“, *Potrykus*, RJGG 1943, Richtlinien zu § 77; siehe hierzu unter 6.1.3.3.

497 Vgl. BGHSt 9, 399 (405) mit Verweis auf *Peters*, RJGG 1943, § 77 Anm. 2.

und der Oberlandesgerichte sowie der Wehrmachtsgerichte, der SS- und Polizeigerichte.[498]

Grund für die restriktive Handhandhabung der gemeinsamen Verhandlung war die überwiegend vertretene Ansicht, dass ein jugendadäquates Verfahren bei gleichzeitiger Verhandlung mit einem Erwachsenen nicht gewährleistet werden könne, dies aber erstrebenswert sei. Nach *Peters* war das Verfahren vor den Erwachsenengerichten naturgemäß mehr auf den Erwachsenen ausgerichtet, was dazu führte, dass Auswahl und Umfang der gegen den Jugendlichen angeordneten Sanktion leicht in Abhängigkeit von der gegen den Erwachsenen verhängten Strafe trat.[499]

Bei Verbindung der Verfahren traten einige Vorschriften des Jugendstrafrechts hinter diejenigen des allgemeinen Strafrechts zurück, wie etwa die in § 32 RJGG[500] geregelte grundsätzliche Nichtöffentlichkeit der Jugendverfahren.[501] Eine Ermessensentscheidung des Jugendgerichts wie im heutigen JGG, die Öffentlichkeit im Erziehungsinteresse des Jugendlichen gleichwohl auszuschließen, sah das RJGG nicht vor.

Die Einstellungsmöglichkeiten der Staatsanwaltschaft sowie des Gerichts wurden gegenüber 1923 dergestalt modifiziert, dass § 30 Abs. 1 RJGG[502] vorsah, dass der Staatsanwalt, hielt er eine richterliche Ahndung für entbehrlich, weil vormundschaftliche Erziehungsmaßregeln oder eine Ermahnung als ausreichend erachtet wurden, er diese beim Vormundschaftsrichter[503] anregen konnte. „*Besondere Pflichten auferlegen, namentlich eine Arbeitsweisung erteilen, oder eine Ermahnung aussprechen*" konnte allerdings auch der Jugendrichter. Absatz 2 ergänzte sodann: „*Der Staatsanwalt sieht von der Verfolgung ab, wenn eine erzieherische Maßnahme, namentlich eine Arbeitsauflage, oder ein Disziplinarmittel bereits angeordnet ist und eine Ahndung durch den Richter entbehrlich macht. Ferner kann er in besonders leichten Fällen von der Verfolgung absehen.*" Entgegen dem Wortlaut enthielt dieser Absatz 2 eine Ermessensentschei-

---

498 *Peters*, Das neue Jugendgerichtsgesetz, ZAkDtR 1944, 36.

499 *Peters*, RJGG 1943, § 77 Anm. 2; *Potrykus*, RJGG 1943, § 77 Bem. 3.

500 Vgl. RGBl. I 1943, S. 643.

501 *Peters*, RJGG 1943, § 77 Anm. 2.

502 RGBl. I 1943, S. 642.

503 In einem Bezirk sollte zumindest ein Amtsrichter als Vormundschaftsrichter eingesetzt werden, der vormundschaftsrichterliche Tätigkeiten entsprechend den §§ 1631, 1666, 1800, 1838, 1915 BGB a.F. wahrnehmen konnte, vgl. A. I. 1. der Richtlinien zu §§ 21, 22 RJGG 1943 bei *Kümmerlein*, RJGG 1943.

dung des Staatsanwalts.[504] Die Einstellung wegen Geringfügigkeit wurde mit verändertem Wortlaut aus der Kodifikation von 1923 übernommen.[505]

Für den Fall, dass die Klage bereits erhoben war, ermöglichte § 31 RJGG[506] die richterliche Einstellung unter den bereits unter § 30 Abs. 2 S. 1 RJGG genannten Voraussetzungen. Er konnte das Verfahren zudem auch einstellen, *„wenn der Angeklagte mangels Reife strafrechtlich nicht verantwortlich“* war.

Über den Wortlaut hinaus war auch der Richter befugt, wegen Geringfügigkeit einzustellen, im Gegensatz zu § 30 Abs. 2 S. 2 RJGG aber nur, wenn zumindest eine Ermahnung erfolgte.[507] Zudem bedurfte die richterliche Einstellung gemäß § 31 Abs. 2 RJGG der Zustimmung des Staatsanwalts.

Gegen einen Jugendlichen erfolgte die Verfahrenseinstellung ausschließlich nach den §§ 30, 31 RJGG, nicht hingegen nach den allgemeinen Einstellungsvorschriften.[508]

Das in § 33 Abs. 1 RJGG[509] geregelte Anwesenheitsrecht des Angeklagten war wortgleich mit dem heutigen § 50 Abs. 1 JGG. Auch hiernach konnte nur unter den allgemeinen Voraussetzungen[510], bei Vorliegen besonderer Gründe und mit Zustimmung der Staatsanwaltschaft ohne den Angeklagten eine Hauptverhandlung stattfinden.

Auch im Hinblick auf die Möglichkeit der zeitweiligen Ausschließung des Angeklagten von der Verhandlung war der § 34 Abs. 1 S. 1 RJGG[511] bereits identisch mit dem heutigen § 51 Abs. 1 S. 1 JGG. Auch hier sollte ein Ausschluss erfolgen, wenn durch die Erörterungen Nachteile für die Erziehung des Jugendlichen zu erwarten waren. Jedoch sah Satz 2 noch immer nur in einer Sollvorschrift vor, dass der Vorsitzende dem Jugendlichen anschließend das in seiner Abwesenheit Verhandelte mitteilen solle. Anders als noch 1923 wurde hier aber bereits – wie auch noch in der heutigen Fassung – ergänzend eingeschränkt, dass die Unterrichtung nur soweit zu reichen habe, wie dies für die Verteidigung des Jugendlichen erforderlich sei.

504 Vgl. Nr. 1 der Richtlinie zu § 30 RJGG in *Kümmerlein*, RJGG 1943, § 30.

505 *Schilf* sah das RJGG von 1943 als Gelegenheit, „das entscheidende Schwergewicht“ der Frage, ob eine strafrechtliche Ahndung erfolgen soll, auf die Jugendgerichtshilfe zu verlagern; *Schilf*, Das neue Jugendstrafrecht, Deutsche Jugendhilfe 1944, 83 f.

506 RGBl. I 1943, S. 642 f.

507 *Kümmerlein*, RJGG 1943, § 31 Anm. 5.

508 *Kümmerlein*, RJGG 1943, Nr. 7 der Richtlinien zu § 30.

509 Vgl. RGBl. I 1943, S. 643.

510 Der § 232 StPO a.F. ist hinsichtlich der Voraussetzungen der Verhandlung in Abwesenheit des Angeklagten weitestgehend mit der heutigen Fassung identisch; jedoch war als möglich Sanktion auch eine Freiheitsstrafe von bis zu sechs Monaten sowie eine unbegrenzte Geldstrafe gestattet.

511 Vgl. RGBl. I 1943, S. 643.

Im Hinblick auf die notwendige Verteidigung forderte die Fassung von 1943 im Vergleich zu der Fassung von 1923 erstmals, dass der Verteidiger *„erzieherisch befähigt"* sein solle. Nach § 42 Abs. 1 RJGG[512] konnte dem Jugendlichen für das ganze Verfahren oder einen Teil davon ein Verteidiger gestellt werden, wenn dies auch bei einem Erwachsenen der Fall wäre oder wenn den Erziehungsberechtigten und dem gesetzlichen Vertreter ihre Rechte nach dem RJGG entzogen waren.[513]

Verglichen mit der ersten Kodifikation von 1923 ist insbesondere der nunmehr eröffneten Möglichkeit, eine gemeinsame Verhandlung zumindest dann vor den Jugendgerichten stattfinden zu lassen, wenn das Schwergewicht der strafbaren Handlung dem Jugendlichen angelastet wurde, Beachtung zu schenken. Mit der „Schwergewichtslösung" konnten erstmals Erwachsene vor Jugendgerichten angeklagt werden[514], was wiederum zu einer neuen Gewichtung der Verfahrensarten untereinander führte.

Infolgedessen erfuhr die Bedeutung des jugendadäquaten Verfahrens eine weitere Stärkung, da nicht automatisch im Falle eines Aufeinandertreffens dem allgemeinen Verfahrensrecht der Vorrang gegeben wurde. Auch wurde durch Aufnahme der speziellen Verbindungsvoraussetzungen deren restriktive Handhabung nachdrücklich unterstrichen.[515]

Gleichwohl erfolgte *keine* Aufnahme spezieller Vorschriften, welche die gemeinsame Verhandlung weiter ausgestalteten und somit noch weiterreichend den jeweiligen Geltungsvorrang bei Aufeinandertreffen von Verfahrensgrundsätzen regelten. Bei Aufeinandertreffen der unterschiedlichen Verfahrensrechte traten im Zweifel noch immer diejenigen des Jugendstrafverfahrens hinter den allgemeinen Vorschriften zurück.[516]

### 6.1.2.3 Das Jugendgerichtsgesetz vom 04.08.1953

In den Jahren nach Gründung der Bundesrepublik Deutschland wurden zahlreiche Gesetze von dem in ihnen zum Ausdruck gebrachten nationalsozialistischen

512 Vgl. RGBl. I 1943, S. 644.

513 Gesetzlicher Vertreter des Jugendlichen war grds. nur der Vater nach §§ 1630, 1634 BGB a.F.; die Rechte konnten den Erziehungspflichtigen und dem gesetzlichen Vertreter gem. § 41 Abs. 5 RJGG entzogen werden (RGBl. I 1943, S. 644); nach § 42 Abs. 3 RJGG konnte der Richter diese Rechte dem Verteidiger zeitweise übertragen.

514 *Peters*, RJGG 1943, § 77 Anm. 2.

515 *Peters*, RJGG 1943, § 77 Anm. 2.

516 *Peters*, RJGG 1943, § 77 Anm. 2; *Potrykus*, RJGG 1943, § 77 Bem. 3.

Gedankengut gesäubert, so auch das RJGG von 1943.[517] Gleichzeitig musste auch dem gesellschaftlichen Wandel Rechnung getragen werden, der die Tendenz zu einem Anwachsen der Jugendkriminalität und „Jugendnot"[518] erkennen ließ. Im Zuge dieser Veränderungen erfolgte auch eine systematische Neustrukturierung des Jugendgerichtsgesetzes, im Rahmen derer die Grundordnung des bis dahin geltenden Rechts zwar beibehalten wurde, jedoch weitgehende Änderungen und Ergänzungen in das Gesetz aufgenommen wurden.[519] Der Aufbau des JGG von 1953 ist bis zur heutigen Fassung maßgeblich geblieben. Der Erziehungsgedanke erhielt sowohl systematisch wie auch inhaltlich seine heute noch gültige Vorrangstellung innerhalb des Gesetzes.[520]

Im Hinblick auf die gemeinsame Verhandlung wurde der § 103 JGG geschaffen, dessen Absätze 1 und 3 den noch heute gültigen Wortlaut enthielten.[521]

Somit wurden die beiden Voraussetzung der Verbindung von Verfahren *„zur Erforschung der Wahrheit"* und *„aus anderen wichtigen Gründen"* aus der Fassung von 1943 übernommen. Hinsichtlich der Bedeutung dieser beiden Merkmale ergibt sich in der Kommentierung kein Unterschied zu der Fassung von 1943.[522]

Statt der Formulierung *„sollen (...) nur verbunden werden, wenn"* von 1943 wurde die Vorschrift nun jedoch positiv formuliert, indem es heißt: *„können (...)verbunden werden, wenn."* Diese Änderung des Wortlauts bedeutete allerdings nicht, dass von der Auffassung Abstand genommen wurde, die Verbindung von Verfahren für grundsätzlich unerwünscht zu halten.[523] Gleichwohl wurde ein Entwurf nicht übernommen, nach welchem der Ausnahmecharakter der Verbindung noch weiter verdeutlicht worden wäre, indem das „sollten" durch ein „dürften" ersetzt worden wäre und nur „besonders" wichtige Gründe für eine Verbindung gesprochen hätten.[524] Eine eindeutige Positionierung im Hinblick auf die ablehnende Haltung bereits im Gesetzestext erfolgte also – wie auch in der heutigen Fassung – nicht.

---

517 Siehe BT-Drucks. I/3264 S. 35 f., in welcher die Reinigung des Gesetzes vom nationalsozialistischem Einfluss als eine der wesentlichen Anliegen bezeichnet wird.

518 So *Peters*, Werdendes Jugendstrafrecht, S. 6.

519 *Lackner*, Das Jugendgerichtsgesetz, JZ 1953, 527.

520 Vgl. Kraft, Tendenzen in der Entwicklung des Jugendstrafrechts, S. 162.

521 BGBl. I 1953, S. 765.

522 Vgl. *Dallinger/Lackner,* JGG 1953, § 103 Rdnr. 5 und *Potrykus,* JGG 1953, § 103 Bem. 2; weiterhin wird die Vermeidung zusätzlichen Kosten und einer zusätzlichen Belastung des Jugendlichen oder der Zweck der Beweiserleichterung genannt.

523 *Dallinger/Lackner*, JGG 1953, § 103 Rdnr. 5; *Potrykus*, JGG 1953, § 103 Bem. 2.

524 *Peters*, Werdendes Jugendstrafrecht, S. 96.

Eine weitere entscheidende Änderung stellte der Absatz 2 dar, in welchem das sog. Schwerpunktprinzip auch in den Gesetzeswortlaut aufgenommen wurde.[525]

§ 103 Abs. 2 JGG lautete: „*Der Staatsanwalt erhebt die Anklage vor dem Jugendgericht, wenn das Schwergewicht bei dem Verfahren gegen Jugendliche liegt.*" Entscheidend für die Zuständigkeit bei verbundenen Verfahren war danach, welches Gericht ohne die Verbindung für denjenigen Angeklagten zuständig wäre, dem die Begehung der Tat vorwiegend vorgeworfen wurde. Ergab sich aus den Umständen kein derartiges Überwiegen des Tatvorwurfs zulasten eines der Täter, so musste im Einzelfall entschieden werden, wobei im Zweifel und ohne Vorliegen besonderer Gründe, die eine andere Entscheidung erforderten, von der Zuständigkeit der Jugendgerichte auszugehen war. Nur vor diesen nämlich konnte das spezielle Jugendstrafverfahren zur Anwendung gelangen und der Jugendliche/Heranwachsende „seiner Eigenart gemäß behandelt" werden.[526]

Im Hinblick auf den Grundsatz der Öffentlichkeit ordnete § 48 Abs. 1 JGG[527] wie bereits sein Vorgänger § 32 RJGG 1943 an, dass die Verhandlung (ausschließlich) gegen Jugendliche nichtöffentlich stattzufinden hatte. Als entscheidende Neuerung wurde jedoch der Absatz 3 des § 48 JGG verankert, welcher den noch heute gültigen Wortlaut erstmals in das Gesetz aufnahm. Zum ersten Mal wurde eine ausdrückliche Regelung für den Fall der gemeinsamen Verhandlung getroffen, und zwar – aufgrund der Einführung der Heranwachsenden als gesonderter Altersgruppe – für alle Verfahrenskombinationen, an denen Angeklagte unterschiedlicher Altersstufen beteiligt sein konnten. Hierbei wurde in Satz 1 des Absatzes 3 die Ausnahme vom Grundsatz der Nichtöffentlichkeit nach Absatz 1 festgesetzt, indem es hieß: „*Sind im Verfahren auch Heranwachsende oder Erwachsene angeklagt, so ist die Verhandlung öffentlich.*" Satz 2 eröffnete sodann die Möglichkeit, eine Rückausnahme von der Zulassung der Öffentlichkeit anzuordnen, sollte dies „*im Interesse der Erziehung jugendlicher Angeklagter geboten*" sein. Rein systematisch erscheint der Aufbau der Vorschrift im Sinne von 1. Grundsatz der Nichtöffentlichkeit, 2. Ausnahme bei verbundenen Verfahren und 3. Rückausnahme im Erziehungsinteresse nahe liegend. In der Kommentierung wird indes die Auffassung vertreten, dass Absatz 3 lediglich einen besonderen Ausschließungsbeschluss erforderlich macht, die Nichtöffentlichkeit des Verfahrens auch bei Verbindung indes durchaus die Regel darstelle.[528]

525 Siehe oben *Kümmerlein*, Das neue Reichsjugendgerichtsgesetz, DJ 1943, 554 sowie BGHSt 9, 399 (400 f.).

526 *Dallinger/Lackner*, JGG 1953, § 103 Rdnr. 8.

527 Vgl. BGBl. I 1953, S. 757.

528 *Dallinger/Lackner*, JGG 1953, § 48 Rdnr. 26; *Potrykus*, JGG 1953, § 48 Bem. 8, der allerdings für den Fall, dass das Schwergewicht des Verfahrens beim erwachsenen Täter liegt, regelmäßig die Öffentlichkeit zugelassen sehen will; hierfür spricht auch die Richtlinie Nr. 3 des

Bezüglich der Ausgestaltung der Einstellungsvorschriften wurde die staatsanwaltschaftliche Einstellungsmöglichkeit in § 45 Abs. 1 JGG 1953[529] gegenüber § 30 Abs. 1 RJGG 1943 insoweit eingeschränkt, als nun ein Geständnis des jungen Beschuldigten erforderlich war. Im Rahmen des sog. formlosen jugendrichterlichen Erziehungsverfahrens konnten Erziehungsmaßregeln und Zuchtmittel gegen den Jugendlichen angeordnet werden, wenn die Staatsanwaltschaft eine Ahndung durch Urteil für entbehrlich hielt.[530] Nach Anregung beim Jugendrichter konnte dieser dem Vorschlag entsprechen, war jedoch nicht hieran gebunden. Ordnete der Richter eine andere Maßnahme an, hatte er das Verfahren aber gleichwohl einzustellen.[531]

Im Zuge der Bereinigung des Jugendstrafrechts wurde zudem die Zuständigkeit des Vormundschaftsrichters zurückgedrängt, welcher in der Fassung von 1943 auf Anregung der Staatsanwaltschaft noch über die gleiche Einstellungsbefugnis verfügte wie der Jugendrichter.

Ohne Zustimmung des Jugendrichters wurde dem Staatsanwalt in § 45 Abs. 2 JGG 1953 eröffnet, von der Verfolgung abzusehen, wenn nach Nr. 1 eine erzieherische Maßnahme bereits angeordnet war oder nach Nr. 2 die Voraussetzungen des § 153 StPO vorlagen. Mit diesem Verweis auf § 153 StPO ähnelte der § 45 Abs. 2 JGG 1953 dem heutigen § 45 Abs. 1 und Abs. 2 S. 1 JGG. Ein Geständnis des Jugendlichen war in diesen Fällen, anders als heute, erforderlich.[532]

Im Gegensatz zum heutigen Verweis in § 109 Abs. 2 S. 1 JGG fand § 45 JGG 1953 jedoch auch dann keine Anwendung auf Heranwachsende, wenn diese nach Jugendstrafrecht behandelt wurden, da sich in § 109 JGG 1953 keine derartige Verweisung befand.[533] *Potrykus* begründet die vertretene Ablehnung damit, dass auf Heranwachsende § 153 StPO a.F. anzuwenden sei, damit für ein Absehen von einer Anklageerhebung die Zustimmung des Amtsrichters nach § 153 Abs. 2 StPO a.F. erforderlich sei.[534]

---

§ 48 JGG 1953: „*Sind in dem Verfahren auch Heranwachsende oder Erwachsene angeklagt und liegt das Schwergewicht bei dem Verfahren gegen die Jugendlichen (§ 103 Abs. 2), so beantragt der Staatsanwalt aus den unter Nr. 1 angegebenen Gründen den Ausschluß der Öffentlichkeit*“; siehe *Becker*, JGG 1953.

529 Vgl. BGBl. I 1953, S. 757.

530 *Dallinger/Lackner*, JGG 1953, § 45 Rdnr. 19 f.

531 *Dallinger/Lackner*, JGG 1953, § 45 Rdnr. 28.

532 Vgl. *Potrykus*, JGG 1953, § 45 Bem. 1.

533 *Dallinger/Lackner*, JGG 1953, § 45 Rdnr. 40; *Potrykus*, JGG 1953, § 45 Bem. 9; in Nr. 6 der Richtlinie zu § 109 JGG 1953 findet sich sogar ein ausdrücklicher Ausschluss der Anwendung der §§ 45, 47 JG 1953 auf Heranwachsende; bzgl. § 45 ebenfalls in Richtlinie Nr. 8 zu § 45 JGG 1953.

534 *Potrykus*, JGG 1953, § 109 Bem. 5.

Die richterlichen Einstellungsmöglichkeiten nach Einreichung der Anklage erfassten gemäß § 47 JGG 1953[535] durch entsprechende Verweise die gleichen Voraussetzungen wie § 45 JGG 1953 und bedurften der staatsanwaltschaftlichen Zustimmung. Auch § 47 JGG 1953 galt mangels Verweisung in § 109 JGG 1953 nicht für Heranwachsende.[536]

Die Einschränkungsmöglichkeit des Rechts des Angeklagten auf Anwesenheit während der Verhandlung wurde in der Neufassung gegenüber 1943 nicht verändert, § 50 Abs. 1 JGG 1953 war wortgleich mit § 33 Abs. 1 RJGG 1943.[537]

Die Möglichkeit der zeitweiligen Ausschließung des Angeklagten nach § 51 Abs. 1 S. 1 JGG 1953[538] ist identisch mit der heutigen Regelung. Die Sollvorschrift in § 34 Abs. 1 S. 2 RJGG 1943 im Hinblick auf die Unterrichtung des Jugendlichen durch den Vorsitzenden über dasjenige, was in seiner Abwesenheit erörtert wurde, ist somit in eine Verpflichtung des Vorsitzenden umgewandelt worden („*hat*"). Diese Pflicht ist als Ausfluss des verfassungsrechtlich gewährten Anspruchs auf rechtliches Gehör anerkannt worden.[539] Die Einschränkung des Unterrichtungsumfangs auf das zur Verteidigung Erforderliche wurde jedoch in der Fassung von 1953 – wie auch in der heutigen – aus der älteren Fassung beibehalten. Sowohl § 50 Abs. 1 als auch § 51 Abs. 1 JGG 1953 galten nicht für Heranwachsende, so dass hier ein Rückgriff auf die allgemeinen Vorschriften erforderlich war.

Das Recht des Angeklagten im Sinne des heutigen „fair-trial"-Grundsatzes, sich angemessen gegen die Anklage verteidigen zu können, um so eine weitestgehende Waffengleichheit herzustellen, wurde in der Fassung von 1953 gegenüber der Vorherigen erweitert. § 68 JGG 1953[540] ergänzte die Fälle, in denen dem Jugendlichen ein Verteidiger zu bestellen war gegenüber 1943 um solche Hauptverhandlungen, welche vor der Jugendkammer stattfanden, und den Fall, dass ein Gutachten nach § 73 JGG 1953 über den Entwicklungsstand des Jugendlichen vorbereitet werden sollte, weil die Unterbringung in einer Anstalt in Frage kam. Jedoch sollten bei Entzug der Rechte der Erziehungsberechtigten und des gesetzlichen Vertreters deren Befugnisse nicht mehr auf den Verteidiger übergehen, sondern gemäß § 67 Abs. 4 JGG 1953[541] ein Prozesspfleger bestellt werden. Die zuvor noch gesetzlich normierte Voraussetzung einer erzieherischen

535 Vgl. BGBl. I 1953, S. 757.

536 *Vgl. Richtlinie Nr. 2 zu § 47 sowie Richtlinie Nr. 6 zu § 109 JGG 1953, abgedruckt bei Beck, JGG 1953.*

537 Vgl. *Dallinger/Lackner*, JGG 1953, § 50 Rdnr. 1.

538 Vgl. BGBl. I 1953, S. 757 f.

539 *Dallinger/Lackner*, JGG 1953, § 51 Rdnr. 16.

540 Vgl. BGBl. I 1953, S. 760.

541 Vgl. BGBl. I 1953, S. 760.

Befähigung des Verteidigers wurde aus dem Wortlaut der Vorschrift entfernt und in die Richtlinie zur Norm aufgenommen.[542] § 68 JGG 1953 galt auch für Heranwachsende.

Das Jugendgerichtsgesetz von 1953 muss insgesamt als entscheidende Weichenstellung hin zur heutigen Fassung des JGG angesehen werden, da neben der Bereinigung des Gesetzes vom nationalsozialistischen Gedankengut eine Betonung des Erziehungsgedankens des Jugendstrafrechts erfolgte, welche auch heute noch maßgeblich ist. Sowohl die Verdeutlichung des Ausnahmecharakters des § 103 JGG und der damit einhergehenden möglichst weit reichenden Vermeidung von verbundenen Verhandlungen[543] als auch die erstmalig ausdrückliche (wenn auch nur partielle) Reglung der Verfahrensgrundsätze beim verbundenen Verfahren in § 48 Abs. 3 JGG waren für das heutige Verständnis des Jugendstrafrechts prägend. Gleiches gilt für die Weiterentwicklung der Einstellungsvorschriften, der Stärkung des Rechts des Angeklagten auf rechtliches Gehör im Wege seiner Anwesenheit bzw. Unterrichtung in §§ 50, 51 JGG sowie der Ausweitung der Fälle notwendiger Verteidigung. Das Verhältnis der Verfahrensgrundsätze bei Aufeinandertreffen der verschiedenen Verfahrensarten konnte nunmehr aufgrund diverser richterlicher Ermessensentscheidungen bestimmt werden und somit bei Vorliegen eines entsprechenden Schutzbedürfnisses ein jugendadäquates Verfahren gewährleistet werden.

Der so ermöglichte Schutz der jungen Angeklagten erstreckte sich indes noch nicht im heute gültigen Umfang auf die neu eingeführte Gruppe der Heranwachsenden.

#### 6.1.2.4 Das Strafverfahrensänderungsgesetz vom 05.10.1978

Die Fassung des JGG von 1953 wurde in der Folgezeit nur noch punktuell verändert. Im Rahmen des StVÄG, welches am 01.01.1979 in Kraft trat, erfolgte jedoch der bedeutsame Schritt weg vom Schwerpunktprinzip hin zum sog. Vorrangprinzip.[544] Im Zuge dieser Reform wurde § 103 Abs. 2 JGG neu gefasst, so dass er seinen heutigen Wortlaut erhielt.[545] Nach Satz 1 sind nun grundsätzlich die Jugendgerichte für verbundene Verfahren zuständig. Lediglich in Fällen, in denen die Zuständigkeit der Wirtschaftsstrafkammer nach § 74e GVG oder der Strafkammer nach § 74a GVG für das Verfahren gegen den Erwachsenen alleine

542 Vgl. Richtlinie Nr. 1 zu § 68 JGG 1953, abgedruckt bei *Beck*, JGG 1953.

543 Vgl. *Potrykus*, JGG 1953, § 103 Bem. 2 f.

544 Vgl. *Katholnigg*, Die gerichtsverfassungsrechtlichen Änderungen durch das StVÄG, NJW 1978, S. 2375 f; *Rieß*, Das Strafverfahrensänderungsgesetz 1979, NJW 1978, S. 2266.

545 Vgl. BGBl. I 1978, S. 1653.

eröffnet wäre, wird diese Zuständigkeit auch für das verbundene Verfahren beibehalten. Der hierin zum Ausdruck kommende grundsätzliche Vorrang der Jugendgerichte – mit Ausnahme der genannten Spezialzuständigkeiten – folgte aus der Erkenntnis, nur so ein jugendadäquates Verfahren gewährleisten zu können. Zudem werden auf diese Weise Zuständigkeitsstreitigkeiten vermieden und das Verfahren insgesamt beschleunigt.[546] Im Interesse des erwachsenen Angeklagten stellen § 39 Abs. 1 S. 2 und § 41 Abs. 1 Nr. 3 JGG die Zuständigkeit des Jugendschöffengerichts und der Jugendkammer sicher, wenn für den Erwachsenen alleine das Schöffengericht oder die große Strafkammer zuständig wären, damit über ihn nicht ein Spruchkörper niederen Ranges entscheidet.[547]

#### 6.1.2.5 Das 1. JGGÄndG vom 30.08.1990

Im Hinblick auf die erläuterten Grundsätze sind von den zahlreichen Änderungen, welche das 1. Jugendgerichtsgesetzänerungsgesetz bewirkte, insbesondere die Modifikationen an den Einstellungsvorschriften und der notwendigen Verteidigung zu nennen.

§ 45 JGG[548] erhielt seinen heutigen Wortlaut und wurde seinem Aufbau nach entsprechend der Rechtspraxis angeglichen, da die Absätze 1 bis 3 die Prüfungsreihenfolge und Hierarchie der Reaktionsmöglichkeiten auf jugendliches Fehlverhalten vorgeben.[549] Die Möglichkeiten des Staatsanwalts, ohne Beteiligung des Jugendrichters zu entscheiden, ob Maßnahmen ergriffen werden müssen, wurden gestärkt.[550] Ergibt sich im Zuge der staatsanwaltschaftlichen Ermittlung des sozialen Umfelds des jungen Delinquenten, dass dort bereits eine adäquate Reaktion auf das Verhalten des Jugendlichen/Heranwachsenden getroffen wurde, kann dies nunmehr als ausreichende Maßnahme für eine Einstellung angesehen werden.[551] Zudem steht nach Abs. 2 das Bemühen des jungen Beschuldigten, einen Ausgleich mit dem Verletzten zu schaffen, einer erzieherischen Maßnahme gleich. Das Absehen von Verfolgung ist unter den Voraussetzungen des Absatzes 2 nun zudem zwingend ausgestaltet.[552]

---

546 Vgl. *Katholnigg*, Die gerichtsverfassungsrechtlichen Änderungen durch das StVÄG, NJW 1978, S. 2375 f.

547 Vgl. *Katholnigg*, Die gerichtsverfassungsrechtlichen Änderungen durch das StVÄG, NJW 1978, S. 2376.

548 Vgl. BGBl. I 1990, S. 1854.

549 *Trenczek*, Das neue Jugendstrafrecht, NJ 1991, S. 195.

550 *Jung* spricht hier von einer „Filterfunktion" der Staatsanwaltschaft; *Jung*, Zur Reform des Jugendstrafrechts, JuS 1992, S. 189.

551 *Böhm*, Zur Änderung des Jugendgerichtsgesetzes, NJW 1991, S. 534.

552 *Jung*, Zur Reform des Jugendstrafrechts, JuS 1992, S. 189.

Auch § 47 JGG[553] erhielt durch das 1. JGGÄndG seine heutige Fassung. Insbesondere Absatz 1 wurde ergänzt und ähnlich dem Aufbau des § 45 JGG umstrukturiert, so dass auch hier die ohnehin bereits übliche Rechtspraxis, entsprechend § 153a StPO mit der endgültigen Entscheidung über die Einstellung zu warten, bis die Auflage oder Weisung erfüllt ist, auf eine gesicherte Gesetzesgrundlage gestellt wurde.[554] Dem Richter wurde in Absatz 1 Satz 2 die Möglichkeit eröffnet, dem jungen Delinquenten eine Frist von sechs Monaten zur Erledigung der Maßnahme oder Weisung zu setzen und das Verfahren bis dahin lediglich vorläufig einzustellen.[555]

Eines der Anliegen des 1. JGGÄndG war die Einführung von Maßnahmen zur Verbesserung des rechtlichen Status der jungen Delinquenten. In Folge dessen wurde die notwendige Verteidigung im Jugendstrafrecht ausgebaut, indem § 68 JGG[556] um diejenigen Fälle ergänzt wurde, in denen gegen einen Jugendlichen Untersuchungshaft oder eine einstweilige Unterbringung nach § 126a StPO vollstreckt wird. Abweichend von § 140 Abs. 1 Nr. 5 StPO wird mit der Bestellung des Verteidigers nicht drei Monate zugewartet, sondern auf den Beginn des Vollzugs der freiheitsentziehenden Maßnahme abgestellt.[557]

#### 6.1.2.6 Das 2. JGGÄndG vom 13.12.2007

Anlass für das 2. Jugendgerichtsgesetzänderungsgesez, welches am 1. Januar 2008 in Kraft trat, war das Urteil des BVerfG[558], in welchem der Bundes- bzw. die Landesgesetzgeber verpflichtet wurden, bis zum 31.12.2007 den Jugendstrafvollzug auf eine gesetzliche Grundlage zu stellen.

Im Zuge der vollzugsrechtlichen Neuerungen wurde auch der heutige § 2 Abs. 1 JGG[559] in das Gesetz aufgenommen. Somit wurde über achtzig Jahre nach der ersten Jugendstrafrechtskodifikation erstmals die häufig bemühte Vorrangigkeit des Erziehungsgedankens im Verfahren und der Entscheidung über die Rechtsfolgen gegen Jugendliche und Heranwachsende gesetzlich normiert und damit bindend. Mit der amtlichen Überschrift „Ziel des Jugendstrafrechts" misst der Gesetzgeber der eingeführten Vorschrift für das gesamte Jugendstrafrecht

553 Vgl. BGBl. I. 1990, S. 1855.
554 *Jung*, Zur Reform des Jugendstrafrechts, JuS 1992, S. 190.
555 *Böhm*, Zur Änderung des Jugendgerichtsgesetzes, NJW 1991, S. 535.
556 Vgl. BGBl. I 1990, S. 1856.
557 *Jung*, Zur Reform des Jugendstrafrechts, JuS 1992, S. 191.
558 BVerfGE 116, 69 ff. = NJW 2006, S. 2093 ff.
559 Vgl. BGBl. I 2007, S. 2894; wegen der Bedeutung der Vorschrift sei auf 3.3 verwiesen.

eine übergeordnete Bedeutung bei und deklariert die Legalbewährung als Ziel aller Maßnahmen im Verfahren gegen Jugendliche und Heranwachsende.[560]

### 6.1.2.7 Zusammenfassung

Die unterschiedlichen Fassungen und Ergänzungen des Jugendgerichtsgesetzes von 1923 bis heute lassen eine deutliche Entwicklung zugunsten einer immer konsequenteren Umsetzung eines jugendadäquaten Strafverfahrens erkennen.

Hinsichtlich der Zulässigkeit der gemeinsamen Verhandlung wurde die von Beginn an vertretene Ansicht, diese sei unerwünscht und grds. unzweckmäßig, immer weiter spezifiziert. Von der anfänglichen Sollvorschrift in der Fassung von 1923 ging die Entwicklung hin zu positiv formulierten Voraussetzungen in der Fassung von 1943, wobei die Verhandlung zunächst vor den Erwachsenengerichten, später je nach Schwergewicht auch vor Jugendgerichten, und schließlich seit dem StVÄG von 1978 stets vor Jugendgerichten zu erfolgen hat.[561]

Für die erläuterten Verfahrensgrundsätze hatte diese Entwicklung zur Folge, dass etwa die Nichtöffentlichkeit der gemeinsamen Verhandlung nunmehr zumindest im Ermessen des Gerichts liegt, und somit im Vergleich zu den ersten drei Fassungen von 1923 bis 1953 durch die grds. Verhandlung vor den Jugendgerichten die jugendspezifischen Besonderheiten mehr Gewicht erhielten.

Auch die speziellen Einstellungsvorschriften zugunsten jugendlicher Delinquenten sowie die Fälle der notwendigen Verteidigung wurden ausgeweitet. Waren diese Vorschriften 1923 noch stark an den allgemeinen Regelungen für Erwachsene orientiert, wurde 1943 und insbesondere 1953 eine Ausweitung der Fälle der notwendigen Verteidigung und eine Erweiterung der Reaktionsmöglichkeiten im Rahmen der Einstellungsregeln entsprechend den Bedürfnissen Jugendlicher vorgenommen. Diese Entwicklung fand ihren derzeitigen Höhepunkt mit der erneuten Modifikation der Diversionsvorschriften im 1. JGGÄndG von 1990.

Die Anwesenheit des jugendlichen Angeklagten während der Verhandlung wurde bereits 1923 als entscheidend erkannt, weswegen seine Abwesenheit stets nur unter besonderen Umständen möglich war und ist. Seine zeitweilige Ausschließung aus Erwägungen der Erziehung ist schon seit der ersten Kodifikation vorgesehen. Im Laufe der Zeit erlangte jedoch die Erkenntnis Überhand, dass dem Jugendlichen gleichwohl ein Anspruch auf rechtliches Gehör zusteht. So wurde in der Fassung von 1953 die Sollvorschrift der Unterrichtung über das in

560 Vgl. *Goerdeler*, Das „Ziel der Anwendung des Jugendstrafrechts“, ZJJ 2008, S. 137.

561 Die besonderen Fälle des § 103 Abs. 2 S. 2 JGG sind von dieser Darstellung ausgenommen.

Abwesenheit Verhandelte zu einer Pflicht, weswegen der Vorsitzende nunmehr verpflichtet war und ist, den Jugendlichen über das in seiner Abwesenheit Verhandelte zu unterrichten, wenn auch nach eigenem Ermessen im Hinblick auf die Notwendigkeit zur Verteidigung.

Hinzu kommt die grundsätzliche Aufnahme der Gruppe der Heranwachsenden in den Geltungsbereich des Jugendstrafrechts im Jahre 1953, auf die über die Entwicklungen in den Folgejahren immer mehr jugendstrafrechtliche Vorschriften Anwendung fanden, wie etwa die Einstellungsvorschriften der §§ 45, 47 JGG, welche seit der im EGStGB vom 02.03.1974[562] enthaltenen Änderung auch auf Heranwachsende anwendbar sind, wenn diese nach Jugendstrafrecht behandelt werden.

Die infolge der systematischen Umstrukturierung durch die Fassung von 1953 eingetretene Hervorhebung und Betonung des Erziehungsgedankens, der in unterschiedlicher Ausprägung jeder der Fassungen innewohnte, erreichten durch die Einführung des § 2 JGG im Rahmen des 2. JGGÄndG von 2007 ihren Höhepunkt. Mit dem nunmehr ausdrücklich formulierten Vorrangverhältnis der jugendstrafrechtlichen Vorschriften vor denen des allgemeinen Verfahrensrechts im Falle des Aufeinandertreffens erhielt auch die Ausgestaltung des verbundenen Verfahrens stets zu berücksichtigende Prämissen.

### 6.1.3 Auslegung nach Wortlaut und Richtlinien

#### 6.1.3.1 § 2 JGG

Der Gesetzeswortlaut des § 2 Abs. 1 S. 1 JGG gibt Zweck und Hauptziel des gesamten Jugendstrafrechts vor, wie sich aus der Bezugnahme auf den Wortlaut des Satzes 2 ergibt. Das „*Ziel*" ist in der Rückfallvermeidung von strafrechtlich auffällig gewordenen Jugendlichen und Heranwachsenden zu sehen, also der Individualprävention[563].

Satz 2 des § 2 Abs. 1 JGG bezieht sich inhaltlich auf Satz 1, indem er als Mittel und Weg zur Zielerreichung die vorrangige Ausrichtung von Rechtsfolge und Verfahren am Erziehungsgedanken proklamiert.

Was konkret unter diesem Erziehungsgedanken zu verstehen ist, wird nicht näher ausgeführt und der Auslegung durch Lehre und Rechtspraxis überlassen.[564]

---

562 BGBl. 1974 I, S. 469.

563 *Ostendorf*, JGG, § 2 Rdnr. 1.

564 Vgl. *Goerdeler*, Das „Ziel der Anwendung des Jugendstrafrechts", ZJJ 2008, S. 140, wo es richtigerweise „*Der neue § 2 Abs. 1 S. 2*" lauten muss.

Aufgrund der Formulierung „*die Anwendung des Jugendstrafrechts*“ in Absatz 1 Satz 1 kann eine umfassende Geltungsspanne der Vorschrift angenommen werden, vom Bestehen eines ermittlungsauslösenden Verdachts bis hin zu etwaigen Vollstreckungsmaßnahmen.[565]

Ebenso vage verhält es sich mit der Vorgabe, die Ausrichtung des Verfahrens am Erziehungsgedanken nur unter Beachtung des elterlichen Erziehungsrechts zu tätigen. Durch diesen Einschub erfährt die erzieherische Prägung des Verfahrens eine Einschränkung, ohne dass deren Reichweite und Ausgestaltung konkretisiert werden. Anlass des normierten Vorbehalts war das Urteil des Bundesverfassungsgerichts vom 16.01.2003, aus welchem hervorgeht, dass eine zwangsweise staatliche Erziehung infolge einer strafrechtlichen Verfehlung ohne eine justizförmige Feststellung des Erziehungsbedarfs, insbesondere durch den Schuldnachweis, unzulässig ist.[566] Ist der Erziehungsbedarf auf justizförmige Weise festgestellt worden, kann in Form der nun folgenden Sanktionen ein staatlicher Eingriff in das elterliche Erziehungsrecht erfolgen, denn im Widerstreit der Belange muss eine Abwägung nach Verhältnismäßigkeitsgesichtspunkten erfolgen. Durch den staatlichen Eingriff soll ein wirksamer Schutz Dritter vor Übergriffen des Jugendlichen erreicht werden.[567] Da die staatliche Erziehung lediglich in den Rand- und nicht den Kernbereich des Art. 6 Abs. 2 GG eingreift, ist diese im Hinblick auf ihren Schutzzweck gerechtfertigt.[568] Dabei ist bei der Begrenzung des elterlichen Erziehungsrechts deren Erziehungsinteresse und -weise zu beachten. Die Ausgestaltung des Verfahrens kann somit grds. nur in der Weise erzieherisch erfolgen, wie das Erziehungsinteresse der Eltern berücksichtigt wurde.[569] Der Vorbehalt des elterlichen Erziehungsrechts kann sich dabei lediglich auf das Verfahren gegen Jugendliche beziehen, da besagtes Erziehungsrecht aus Art. 6 Abs. 2 GG zeitlich auf die Vollendung des 18. Lebensjahrs des jungen Menschen begrenzt ist.[570] Der staatliche Erziehungsauftrag wirkt indes generell bis zur Vollendung des 21. Lebensjahres fort, so dass die Grundsätze des § 2 Abs. 1 grundsätzlich auch auf Heranwachsende anwendbar sind. Diese zeitliche Begrenzung basiert auf dem Geltungsbereich bzw. dem Volljährigkeitsalter zum Zeitpunkt des Inkrafttretens des Grundgesetzes.

---

565 *Goerdeler*, Das „Ziel der Anwendung des Jugendstrafrechts“, ZJJ 2008, S. 141.

566 Vgl. BVerfGE 107, 104, insbes. Nr. 65 f.

567 Vgl. *Walter/Wilms*, Kriminalrechtlicher Erziehungsgedanke und elterliches Erziehungsrecht, NStZ 2004, S. 606.

568 Vgl. *Walter/Wilms*, Kriminalrechtlicher Erziehungsgedanke und elterliches Erziehungsrecht, NStZ 2004, S. 603.

569 Vgl. *Sonnen*, in: D/S/S, JGG, § 2 Rdnr. 1.

570 Vgl. *Peschel-Gutzeit,* in: Staudiger-BGB, § 1626 Rdnr. 39.

Da nach § 2 Abs. 1 S. 1 JGG „*vor allem*“ erneute Straftaten vermieden werden sollen, kann aus der Formulierung geschlossen werden, dass noch weitere Nebenziele durch das Gesetz verfolgt werden.[571] Dies rechtfertigt sich bereits aus der Natur des Jugendstrafrechts als Strafrecht, durch welche stets auch der Aspekt des Schuldausgleichs Bedeutung erlangt.[572] Gleichzeitig ergibt sich aus diesem Wortlaut aber auch eine Hierarchie der Strafzwecke, da gerade nicht die Formulierung „*insbesondere*“ gewählt wurde. Die Individualprävention ist somit nicht gleichberechtigtes Ziel unter mehreren, sondern hervorgehobener und übergeordneter Strafzweck.[573]

§ 2 Abs. 2 JGG erklärt die allgemeinen Vorschriften des Verfahrensrechts für subsidiär gegenüber den Vorschriften des Jugendstrafverfahrens, soweit diese eine von der StPO abweichende Regelung enthalten. Als Zweck der Vorschrift können die Klarstellung und Sicherung des Vorrangs der jugendstrafrechtlichen Sondervorschriften genannt werden.[574] Aufgrund der Formulierung „*in diesem Gesetz nichts anderes bestimmt*“ lässt sich die Annahme vertreten, dass nicht nur den ausdrücklich im JGG aufgeführten Vorschriften ein Vorrang eingeräumt werden soll, sondern auch den im JGG enthaltenen speziellen Grundsätzen.[575] Anderenfalls wäre eine eindeutige Bezugnahme auf die in diesem Gesetz enthaltenen Vorschriften möglich gewesen.

Für das verbundene Verfahren hat diese Auslegung zur Folge, dass die JGG-Vorschriften auch dann auf den Jugendlichen bzw. Heranwachsenden Anwendung finden und somit das gemeinsame Verfahren gegen einen Erwachsenen prägen und gestalten, wenn es nicht möglich ist, die für die jeweiligen Altersgruppen geltenden Verfahrensrechte nebeneinander anzuwenden, und diesbezüglich keine ausdrückliche Regelung besteht.[576]

### 6.1.3.2 § 103 JGG

Die Vorschrift sieht in Absatz 1 zusätzliche Voraussetzungen für eine gemeinsame Verhandlung vor, die über diejenigen der allgemeinen Vorschriften hinausgehen. Diese allgemeinen Verbindungsvoraussetzungen müssen zunächst

---

571 *Ostendorf*, JGG, § 2 Rdnr. 2.

572 *Goerdeler*, Das „Ziel der Anwendung des Jugendstrafrechts“, ZJJ 2008, S. 137.

573 *Goerdeler*, Das „Ziel der Anwendung des Jugendstrafrechts“, ZJJ 2008, S. 137.

574 Vgl. *Sonnen*, in: D/S/S, JGG, § 2 Rdnr. 2.

575 Im Ergebnis ebenso *Eisenberg*, JGG, § 2 Rdnr. 27; *Sonnen*, in: D/S/S, JGG, § 2 Rdnr. 15; *Ostendorf*, JGG, § 2 Rdnr. 11.

576 So *Graul*, Anmerkung zum Beschl. des BGH v. 18.10.1995 – 2 StR 470/95, NStZ 1996, 402.

erfüllt sein, ehe die beiden speziellen Voraussetzungen geprüft werden können, womit die Norm Bezug zur StPO nimmt.[577]

Ausdrücklich muss die Verbindung *„zur Erforschung der Wahrheit“* oder *„anderen wichtigen Gründen geboten“* sein. Diese erhöhten Anforderungen an die Zulässigkeit einer Verbindung verdeutlichen den Ausnahmecharakter der gemeinsamen Verhandlung, die generell für unzweckmäßig gehalten wird und nicht gewollt ist.[578] Dieses Auslegungsergebnis wird untermauert durch den Wortlaut der Richtlinie Nr. 1 zu § 103 JGG, in welcher die Verbindung der Verfahren ebenfalls als *„im allgemeinen nicht zweckmäßig“* bezeichnet wird. Aufgrund des Erfordernisses der zusätzlichen Voraussetzungen lässt sich aus dem Wortlaut zudem der Schluss ziehen, dass die beiden speziellen Merkmale restriktiv auszulegen sind und nur ausnahmsweise angenommen werden können.[579] Auch diese Auslegung wird durch den Wortlaut der Richtlinie Nr. 1 zu § 103 JGG gestärkt, da dort in Satz 2 Fälle aufgelistet sind, in denen trotz Vorliegens eines der jugendspezifischen Merkmale eine Verbindung gleichwohl nicht angebracht ist.

Durch § 103 Abs. 1 JGG wird die gemeinsame Verhandlung von Jugendlichen mit Erwachsenen (und über § 112 S. 1 JGG bzw. Nr. 3 der Richtlinie zu § 103 JGG auch von Heranwachsenden mit Erwachsenen) jedoch auch ausdrücklich für möglich erklärt. Da die Verfahren jedoch nur verbunden werden *„können (...), wenn“*, müssen die wichtigeren Gründe für die Verbindung sprechen als für die ursprünglich separaten Verfahren.[580]

Im Rahmen der Vorschrift erfolgt sodann keine weitere Ausgestaltung des gemeinsamen Verfahrens. Nach § 103 Abs. 2 S. 1 JGG wird lediglich das Jugendgericht für regelmäßig zuständig erklärt, soweit kein Fall des § 103 Abs. 2 S. 2 und 3 JGG vorliegt. Die Verhandlung des Jugendlichen vor einem für die Besonderheiten des Jugendstrafverfahrens sensibilisierten Richter wird hierdurch sichergestellt.

Zur konkreten Ausgestaltung der verbundenen Verhandlung müssen darüber hinaus weitere Vorschriften aus dem allgemeinen Verfahrensrecht sowie dem Jugendstrafverfahren herangezogen werden.

---

577 *Eisenberg*, JGG, § 103 Rdnr. 9.

578 Vgl. *Ostendorf*, JGG, § 103 Rdnr. 5; so auch *Mohr*, Jugendliche, Heranwachsende und Erwachsene gemeinsam vor dem Strafgericht, S. 21.

579 So *Eisenberg*, JGG, § 103 Rdnr. 9.

580 So *Ostendorf*, JGG, § 103 Rdnr. 6.

### 6.1.3.3 § 48 Abs. 3 JGG

§ 48 Abs. 3 S. 1 JGG trifft eine ausdrückliche Regelung für die gemeinsame Verhandlung, indem die grundsätzliche Zulassung der Öffentlichkeit für diesen Fall angeordnet wird. Der Wortlaut eröffnet den Gerichten keine Ermessensausübung und gewichtet somit den Öffentlichkeitsgrundsatz zunächst schwerer als den Persönlichkeitsschutz des Jugendlichen.[581] Im Verhältnis der wirderstreitenden Grundsätze aus § 169 GVG und § 48 Abs. 1 JGG ist somit dem allgemeinen Verfahrensgrundsatz der Vorrang eingeräumt worden.

Erst in Satz 2 wird durch das Wort *„kann"* ein Ermessensspielraum eröffnet. Die gewählte Formulierung – im Gegensatz zu „Die Öffentlichkeit *ist* auszuschließen, wenn (...)" – verdeutlicht ebenso wie das Erfordernis des Gebotenseins des Ausschlusses im Interesse der Erziehung, dass besonderer Wert auf die richterliche Persönlichkeitserforschung und gerichtliche Einschätzung des Erziehungsdefizits gelegt wurde. Dies lässt sich insbesondere aus dem bewussten Bruch der Formulierung in Satz 2 im Vergleich zu Satz 1 schließen, da einmal eine zwingende „Ist"-Regelung getroffen wurde, ein andermal indes eine „kann"-Vorschrift. Zudem unterliegt es auch dem richterlichen Ermessen, was konkret unter dem *„Interesse der Erziehung"* zu verstehen ist.[582] Hierzu wird auch in der Richtlinie zu § 48 JGG keine Klarstellung vorgenommen.

Die gewählte Formulierung lässt den Ausschluss der Öffentlichkeit als Ausnahme zu deren generellen Zulassung nach Satz 1 erscheinen und korrespondiert somit mit der Systematik der Norm.[583]

Insgesamt gewährt die Vorschrift dem allgemeinen Verfahrensgrundsatz der Öffentlichkeit einen Vorrang vor dem jugendspezifischen Grundsatz der Nichtöffentlichkeit. Dieser Vorrang soll entsprechend dem Wortlaut nur im Ausnahmefall umgekehrt werden.

### 6.1.3.4 § 109 Abs. 1 S. 4 JGG

Ebenso wie in § 48 Abs. 3 S. 2 JGG *„kann"* nach § 109 Abs. 1 S. 4 JGG die Öffentlichkeit *„im Interesse des Heranwachsenden"* ausgeschlossen werden, wenn dies geboten erscheint. Auch hier eröffnet die gewählte Formulierung dem Gericht einen Ermessensspielraum.[584] Gleichzeitig wird weder in der Norm, noch in der Richtlinie zu ihr näher ausgeführt, was für diese Entscheidung maßgeblich

581 *Laubenthal/Baier/Nestler*, Jugendstrafrecht, Rdnr. 357.

582 *Nowak*, Die Zulässigkeit der öffentlichen Zustellung, JR 2008, S. 237.

583 *Ostendorf*, JGG, § 48 Rdnr. 18.

584 *Nowak*, Die Zulässigkeit der öffentlichen Zustellung, JR 2008, S. 237.

sein soll. Jedoch verweist die Richtlinie Nr. 1 zu § 109 JGG auf die Richtlinie zu § 48 JGG. Auch wenn in keiner der beiden Richtlinien eine Klarstellung hinsichtlich des jeweiligen „Interesses" erfolgt, so ist aus dieser ausdrücklichen Bezugnahme doch der Schluss zu ziehen, dass hinter beiden Vorschriften der gleiche Regelungsgedanke steht. Ebenso wie in § 48 JGG soll so der Persönlichkeitsschutz des jungen Angeklagten gewährleistet und seine Kommunikationsbereitschaft gefördert werden.[585] Aufgrund der Formulierung „*kann*" ist die Möglichkeit eröffnet, von dem Ausschluss der Öffentlichkeit nicht nur in Ausnahmefällen Gebrauch zu machen.[586]

Anders als in § 48 JGG wird in § 109 JGG jedoch keine ausdrückliche Regelung für den Fall der gemeinsamen Verhandlung getroffen. Innerhalb der Vorschrift erfolgt auch kein Verweis auf § 48 Abs. 3 JGG, so dass der Wortlaut nicht für eine Anwendung dieser Norm für das gemeinsame Verfahren mit Jugendlichen und/oder Erwachsenen spricht. Nach dieser Auslegung ist ein Ausschluss der Öffentlichkeit nach § 109 Abs. 1 S. 4 JGG nur im Falle der Verhandlung *ausschließlich* gegen den Heranwachsenden möglich, so dass sich die Vorschrift ihrem Wortlaut nach nicht auf die gemeinsame Verhandlung auswirkt.

#### 6.1.3.5 §§ 45, 47 JGG

§ 45 Abs. 1 JGG eröffnet dem Staatsanwalt durch seine Formulierung ein Ermessen hinsichtlich der Frage der Verfahrenseinstellung. Inhaltlich wird ausschließlich auf die „*Voraussetzungen des § 153 StPO*" verwiesen, weitere jugendspezifische Voraussetzungen werden nicht genannt. Maßgeblich sind aufgrund dieses Wortlauts alleine die materiellen Voraussetzungen der Vorschrift, also die Geringfügigkeit des Vergehens und das fehlende öffentliche Interesse.[587] Anderenfalls wäre ein Verweis „*nach Maßgabe des § 153 StPO*" möglich gewesen, um eine jugendspezifische Auslegung zu erzielen. Die Richtlinie Nr. 2 zu § 45 JGG konkretisiert diese Voraussetzungen nochmals explizit. Die Zustimmung des Gerichts wird ausdrücklich als nicht erforderlich bezeichnet.

Die Einstellung nach Absatz 2 erfordert ebenfalls nicht die Zustimmung des Gerichts. Zwar ist dies im Gegensatz zu Absatz 1 nicht ausdrücklich in den Wortlaut aufgenommen worden, jedoch spricht die Formulierung „*Der Staatsanwalt sieht von der Verfolgung ab (...)*", ohne weitere Einschränkungen zu nennen, für eine alleinige Einstellungskompetenz des Staatsanwalts.[588] Sie ist

585 Vgl. *Sonnen*, in: D/S/S, JGG, § 109 Rdnr. 9.
586 Im Ergebnis zustimmend *Eisenberg*, JGG, § 109 Rdnr. 43.
587 Vgl. *Diemer*, in: D/S/S, JGG, § 45 Rdnr. 13.
588 Im Ergebnis ebenso *Ostendorf*, JGG, § 45 Rdnr. 11; *Eisenberg*, JGG, § 45 Rdnr. 18 und 19b.

nicht auf Vergehen beschränkt. Einstellungsvoraussetzung ist, dass eine *„erzieherische Maßnahme“* bereits durchgeführt oder eingeleitet wurde. Der Begriff der erzieherischen Maßnahme geht über den der *„Erziehungsmaßregel“* in § 9 JGG hinaus. Erfasst werden daher nicht nur die dort aufgeführten Maßnahmen, sondern alle Maßnahmen, die der Erziehung des jungen Beschuldigten dienen, ob von öffentlicher oder privater Seite.[589] Auch dieser Umstand wird durch die Richtlinie zu § 45 JGG verdeutlicht, da laut Nr. 3 der Ausspruch der erzieherischen Maßnahme bspw. durch die Erziehungsberechtigten, die Schule, das Jugendamt oder den Ausbilder – im Rahmen ihrer Befugnisse – erfolgen kann. Als weitere Voraussetzung darf der Staatsanwalt weder die Beteiligung des Richters im Sinne des Absatzes 3 noch eine Anklageerhebung für erforderlich erachten. In Absatz 2 Satz 2 wird das Bemühen des Täters um einen Ausgleich mit dem Verletzten als einer erzieherischen Maßnahme gleichrangig erklärt. Das Bemühen wird dabei allerdings bereits vorausgesetzt und kann dem Jugendlichen nicht als Bedingung für eine Einstellung künftig abverlangt werden.[590] Ein Geständnis des Beschuldigten setzt Absatz 2 ebenso wie Absatz 1 seinem Wortlaut nach nicht voraus. Gleichwohl muss der Schuld- und Tatnachweis eindeutig geführt werden.[591] Dem ungeachtet fordert Nr. 3 S. 4 der Richtlinie zu § 45 JGG für Absatz 2, der Beschuldigte dürfe *„den Tatvorwurf nicht ernstlich bestreiten.“*

Absatz 3 schließlich spricht dem Staatsanwalt die Kompetenz zu, beim Jugendrichter eine Ermahnung, eine Weisung nach § 10 Abs. 1 S. 3 Nr. 4, 7 und 9 JGG oder eine Auflage anzuregen. Diese expilizte Aufzählung ist enumerativ.[592] Da er aber gleichzeitig eine Anklageerhebung für nicht erforderlich erachten muss, ist in Absatz 3 das informelle richterliche Erziehungsverfahren beschrieben.[593] Hier ist das Geständnis des Beschuldigten ausdrücklich Voraussetzung eines solchen Verfahrens. Aus Satz 2 des Absatzes 3 lässt sich schließen, dass der Richter der Anregung des Staatsanwalts nicht entsprechen muss. Tut er dies, so steht dem Staatsanwalt kein Ermessen mehr hinsichtlich der Einstelllung zu.[594] Jedoch erfolgt die Einstellung bei Erteilung von Weisungen oder Auflagen nur vorläufig bis zu deren Erledigung. Infolge der Verweisung in § 45 Abs. 3 S. 4 JGG auf § 47 Abs. 3 JGG kommt der Einstellung nach diesem Absatz nur eine beschränkte Rechtskraft zu.[595]

---

589 *Eisenberg*, JGG, § 45 Rdnr. 19.
590 *Diemer*, in: D/S/S, JGG, § 45 Rdnr. 18; a.A. *Ostendorf*, JGG, § 45 Rdnr. 13.
591 *Ostendorf*, JGG, § 45 Rdnr. 14
592 *Diemer*, in: D/S/S,JGG, § 45 Rdnr. 20.
593 *Diemer*, in: D/S/S,JGG, § 45 Rdnr. 20.
594 *Ostendorf*, JGG, § 45 Rdnr. 18.
595 *Diemer*, in: D/S/S,JGG, § 45 Rdnr. 29.

Insgesamt spricht der Wortlaut der drei Absätze des § 45 JGG für eine Hierarchie der in ihnen enthaltenen Einstellungsgründe, insbesondere die Bezugnahme des Absatzes 2 auf die Beteiligung des Jugendrichters nach Absatz 3 bestärkt diese Annahme.[596] Dieses Stufenverhältnis dient der Gewährung eines adäquaten Verfahrens gegen den jeweiligen Beschuldigten. Denn der Staatsanwalt soll stets denjenigen Einstellungsgrund aufgreifen oder anregen, der zur Normverdeutlichung und Individualprävention am ehesten geeignet erscheint. Von der Einstellung in Absatz 1, welche als „Non-intervention" die am wenigsten belastende Reaktion für den Beschuldigten darstellt[597], bis hin zur Einschaltung des Richters im informellen Erziehungsverfahren nach Absatz 3 dient jeder Einstellungsgrund diesen beiden Zielen. Wird einer dieser Einstellungsgründe als ausreichend zur Zielerreichung angesehen, ist von einer Anklageerhebung und dem damit verbundenen förmlichen Verfahren Abstand zu nehmen. Nr. 1 der Richtlinie zu § 45 JGG untermauert diese Auffassung, da dort die Vorgabe ergeht: „*Bei kleineren und mittelschweren Verfehlungen ist stets zu prüfen, ob auf eine jugendstrafrechtliche Sanktion durch Urteil verzichtet werden kann.*"

Nach § 47 Abs. 1 JGG „*kann*" der Richter das Verfahren einstellen, wenn die entsprechenden Voraussetzungen vorliegen, so dass die Norm richterliches Ermessen für diese Frage eröffnet.[598] Eine Zustimmung des Angeklagten zur Einstellung ist nicht im Wortlaut der Vorschrift vorgesehen und daher nicht erforderlich. Inhaltlich orientieren sich die in § 47 Abs. 1 JGG aufgeführten Einstellungsgründe am Stufenverhältnis des § 45 JGG.[599] Nach Nr. 1 kann eingestellt werden, wenn „*die Voraussetzungen des § 153 StPO vorliegen*". Wie in § 45 Abs. 1 JGG wird hier nur auf die materiellen Voraussetzungen des § 153 StPO verwiesen.[600] Nach Nr. 2 muss eine erzieherische Maßnahme im Sinne des § 45 Abs. 2 bereits durchgeführt oder eingeleitet sein, so dass auch hier auf das oben Erläuterte zurückgegriffen werden kann. Nr. 3 bezieht sich schließlich auf § 45 Abs. 3 S. 1 JGG. Hält der Richter eine Entscheidung durch Urteil für entbehrlich, kann er eine in § 45 Abs. 3 S. 1 JGG bezeichnete Maßnahme gegen den geständigen Angeklagten anordnen. Lediglich Nr. 4 nennt einen weiteren Einstellungsgrund für den Fall, dass es dem Jugendlichen an der strafrechtlichen Reife nach § 3 JGG mangelt.[601]

Mit Zustimmung der Staatsanwaltschaft kann der Richter nach § 47 Abs. 1 S. 2 JGG für die Einstellungen nach den Nummern 2 und 3 des ersten Absatzes

---

596 Im Ergebnis ebenso *Diemer*, in: D/S/S, JGG, § 45 Rdnr. 8.
597 *Ostendorf*, JGG, § 45 Rdnr. 9.
598 *Ostendorf*, JGG, § 47 Rdnr. 9.
599 Vgl. die Erläuterungen unter 5.1.2.2.
600 *Diemer*, in: D/S/S, JGG, § 47 Rdnr. 9.
601 *Eisenberg*, JGG, § 47 Rdnr. 12.

eine Frist von bis zu sechs Monaten setzen, innerhalb derer die Auflagen, Weisungen oder erzieherischen Maßnahmen erledigt sein müssen. Bis zur Erledigung ist die Einstellung nur vorläufiger Natur.

Die richterliche Einstellung bedarf nach § 47 Abs. 2 S. 1 JGG der Zustimmung des Staatsanwalts, wenn dieser nicht bereits zuvor einer Einstellung zugestimmt hat.[602] Die Gründe für den unanfechtbaren Einstellungsbeschluss sind dem Jugendlichen nach § 47 Abs. 2 S. 4 JGG nicht mitzuteilen, soweit hierdurch Nachteile für seine Erziehung zu befürchten sind. Für diese Befürchtung müssen konkrete Anhaltspunkte vorliegen.[603] In den Fällen der Anwendung der Norm auf nach Jugendstrafrecht zu behandelnde Heranwachsende gemäß § 109 Abs. 2 S. 1 JGG sind die Gründe jedoch stets mitzuteilen, da „*Nachteile für die Erziehung*" bei ihnen nicht mehr zu befürchten sind.[604]

Aufgrund der umfangreichen Bezugnahme auf § 45 JGG kann auch hinsichtlich des § 47 JGG davon ausgegangen werden, dass die Reihenfolge der Nummern in § 47 Abs. 1 Nr. 1 bis 3 JGG insoweit ebenfalls eine Hierarchie der Einstellungsgründe bestimmt.[605] Auch hier dient diese Vorgabe der Gewährung eines jugendadäquaten Verfahrens, da nur dort, wo es für unentbehrlich zur Normverdeutlichung und Individualprävention erachtet wird, ein förmliches Verfahren mit einem Urteil enden soll. Dieses Vorgehen entspricht dem Subsidiaritätsprinzip[606] und wird auch zusätzlich durch den Wortlaut der Richtlinie Nr. 1 zu § 47 JGG bestärkt.[607] Im Gegensatz zur Einstellung nach § 45 JGG ist hier aber ein richterliches Verfahren zur Normverdeutlichung als erforderlich angesehen worden. Es kann – da das alleinige Einwirken des Staatsanwalts als nicht ausreichend erschien – durch die Fristsetzung in den Fällen des § 47 Abs. 1 S. 1 Nr. 2 und 3 JGG daher ein zusätzlicher Druck auf den jungen Delinquenten ausgeübt werden, den Bedingungen der Einstellung nachzukommen.

Keine Regelung treffen die Normen zur Anwendung im Falle von verbundenen Verfahren. Das Fehlen von Ausführungen für diese Konstellation legt den Schluss nahe, dass sich aus der Verbindung mehrerer Verfahren gegen Angeklagte unterschiedlicher Altersstufen keine Änderungen zu dem Verfahren gegen nur eine Person ergeben sollen. Bestärkt wird diese Annahme durch den Um-

---

602 *Ostendorf*, JGG, § 47 Rdnr. 11.

603 *Diemer*, in: D/S/S, JGG, § 47 Rdnr. 19.

604 *Ostendorf*, JGG, § 47 Rdnr. 1 und 13.

605 Vgl. *Ostendorf*, JGG, § 47 Rdnr. 10.

606 *Brunner/Dölling*, JGG, § 47 Rdnr. 5.

607 Dort heißt es in Satz 1: „*Das Gericht kann in jedem Verfahrensstadium – auch schon vor Eröffnung des Hauptverfahrens – prüfen, ob die Durchführung oder Fortsetzung einer Hauptverhandlung erforderlich ist oder mit Zustimmung der Staatsanwaltschaft nach § 47 iVm § 45 verfahren werden soll.*"

stand, dass die Vorschriften auch im Verfahren gegen Jugendliche vor den allgemeinen Strafgerichten gelten, § 104 Abs. 1 Nr. 4 JGG sowie die Richtlinien Nr. 5 zu § 45 JGG und Nr. 3 zu § 47 JGG. Hiermit wird die Bedeutung der jugendspezifischen Einstellungsmöglichkeiten für eine jugendgerechte Verfahrensgestaltung hervorgehoben, die im geeigneten Fall gerade kein förmliches Verfahren mit Urteilsfindung erfordert.

Liegen die Voraussetzungen der §§ 45, 47 Abs. 1 JGG vor, obliegt es der staatsanwaltschaftlichen bzw. richterlichen Bewertung, ob eine Einstellung erfolgen soll. Die normierten Voraussetzungen enthalten dabei keine Einschränkung dergestalt, dass im Verfahren mit mehreren Angeklagten nur gegen alle gemeinsam eingestellt werden kann oder darf. Im Hinblick auf die durch die Vorschriften bezweckte Gewährung eines jugendgerechten Verfahrens spricht der Wortlaut zumindest dafür, die jugendspezifischen Einstellungsmöglichkeiten unbeeinflusst von der jeweiligen Verfahrensgestaltung zur Anwendung gelangen zu lassen.

### 6.1.3.6 § 50 Abs. 1 JGG

§ 50 Abs. 1 JGG enthält die Feststellung, dass eine Verhandlung in Abwesenheit des Angeklagten nur zulässig sein kann, wenn dies auch im „*allgemeinen Verfahren*“ der Fall wäre. Somit werden auch für das Jugendstrafverfahren die Vorschriften §§ 231 bis 233 StPO sowie §§ 329 und 350 Abs. 2 StPO in der Rechtsmittelinstanzen für maßgeblich erklärt. Da nur diese Vorschriften die Hauptverhandlung betreffen, auf welche § 50 Abs. 1 JGG ausdrücklich Bezug nimmt, kann der Verweis nur sie erfassen.[608]

Ferner erforderlich sind „*zusätzliche Gründe*“, wobei der Gesetzeswortlaut selbst hier keine Beispiele nennt. Jedoch enthält die Richtlinie Nr. 1 S. 2 zu § 50 JGG eine positive Auflistung der zusätzlichen Gründe.[609] Nach dem Wortlaut der Richtlinie, in welcher nicht von „*insbesondere*“ die Rede ist, stellen die dort genannten Gründe der geringfügigen Verfehlung, des bereits vorliegenden Persönlichkeitsbildes auf Grund des Berichts der Jugendgerichtshilfe sowie der großen Schwierigkeiten des Erscheinens des Jugendlichen wegen der weiten Entfernung eine abschließende Aufzählung dar. Hierfür spricht auch, dass „*nur*“ bei Vorliegen der in der Richtlinie genannten Gründe die Verhandlung in Abwesenheit „*in Erwägung gezogen*“ werden darf. Hier ist also in Form der „*Erwä-*

608 *Ostendorf*, JGG, § 50 Rdnr. 5.

609 Vgl. Fn. 311.

*gung*“ eine Ermessensentscheidung des Gerichts erforderlich, welche zusätzlich der Zustimmung des Staatsanwalts bedarf.[610]

Durch das ausdrückliche Erfordernis der zusätzlichen Voraussetzungen neben denen des allgemeinen Verfahrensrechts wird der Ausnahmecharakter der Verhandlung in Abwesenheit des jugendlichen Angeklagten verdeutlicht.[611] Die Voraussetzungen sind restriktiv auszulegen. Der persönliche Eindruck vom Angeklagten, dem im Jugendstrafverfahren eine im Vergleich zum allgemeinen Verfahren gesteigerte Bedeutung zukommt, soll dem Gericht so ermöglicht werden.[612] Dem entspricht auch Satz 1 der Richtlinie Nr. 1 zu § 50 JGG, in welchem es heißt: „*Im Jugendstrafverfahren ist der persönliche Eindruck, den das Gericht von dem Jugendlichen erhält, von entscheidender Bedeutung.*“ Nur durch den persönlichen Kontakt kann zudem die gewünschte Kommunikation zwischen den Beteiligten erfolgen.

Eine Regelung für die Anwesenheit im Falle der gemeinsamen Verhandlung wird nicht getroffen. Aufgrund der dem Wortlaut zu entnehmenden großen Bedeutung der Anwesenheit des jugendlichen Angeklagten in der Verhandlung ist von einer uneingeschränkten Geltung der Vorschrift auch im gemeinsamen Verfahren auszugehen.

### 6.1.3.7 § 51 Abs. 1 JGG

§ 51 Abs. 1 S. 1 JGG eröffnet eine gegenüber dem allgemeinen Verfahrensrecht zusätzliche Möglichkeit des zeitweiligen Ausschlusses des jugendlichen Angeklagten von der Verhandlung.[613] Der Vorsitzende „*soll*“ den Jugendlichen für die Dauer solcher Erörterungen ausschließen, die für seine Erziehung nachteilig sein können. Folglich ist er an diese Vorgabe gebunden, sollten negative Auswirkungen auf die Erziehung durch die Erörterungen zu befürchten sein. Jedoch sind die Umstände, welche den erzieherischen Nachteil befürchten lassen, sorgfältig durch ihn zu prüfen.[614] Weder in der Norm noch in der Richtlinie erfolgt jedoch eine Konkretisierung, was unter „*Nachteile für die Erziehung*“ zu verstehen ist.

Aufgrund der Formulierung „*für die Dauer solcher Erörterungen*“ erfolgte keine Einschränkung lediglich auf die Beweisverhandlung, da in diesem Fall „*Vernehmung*“ der zutreffende Begriff wäre. Daher können unter „*Erörterun-*

610 *Eisenberg*, JGG, § 50 Rdnr. 19.
611 Vgl. *Laubenthal/Baier/Nestler*, Jugendstrafrecht, Rdnr. 364.
612 *Eisenberg*, JGG, § 50 Rdnr. 11.
613 *Schatz*, in: D/S/S, JGG, § 51 Rdnr. 7.
614 *Eisenberg*, JGG, § 51 Rdnr. 8.

*gen*" auch die Ausführungen sämtlicher Prozessbeteiligter ebenso wie die Schlussvorträge subsumiert werden.[615]

Satz 2 des § 51 Abs. 1 JGG legt dem Vorsitzenden für den Fall des Ausschlusses nach Satz 1 die Pflicht auf („*hat*"), den Jugendlichen über das zu informieren, was in seiner Abwesenheit verhandelt wurde. Gleichzeitig schränkt der zweite Halbsatz diese Informationspflicht wieder ein, da die Pflicht lediglich so weit reicht, „*soweit*" es für die Verteidigung des Jugendlichen erforderlich ist. Dabei obliegt es der Beurteilung des Vorsitzenden, *was konkret* für die Verteidigung des Jugendlichen erforderlich ist und diesem daher mitgeteilt wird.[616]

Die Vorschrift bezieht sich ihrem Wortlaut nach ausschließlich auf den Jugendlichen, den die Erörterungen betreffen, da nur zu seinen Ungunsten von einer Erziehungsbeeinflussung ausgegangen werden kann. Ein Ausschluss anderer Angeklagter wird nach ihrem Wortlaut durch sie nicht ermöglicht.[617]

Im Hinblick auf die zeitweilige Ausschlussmöglichkeit des Jugendlichen bei verbundenen Verfahren mit Heranwachsenden und/oder Erwachsenen enthält die Vorschrift keine Regelung. Alleine aus dem Wortlaut lässt sich auch nicht schließen, ob eine restriktive Handhabung geboten ist. Zumindest lässt sich aber aus der Formulierung kein Grund folgern, weswegen die Vorschrift im gemeinsamen Verfahren nicht berücksichtigt werden sollte.

#### 6.1.3.8 § 68 JGG

Die Norm legt die Fälle der notwendigen Verteidigung obligatorisch fest, dem Gericht wird hierbei lediglich ein Auswahlermessen hinsichtlich des zu benennenden Verteidigers eröffnet.[618]

Nr. 1 nimmt Bezug auf Fälle, da einem Erwachsenen ein notwendiger Verteidiger beizuordnen wäre. Damit wird – wenn auch nicht ausdrücklich – Bezug genommen auf § 140 StPO, da dort die Voraussetzungen der Verteidigerbestellung zugunsten eines Erwachsenen bezeichnet sind.[619]

Nummern 2 bis 5 erfassen also jugendspezifische Fälle, in denen sich im Vergleich zum erwachsenen Beschuldigten bzw. Angeklagten ein besonderer Grund für eine Verteidigerbestellung ergibt. Diese ist immer dann erforderlich, wenn sich eine Benachteiligung des Jugendlichen (und in Nr. 4 auch des Heranwachsenden) bei der Wahrnehmung seiner Rechte ergeben könnte, würde ihm kein

---

615 *Eisenberg*, JGG, § 51 Rdnr. 7; *Brunner/Dölling*, JGG, § 51 Rdnr. 2.

616 Vgl. *Eisenberg*, JGG, § 51 Rdnr. 12.

617 *Bex*, Ausschließung anderer Prozessbeteiligter, DVJJ-J 1997, S. 421.

618 Vgl. *Brunner/Dölling*, JGG, § 68 Rdnr. 4.

619 *Diemer*, in: D/S/S, JGG, § 68 Rdnr. 9 ff.

Verteidiger beigeordnet.[620] Denn in den Fällen Nr. 2 und 3 stehen ihm der Erziehungsberechtigte bzw. der gesetzliche Vertreter nicht uneingeschränkt während der Verhandlung als Unterstützung zu Seite. Im Fall Nr. 4 muss die Erstellung eines Gutachtens über den Entwicklungsstand des Jugendlichen zur Unterbringung in einer Anstalt lediglich in Frage kommen, was spätestens zum Zeitpunkt einer entsprechenden Antragsstellung der Fall ist.[621] Ein solches Gutachten kann weit reichende Folgen für den Jugendlichen mit sich bringen, weswegen eine notwendige Verteidigung für erforderlich erachtet wird. In Nr. 5 wird schließlich der Fall aufgegriffen, dass gegen den Beschuldigten Untersuchungshaft oder eine einstweilige Unterbringung gemäß § 126a StPO vollstreckt wird, wobei er zu diesem Zeitpunkt das 18. Lebensjahr noch nicht vollendet haben darf. Hier ist der Verteidiger „*unverzüglich*" zu bestellen, sobald die Vollstreckung beginnt.[622]

Die Vorschrift sieht folglich für das Jugendstrafverfahren über die auf Erwachsene anwendbaren Fälle der notwendigen Verteidigung hinaus noch vier weitere Fälle vor, in denen der Jugendliche – und gemäß § 109 Abs. 1 JGG bei § 68 Nr. 1 und Nr. 4 JGG auch der Heranwachsende – eines Verteidigers bedarf. Diese zusätzlichen Beiordnungsgründe lassen den Schluss zu, dass aufgrund der eingeschränkten Handlungskompetenz der Jugendlichen und teilweise auch der Heranwachsenden diese einer besonderen Unterstützung bedürfen, wenn sie den ihnen sonst zukommenden persönlichen Beistand[623] nicht erhalten (Nr. 2 und Nr. 3) oder sie in die Situation einer erhöhten Gefahr von staatlichen Grundrechtsbeschänkungen geraten (Nr. 4 und 5).

Aus dem Wortlaut der Vorschrift direkt ergibt sich indes kein Fall der notwendigen Verteidigung allein aufgrund des Umstandes, dass ein Erwachsener mitangeklagt oder aber ein erwachsener Mitangeklagter anwaltlich vertreten ist.[624] Liegt ein Fall des § 68 JGG vor, so erfolgt die Anordnung somit unbeeinflusst von etwaigen Mitangeklagten entsprechend der Vorschrift.

### 6.1.3.9 Zusammenfassung

Der Wortlaut der hier untersuchten Vorschriften und Richtlinien bietet nur wenige offenkundige Anhaltspunkte, die Gesetzesintention bezüglich der gemein-

620 Vgl. *Mohr*, Jugendliche, Heranwachsende und Erwachsene gemeinsam vor dem Strafgericht, S. 136 f.

621 *Ostendorf*, JGG, § 68 Rdnr. 12.

622 *Diemer*, in: D/S/S, JGG, § 68 Rdnr.19.

623 *Ostendorf*, JGG, Grdl. z. §§ 67–69 Rdnr. 4.

624 Vgl. *Diemer*, in: D/S/S, JGG, § 68 Rdnr. 5.

samen Verhandlung sowie der Ausgestaltung der Verfahrensgrundsätze während dieser zu sondieren.

Als Ziel des Jugendstrafrechts insgesamt wird in § 2 Abs. 1 JGG die Individualprävention festgeschrieben. Mittel zur Zielerreichung soll die Erziehung sein. Welchen Umfang und welche Umsetzungsmethoden die Erziehung umfassen soll, ist nicht kodifiziert. Über die ausdrücklichen Vorschriften hinaus soll den Grundsätzen des Jugendstrafverfahrens im Konfliktfall der Vorrang vor Grundsätzen des allgemeinen Verfahrensrechts eingeräumt werden. Dieser Umstand muss dann gerade im Falle der gemeinsamen Verhandlung Geltung erhalten.

In § 103 Abs. 1 JGG wird die Verbindung von Verfahren mit Angeklagten aus unterschiedlichen Altersstufen dem Grunde nach für zulässig erklärt, wenn auch nur unter engen und restriktiv auszulegenden Voraussetzungen. Das Rangverhältnis und der Umfang der Geltung der grundlegenden Verfahrensgrundsätze werden in § 103 JGG nicht geregelt. Aufgrund der grundsätzlichen Zuständigkeit der Jugendgerichte kann aber die Gewährung eines jugendadäquaten Verfahrens als wesentliches Anliegen der Norm angenommen werden.

Der Öffentlichkeitsgrundsatz erfährt als einziger eine explizite Regelung in § 48 Abs. 3 JGG, wonach bei gemeinsamer Verhandlung von Erwachsenen und Jugendllichen die Öffentlichkeit grundsätzlich zugelassen ist. Hier wird dem Gericht jedoch ein Ermessen eröffnet, wenn es Gründe für gegeben hält, aufgrund derer im Erziehungsinteresse des jungen Angeklagten die Öffentlichkeit von der Verhandlung ausgeschlossen werden soll. Dem Wortlaut nach ist diese Möglichkeit lediglich als Ausnahme zu betrachten, so dass grds. dem allgemeinen Öfflichkeitsgrundsatz Vorrang eingeräumt ist. Auch der Ausschluss der Öffentlichkeit nach § 109 Abs. 1 S. 4 JGG ist seinem Wortlaut nach als Ausnahme anzusehen und mangels Verweisung auf § 48 Abs. 3 JGG nicht im gemeinsamen Verfahren anwendbar.

Hinsichtlich §§ 45, 47 JGG ist von einem Stufenverhältnis der Einstellungsgründe der § 45 Abs. 1 bis 3 und § 47 Abs. 1 S. 1 Nr. 1 bis 3 JGG auszugehen. Diese Hierarchie ermöglicht eine angemessene Reaktion auf ein festgestelltes Fehlverhalten, welche als ausreichend angesehen wird, den jungen Delinquenten von weiteren Straftaten abzuhalten. Die Vorschriften korrespondieren somit mit dem Subsidiaritätsgrundsatz. Eine Regelung für des verbundenen Verfahrens ist in ihnen zwar nicht enthalten, ihr umfassender Geltungsbereich spricht aber für eine ungeminderte Anwendung auch bei verbundenen Verfahren.

In § 50 Abs. 1 JGG wird die Anwesenheit des Jugendlichen während der Verhandlung für überragend wichtig erklärt. Nur in restriktiv zu handhabenden Ausnahmefällen kann hiervon abgewichen werden, da die Persönlichkeitserforschung beim Angeklagten gewährleistet werden soll. Diese Regelung hat ebenfalls einen weiten Anwendungsbereich, so dass sie auch im gemeinsamen Verfahren Geltung beansprucht.

§ 51 Abs. 1 JGG eröffnet demgegenüber eine erweiterte Möglichkeit der zeitweiligen Ausschließung des jungen Angeklagten. Ob diese erforderlich ist, obliegt der Einschätzung des Richters. Gleiches gilt für den Umfang der diesen treffenden Informationspflicht. Die Vorschrift enthält hingegen keinen Ausschlussgrund für andere Angeklagte im verbundenen Verfahren.

§ 68 JGG schließlich beinhaltet in seinen Nr. 2 bis 5 jugendspezifische Beiordnungsgründe, welche dem gesteigerten Schutzbedürfnis der jungen Beschuldigten bzw. Angeklagten entsprechen. Der Beiordnungsgrund der gemeinsamen Verhandlung ist in der Norm indes nicht enthalten. Alleine dieser Umstand rechtfertigt die Beiordnung daher nicht.

Der Gesetzeswortlaut der untersuchten Vorschriften erfasst somit nur selten den Fall der gemeinsamen Verhandlung. Diesbezügliche Regelungen finden sich lediglich in § 48 Abs. 3 sowie § 103 JGG. Gleichzeitig unterstreicht er jedoch immer wieder die Sonderstellung des Jugendstrafrechts gegenüber dem allgemeinen Strafrecht.

### 6.1.4 Teleologische Auslegung

Bereits die Einführung eines speziellen Jugendstrafrechts als solchem unterstreicht die Sonderstellung der darin enthaltenen Vorschriften. Vor diesem Hintergrund stellt sich nunmehr die Frage nach dem Sinn und Zweck der einzelnen Regelungen.

Im Rahmen dieser teleologischen Untersuchung ist ein Lösen vom konkreten Wortlaut erforderlich, um eine Auslegung über das unter 6.1.3 Erläuterte hinaus zu ermöglich. Eine Auslegung unter Lösung vom Wortlaut ist insoweit zulässig, als die Ergebnisse der Auslegung nach Sinn und Zweck noch Ansätze im Wortlaut der Normen finden. Diese Methodik ist dem Umstand geschuldet, dass der Wortlaut in seinen Möglichkeiten beschränkt ist, die Fülle dessen wiederzugeben, was an Intentionen in einer Regelung enthalten sein kann.[625]

Die Auffassung, es handele sich beim Jugendstrafrecht um ein „Sonderrecht“, wird durch den erst 2008 in Kraft getretenen § 2 Abs. 1 JGG untermauert, dessen Zweck in der Klarstellung und Sicherung des Vorrangs der Sondervorschriften des Jugendstrafrechts zu sehen ist.[626] Hierdurch werden über die Ziele des allgemeinen Straf- und Verfahrensrechts hinausgehende Interessen proklamiert.

---

625 Vgl. *Wank*, Die Auslegung von Gesetzen, § 3 II Nr. 3.

626 *Sonnen*, in: D/S/S, JGG, § 2 Rdnr. 2.

Zudem kommt ihnen für den Fall des Widerstreits mit den allgemeinen Vorschriften ein Vorrang zu. Denn die Einführung einer derartigen Norm an solch prominenter Stelle unterstreicht die gesetzgeberische Absicht, dass die in ihr enthaltenen Vorgaben künftig bei allen Maßnahmen im Zusammenhang mit jungen Delinquenten zu beachten sind. Der Erziehungsgedanke wird als Leitmotiv postuliert, wobei Erziehung nicht das Ziel, sondern das Mittel zur Legalbewährung darstellt.[627] Aus § 2 Abs. 1 JGG soll sich – ausweislich der Begründung zum Entwurf der Änderungen des JGG – nicht nur eine Orientierungshilfe bei der Auslegung unbestimmter Rechtsbegriffe ergeben, die Vorschrift soll zudem auch zur inhaltlichen Bestimmung der Eigenart der jugendstrafrechtlichen Maßnahmen dienen.[628] Der Vorrang des Jugendstrafrechts mit seiner Zielsetzung der Individualprävention und der Ermöglichung eines jugendadäquaten Verfahrens[629], welcher sowohl für Jugendliche wie auch für Heranwachsende im separaten oder gemeinsamen Verfahren Geltung beansprucht, wird in gewisser Weise „vor die Klammer" im Sinne eines allgemeinen Teils gesetzt, so dass er für alle weiteren Maßnahmen und alle Verfahrensschritte zu beachten ist. Hier soll, anders als im allgemeinen Verfahren, der Täter im Fokus der gerichtlichen Aufmerksamkeit stehen.[630] Dieser Vorrang muss dann aber auch und gerade im Falle der gemeinsamen Verhandlung zum Tragen kommen, da hier mehr als in anderen Verfahrensgestaltungen die Grundsätze der verschiedenen Verfahrensarten in zum Teil unvereinbarer Weise aufeinandertreffen.

Ebenfalls bereits aus der Existenz eines eigenständigen Jugendstrafrechts mit den darin enthaltenen Zuständigkeitsregeln für spezielle Jugendgerichte folgt, dass die strafrechtliche Verhandlung gegen Jugendliche (und Heranwachsende) vor dem Erwachsenengericht die Ausnahme darstellen soll.[631] Der junge Delinquent soll vor Gerichten angeklagt werden, die auf seine jugendspezifischen Bedürfnisse ausgerichtet sind. Die Richter sollen hinsichtlich der Defizite der jungen Angeklagten besonders sensibilisiert sein, um die Gestaltung des Verfahrens diesen Feststellungen anzupassen.

Als Konsequenz hieraus ordnet § 103 Abs. 2 S. 1 JGG für den Fall der gemeinsamen Verhandlung regelmäßig die Zuständigkeit der Jugendgerichte an, womit die Entscheidung, welcher der Angeklagten auf den originär für ihn zuständigen Richter verzichten muss, zu Gunsten des Jugendlichen bzw. Heran-

627 Vgl. die Ausführungen unter 3.3 sowie BT-Drucks. 16/6293, S. 9.
628 Vgl. BT-Drucks. 16/6293, S. 8 und 9.
629 *Ostendorf*, JGG, Grdl. z. §§ 1 und 2 Rdnr. 4.
630 *Ostendorf*, JGG, Grdl. z. §§ 1 und 2 Rdnr. 4.
631 *Ostendorf*, JGG, Grdl. z. §§ 102–104 Rdnr. 3.

wachsenden gefällt wurde.[632] Dort kann ein jugendgerechtes Verfahren eher gewährleistet werden als vor Erwachsenengerichten.[633] Von der Möglichkeit einer gemeinsamen Verhandlung von Angeklagten unterschiedlicher Altersgruppen soll zudem nur restriktiv Gebrauch gemacht werden. Auch dieser Umstand dient der Durchführung möglichst jugendadäquater Verfahren mit einer Fokussierung auf die Person des Jugendlichen/Heranwachsen, da die gemeinsame Verhandlung stets die Gefahr in sich birgt, dass diese Fokussierung nicht stringent gelingt.[634]

Gleichwohl ist die Möglichkeit der Verfahrensverbindung anerkannt. Auch wenn sich aus dem Gesetz grds. die vorrangige Stellung des Jugendstrafrechts gegenüber den allgemeinen Vorschriften ergibt, wird doch dann eine Ausnahme von der grundsätzlichen Verfahrenstrennung gemacht, wenn dies im Einzelfall zum Zwecke der Wahrheitserforschung oder aus sonstigen Gründen gerechtfertigt ist. Das Gesetz nimmt folglich die mögliche Beeinträchtigung einer konsequenten Gewährung der jugendadäquaten Verfahrensgestaltung in Kauf.

Als Sinn und Zweck der Regelungen in § 48 Abs. 1 JGG ist vor allem der Persönlichkeitsschutz des Angeklagten zu nennen.[635] Eine Stigmatisierung des Jugendlichen soll vermieden werden, zudem soll er möglichst frei und unbefangen vor Gericht sprechen können, ohne sich einem Publikum präsentieren zu müssen.[636] Infolge der geringen Kommunikationskompetenz bestehende Hemmungen und Erschwernisse sollen beseitigt werden.[637]

Gleichwohl ordnet Abs. 3 S. 1 für den Fall des verbundenen Verfahrens die grundsätzliche Zulassung der Öffentlichkeit an und eröffnet erst über das richterliche Ermessen eine Rückausnahme. Die soeben beschriebene Zielsetzung der Regelung in Absatz 1 vorausgesetzt, gelangt man jedoch zu einem der Gesetzessystematik und dem Wortlaut widersprechenden teleologischen Auslegungsergebnis: Denn dient die Vorschrift dem Persönlichkeitsschutz, der Kommunikation sowie – ausdrücklich des Wortlauts – dem Interesse der Erziehung des Jugendlichen, so muss der Ausschluss der Öffentlichkeit bei Beteiligung eines Jugendlichen auch im gemeinsamen Verfahren der Regelfall sein und nicht die Ausnahme mit möglicher Rückausnahme.[638] Anderenfalls würde die in Absatz 1 getroffene Regelung konterkariert und der Persönlichkeitsschutz des Jugend-

---

632 *Mohr*, Jugendliche, Heranwachsende und Erwachsene gemeinsam vor dem Strafgericht, S. 25; vgl. BT-Drucks. 8/976, S. 70.

633 Vgl. *Fahl*, Zur Verbindung von Strafsachen, NStZ 1983, S. 310.

634 Vgl. *Schatz*, in: D/S/S, JGG, § 103 Rdnr. 8.

635 *Ostendorf*, JGG, Grdl. z. §§ 48–51 Rdnr. 3.

636 Vgl hierzu 5.1.1.2.

637 Vgl. *Jung*, Die jugendrichterliche Entscheidung, ZRP 1981, S. 41.

638 So auch *Schatz,* in: D/S/S, JGG, § 48 Rdnr. 37; *Ostendorf*, JGG, § 48 Rdnr. 18.

lichen ebenso wie die jugendadäquate Verfahrensgestaltung ihrer hervorgehobenen Stellung beraubt. Die Verwirklichung dieser beiden Anliegen wäre von weiteren Faktoren abhängig, die nach dem pflichtgemäßen Ermessen des Richters für den Ausschluss der Öffentlichkeit sprechen, ohne dass sich das Schutzbedürfnis des Jugendlichen oder seine Ausdrucksmöglichkeit im Vergleich zum separaten Verfahren verändert haben und eine andere Behandlung rechtfertigen würden. § 48 Abs. 1 JGG verlangt keine weiteren Voraussetzungen außer der Beteiligung eines Jugendlichen in der Rolle des Angeklagten, um die Öffentlichkeit auszuschließen. Zudem ordnet § 2 Abs. 1 S. 2 JGG an, dass das Verfahren vorrangig am Erziehungsgedanken auszurichten ist. Daher müssen die Erwägungen des § 48 Abs. 1 JGG, welche sich vorwiegend auf eben jenen Erziehungsgedanken stützen, auch für die gemeinsame Verhandlung gelten, so dass auch diese Verfahrenskonstellation mehrheitlich nichtöffentlich stattzufinden hat.[639]

Aus dem Gedanken des Persönlichkeitsschutzes und der Förderung der Kommunikation heraus muss auch § 109 Abs. 1 S. 4 JGG auf die gemeinsame Verhandlung eines Heranwachsenden mit einem Erwachsenen Anwendung finden. Denn das „*Interesse des Heranwachsenden*" an einer nichtöffentlichen Verhandlung wird bei gleichzeitiger Anwesenheit eines erwachsenen Mitangeklagten im Vergleich zur separaten Verhandlung eher gesteigert sein, da in diesem Fall die mögliche Anwesenheit von Angehörigen und Unterstützern des Erwachsenen seine Äußerungsbereitschaft schmälern können.[640]

Hinweise auf Sinn und Zweck der Einstellungsvorschriften ergeben sich aus der Begründung zum Gesetzesentwurf, welcher §§ 45, 47 JGG in ihre heutige Form brachte.[641] Aus dieser geht hervor, dass zum einen das Stufenverhältnis der einzelnen Absätze des § 45 JGG dem Subsidiaritätsprinzip gerecht werden soll, zum anderen eine „*gleichmäßigere Anwendung informeller Erledigungen*"[642] in den einzelnen Bundesländern bewirkt werden sollte. Zu diesem Zwecke wurde die Kann-Regelung des § 45 Abs. 2 JGG der vorherigen Fassung im Rahmen des 1. JGGÄndG durch eine obligatorische Ausgestaltung ersetzt. Sind die Voraussetzungen der Vorschrift erfüllt, so *hat* der Jugendstaatsanwalt das Verfahren einzustellen. Diese Modifikation dient ebenso wie die Betonung des Stufenverhältnisses der Einstellungsmöglichkeiten des § 45 JGG vorwiegend dazu, eine adäquate Reaktion auf strafrechtlich relevantes Fehlverhalten zu ermöglichen. Dabei entspricht es dem Sinn der Vorschrift, in geeigneten Fällen der informel-

639 Im Ergebnis ebenso *2. Jugendstrafrechtsreform-Kommission* in DVJJ-J Extra 5, S. 50 f.

640 Vgl. im Ergebnis *Brunner/Dölling*, JGG, § 48 Rdnr. 6.

641 Vgl. BT-Drucks. 11/5829.

642 BT-Drucks. 11/5829, S. 23.

len Erledigung vor der formellen und dem formlosen richterlichen Verfahren vor dem förmlichen Verfahren Vorrang einzuräumen.[643]

Zu § 47 JGG enthält die Begründung des Gesetzesentwurfs die Erklärung, dem Richter sollte möglichst frühzeitig die Verfahrenseinstellung gestattet werden, nämlich unmittelbar nach Eingang der Anklage. Zudem wird nun bereits in § 47 Abs. 1 S. 1 Nr. 1 JGG auf § 153 StPO Bezug genommen. Nr. 2 orientiert sich zwar am Wortlaut des § 45 Abs. 2 JGG, berücksichtigt jedoch den Umstand, dass sich das Verfahren bereits in einem späteren Stadium befindet. Hierdurch soll es dem Richter ermöglicht werden, das Verfahren jederzeit einzustellen, wenn eine erzieherische Maßnahme im Sinne des § 45 Abs. 2 JGG, die eine Entscheidung durch Urteil entbehrlich macht, bereits durchgeführt oder eingeleitet ist. Zudem kann der Richter eine solche Maßnahme auch selbst anregen.[644]

Des Weiteren führt die Begründung des Gesetzesentwurfs aus, dass die Fassung des § 47 Abs. 1 S. 2 JGG bewusst am Wortlaut des § 153a Abs. 2 StPO orientiert ist und somit der Begriff der *„vorläufigen Einstellung“* übernommen wurde. Um die Vorläufigkeit zu unterstreichen, wurde die Höchstfrist von sechs Monaten bestimmt, in welcher den Maßnahmen, Auflagen oder Weisungen nachzukommen ist.[645]

Durch die jugendstrafrechtlichen Einstellungsvorschriften erhalten die aus dem allgemeinen Verfahrensrecht bekannten Regelungen Modifikationen und Ergänzungen, wodurch die Reaktionsmöglichkeiten auch ohne Urteilsausspruch erweitert werden. Maßgeblich ist hier der Gedanke, dass ein formelles Verfahren oftmals nicht erforderlich, viel mehr sogar überflüssig und unangemessen ist, um beim jungen Beschuldigten Individualprävention zu bewirken.[646] Ausschlaggebend ist zudem die Erkenntnis, dass Jugendkriminalität episodenhaft als Versuch auftritt, Grenzen kennenzulernen und zu überschreiten.[647]

Dem Subsidiaritätsgrundsatz entsprechend kann auf diese Weise das mildeste der zur Zielerreichung geeigneten Mittel gewählt werden. Die Reaktionsvielfalt widerum dient ihrerseits der Gewährung einer jugendgerechten Verfahrensgestaltung, da das Maß der erzieherischen Einwirkung auf den jungen Menschen von dessen Defiziten abhängt und daher im Sinne des Verhältnismäßigkeitsgrundsatzes die mildeste Reaktion zur Zielerreichung eingeleitet werden soll.[648]

Die durch § 50 Abs. 1 JGG vorgeschriebene, erweiterte Anwesenheitspflicht des Jugendlichen dient der Persönlichkeitserforschung durch das Gericht ent-

---

643 Vgl. BT-Drucks. 11/5829, S. 2 und 24.

644 Vgl. BT-Drucks. 11/5829, S. 26.

645 Vgl. BT-Drucks. 11/5829, S. 26.

646 *Ostendorf*, JGG, Grdl. z. §§ 45 und 47 Rdnr. 4.

647 Vgl. *Diemer*, in: D/S/S, JGG, § 45 Rdnr. 4.

648 Vgl. *Ostendorf*, JGG, Grdl. z. §§ 45 und 47 Rdnr. 5.

sprechend § 43 JGG[649], da nur bei persönlichem Kontakt eine solche Erforschung möglich ist. Sie soll Grundlage der Reaktion auf festgestelltes Fehlverhalten sein.[650] Gleichzeitig dient die Anwesenheit aber auch dem Schutze des Jugendlichen, da nur so eine Kommunikation des Gerichts mit ihm und ein Begreifen des Verfahrens durch ihn möglich sind. Dies gilt ebenso für seine angemessene Verteidigung gegen die Vorwürfe der Anklage.[651] Nur durch eine persönliche, ungefilterte Wahrnehmung des Verhandlungsstoffs kann sich der Angeklagte gegen die erhobenen Vorwürfe wehren. Daher schränkt § 50 Abs. 1 JGG die Ausschlussmöglichkeiten des Jugendlichen über das allgemeine Recht hinaus deutlich ein.[652] Die gleichwohl denkbaren Gründe für seine Abwesenheit sind eng auszulegen.[653]

Da die Bedeutung seiner Anwesenheit unabhängig von der jeweiligen Verfahrensgestaltung ist, muss § 50 Abs. 1 JGG auch im gemeinsamen Verfahren gelten.

Nicht im Widerspruch, sondern im Einklang mit der erweiterten Anwesenheitspflicht des Jugendlichen nach § 50 Abs. 1 JGG steht die gegenüber den allgemeinen Vorschriften erweiterte Möglichkeit seiner zeitweiligen Ausschließung nach § 51 Abs. 1 S. 1 JGG. Diese Regelung muss ihrerseits als Ausfluss des Erziehungsgedankens des Jugendstrafrechts gesehen werden, da auf diese Weise negative Beeinflussungen durch erörterte Anlagemängel des Jugendlichen oder das Erziehungsversagen der Eltern vermieden werden sollen.[654] Ebenso soll eine weitere Zusammenarbeit des Jugendlichen mit der Jugendgerichtshilfe infolge deren Erörterungen, die dem Gericht gemäß § 38 Abs. 2 S. 2 und 4 JGG bei dessen Persönlichkeitserforschung dienen, aufgrund von Vertrauensverlust seitens des Jugendlichen nicht erschwert oder gar unmöglich gemacht werden.[655] Derartige Erwägungen dienen dem Persönlichkeitsschutz des Jugendlichen ebenso wie dem Schutz der familiären Verbundenheit, sollten Versäumnisse oder Missstände in diesem Zusammenhang zur Sprache kommen.

Gleichzeitig wurde mittlerweile das unverzichtbare Recht auf Anwesenheit während der Verhandlung ebenso wie das Recht auf rechtliches Gehör nach Art. 103 GG auch zugunsten des jugendlichen Angeklagten soweit gestärkt und anerkannt, dass von der Ausschlussmöglichkeit nur noch in Ausnahmefällen

649 *Eisenberg*, JGG, § 50 Rdnr. 15.
650 *Brunner/Dölling*, JGG, § 43 Rdnr. 2.
651 *Ostendorf*, JGG, Grdl. z. §§ 48–51 Rdnr. 3.
652 *Schatz,* in: D/S/S, JGG, § 50 Rdnr. 3 und 13.
653 *Schatz,* in: D/S/S, JGG, § 50 Rdnr. 13.
654 Vgl. die Erläuterungen unter 5.1.3.2.
655 Vgl. *Schaffstein/Beulke,* Jugendstrafrecht, § 37 II Nr. 2 b) sowie *Schatz,* in: D/S/S, JGG, § 50 Rdnr. 3 und 12.

Gebrauch zu machen ist.[656] Die Informationspflicht des Vorsitzenden nach § 51 Abs. 1 S. 2 JGG ergibt sich aus dem Gedanken einer fairen Verfahrensgestaltung und erstreckt sich auf alle belastenden und entlastenden Umstände, wobei im Zweifel von einer Verteidigungserheblichkeit auszugehen ist.[657] Eine angemessene Verteidigung gegen die Anklage im Sinne einer „Waffengleichheit"[658] ist nur bei Kenntnis der Entscheidungsgrundlage des Gerichts möglich.

Vor dem Hintergrund der fairen Verfahrensgestaltung und „Waffengleichheit" ist auch die Ausgestaltung des § 68 JGG zu betrachten. Die Fälle der notwendigen Verteidigung wurden im Laufe der Zeit nach und nach erweitert. Dies geschah insbesondere aufgrund der Erkenntnis, dass ein jugendlicher Beschuldigter oder Angeklagter sich im noch weitaus geringeren Maße gegen die strafrechtlichen Vorwürfe wehren kann, als dies einem Erwachsenen möglich ist. Die Begründung zum Gesetzesentwurf zum 1. JGGÄndG, durch welches die Beiordnung eines notwendigen Verteidigers für den Fall der Vollstreckung von Untersuchungshaft oder einer einstweiligen Unterbringung nach § 126a StPO eingeführt wurde, führt demgemäß Folgendes aus: „*Aufgrund ihrer mangelnden Lebenserfahrung, ihrer Unerfahrenheit im Umgang mit staatlichen Instanzen und ihren eingeschränkten sprachlichen Ausdrucksmöglichkeiten sind diese jungen Menschen ohnehin in ihrer Verteidigungsmöglichkeit gegenüber Erwachsenen in aller Regel erheblich eingeschränkt. Diese Einschränkungen werden durch den Freiheitsentzug weiter verstärkt.*" In § 140 Abs. 1 Nr. 5 StPO wird eine nachhaltige Beeinträchtigung der Verteidigungsmöglichkeit bereits nach einer über drei Monate hinausgehenden Unterbringungsdauer unwiderleglich vermutet. Ein solches Abwarten sieht § 68 Nr. 5 JGG nicht vor. „*Bei Jugendlichen mit der Bestellung eines Verteidigers so lange zuzuwarten, verbietet sich vor dem Hintergrund der geringen Handlungskompetenz junger Menschen. Innerhalb der ersten drei Monate des Ermittlungsverfahrens wird nämlich der Strafprozess weitgehend kanalisiert und vorgeprüft; es erfolgen Weichenstellungen, die der Jugendliche nicht beeinflussen kann und die später, auch mit anwaltlichem Beistand, kaum mehr korrigiert werden können.*"[659]

In gleicher Weise liest sich die Begründung zum Gesetzesentwurf des 2. Justizmodernisierungsgesetzes bezüglich der neu eingeführten Nr. 3 des § 68 JGG. Hiernach soll für den Fall, dass der Erziehungsberechtigte und der gesetz-

---

656 *Schatz*, in: D/S/S, JGG, § 51 Rdnr. 10; *Albrecht*, Jugendstrafrecht, § 46 B. II.

657 So *Ostendorf*, JGG, § 51 Rdnr. 7; nach BGH zeige die Vorschrift jedoch, dass der Gesetzgeber eine Einschränkung von Verteidigungsrechten des Angeklagten grds. in Kauf nehme, wobei er sich konkret jedoch auf die fehlende Mitwirkungsmöglichkeit im Rahmen einer Vereidigung bezog, BGH NStZ 2002, S. 217.

658 Vgl. Fn. 339.

659 BT-Drucks. 11/5829, S. 28.

liche Vertreter nach § 51 Abs. 2 JGG von der Verhandlung ausgeschlossen wurden, ein notwendiger Verteidiger bestellt werden, wenn durch die nachträgliche Unterrichtung des Verhandelten die Beeinträchtigung ihrer Rechte nicht hinreichend ausgeglichen werden kann. Die Begründung des Gesetzesentwurfs führt hierzu aus: „*Auf diese Weise wird vermieden, dass der jugendliche Angeklagte, dem der Erziehungsberechtigte und der gesetzliche Vertreter aufgrund ihrer Ausschließung durch das Gericht nicht mehr in dem gewollten Umfang helfend zur Seite stehen können, ohne Unterstützung am weiteren Verfahren beteiligt ist.*“[660] Ebenso wie die Regelung zur notwendigen Verteidigung im Falle der Vollstreckung von U-Haft oder einer vorläufigen Unterbringung ist auch hier Kerngedanke der Vorschrift, dem Jugendlichen eine Unterstützung zuteil werden zu lassen, da er sich aus eigener Kraft und Fähigkeit nicht angemessen gegen die Anklage verteidigen kann. Dieser Gedanke entspringt dem „fair-trail“-Grundsatz, wonach sich der Angeklagte (bzw. der Beschuldigte) im Sinne einer „Waffengleichheit“ gegen die staatliche Anklage mit ihren Ermittlungsmöglichkeiten wehren können soll. Dass die Herstellung der Waffengleichheit bei Jugendlichen durch gesetzliche Anordnung häufiger unterstützt werden muss, als dies bei Erwachsenen der Fall ist, entspricht dabei der festgestellten strukturellen Unterlegenheit der jugendlichen Betroffenen.

Die vorgesehenen, jugendspezifischen Beiordnungsgründe der § 68 Nr. 2 bis 5 JGG verdeutlichen daher abermals die Bedeutung einer jugendadäquaten Verfahrensgestaltung im Jugendstrafrecht.

Zusammenfassend lässt die teleologische Auslegung der vier untersuchten Verfahrensgrundsätze den Schluss zu, dass die Vorschriften des Jugendstrafrechtes in ihrer heutigen Fassung vorwiegend der Ermöglichung eines jugendgerechten Verfahrens dienen, und zwar sowohl zugunsten der Gruppe der Jugendlichen als auch der Gruppe der Heranwachsenden.

Dabei ist der festgestellte Vorrang der jugendstrafrechtlichen Grundsätze nach § 2 Abs. 2 JGG der Erreichung des in Absatz 1 vorgegebenen Ziels der Individualprävention geschuldet. Er fördert die jugendgerechte Verfahrensgestaltung zum Zwecke der erzieherischen Einflussnahme auf den jungen Delinquenten.

Dem entspricht die restriktive Auslegung der Voraussetzungen der gemeinsamen Verhandlung, da dem jungen Angeklagten die Aufmerksamkeit des Gerichts möglichst ausschließlich zuteil werden soll. Bei gemeinsamer Verhandlung ist regelmäßig ein Jugendgericht zuständig, damit die Verfahrensgestaltung den Vorgaben des Jugendstrafrechts entspricht. Gleichzeitig nimmt das Gesetz aber in Kauf, dass eine Beeinflussung durch den erwachsenen Mitangeklagten eintritt.

---

660 BT-Drucks. 16/3038, S. 65.

Sind die Verfahren verbunden, soll mehrheitlich von der Ausschlussmöglichkeit des § 48 Abs. 3 S. 2 JGG Gebrauch gemacht werden, damit eine Kommunikation mit dem Jugendlichen möglich ist und ihm Persönlichkeitsschutz gewährt werden kann.

Das Stufenverhältnis und die vielfältigen Möglichkeiten der informellen Erledigung sowie deren Vorrang vor dem förmlichen Verfahren, wo dies als angemessene Reaktion auf das Fehlverhalten des Jugendlichen erscheint, sind Ausgestaltung des Subsidiaritäts- und Verhältnismäßigkeitsgrundsatzes. Auch sie dienen der jugendgerechten Verfahrensgestaltung.

Die Anwesenheit des jugendlichen Angeklagten ist maßgeblich für die Persönlichkeitserforschung des Gerichts nach § 43 JGG. Auf sie kann nur in eng auszulegenden Ausnahmefällen verzichtet werden.

Gleichzeitig liegt es im Interesse der Erziehung des Jungendlichen, wenn er für die Dauer solcher Erörterungen von der Verhandlung ausgeschlossen werden kann, die seine Erziehung negativ beeinflussen könnten. Da ihm aber gleichwohl ein Recht auf rechtliches Gehör sowie eine faire Verfahrensgestaltung zukommt, ist von dieser Möglichkeit nur restriktiv Gebrauch zu machen. Das in seiner Abwesenheit Verhandelte ist im Zweifel als verteidigungsrelevant anzusehen.

Schließlich sind auch die in § 68 Nr. 2 bis 5 JGG im Vergleich zum allgemeinen Verfahrensrecht zusätzlichen Beiordnungsgründe Ausfluss der Gewährung eines jugendadäquaten Verfahrens, da sie sich aus den anerkannten Defiziten des Jugendlichen im Umgang mit staatlichen Organen rechtfertigen. Sie sollen ihm dort eine Unterstützung zusichern, wo sich seine eingeschränkten Handlungsmöglichkeiten im erhöhten Maße auf das Verfahren und seine Verteidigung auszuwirken drohen.

### 6.1.5 Ergebnis der Auslegung und Stellungnahme

Die vier Auslegungsmethoden gelangen nicht in allen Bereichen zum gleichen Schluss, einzelne Auslegungsergebnisse sind sogar exakt konträr. Allerdings lassen sich auch eindeutige Tendenzen ausmachen, die sich übereinstimmend in allen Einzelergebnissen finden lassen.

Die systematische Auslegung des § 2 JGG spricht für eine normative Gesetzesintention, wonach das Jugendstrafverfahren sowie seine Rechtsfolgen vorrangig am Erziehungsgedanken auszurichten sind, um das Ziel der Individualprävention zu erreichen. Zu diesem Zwecke ist nicht nur bei ausdrücklichen Bestimmungen des Gesetzes den jugendstrafrechtlichen Vorschriften Vorrang zu gewähren. Auch im Falle des Aufeinandertreffens widerstreitender Verfahrensgrundsätze ist denen des Jugendstrafrechts gegenüber denjenigen des allgemeinen Verfahrensrechts Vorrang zu gewähren.[661] Dies soll zumindest dann gelten, wenn anderenfalls das Ziel der Individualprävention nicht erreicht oder doch zumindest gefährdet würde. Nur durch diese Auslegung lässt sich das Vorhandensein eines gesonderten Jugendstrafrechts als solchem, die Existenz des § 2 Abs. 1 JGG mit seinen Vorgaben sowie die Modifikationen des allgemeinen Verfahrensrechts durch die §§ 48, 50 und 51 JGG erklären.

Auch der Wortlaut der Vorschrift unterstützt dieses Ergebnis. Es wird ausdrücklich vom „Ziel" der Individualprävention gesprochen, zu deren Erreichung das Verfahren sowie alle weiteren Maßnahmen im Jugendstrafrecht am Erziehungsgedanken auszurichten sind. Zudem wird den allgemeinen Vorschriften nur insoweit Geltung eingeräumt, als „*in diesem Gesetz*" nichts anderes bestimmt ist. Maßgeblich ist somit der Gesetzesinhalt, also auch dessen Sinn und Zweck, nicht lediglich die ausdrücklichen Vorschriften. Der Vorrang des Gesetzeszwecks kommt daher dort zum Tragen, wo beim Aufeinandertreffen mit entgegenstehendem Verfahrensrecht ein Nebeneinander nicht zu erreichen ist.

Und auch die teleologische Auslegung entspricht diesem Ergebnis, da das proklamierte Ziel der Individualprävention nur konsequent verfolgt werden kann, wenn die Möglichkeit geschaffen wird, das Verfahren sowie alle weiteren Maßnahmen an der Erreichung dieses Ziels auszurichten. Gefährden Grundsätze einer anderen Verfahrensart die Zielerreichung, müssen sie soweit eingeschränkt werden, wie ihr gefährdender Einfluss reicht.

Wortlaut, Systematik und Teleologie sprechen für eine restriktive Auslegung des § 103 JGG, obwohl gleichzeitig die grundsätzliche Zulässigkeit des verbundenen Verfahrens und somit die Inkaufnahme möglicher Beeinflussungen des Jugendstrafverfahrens anerkannt werden müssen. Die regelmäßige Zuständigkeit der Jugendgerichte für dieses Verfahren unterstreicht jedoch wiederum die Eigenart des Jugendstrafverfahrens, die nach der Gesetzesintention weitgehend beibehalten werden soll. Somit wird ein möglichst jugendgerechtes Verfahren auch bei gemeinsamer Verhandlung gewährleistet.

Auffallend ist der Mangel an ausdrücklichen Regelungen zur gemeinsamen Verhandlung. Neben der ausdrücklichen Zulässigkeit des Verfahrens gemäß § 103 JGG findet sich außer § 48 Abs. 3 JGG keine Vorschrift, die den Fall der Verbindung der Verfahren gegen Angeklagte unterschiedlicher Altersstufen näher ausgestaltet.

Die konkrete Ausgestaltung des verbundenen Verfahrens und der Verfahrensgrundsätze wird in einigen Vorschriften – wie etwa §§ 48 Abs. 3 S. 2, 109 Abs. 1 S. 4 oder § 51 Abs. 1 JGG – vielmehr dem Ermessen und der Einschätzung des

661 Siehe unter 6.1.1, 6.1.2.6, 6.1.3.1 und 6.1.4.

Gerichts überlassen, wobei keine Vorgaben oder Richtlinien existieren, die eine Orientierungshilfe bei der Ermessensausübung bieten könnten.

Lediglich der Wortlaut des § 2 Abs. 1 JGG proklamiert als Orientierungshilfe für Ermessensentscheidung das stets zu beachtende Ziel der Individualprävention. Dieser Umstand unterstreicht die enorme Bedeutung des § 2 JGG und des in ihm vorgeschriebenen Vorrangverhältnisses.

Wortlaut, Systematik und Teleologie sprechen für eine Anwendung des § 50 Abs. 1 JGG auch auf das verbundene Verfahren. Gleiches gilt für die jugendspezifischen Einstellungsvorschriften. Beides dient der Ermöglichung einer jugendadäquaten Verfahrensgestaltung zum Zwecke der Individualprävention, im einen Fall durch die ermöglichte Persönlichkeitserforschung infolge der Anwesenheit des Angeklagten, im anderen Fall durch die gesteigerte Reaktionsvielfalt.

Dieser Gedanke wohnt auch § 68 JGG inne, der die Defizite der jungen Delinquenten in für sie besonders belastenden Situationen auszugleichen versucht und somit ein faires, jugendgerechtes Verfahren gewährleistet.

Auch die historische Auslegung unterstreicht die beschriebene Intention. Von der Erkenntnis der Notwendigkeit eines auf die Entwicklungsphase des jungen Menschen zugeschnittenen Verfahrensrechts mit der ersten Kodifikation 1923 über die verschiedenen Fassungen des Jugendstrafrechts mit ihren zahlreichen Ergänzungen bis hin zur heutigen Fassung ist eine ständige Weiterentwicklung zu beobachten. Zwar unterschieden sich die Erziehungsbegriffe, welche den jeweiligen Fassungen zugrunde lagen, im Kern war jedoch stets das Bewusstsein maßgeblich, dass auf junge Menschen anders einzuwirken und das Verfahren gegen sie anders zu gestalten ist, als bei Erwachsenen.

Die vom Jugendstrafrecht erfassten Altersgruppen wurden im Laufe der Zeit ausgeweitet, neben die Jugendlichen traten die Heranwachsenden, so dass vom 14. bis zum 21. Lebensjahr das Jugendstrafrecht Anwendung findet bzw. finden kann. Es wurden im Rahmen der Entwicklung spezielle Jugendgerichte geschaffen, welche mittlerweile grundsätzlich zuständig sind bei Beteiligung eines jungen Delinquenten.

Auch die Vorschriften des Jugendstrafrechts zu den Verfahrensrechten wurden immer weiter an die besonderen Bedürfnisse der Jugendlichen bzw. Heranwachsenden angepasst. So wird z.B. auf die Anwesenheit des Jugendlichen in der Hauptverhandlung wegen der erforderlichen Persönlichkeitserforschung besonderen Wert gelegt, gleichzeitig ist zum Zwecke der Erziehung sein zeitweiliger Ausschluss leichter möglich als bei einem Erwachsenen. Hinsichtlich der Möglichkeit der zeitweiligen Ausschließung wurde jedoch die Gefahr erkannt, auf diese Weise wesentliche Rechte des Angeklagten einzuschränken, so dass mittlerweile eine Pflicht zur Information über das in Abwesenheit Verhandelte besteht, wobei im Zweifel von dessen Verteidigungserheblichkeit auszugehen ist.

Die Modifikationen des allgemeinen Verfahrensrechts wurden stets mit der Erziehung des jungen Menschen zum Zwecke der Individualprävention sowie dem Schutze seiner Person aufgrund seiner Unterlegenheit infolge mangelnder Lebenserfahrung, Unerfahrenheit im Umgang mit staatlichen Instanzen und seiner eingeschränkten sprachlichen Ausdrucksmöglichkeiten begründet. Als Konsequenz des bezweckten Schutzes wurde das Fairnessgebot in Form immer zahlreicherer Fälle der notwendigen Verteidigung zu Gunsten jugendlicher Delinquenten weiter ausgebaut.

Die gemeinsame Verhandlung wird seit jeher als grds. nicht zweckmäßig angesehen. Die Voraussetzungen ihrer Zulässigkeit wurden indes bereits 1943 in das Gesetz eingeführt und seither nicht weiter konkretisiert oder eingeschränkt.

Die bei Betrachtung der gesamten historischen Entwicklung des Jugendstrafrechts feststellbare Tendenz, dem Jugendstrafrecht einen möglichst weitreichenden Geltungsumfang einzuräumen, ist insbesondere in der Erweiterung des persönlichen Anwendungsbereichs durch Aufnahme der Heranwachsenden zu sehen. Dem entspricht auch die Festlegung auf das seit 1953 geltende Strafmündigkeitsalter von 14 Jahren, da vorher nicht von einer Verantwortungsreife auszugehen ist.

Das Verfahren wurde im immer größeren Umfang an die festgestellten Defizite der jungen Delinquenten angepasst, was mit einer Auflockerung der Verfahrensformalia einherging, gleichzeitig wurden aber auch ihre Rechte auf eine faire Behandlung weiter ausgebaut.

Mit Einführung des § 2 JGG erhielt das Jugendstrafrecht schließlich eine Zielbestimmung. Gleichzeitig wurde das Mittel zur Zielerreichung vorgegeben, nämlich eine konsequente Anwendung des Erziehungsgedankens auf alle Maßnahmen im Jugendstrafrecht. Hierzu wurde – im Konfliktfall – den Grundsätzen des Jugendstrafrechts ein Vorrang vor dem allgemeinen Verfahrensrecht eingeräumt.

Gleichwohl ist der historischen Entwicklung zu entnehmen, dass sich eine generelle Anwendung des Jugendstrafrechts auf alle jungen Delinquenten bis zur Vollendung des 21. Lebensjahrs – trotz entsprechender Modifikationsvorschläge – nicht durchgesetzt hat. Es bleibt den Gerichten überlassen, mittels einer Ermessensentscheidung das auf den jeweiligen Heranwachsenden anzuwendende Verfahrensrecht zu ermitteln. Hier nimmt der Gesetzgeber in Kauf, dass aufgrund einer u.U. fehlerhaften Ermessenentscheidung dem jungen Delinquenten gerade kein jugendadäquates Verfahren zuteil wird.

Keine Übereinstimmung der Auslegungsergebnisse erhält man zudem bezüglich des Öffentlichkeitsgrundsatzes nach § 48 Abs. 3 JGG, der Anwendung des

§ 109 Abs. 1 S. 4 JGG auch auf das verbundene Verfahren sowie der Frage, ob § 51 Abs. 1 JGG restriktiv auszulegen ist.

Wortlaut, Systematik und historische Auslegung sprechen für eine grundsätzlich öffentliche gemeinsame Verhandlung. Nur im Ausnahmefall soll die Öffentlichkeit ausgeschlossen werden. Die teleologische Auslegung ergibt jedoch, dass der Fall der öffentlichen Verhandlung bei verbundenen Verfahren nach § 48 Abs. 3 S. 1 JGG als Ausnahmefall zu betrachten und mehrheitlich von der Ausschlussmöglichkeit Gebrauch zu machen ist.[662] Denn misst man diese jugendstrafprozessuale Vorschrift am Ziel einer jugendadäquaten Verfahrensgestaltung entsprechend § 2 Abs. 1 JGG, muss der Ausschluss der Öffentlichkeit gerade im Falle der Anwesenheit eines erwachsenen Mitangeklagten der Regelfall sein. Anderenfalls besteht die Gefahr, dass durch die Anwesenheit von Sympathisanten und Unterstützern des Erwachsenen die Hemmung des Jugendlichen gesteigert wird und eine Kommunikation mit ihm erschwert wird. Eine Fehleinschätzung des Gerichts im Hinblick auf die Auswirkungen der Zulassung der Öffentlichkeit auf das Verhalten des Jugendlichen kann hier zu einem nicht wieder auszugleichenden Nachteil für diesen führen. Entsprechend verfährt die Rechtspraxis, in dem der Ausschluss der Öffentlichkeit im verbundenen Verfahren den Regelfall darstellt.

Bzgl. § 109 Abs. 1 S. 4 JGG spricht die teleologische Auslegung für eine Anwendung auch im verbundenen Verfahren, der Wortlaut indes spricht dagegen. Mit dem gleichen Argument wie zuvor kann hier dem teleologischen Auslegungsergebnis gefolgt werden. Ein jugendgerechtes Verfahren ist zur Individualprävention erforderlich. Folglich muss – auch und gerade – im Falle der gemeinsamen Verhandlung auf die Bedürfnisse des jungen Angeklagten Rücksicht genommen werden. Dies muss entsprechend §109 Abs. 1 S. 4 JGG regelmäßig auch zum Ausschluss der Öffentlichkeit zum Zwecke einer ungehinderten Kommunikation mit dem jungen Angeklagten führen. Wird diese Kommunikationsatmosphäre nicht hergestellt, genügt das Verfahren nicht dem Anspruch auf eine jugendspezifische Gestaltung und die geringere Kommunikationskompetenz des jungen Angeklagten führt in der Folge zu einer Schmälerung seiner Verteidigungsmöglichkeiten.

Auch bzgl. § 51 Abs. 1 JGG ergeben sich Widersprüche zwischen der teleologischen Auslegung und dem Wortlaut. Letzterer schränkt die Anwendung der Vorschrift nicht ein, was etwa in § 50 Abs. 1 JGG durch den Begriff *„nur“* erfolgt. Aus dieser fehlenden Einschränkung lässt sich der Schluss ziehen, dass die Vorschrift gerade nicht bewusst restriktiv ausgelegt werden soll. Sinn und Zweck der Regelung sprechen hingegen für eine enge Auslegung, da die Anwesenheit

662 So auch *Ostendorf*, JGG,§ 48 Rdnr. 18.

des jungen Angeklagten im Jugendstrafverfahren von noch weiter reichender Bedeutung ist als im Erwachsenenverfahren. Seine Anwesenheit ist essentiell zur Beurteilung der Notwendigkeit einer individualpräventiven Einflussnahme, denn die hiermit einhergehende Persönlichkeitserforschung kann nur bei Anwesenheit des Angeklagten erfolgen, gleiches gilt für eine angemessene Verteidigung. Daher ist die Vorschrift restriktiv auszulegen und nur im konkreten Einzelfall von ihr Gebrauch zu machen.

Insgesamt sollen die untersuchten Verfahrensvorschriften der Ermöglichung eines weitestgehend jugendadäquaten Strafverfahrens dienen, wobei das Verfahren selbst auf die Erziehung des jungen Angeklagten zum Zwecke der Individualprävention ausgerichtet ist (was sowohl für Jugendliche wie auch für Heranwachsende gilt). Unter diesem Gesichtspunkt ist jedoch kein Grund erkennbar, weswegen diese Ziele gerade im verbundenen Verfahren mit einem Erwachsenen, in welchem die mangelnde Lebenserfahrung, die Unerfahrenheit im Umgang mit staatlichen Instanzen sowie die eingeschränkte sprachliche Ausdrucksmöglichkeit des jungen Angeklagten im Vergleich zum erwachsenen Mitangeklagten noch viel eher ins Gewicht fallen, hintanstehen sollten.

§ 2 Abs. 2 JGG verdeutlicht mit seiner Forderung nach einem Vorrang auch der jugendstrafrechtlichen Grundsätze, dass diesen gerade beim Aufeinandertreffen mit gegenläufigen Ausgestaltungen von Verfahrensgrundsätzen das größere Gewicht beizumessen ist.

Mit Einführung des § 2 JGG wurde der Maßstab für jedwede Auslegung jugendstrafrechtlicher Vorschriften sowie deren Verhältnis zu den allgemeinen Verfahrensvorschriften vorgegeben.

## 6.2 Die gemeinsamen Verhandlung im Lichte der normativen Gesetzesintention sowie Modifikationsansätze

Legt man die soeben erläuterte normative Intention im Hinblick auf § 2 JGG bei Betrachtung der Vorschriften und der Gerichtspraxis hinsichtlich verbundener Verfahren zugrunde, so stellt sich die Frage, ob Gesetzesgestaltung und Praxis dieser Vorgabe gerecht werden.

Zur Beantwortung der Frage sollen nun zunächst erneut die jugendstrafrechtlichen Vorschriften zur gemeinsamen Verhandlung sowie den Verfahrensgrundsätzen beleuchtet werden, diesmal jedoch im Hinblick darauf, in wie weit die normative Gesetzesintention bei deren Ausgestaltung berücksichtigt wurde und somit eine Ausrichtung am Ziel Individualprävention und Gewährung eines jugendadäquaten Verfahrens erfolgt ist.

Im nächsten Schritt werden sodann auf Grundlage der so festgestellten Defizite Denkansätze zur konsequenteren Umsetzung des normativen Gesetzessinns des § 2 JGG – und in dessen Folge somit auch der Verfahrensgrundsätze des Jugendstrafrechts insgesamt – im Rahmen der gesetzlichen Ausgestaltung sowie der Justizpraxis erläutert und diskutiert.

## 6.2.1 Voraussetzungen der gemeinsamen Verhandlung

### 6.2.1.1 Bewertung am Maßstab der Gesetzesintention

Neben den allgemeinen Voraussetzungen zur Verbindung von Verfahren müssen für das gemeinsame Verfahren die zusätzlichen Voraussetzungen des § 103 Abs. 1 JGG erfüllt sein.[663] Dieser Umstand und ebenso die ausdrückliche Formulierung in Nr. 1 der Richtlinie zur Norm verdeutlichen die beabsichtigte restriktive Handhabung der Verbindungsmöglichkeit, die als grds. unzweckmäßig angesehen wird.[664] Mit dieser zusätzlichen Hürde ist der Weg zu einer gemeinsamen Verhandlung erschwert, wodurch wiederum die für die jeweilige Altersgruppe ursprüngliche Verfahrensart mehr Bedeutung erhält und die originären Ziele des Jugendstrafrechts nicht durch „fremde" Einflüsse abgeschwächt werden. Die aktuelle Gesetzesgestaltung ist somit bereits an der Gesetzesintention orientiert.

Gleichwohl belässt es der Gesetzgeber bei der offenen Formulierung der zusätzlichen Voraussetzungen, wenn die Verbindung „*zur Wahrheitserforschung*" oder „*aus anderem wichtigen Gründen*" geboten sein muss. Auch in der Richtlinie zur Vorschrift findet sich lediglich eine negative Aufzählung, wann eine Verbindung als *nicht* angebracht erscheint. Es bleibt folglich der Literatur und Rechtspraxis vorbehalten, die unbestimmten Rechtsbegriffe auszulegen. Die hieraus resultierenden unterschiedlichen Auffassungen hinsichtlich Bedeutung und Gehalt der Merkmale[665] führen zu einer uneinheitlichen Rechtsprechung und Anwendungspraxis[666], die wiederum nicht im Sinne einer einheitlichen, jugendadäquaten Verfahrensgestaltung liegen können, da hierfür unter rechtsstaatlichen Gesichtspunkten auch eine Gleichförmigkeit der Verfahren zu fordern ist.[667]

---

663 Vgl. *Ostendorf*, JGG, § 103 Rdnr. 5; *Schatz,* in: D/S/S, JGG, § 103 Rdnr. 11.

664 Siehe hierzu Fn. 109.

665 Vgl. hierzu die Ausführungen unter 4.2.3.

666 Vgl. *Schatz,* in: D/S/S, JGG, § 103 Rdnr. 13.

667 Die Gleichförmigkeit des Verfahrens als Aspekt der Rechtssicherheit wird von *Voß* im Bezug auf die Diversionspraxis diskutiert, ist jedoch dem Grunde nach auch auf die uneinheitliche Rechtspraxis zur Verfahrensverbindung nach § 103 JGG übertragbar, *Voß*, Diversion und Rechtssicherheit, ZfJ 1989,S. 9.

Das staatliche Strafverfolgungsinteresse sowie die Wahrheitsfindung stellen nicht die einzigen zu berücksichtigenden Werte des Strafprozesses dar. Viel mehr ist ein prozessordnungsgemäßes, justizförmiges Verfahren selbst bereits ein von der Strafprozessordnung und dem Jugendstrafrecht verfolgter Wert.[668] Dieser Wert wiederum ist unauflöslich mit der Forderung nach einem jugendspezifischen Verfahren mit allgemeingültigen Verfahrensregeln verbunden. An der normativen Gesetzesintention gemessen wäre vielmehr eine einheitliche und insgesamt sehr enge Auslegung der Merkmale von Nöten.

Die verschiedenen Ansichten zur Bedeutung der Merkmale können jedoch auf einen gemeinsamen Nenner reduziert werden, da nach allen Auffassungen die Verbindung im verbundenen Verfahren nur unter Berücksichtigung der spezifischen Bedürfnisse eines jugendlichen Angeklagten möglich sein soll. Bei Gefährdung dieses Aspekts muss eine Verbindung unterbleiben.

Durch Festlegung *positiv* formulierter Kriterien in der Richtlinie zu § 103 JGG, anhand derer die Rechtsanwendung vereinheitlicht würde, wäre es dem Gesetzgeber möglich, eine umfassendere Gewährung jugendadäquater Strafverfahren sicherzustellen.

Als in die Richtlinie oder in § 103 JGG aufzunehmenden Hinderungsgrund für eine Verbindung ließe sich zudem die Gefährdung des Ziels einer entsprechend jugendspezifischen Verfahrensgestaltung formulieren.

Des Weiteren ist dem Aspekt der Persönlichkeitserforschung im Rahmen der Entscheidung über die Verbindung von Verfahren bislang nicht ausreichend Beachtung geschenkt worden. Denn ob und ggf. in welchem Umfang eine Verfahrensverbindung etwa die Aussage- und Mitgestaltungsbereitschaft des jungen Angeklagten beeinflusst – eine oftmals entscheidende Frage im Zusammenhang mit dem Merkmal „*zur Erforschung der Wahrheit*“ –, lässt sich nur anhand einer individuellen Einschätzung seines Charakters und seiner Persönlichkeit prognostizieren. Auch diesen Umstand gilt es in die Verbindungsvoraussetzungen mit aufzunehmen. Anderenfalls wird dem Aspekt der individuellen, jugendspezifischen Verfahrensgestaltung im Rahmen der Entscheidung, ob eine Verbindung erfolgen soll, nicht ausreichend Beachtung geschenkt.

668 Vgl. *Kramer*, Grundbegriffe des Strafverfahrensrechts, A. IV. Rdnr. 13a sowie *Beulke*, Strafprozessrecht, Rdnr. 5.

### 6.2.1.2 Modifikation der Voraussetzungen zur gemeinsamen Verhandlung

Eine einheitliche und enge Auslegung der Voraussetzungen des § 103 Abs. 1 JGG erfordert die Umgestaltung der Merkmale in ihrer derzeitigen Form.

Wie unter 4.2.4. dargestellt, erscheint für die Entscheidung, ob eine Verbindung der Verfahren erfolgen soll, die Heranziehung eines einheitlichen Merkmals angezeigt. Diese Verfahrensweise stünde auch im Einklang mit der teilweise bereits üblichen Praxis in Literatur und Rechtsprechung, eine Art Gesamtschau verschiedener Aspekte für die Entscheidung heranzuziehen, ohne dass diese Handhabung bislang jedoch als solche bezeichnet wurde.

Unter ein einheitliches, jugendadäquat auszulegendes Merkmal „*aus wichtigem Grund*" könnte sowohl der Aspekt der Wahrheitserforschung wie auch alle weiteren Gründe subsumiert werden. Die zu erwägenden Gesichtspunkte könnten positiv formuliert in eine neu zu fassende Richtlinie zu § 103 JGG aufgenommen werden, wobei die Auflistung nicht enumerativ sein sollte. Zusätzlich sollte als negativer Hinderungsgrund in die Norm selbst die Voraussetzung aufgenommen werden, dass eine Verbindung nur dann erfolgen darf, wenn die Ausrichtung des Verfahrens am Erziehungsgedanken nicht gefährdet wird.

Gleichzeitig sollte die Berücksichtigung der Auswirkungen, welche die gemeinsame Verhandlung auf den jungen Angeklagten hat, bei der Entscheidungsfindung gesetzlich fixiert werden. Die hierzu erforderliche Persönlichkeitserforschung beim jungen Delinquenten muss dabei im Vorfeld der Verbindungs- oder Trennungsentscheidung erfolgen.

Die Einschätzung der Persönlichkeit des Jugendlichen/Heranwachsenden und die daraus resultierenden zu erwartenden Auswirkungen einer Trennung oder Verbindung auf das Ziel der Legalbewährung müssen hierbei stets im Einzelfall erfolgen, da die Persönlichkeit und Verhaltensweise eines jungen Angeklagten nicht pauschal beurteilt werden kann. Die Eigenheiten und der Charakter eines jeden Angeklagten müssen individuell betrachtet werden.

Fraglich ist hierbei, ob von einer Einzelfallentscheidung und einer „pflichtgemäßen Ermessensentscheidung"[669] gesprochen werden kann, wenn die etwaigen Auswirkungen einer Verbindung bzw. Trennung auf den Jugendlichen bzw. Heranwachsenden regelmäßig nur auf Grundlage allgemeiner Erfahrungssätze und den subjektiven Erfahrungen des zur Entscheidung berufenen Gerichts beurteilt werden können. Denn der erste persönliche Kontakt zwischen Gericht und Angeklagtem wird regelmäßig in der Hauptverhandlung erfolgen. Bis zu diesem Zeitpunkt und damit auch zum Zeitpunkt der Entscheidung über die Verbindung

669 *Eisenberg*, JGG, § 103 Rdnr. 12.

der Verfahren kann sich der Richter nur auf die in der Gerichtsakte enthaltene Stellungnahme der JGH zur Persönlichkeit des jungen Angeklagten sowie seine eigenen Erfahrungen bzgl. des Verhaltens von Jugendlichen bzw. Heranwachsenden stützen.

Zwar soll nach Einleitung des Verfahrens (also bereits im Vorverfahren) gemäß §§ 43, 109 Abs. 1 JGG eine Persönlichkeitserforschung des Jugendlichen bzw. Heranwachsenden durch die Jugendstaatsanwaltschaft unter maßgeblicher Mitwirkung der Jugendgerichtshilfe erfolgen, im Rahmen derer auch die körperliche, seelische und geistige Entwicklung des Jugendlichen bzw. Heranwachsenden umfassend aufzuklären ist.[670]

Doch bei § 43 JGG handelt es sich lediglich um eine Soll-Vorschrift, deren Verletzung keinen Revisionsgrund darstellt. Ihre Befolgung ist in der Hauptverhandlung lediglich Teil der gerichtlichen Aufklärungspflicht nach § 244 Abs. 2 StPO.[671] Die Entscheidung über Verbindung (bzw. Trennung verbunden anhängig gemachter Verfahren) erfolgt nach Anklageerhebung und ohne Begründung vor Eröffnung des Hauptverfahrens oder im Rahmen des Eröffnungsbeschlusses.[672] Hat eine Persönlichkeitserforschung wie oben beschrieben bis zum Zeitpunkt der Entscheidung über Verbindung oder Trennung der Verfahren nicht oder nicht in dem erforderlichen Maße stattgefunden, mangelt es der gerichtlichen Ermessensentscheidung m.E. – zumindest unter dem Aspekt des stets zu berücksichtigenden Erziehungsgedankens des Jugendstrafrechts – an einer tragfähigen Grundlage. Zumindest einen persönlichen Eindruck wird sich das Gericht in der Regel nicht verschafft haben können, denn der erste direkte Kontakt zwischen Gericht und Angeklagtem wird regelmäßig erst in der Hauptverhandlung erfolgen.

Als Lösungsansatz erscheint denkbar, der Jugendgerichtshilfe mehr Gewicht zukommen zu lassen, indem eine Entscheidung über Verbindung oder Trennung nach § 103 JGG erst nach erfolgter (schriftlicher) Stellungnahme der JGH zur Persönlichkeitsentwicklung des Jugendlichen/Heranwachsenden getroffen werden darf. Denn die JGH nimmt als erster Verfahrensbeteiligter persönlichen Kontakt mit dem Jugendlichen bzw. Heranwachsenden auf und erforscht dessen Persönlichkeit und Entwicklung. Auf dieser Grundlage sollte die JGH gehalten sein, in Verfahren, in denen die Beteiligung erwachsener Beschuldigter im Raume steht und somit eine Verbindung der Verfahren möglich erscheint, speziell Stellung zu diesem Aspekt zu nehmen. Die JGH sollte eine Art Prognose aus-

---

670 BGHSt 9, 399 (402).

671 *Brunner/Döllinger*, JGG, § 43 Rdnr. 4; *Sonnen,* in: D/S/S, JGG, § 43 Rdnr. 3; unterbleibt eine Heranziehung der JGH gänzlich, stellt dies jedoch regelmäßig einen Revisionsgrund dar, *Laubenthal/Baier/Nestler*, Jugendstrafrecht, Rdnr. 204.

672 *Ostendorf*, JGG, § 103 Rdnr. 8.

sprechen und zwar dergestalt, ob aus Sicht des Sachbearbeiters der Jugendgerichtshilfe die gemeinsame Verhandlung zu Hemmungen beim jugendlichen/heranwachsenden Beschuldigten führen wird oder ob sonstige schädliche Auswirkungen von einer Verbindung zu erwarten sind (oder auch eine größere Bereitschaft zur Mitgestaltung bei Verfahrensverbindung).[673] Das Gericht seinerseits sollte seine Entscheidung über Verbindung oder Trennung mit einer Begründung versehen, in der die Kriterien, die dieser Entscheidung zu Grunde liegen, ausdrücklich Erwähnung finden. Nur so kann eine jugendspezifische, d.h. erzieherisch gerechtfertigte, am Einzelfall orientierte Entscheidung getroffen werden, die auch in ihrer Entstehung von allen Beteiligten nachvollzogen werden kann.

Als rechtliche Grundlage einer solchen Praxis könnte ein neuer Satz 3 in § 38 Abs. 3 JGG aufgenommen werden, der die Mitwirkung bzw. Stellungnahme der JGH bei der Frage der Verfahrensverbindung oder -trennung regelt und weiterhin gemäß §§ 109 Abs. 1, 112 S. 1 JGG auch für Heranwachsende gelten soll (diesbezüglich kann allerdings auch auf die Ausführungen unter 6.2.2.2 verwiesen werden):

*§ 38 JGG Jugendgerichtshilfe*
*[(1)...(2)]*
*(3) Im gesamten Verfahren gegen einen Jugendlichen ist die Jugendgerichtshilfe heranzuziehen. Dies soll so früh wie möglich geschehen. Vor einer Entscheidung nach § 103 Abs. 1 und Abs. 3 ist eine Stellungnahme der Jugendgerichtshilfe hierzu einzuholen. Vor der Erteilung von Weisungen (§ 10) sind die Vertreter der Jugendgerichtshilfe stets zu hören; kommt eine Betreuungsweisung in Betracht, sollen sie sich auch dazu äußern, wer als Betreuungshelfer bestellt werden soll.*

Des Weiteren müsste nach dem oben Erläuterten Absatz 1 in § 103 JGG hinsichtlich der Verbindungsvoraussetzungen modifiziert und zusätzlich noch ein Absatz 4 mit der Verpflichtung des Gerichts aufgenommen werden, die Verbin-

673 Durch das zwingende Erfordernis eines schriftlichen JGH-Berichts im Vorfeld der Entscheidung über eine Verbindung wird die Jugendgerichtshilfe verpflichtet, ihre Ermittlungstätigkeit aufzunehmen; hierdurch wird wiederum die in der Praxis nicht selten vorkommende Situation vermieden, dass weder ein schriftlicher, noch später im Hauptverfahren ein mündlicher Bericht der JGH erfolgt, vgl. *Laubenthal*, Jugendgerichtshilfe im Strafverfahren, S. 84, Fn. 435 m.w.N.; da der junge Beschuldigte zudem nicht verpflichtet ist, an einem Gesprächstermin mit der JGH teilzunehmen, müsste diese in einem solchen Fall auf sekundäre Erkenntnisquellen wie Bezugspersonen, Schule bzw. Ausbildungsstätte oder behördliche Unterlagen (bspw. des Jugendamts) zurückgreifen, vgl. *Laubenthal*, S. 65 ff.

dungs- oder Trennungsentscheidung unter Berücksichtigung der Stellungnahme der JGH zu treffen.

*§ 103 JGG Verbindung mehrerer Verfahren*
*(1) Strafsachen gegen Jugendliche und Erwachsene können nach den Vorschriften des allgemeinen Verfahrensrechts verbunden werden, wenn dies aus wichtigem Grund geboten ist. Eine Verbindung hat zu unterbleiben, wenn dadurch die Zielsetzung des § 2 Abs. 1 S. 1 gefährdet wird.*
*[(2)...(3)]*
*(4) Ein Beschluss nach den Absätzen 1 und 3 ergeht erst nach der Stellungnahme der Jugendgerichtshilfe nach § 38 Abs. 3 S. 3 und ist zu begründen.*

Als mögliche Ergänzung der Richtlinie zu § 103 könnte dort in Nummer 1 ein weiterer Satz aufgenommen werden, der wie folgt lauten könnte:

*Richtlinie zu § 103 JGG*
*1. Die Verbindung von Strafsachen gegen Jugendliche und Erwachsene ist im allgemeinen nicht zweckmäßig. Sie ist namentlich dann nicht angebracht, wenn der Jugendliche geständig und der Sachverhalt einfach ist oder wenn es sich bei den Erwachsenen um die Eltern des Jugendlichen handelt. Sie kann jedoch insbesondere dann angezeigt sein, wenn sie der Erforschung der Wahrheit dient, eine übermäßige Belastung des Jugendlichen oder die Wiederholung einer umfangreichen Beweisaufnahme vermieden werden soll, oder sie in sonstiger Weise der Erziehung des Jugendlichen dient.*
*[(2)...(3)]*

Die positive Aufzählung von Verbindungsgründen in der Richtlinie Nr. 1 zu § 103 JGG unterstreicht zwar grundsätzlich nicht die gewollte restriktive Handhabung der Verfahrensverbindung. Sie kann aber zu einer einheitlichen Rechtsanwendung beitragen, was unter rechtsstaatlichen und gleichheitsrechtlichen Gesichtspunkten erstrebenswert ist. Zudem wird infolge der ausdrücklichen Formulierung im neuen § 103 Abs. 1 S. 2 JGG die restriktive Handhabung der Verbindung gerade wieder hervorgehoben. Des Weiteren wird auch innerhalb der Richtlinie selbst eine gewisse Hierarchie der Prüfungsreihenfolge vorgegeben, da zunächst die Gründe genannt werden, die gegen eine Verfahrensverbindung sprechen, und erst im Anschluss diejenigen Gründe, die u.U. doch für eine derartige Verbindung vorgebracht werden können.

## 6.2.2 Der Öffentlichkeitsgrundsatz

### 6.2.2.1 Bewertung am Maßstab der Gesetzesintention

Die Ausgestaltung des Öffentlichkeitsgrundsatzes im verbundenen Verfahren kann zwar für sich beanspruchen, die einzige ausdrückliche Regelung dieser besonderen Verfahrenssituation im Jugendstrafrecht zu sein. Gleichwohl wird in § 48 Abs. 3 JGG in auffallender Weise dem Schutzinteresse der jungen Angeklagten gegenüber dem Interesse des Erwachsenen, der Öffentlichkeit Zugang zu gewähren, ein geringeres Gewicht zuerkannt.[674] Da der Persönlichkeitsschutz auch der Schaffung einer möglichst unbefangenen Verhandlungsatmosphäre dient, in welcher der junge Angeklagte ohne Scheu frei vor den Beteiligten sprechen können soll, ist in der vorhandenen Gewichtung gerade eine Missachtung der eigentlichen Gesetzesintention zu sehen.

Eine konsequente Beachtung der Ziele Legalbewährung und Ermöglichung einer jugendadäquaten Verfahrensgestaltung erfordert im Falle des Aufeinandertreffens von unvereinbaren Verfahrensgrundsätzen einen Vorrang des jugendspezifischen Grundsatzes, wenn wie im Falle der Öffentlichkeitszulassung eine rechtliche Zweigleisigkeit wegen Untrennbarkeit des Regelungsgegenstandes nicht möglich ist, also bereits aus verfahrensrechtlicher Sicht eine einheitliche Entscheidung getroffen werden muss. Dies wäre zumindest die Folge einer konsequenten Beachtung des § 2 JGG.

Des Weiteren entspricht es nicht der ursprünglichen normativen Gesetzesintention einer möglichst umfassenden, jugendadäquaten Verfahrensgestaltung, wenn die Gruppe der Heranwachsenden nicht vom Regelungsbereich des § 48 Abs. 1 JGG erfasst ist.[675] Nach der aktuellen Regelung muss bei ihnen gemäß § 109 Abs. 1 S. 4 JGG von Fall zu Fall entschieden werden, ob ihre Interessen nicht einer öffentlichen Verhandlung widersprechen. Der Gesetzgeber erkennt somit eine mögliche Schutzbedürftigkeit der Heranwachsenden an. Die Entscheidung über Zulassung oder Ausschluss der Öffentlichkeit trifft das Gericht jedoch nach Aktenlage unmittelbar nach Aufruf der Sache. Eine Persönlichkeitserforschung, wie sie gem. §§ 109 Abs. 2 S. 1, 43 JGG auch beim Heranwachsenden stattzufinden hat, kann zu diesem Zeitpunkt noch nicht erfolgt sein. Es können dem Richter daher lediglich die Ausführungen im (nur u.U. vorliegenden) Bericht der JGH sowie seine persönlichen Erfahrungen mit Heranwachsenden und deren Verhaltensweisen als Grundlage der Entscheidung dienen. Eine indi-

---

674 Vgl. 2. Jugendstrafrechtsreform-Kommission in DVJJ-J Extra 5, S. 50.

675 Hierzu ebenfalls 2. Jugendstrafrechtsreform-Kommission in DVJJ-J Extra 5, S. 50 f.

viduelle Entscheidung aufgrund des Schutzbedürfnisses gerade *dieses* Heranwachsenden ist somit nicht möglich.

Die unterbliebene Aufnahme der Heranwachsenden in den Regelungsbereich des § 48 Abs. 1 JGG steht folglich im Widerspruch zum normativen Gesetzessinn einer individuellen Behandlung des jungen Delinquenten zum Zwecke der Individualprävention.

Zudem ist auch im Hinblick auf die gemeinsame Verhandlung zu bemerken, dass durch die fehlende Einbeziehung der Heranwachsenden in den Regelungsbereich des § 48 Abs. 1 JGG bei Verbindung mit dem Verfahren gegen einen Erwachsenen die Gefahr einer unzutreffenden Entscheidung nach § 109 Abs. 1 S. 4 JGG zulasten des Heranwachsenden geht. Irrt das Gericht in seiner Einschätzung der Interessen des Heranwachsenden, so dass die Zulassung der Öffentlichkeit den jungen Angeklagten z.B. wider Erwarten hemmt, so ist sein Verfahrensrecht auf eine jugendspezifische Verfahrensgestaltung unwiederbringlich verletzt worden.

### 6.2.2.2 Veränderte Ausgestaltung des Öffentlichkeitsgrundsatzes

Mit den soeben festgestellten Defiziten der gesetzlichen Ausgestaltung des Öffentlichkeitsgrundsatzes im Jugendstrafverfahren korrespondieren auch die Forderungen der 2. Jugendstrafrechtsreform-Kommission, welche die grundsätzliche Nichtöffentlichkeit des Jugendstrafverfahrens bei Beteiligung von Jugendlichen und/oder Heranwachsenden fordert.[676] Sie befürwortet zu diesem Zwecke eine gänzliche Streichung des § 48 Abs. 3 JGG.[677]

Entfiele § 48 Abs. 3 JGG entsprechend dem Vorschlag der Kommission, würde dem Persönlichkeitsschutz des jungen Angeklagten dem normativen Gesetzeswillen entsprechend ein größeres Gewicht zukommen, wenn dieser mit dem Öffentlichkeitsprinzip und dem Interesse des Erwachsenen an einer öffentlichen Verhandlung kollidiert.

Demgegenüber könnte jedoch durch eine positive Formulierung eines modifizierten § 48 Abs. 3 JGG eine Klarstellung für das gemeinsame Verfahren erzielt werden. Der neue Absatz 3 könnte demnach folgendermaßen lauten:

676 2. Jugendstrafrechtsreform-Kommission in DVJJ-J Extra 5, S. 50 f.

677 2. Jugendstrafrechtsreform-Kommission in DVJJ-J Extra 5, S. 50 f.

*§ 48 Nichtöffentlichkeit*
*[(1)...(2)]*
*(3) Die Verhandlung nach Absatz 1 ist auch dann nichtöffentlich, wenn in dem Verfahren Erwachsene mitangeklagt sind.*[678]

Die Benachteiligung des Erwachsenen, der infolge dieser Wertung auf eine fundamentale Prozessmaxime verzichten muss, ist als mit der normativen Gesetzesintention vereinbar anzusehen. Bereits nach der derzeitigen Normfassung des § 48 Abs. 3 JGG ist der Ausschluss der Öffentlichkeit auch bei Beteiligung erwachsener Mitangeklagter möglich. Es ist mit der Gesetzesintention der Ermöglichung eines jugendadäquaten Verfahrens jedoch nicht vereinbar, wenn die Gewährung der in Absatz 1 vorgesehenen Nichtöffentlichkeit, auf welche dem Jugendlichen ein Anspruch zusteht, vom Zufall separater Verfahren abhängt, während bei einer Verbindung der Jugendliche auf dieses Recht (u.U.) verzichten muss.[679]

*Mohr* untermauert dieses Ergebnis, indem er einen Vergleich zur bisherigen Rechtsprechung des BGH zur Zulassung der Nebenklage im verbundenen Verfahren zieht. Dort argumentierte der BGH, dass nicht die Zufälligkeit der Verfahrensgestaltung ausschlaggebend sein könne, ob die Nebenklage zugelassen werde oder nicht, wehalb die Nebenklage auch im verbundenen Verfahren gegen den Jugendlichen bis zur Einführung des § 80 Abs. 3 JGG durch das 2. Justiz-Modernisierungsgesetz[680] nicht zulässig war.[681]

Entsprechend der Forderung der 2. Jugendstrafrechtsreform-Kommission, den Öffentlichkeitsausschluss auch für Heranwachsende gelten zu lassen, müsste dieser neu gefasste § 48 JGG zudem in die Verweisung des § 109 Abs. 1 S. 1 JGG aufgenommen werden, was wiederum eine Streichung des § 109 Abs. 1 S. 4 JGG zur Folge hätte, da für diesen kein Bedarf mehr bestünde.

Die generelle Nichtöffentlichkeit des Jugendstrafverfahrens bezieht sich aber auch im Rahmen der vorgenannten Reformansätze ausschließlich auf das Verfahren nach §§ 33 ff. JGG. Für das verbundene Verfahren im Falle des § 102 JGG, also bei erstinstanzlicher Zuständigkeit eines Oberlandesgerichts nach § 120 Abs. 1 und 2 GVG, bei Verfahren vor der Wirtschaftskammer und der politischen Strafkammer gemäß § 74a GVG, bleibt es bei der in § 104 Abs. 2

678 Mit ähnlichem Formulierungsvorschlag *Mohr*, Jugendliche, Heranwachsende und Erwachsene gemeinsam vor dem Strafgericht, S. 118.

679 So auch *Mohr*, Jugendliche, Heranwachsende und Erwachsene gemeinsam vor dem Strafgericht, S. 117 f.

680 2. JuMoG vom 22.12.2006, BGBl. I 2006, S. 3416.

681 *Mohr*, Jugendliche, Heranwachsende und Erwachsene gemeinsam vor dem Strafgericht, S. 118 mit Verweis auf BGHSt 41, 288 (291).

JGG[682] vorgesehen Einzelfallentscheidung. In dieser Verfahrenssituation ist der normative Gesetzeswille des Jugendstrafrechts allenfalls im Rahmen der richterlichen Ermessensentscheidung heranzuziehen, ob ein Ausschluss der Öffentlichkeit erfolgen soll. Denn im Falle der Zuständigkeit von Erwachsenengerichten ist das Verfahren außerhalb des Anwendungsbereichs des § 2 JGG zu verorten.[683] Der unter 6.1 analysierte normative Gesetzeswille ist für diese Verfahren nicht mehr (alleine) maßgeblich. Der Prozessmaxime der Öffentlichkeit ist hier grds. ein größeres Gewicht beizumessen als dem Persönlichkeitsschutz des jungen Angeklagten, wenn sich nicht aus der Ermessensentscheidung des Richters etwas anderes ergibt.[684]

Ein anderer Ansatzpunkt, den Ausschluss auch auf die Gruppe der Heranwachsenden auszuweiten, ist die generelle Aufnahme dieser Gruppe in den Geltungsbereich des Jugendstrafrechts. Diese Forderung findet seit längerem bereits zahlreiche Befürworter in der Rechtslehre.[685] Eine umfängliche Einbeziehung der Heranwachsenden in das Jugendstrafrecht würde der Erkenntnis Rechnung tragen, dass nicht nur junge Angeklagte zwischen dem 14. und 18. Lebensjahr aufgrund ihrer mangelnden Lebenserfahrung, ihrer Unerfahrenheit im Umgang mit staatlichen Instanzen und ihren eingeschränkten sprachlichen Ausdrucksmöglichkeiten eines besonderen Schutzes während eines Strafverfahrens bedürfen. Ähnliche Defizite weisen auch Heranwachsende regelmäßig auf. Gerade die Entwicklungsphase des jungen Volljährigen ist vom Erforschen des eigenen Rollenverständnisses geprägt und die Rollenfindung selbst erfolgt häufig sehr konfliktreich.[686]

Die Erforschung der Persönlichkeit der Heranwachsenden, auf deren Grundlage entsprechend § 105 Abs. 1 JGG die Entscheidung über die Anwendung von Jugendstrafrecht getroffen werden soll, unterliegt notgedrungen einer Fehleran-

---

682 Für ein Anwendung des § 104 Abs. 2 JGG auf § 48 JGG *Schoreit/Diemer,* in: KK-StPO, § 169 GVG, Rdnr. 4.

683 Nach *Ostendorf* erfasst der Anwendungsbereich des § 2 JGG zwar *alle* strafrechtlichen Verfolgungen von Jugendlichen und Heranwachsenden, jedoch sieht er in §§ 104, 109 und 112 JGG abweichende Konkretisierungen, *Ostendorf*, JGG, § 2 Rdnr. 8.

684 Im Ergebnis zustimmend *Mohr*, Jugendliche, Heranwachsende und Erwachsene gemeinsam vor dem Strafgericht, S. 120.

685 2. Jugendstrafrechtsreform-Kommission in DVJJ-J Extra 5, S. 7; *H.-J. Albrecht*, Verhandlungen des 64. Dt. Juristentages, D92 f.; *Böhm*, FS für Spendel, S. 787; *Ostendorf*, JGG, Grdl. z. §§ 105 und 106, Rdnr. 10; *Schaffstein*, Die strafrechtliche Verantwortlichkeit Heranwachsender, MschrKrim 1976, S. 99, 104; *Schüler-Springorum*, Denkschrift, MschrKrim 1964, S. 6 ff., 15; *Sonnen;* in: D/S/S, JGG, § 105 Rdnr. 10; *Walter*, Die Krise der Jugend und die Antwort des Strafrechts, ZStW 2001, S. 770; ablehnend hingegen *Hinz*, Jugendstrafrecht auf dem Prüfstand, ZRP 2001, S. 108.

686 *Kreuzer*, Junge Volljährige im Kriminalrecht, MschrKrim 1978, S. 9.

fälligkeit, da stets eine rückwirkende Analyse erfolgen muss, zurückdatiert auf den Zeitpunkt der Tatbegehung. Entwicklungsschübe in der Zeit zwischen Tat und Hauptverhandlung können dabei den Blick auf die Persönlichkeitsentwicklung zur Zeit der Tat beeinflussen und verfälschen.[687]

Zudem existieren zwar bereits seit 1954 die sog. Marburger Richtlinien als vereinbarte Reifekriterien für die Frage nach der Anwendung von Jugendstrafrecht[688], diese Kriterien werden jedoch nicht einheitlich ausgelegt[689], was zu einer sehr ungleichen Anwendungspraxis zwischen den Bundesländern führt.[690] Hinzu treten Anwendungsunterschiede je nach Deliktsart (siehe Anhang, Schaubilder 3, 4 und 5).[691]

Durch eine generelle Aufnahme der Heranwachsenden in den Geltungsbereich des Jugendstrafrechts könnten gleichheitsrechtliche und rechtsstaatliche Bedenken an der derzeitigen Praxis beseitigt werden.[692] Eine solche Änderung entspräche auch mehr dem normativen Gesetzeswillen als die derzeitige Praxis, denn die Folgen der Behandlung eines Heranwachsenden nach allgemeinem Strafrecht, obwohl seine Persönlichkeitsentwicklung zum Zeitpunkt der Tat noch der eines Jugendlichen entsprach, wiegt schwerer als die Behandlung eines Heranwachsenden nach Jugendstrafrecht, obwohl er keine Reifeverzögerung aufwies. Die Gewährung eines Jugendstrafverfahrens mit jugendspezifischen Besonderheiten stellt gegenüber einem nicht-reifeverzögerten Heranwachsenden keine so

---

687 Vgl. BGHSt 12, 116 (119); *Kreuzer*, Junge Volljährige im Kriminalrecht, MschrKrim 1978, S. 7.

688 Als Reifekriterien werden bspw. angesehen eine realistische Lebensplanung, eine ernsthafte Einstellung gegenüber Arbeit und Schule, eine realistische Alltagsbewältigung, Eigenständigkeit gegenüber den Eltern sowie eine konsistente, berechenbare Stimmungslage; vgl. *Ostendorf*, JGG, § 105 Rdnr. 7a sowie *Streng*, Jugendstrafrecht, Rdnr. 76.

689 Hiezu *Miehe*, Die neuere Entwicklung der Altersgruppenfrage, ZblJugR 1982, S. 85.

690 *Walter* geht von einem Nord-Süd-Gefälle und einem Stadt-Land-Gefälle aus; im Norden und in größeren Städten wird auf Heranwachsende häufiger Jugendstrafrecht angewendet; im Jahr 2004 wurden bspw. Schleswig-Holstein 87,9% der Heranwachsenden nach Jugendstrafrecht verurteilt, in Baden-Württemberg hingegen waren es lediglich 45,3%; *Walter*, Heranwachsende als kriminalrechtliche Problemgruppe, GA 2007, S. 510 (dort in Fn. 29).

691 Vgl. *Ostendorf*, JGG, Grdl. z.§§ 105–106, Rdnr. 6, wonach im Jahr 2006 93,4% der Heranwachsenden bei einer Anklage wegen sexueller Nötigung oder Vergewaltigung nach Jugendstrafrecht verurteilt wurden, wohingegen dies lediglich auf 28,5% der wegen fahrlässiger Körperverletzung im Straßenverkehr Verurteilten zutraf (Quelle dort: Statistisches Bundesamt, Arbeitsunterlagen Strafverfolgung Gebiet: alte Länder einschließlich Berlin-Ost); *Heinz* unterstreicht mit seiner deliktsspezifischen Analyse zudem die Annahme, dass die Anwendung von Jugendstrafrecht tendenziell mit der Schwere des Delikts zunimmt, *Heinz*, in: Das Jugendstrafrecht an der Wende zum 21. Jahrhundert, S. 79 ff.

692 So auch 2. Jugendstrafrechtsreform-Kommission in DVJJ-J Extra 5, S. 8.

schwerwiegende Benachteiligung dar, wie eine Behandlung nach allgemeinem Verfahrensrecht, wenn derartige Verzögerungen tatsächlich bestehen.[693]

Mit der grundsätzlichen Aufnahme der Heranwachsenden in das Jugendstrafrecht müsste allerdings eine Reform des JGG einhergehen, um insbesondere die Reaktionsmöglichkeiten auf die Verfehlungen Heranwachsender anzupassen. Derartige Reformvorschläge wurden bereits im Jahr 1977 durch die DVJJ in deren Denkschrift ausformuliert[694] und können z.T. im Rahmen der hier diskutierten Problematik herangezogen werden.

Vorgeschlagen werden in diesem Zusammenhang immer wieder – unbeschränkte – Geldauflagen[695] (welche im Hinblick auf § 15 Abs. 1 Nr. 4 JGG dem Sanktionssystem des Jugendstrafrechts nicht gänzlich fremd sind) sowie die Einführung eines dem Strafbefehlsverfahren der StPO nachgebildeten „Verfahren bei jugendrichterlichen Bescheid“[696], um vor allem auf die Massendelikte im Straßenverkehr angemessen und zügig reagieren zu können.[697]

### 6.2.3 Das Opportunitätsprinzip

#### 6.2.3.1 Bewertung am Maßstab der Gesetzesintention

Treffen in einer gemeinsamen Verhandlung Angeklagte unterschiedlicher Altersgruppen aufeinander, so hat folglich für keinen von ihnen eine Einstellung durch die Staatsanwaltschaft bzw. im informellen Wege stattgefunden.

Im Hinblick auf die bereits oben erläuterten, spezifisch jugendstrafrechtlichen Voraussetzungen einer Verfahrensverbindung nach § 103 Abs. 1 JGG und deren uneinheitliche Auslegung[698] erscheint die Situation denkbar, in welcher zum Zwecke der Wahrheitsfindung bzw. des Tatnachweises gegen den erwachsenen Angeklagten eine mögliche Einstellung zugunsten des jungen Delinquenten im informellen Wege unterlassen wurde. Dies kann dort der Fall sein, wo nur mithilfe der geständigen Einlassung des jungen Angeklagten der Tatnachweis gegenüber den Erwachsenen zu gelingen scheint.[699] Diese Möglichkeit mag zwar

693 Vgl. BGHSt 12, 116 (119).

694 DVJJ-Denkschrift, S. 15 ff.

695 *Bietz*, Erziehung statt Strafe?, ZRP 1981, S. 219; *Böhm/Feuerhelm*, Einführung in das Jugendstrafrecht, § 7 7. c).

696 DVJJ-Denkschrift, S. 60 ff.; *Bietz*, Erziehung statt Strafe?, ZRP 1981, S. 219.

697 Vgl. *Schöch*, in: Das Jugendstrafrecht an der Wende zum 21. Jahrhundert, S. 135.

698 Vgl. hierzu die Ausführungen unter 4.2.3 und 6.2.1.

699 Diesen Fall beschreibt bspw. *Potrykus*, RJGG 1943, § 77 Bem. 2 sowie *ders.*, JGG 1953, § 103 Bem. 2.

nicht den Regelfall darstellen, ist aber im Hinblick auf die ansonsten hohe staatsanwaltschaftliche Diversionsrate[700], von der sämtliche verbundenen Verfahren zwingenderweise nicht betroffen sein können, nicht ganz von der Hand zu weisen. Auch in den Kommentierungen zum JGG wird diese Problematik zuweilen angesprochen.[701]

Die Motivationslage zu einer derart begründeten Verbindung lässt sich durch Betrachtung ihrer Alternative erklären, einer von vornherein unterbleibenden Verbindung der Verfahren.

In diesem Falle ginge der junge Delinquent als „Beweismittel" verloren, da er solange nicht als Zeuge im Verfahren gegen den erwachsenen Angeklagten gehört werden könnte, solange er als (Mit-)Beschuldigter derselben Tat gilt. Dies folgt aus dem Grundsatz, dass sich Zeugenstellung und Beschuldigtenstellung gegenseitig ausschließen.[702] Nach dem hier vertretenen sog. formell-materiellen Beschuldigtenbegriff[703] werden alle Personen als (Mit-)Beschuldigte angesehen, gegen die wegen derselben Tat (im prozessualen Sinne) ermittelt wird.[704] Folglich wäre die Tatüberführung, den oben geschilderten Fall vorausgesetzt, gegenüber dem erwachsenen Angeklagten erschwert oder sogar überhaupt nicht möglich, solange gegen den jungen Beschuldigten bzw. Angeklagten wegen dieser Tat noch ermittelt wird oder ein sonstiges Verfahren läuft.

Zwar endet die „Ermittlung" gegen den jungen Beschuldigten bei einer staatsanwaltschaftlichen Einstellung nach § 45 JGG, so dass auch keine Beschuldigtenstellung mehr vorliegt. Würde der junge Delinquent in diesem Falle jedoch

---

700 Im Bundesdurchschnitt werden etwa 57% der Verfahren nach § 45 JGG eingestellt, siehe 5.2.2.

701 Vgl. *Dallinger/Lackner*, JGG 1953,§ 103 Anm. 8; zum Problem der Beeinflussung der Sanktionen gegen den Jugendlichen aufgrund der Verbindung *Potrykus*, RJGG 1943, § 77 Bem. 3; *ders.*, JGG 1953, § 103 Bem. 3; *Peters*, RJGG 1943, § 77 Anm. 2.

702 BGHSt 10, 8 (10); *Meyer-Goßner*, StPO, Vor § 48 Rdnr. 21.

703 *Beulke*, Strafprozessrecht, Rdnr. 185; *Eisenberg*, Beweisrecht der StPO, Rdnr. 931; *Schlüchter*, Das Strafverfahren, Rdnr. 478 f.

704 *Prittwitz*, Der Mitbeschuldigte, NStZ 1981, S. 464; *Beulke*, Strafprozessrecht, Rdnr. 185; *Schlüchter*, Kernwissen Strafprozessrecht, S. 53; zu den verschiedenen Beschuldigtenbegriffen insgesamt siehe die Darstellung und Zusammenfassung bei *Mohr*, Jugendliche, Heranwachsende und Erwachsene gemeinsam vor dem Strafgericht, S. 63 ff., m.w.N., wonach dem formell-materiellen Beschuldigtenbegriff der Vorrang vor dem rein formellen (maßgeblich ist dort allein die prozessuale Gemeinsamkeit) und dem rein materiellen Verständnis (entscheidend ist hier die Rolle als Tatverdächtiger der gleichen Tat, unabhängig von der speziellen Verfahrensgestaltung) zu geben ist; denn zum einen darf der mit der Beschuldigtenstellung einhergehende Schutz nicht vom verfahrensrechtlichen Zufall abhängen, ob die Verfahren gegen die Beschuldigten verbundent werden, der rein materielle Beschuldigtenbegriff wiederum widerspricht dem Gesetzeswortlaut der §§ 55, 60 Nr. 2 StPO, die ausdrücklich der Tatbeteiligung verdächtige Zeugen kennen, *Meyer-Goßner*, StPO, Vor § 48 Rdnr. 21.

als Zeuge gegen den ursprünglichen Mitbeschuldigten aussagen, so geriete er u.U. in die Gefahr, aufgrund der ihm obliegenden Aussage- und Wahrheitspflicht[705] seine Rolle in dem strafrechtlich betrachteten Tatgeschehen im größeren Umfang eingestehen zu müssen, als dies der Staatsanwaltschaft bislang bekannt war. Denn die zuvor getätigte, geständige Einlassung des Jugendlichen bzw. Heranwachsenden, die einen eigenen Beitrag einräumt, den Erwachsenen belastet und zu dessen Tatüberführung geeignet ist, kann durchaus zu eigenen Gunsten beschönigt erfolgt sein.[706]

Die wahrheitsgemäße Zeugenaussage könnte sodann negative Konsequenzen für den jungen Delinquenten entfalten. Denn ist bei einem einstellungsfähigen Verfahrensgegenstand zugunsten des Jugendlichen oder Heranwachsenden eine Diversion nach § 45 JGG erfolgt, so ist die Einstellung nicht bestandskräftig. In den Fällen der Absätze 1 und 2 kann das Verfahren wieder aufgenommen werden, wenn Tatsachen bekannt werden, die der ursprünglichen Annahme geringer Schuld oder geringfügiger Tatfolgen entgegenstehen.[707] Die Zeugenaussage im Verfahren gegen den erwachsenen Angeklagten muss als Situation angesehen werden, in welcher die Staatsanwaltschaft derlei neue Tatsachen erfahren kann.

Und auch im Falle einer Einstellung nach § 45 Abs. 3 JGG besteht wegen ihrer nur beschränkten Rechtskraft die Möglichkeit einer Wiederaufnahme des Verfahrens, wenn auch gemäß § 45 Abs. 3 S. 4 i.V.m. § 47 Abs. 3 JGG unter verschärften Bedingungen. Es müssen neue Tatsachen oder Beweismittel vorliegen, um das Verfahren wieder aufzunehmen, was nur der Fall ist, wenn diese Tatsachen oder Beweismittel der Staatsanwaltschaft bislang nicht bekannt waren.[708] Auch hier besteht die Gefahr, dass gerade durch eine wahrheitsgemäße Zeugenaussage derlei neue Tatsachen zulasten des jungen Delinquenten zutage gefördert werden.

Nimmt der junge Zeuge anstatt auszusagen hingegen das ihm zustehende Auskunftsverweigerungsrecht nach § 55 StPO wahr, wonach er keine selbstbelastenden Aussagen tätigen muss[709], wird seine Zeugenaussage in der Regel in den – aus Anklagesicht – entscheidenden Stellen nicht zur Tatüberführung geeignet sein. Zudem entfaltet § 55 StPO nicht die gleiche Schutzwirkung zugunsten des Zeugen, wie dies das Schweigerecht täte, wäre er (Mit-)Angeklagter, weswegen ein solcher „Rollentausch" ohnehin für den Fall Ablehnung findet,

---

705 *Meyer-Goßner*, StPO, Vor § 48 Rdnr. 5.

706 Vgl. z.B. den der Entscheidung des OLG Köln zugrunde liegenden Fall in: OLG Köln, Beschl. v. 11.04.2000 – 2 Ws 166/00, NStZ-RR 2000, S. 314.

707 *Diemer*, in: D/S/S, JGG, § 45 Rdnr. 29.

708 *Diemer*, in: D/S/S, JGG, § 45 Rdnr. 29 sowie § 47 Rdnr. 21.

709 *Pfeiffer*, StPO, § 55 Rdnr. 1; ausdrücklich für den Fall einer vorherigen Einstellung nach § 45 JGG *Schmitt/Meyer-Goßner*, StPO, § 55 Rdnr. 9 sowie BGHSt 10, 104.

dass sich die Vernehmung auf eine Tat beziehen soll, die dem Zeugen selbst (wenn auch nur teilweise) zur Last gelegt wird.[710]

Es liegt somit durchaus im Interesse der Staatsanwaltschaft, die Verfahren zu verbinden, stellt sich die Beweissituation wie im geschilderten Falle dar. Bei dieser Konstellation ist eine tendenziell größere Bereitschaft, eine Einstellung gegen den jungen Beschuldigten nicht durchzuführen, um ihn als „Beweismittel" nicht zu verlieren, durchaus denkbar.

Zwar wird in der Praxis häufig insbesondere dort eine gemeinsame Verhandlung in Betracht kommen, wo bereits der Tatvorwurf so schwerwiegend ist, dass die Voraussetzungen einer Einstellung nach § 45 JGG zugunsten des Jugendlichen bzw. Heranwachssenden nicht vorliegen (etwa im Hinblick auf den erwarteten erheblichen Umfang einer Beweisaufnahme, der vor allem bei Verfahren wegen schwerwiegender Tatvorwürfe entstehen wird, und der Vermeidung einer damit einhergehenden doppelten Belastung der Angeklagten, wenn die Beweisaufnahme in anderen Verfahren wiederholt werden müsste).

Da jedoch statistische Erhebungen zum verbundenen Verfahren gänzlich fehlen und die Konstellation, dass der Tatvorwurf gegen den jungen Angeklagten erheblich geringer ist als gegen den Erwachsenen, durchaus denkbar und möglich ist, muss die soeben dargestellte Problematik Beachtung finden.

Beeinflusst der Umstand der Verfahrensverbindung nämlich die Einstellungsbereitschaft der Staatsanwaltschaft, so wird hiermit der normativen Gesetzesintention zuwider gehandelt. Das Jugendstrafrecht verfolgt gerade eine jugendadäquate Verfahrensweise, was wiederum in zahlreichen Fällen eine informelle Erledigung des Verfahrens verlangt.[711] Erfolgt keine Einstellung, wird der Jugendliche bzw. Heranwachsende einem Strafverfahren ausgesetzt und in die Rolle des Angeklagten gezwungen, was zu einer erheblichen Belastung bei diesem führt.

Die umgekehrte Situation, eine Beeinflussung der Einstellungsbereitschaft gegenüber dem Erwachsenen (bspw. gegen eine Geldauflage) als unmittelbare Folge der Verfahrensverbindung, gilt es selbstverständlich ebenfalls zu vermeiden, um eine Benachteiligung des Erwachsenen nicht entstehen zu lassen. Ein solcher Fall wird jedoch im Hinblick auf die in der Regel ohnehin höhere Einstellungsbereitschaft gegenüber jungen Delinquenten eher selten auftreten.

Denkbar ist jedoch die Situation, dass die bisherigen Eintragungen in das Erziehungsregister des Jugendlichen/Heranwachsenden im Hinblick auf frühere Einstellungen zu seinen Gunsten die richterliche Bereitschaft zu einer weiteren Einstellung schmälern. Im Vergleich zum Erwachsenen stellt die Möglichkeit

---

710 *Meyer-Goßner*, StPO, Vor § 48 Rdnr. 22; *Pfeiffer*, StPO, Vor §§ 48–71 Rdnr. 3.

711 *Ostendorf*, JGG, Grdl. z. §§ 45 und 47 Rdnr. 4.

des Richters, Anzahl und Daten der vorherigen Verfahrenseinstellungen im Rahmen seiner Prozessvorbereitung einzusehen, eine Benachteiligung des jungen Angeklagten dar, da diese Daten bzgl. des Erwachsenen dem Gericht nicht ohne weiteres zugänglich sind. Selbst wenn sich der Richter selbst hierzu anhält, eine völlige Unvoreingenommenheit wird er dem jungen Angeklagten gegenüber nicht mehr entgegenbringen können, wenn er dessen „strafrechtlichen Werdegang" im Rahmen seiner Vorbereitungen einsehen konnte. Selbst wenn er im Verlaufe der Verhandlung ohnehin mit den Beteilgten diesen Umstand erörtern wird, so kann seine Diversionsbereitschaft zu diesem Zeitpunkt nicht mehr als unbeeinflusst bezeichnet werden.

Im Gegensatz dazu ist die Situation durchaus denkbar, dass der Richter – hat er noch keine Auskunft über Anzahl und Art der bisherigen Verfahrenseinstellungen erhalten – den u.U. positiven Eindruck, den er vom jungen Angeklagten gewonnen hat, durch die spätere Kenntniserlangung gleichwohl beibehält und eine Diversion für geeignet erachtet.

Durch Wegfall der Kenntniserlangung bereits im Vorfeld der Hauptverhandlung ist der Richter im weit größeren Maße auf seinen persönlichen Eindruck vom jungen Angeklagten angewiesen, was wiederum dem normativen Gesetzessinn entspricht, das Verfahren und die strafrechtlichen Reaktionen an dem Ergebnis der richterlichen Persönlichkeitserforschung auszurichten.

Denkt man die oben bezeichnete Konstellation jedoch noch weiter, ist es zudem ebenso möglich, dass die Ablehnung einer weiteren Einstellung zugunsten des jungen Angeklagten aufgrund seiner bisherigen Einstellungen auch die richterliche Bereitschaft zur Verfahrenseinstellung zugunsten des Erwachsenen im Sinne einer einheitlichen Sanktionsfindung beeinflusst und dieser somit eine Benachteiligung erfährt.

Beide Konstellationen, einerseits die Benachteiligung des jungen Angeklagten, andererseits die mögliche Schlechterstellung des Erwachsenen, werden nicht vom normativen Gesetzeswillen getragen. Der Vorrang der jugendspezifischen Grundsätze und Vorschriften dient alleine der Gewährung eines jugendadäquaten Strafverfahrens zum Zwecke der Individualprävention. Bei gemeinsamen Verfahren kann aus dieser Intention heraus jedoch kein unfreiwilliger Verzicht eines der Angeklagten auf die Vorteile des Opportunitätsgrundsatzes gefolgert werden, wenn dieser Verzicht nicht gerade der Ermöglichung des jugendspezifischen Verfahrens dient. Ist der Verzicht lediglich unbeabsichtigtes Nebenprodukt der speziellen Verfahrensgestaltung, müssen Maßnahmen zu seiner Vermeidung ergriffen werden.

### 6.2.3.2 Ergänzungen im Rahmen des Opportunitätsgrundsatzes

Eine Beeinflussung der Einstellungsbereitschaft gegenüber einem der Angeklagten infolge der Verfahrensverbindung lässt sich nach dem soeben Erläuterten also insbesondere dann nicht ausschließen, wenn entweder erst die Einlassung des einen Angeklagten den Tatnachweis gegen den anderen Angeklagten ermöglicht oder die Eintragung zahlreicher vorheriger Verfahrenseinstellungen in das Erziehungsregister des jungen Angeklagten für die Einstellungsentscheidung maßgeblich wird.

Im Hinblick auf die erste Problematik ließe sich bereits mit der unter 6.2.1.2 vorgeschlagenen Modifikation des § 103 Abs. 1 JGG bzw. der Richtlinie zu dieser Norm eine stärkere Fokussierung auf die Gewährung eines jugendadäquaten Verfahrens erreichen. In Folge dessen müsste bei konsequenter Umsetzung der Norm sowie der Richtlinie eine Verbindung im oben bezeichneten Falle ohnehin unterbleiben, in welchem der junge Beschuldigte geständig ist, der Tatvorwurf gegen ihn eine Einstellung zulässt, seine geständige Einlassung jedoch erforderlich für den Tatnachweis gegenüber dem Erwachsenen ist. Kann in diesem Falle eine (staatsanwaltschaftliche oder gerichtliche) Diversion als zur Individualprävention ausreichend erachtet werden, muss der Aspekt der Strafverfolgung und Ahndung gegenüber dem Erwachsenen im Hinblick auf den Vorrang der jugendstrafrechtlichen Grundsätze hintanstehen. Denn die Belastungen, die sich für den Jugendlichen bzw. Heranwachsenden aus der Rolle des Angeklagten eines Strafverfahrens ergäben, welches zum Zwecke der Individualprävention gegen ihn überhaupt nicht geführt werden müsste, lassen sich nicht mit dem Strafverfolgungsinteresse gegenüber dem Erwachsenen rechtfertigen. Wahrheitsfindung und Strafverfolgungsinteresse stellen nur einige der Werte und Ziele des Strafverfahrens dar.[712] Treten sie in Konflikt mit den Werten und Grundsätzen des Jugendstrafverfahrens, kommt der in § 2 JGG kodifizierte Vorrang der jugendstrafrechtlichen Besonderheiten zu tragen.

Um in diesem Falle den Jugendlichen/Heranwachsenden vor der Situation zu schützen, im anschließenden Verfahren gegen den Erwachsenen nunmehr als Zeuge der ihn treffenden Wahrheitspflicht entsprechend aussagen zu müssen[713] und damit die Gefahr einzugehen, dass die Einstellung aufgehoben und das Verfahren gegen ihn fortgeführt wird, wäre es denkbar, hier die Einstellung quasi in

---

712 Vgl. *Kramer*, Grundbegriffe des Strafverfahrensrechts, A. IV. Rdnr. 13a sowie *Beulke*, Strafprozessrecht, Rdnr. 5.

713 Vgl. oben 6.2.3.1; das Aussageverweigerungsrecht des § 55 StPO entfaltet keinen so umfangreichen Schutz wie das Schweigerecht des Angeklagten; auf Grundlage der nicht von § 55 StPO erfassten Zeugenaussage können neue Ermittlungen gegen den jungen Zeugen eingeleitet und die Einstellung aufgehoben werden.

materieller Rechtkraft erwachsen zu lassen.[714] Dies könnte etwa durch eine der Verständigung nach § 257c StPO ähnelnden Absprache zwischen Staatsanwaltschaft und Beschuldigten gelingen, in welcher die Staatsanwaltschaft ihre Zusage erteilt, die Einstellung nicht aufgrund neuer Erkenntnisse infolge der Zeugenaussage aufzuheben und neue Ermittlungen anzustrengen.

Im Zuge dieses Ansatzes ergeben sich zahlreiche Folgeprobleme, wie dies im Zusammenhang mit (außer)gerichtlichen Vereinbarungen und Zusagen regelmäßig der Fall ist.

Bei allen Meinungsverschiedenheiten zu dieser Problematik[715] kann es als grundsätzlich anerkannt angesehen werden, dass eine Zusage durch die Staatsanwaltschaft über den weiteren Verfahrensgang dann als zulässig gilt, wenn diese hierdurch nicht ihre Kompetenz überschreitet und in der jeweiligen Verfahrenssituation bereits endgültig über die zugesagte Vergünstigung entscheiden kann.[716]

Häufig stellt sich die Frage nach der Zulässigkeit einer Absprache, wenn im Rahmen der staatsanwaltschaftlichen Vernehmung eine Vergünstigung in Aussicht gestellt wird, sollte der Beschuldigte ein umfängliches Geständnis ablegen. Problematisch ist eine Absprache insbesondere dann, wenn eine Einstellung nach § 154 StPO für alle gestandenen Taten versprochen wird, noch ehe die Staatsanwaltschaft Kenntnis von deren Umfang und Qualität besitzt, sich hierdurch jedoch die Überführung von Bandenmitgliedern verspricht. Hier kann es je nach Fallgestaltung zweifelhaft erscheinen, ob die Vernehmungsmethoden im konkreten Fall noch zulässig sind oder gegen § 136a StPO verstoßen, da dem Beschuldigten „*das Versprechen eines gesetzlich nicht vorgesehen Vorteils*" gegeben wird.[717] Denn grds. ist die Zusage einer Einstellung nach § 154 StPO bzgl. solcher Taten unzulässig, die der Staatsanwaltschaft noch nicht bekannt sind, da sich in diesem Falle keine Aussage über den Schuldumfang des Beschuldigten treffen lässt. Die Überschaubarkeit des Schuldumfangs ist jedoch eine entscheidende Voraussetzung des § 154 StPO.[718]

Im hier zu betrachtenden Fall stellen sich die Umstände jedoch anders dar: Der junge Beschuldigte hat sich bereits geständig eingelassen und es wurde be-

---

714 Vgl. zur materiellen Rechtskraft *Roxin/Schünemann*, Strafverfahrensrecht, § 52 B; „*quasi*", da Einstellungsverfügungen der Staatsanwaltschaft grds. rechtskraftunfähig sind, LG Gießen StV 1984, S. 327.

715 Siehe hierzu die umfangfreiche Darstellung bei *Kühne*, Strafprozessrecht, Rdnr. 747 ff. m.w.N.

716 Vgl. *Beulke*, Strafprozessrecht, Rdnr. 140.

717 Siehe hierzu *Volk*, Kronzeugen praeter legem?, NJW 1996, S. 879 ff.

718 *Beulke*, in: LR-StPO, § 154 Rdnr. 27 und 63; *Volk*, Kronzeugen praeter legem?, NJW 1996, S. 880.

reits festgestellt, dass zu seinen Gunsten eine Einstellung in Frage kommt. Bei Betrachtung ausschließlich *seiner* Persönlichkeit ist ein förmliches Verfahren erzieherisch nicht geboten. Seine der Staatsanwaltschaft bereits bekannte Einlassung soll nunmehr jedoch zum Tat- und Schuldnachweis gegenüber dem Erwachsenen genutzt werden, welcher anders nicht möglich erscheint. Zu diesem Zeitpunkt sind die Ermittlungen folglich schon fortgeschritten, so dass die Einlassung des jungen Beschuldigten zu einem gewissen Grad mit den Ermittlungsergebnissen abgeglichen werden kann.

Wird dem jungen Beschuldigten nun eine Zusage erteilt, dass es zu keiner verbundenen Verhandlung kommen und die Einstellung gegen ihn nicht aufgrund neuer Ermittlungen aufgehoben wird, wenn er in der Verhandlung gegen den Erwachsenen seine Einlassung wiederholt und dort aussagt, so ist die Aufnahme einiger weiterer Zusätze in die Absprache erforderlich.

Zum einen muss sichergestellt werden, dass für den Fall, dass sich auf Grundlage der Aussage des jungen Beschuldigten neue Ermittlungsansätze gegen diesen ergeben und sich sein Schuld- und Tatbeitrag als wesentlich umfangreicher darstellt, als dies in der geständigen Einlassung der Fall war, eine Rücknahme der Einstellung nicht ausgeschlossen ist. Denn dies widerspräche zum einen dem Legalitätsprinzip[719], zum anderen dem Grundsatz der jugendgerechten Verfahrensgestaltung zum Zwecke der Individualprävention, da in diesem Falle eine weiter reichende erzieherische Einflussnahme auf den jungen Beschuldigten erforderlich sein wird, als bei den bisher angenommenen Straftaten.

Eine derartige „Ausstiegsmöglichkeit“ aus Sicht der Staatsanwaltschaft wäre in der Bedingung zu sehen, dass die Einstellung nur dann endgültig ist, wenn sich auch aufgrund etwaiger neuer Ermittlungen nicht ergibt, dass sich der junge Angeklagte entgegen seiner Einlassung nicht eines oder mehrerer Vergehen schuldig gemacht hat, sondern viel mehr eines oder mehrerer Verbrechen.

Diese Regelung korrespondiert mit der Möglichkeit einer Wiederaufnahme nach § 153a StPO. § 153a Abs. 1 S. 5 StPO, auf welchen auch § 153a Abs. 2 S. 2 StPO für die gerichtliche Einstellung verweist, sieht für den Fall der Erfüllung der Auflagen oder Weisungen lediglich einen Strafklageverbrauch für die prozessuale Tat als „*Vergehen*“ vor. Als Verbrechen kann sie von der Staatsanwaltschaft jederzeit – auch ohne Vorliegen neuer Tatsachen – erneut verfolgt werden. Dies gilt auch für die Verfolgung vor Gericht, erforderlich ist lediglich eine erneute Klageerhebung.[720]

Die Regelung entspräche auch den in §§ 45, 47 JGG vorgesehenen Möglichkeiten der Weiterverfolgung des Verfahrens. Denn die Einstellung nach § 45

719 Vgl. *Kühne*, Strafprozessrecht, Rdnr. 309 f.

720 *Beulke*, in: LR-StPO, § 153a Rdnr. 91, 99 f.

Abs. 1 und 2 JGG führt nicht zum Strafklageverbrauch. Der Verfügung kommt keine beschränkte Rechtskraftwirkung zu. Die Verfolgung der Tat kann somit jederzeit wieder aufgenommen werden.[721] Im Fall des § 45 Abs. 3 JGG tritt zwar entsprechend der Verweisung auf § 47 Abs. 3 JGG eine beschränkte Rechtskraftwirkung ein, wenn der Beschuldigte den Auflagen oder Weisungen nachkommt. Jedoch kommt bei Vorliegen erheblicher neuer Tatsachen oder Beweismittel eine Anklageerhebung wegen der gleichen Sache durchaus in Betracht.[722] Hier wird zwar gefordert, es müsse sich um solche Tatsachen oder Beweismittel handeln, die zum Zeitpunkt der Einstellung und dem damaligen „Aufklärungspotenzial“[723] noch nicht zur Verfügung gestanden haben.[724] Im zugrunde liegenden Fall wird dies jedoch anzunehmen sein, da es bei Kenntnis oder Verdacht des oder der Verbrechen regelmäßig nicht zu einer Einstellung nach § 45 Abs. 3 JGG gekommen wäre.

Auch die Einstellung nach § 47 JGG ist nach Abs. 3 der beschränkten Rechtskraft fähig, deren Umfang der des § 211 StPO entspricht.[725] Auch hier sind erhebliche neue Tatsachen oder Beweismittel erforderlich, aufgrund derer die Beurteilung der Tat im gänzlich anderen Lichte erscheint. Unter diesen Voraussetzungen kann wegen derselben Tat erneut Anklage erhoben werden.[726]

Die Bedingung der Sperrwirkung der Absprache, von einer erneuten Verfolgung und Anklageerhebung nur abzusehen, wenn es sich bei den eingestandenen Taten (auch weiterhin) um Vergehen handelt, entspricht somit den Beschränkungen der Sperrwirkung der Einstellungsvorschriften. Zumindest erfordert keine Vorschrift eine noch strengere Voraussetzung, um ein erneutes Verfahren einzuleiten oder das alte Verfahren wiederaufzugreifen. Die Übernahme dieses im Vergleich zu den unbegrenzten Möglichkeiten der Wiederaufnahme in § 45 Abs. 1 und Abs. 2 JGG erhöhten Erfordernisses für eine Weiterführung des Verfahrens gegen den jungen Beschuldigten kann als Zugeständnis akzeptiert werden, durch welches die Strafverfolgung gegenüber dem Erwachsenen ermöglicht und Rechtssicherheit aus Sicht des jungen Beschuldigten erzeugt wird.

Aber selbst für den Fall, dass die ursprünglich eingestandene Tat bereits ein Verbrechen darstellt und die Staatsanwaltschaft gleichwohl eine Einstellung für noch angezeigt erachtet, kann eine dem obigen Muster folgende Beschränkung der Sperrwirkung in die Absprache aufgenommen werden. Hier wäre an die Verwirklichung eines besonders schweren Falls durch den jungen Beschuldigten

721 *Ostendorf*, JGG, § 45 Rdnr. 20.
722 *Eisenberg*, JGG, § 45 Rdnr. 33.
723 BGH StraFo 2004, S. 16 ff.
724 *Eisenberg*, JGG, § 45 Rdnr. 33.
725 *Diemer*, in: D/S/S, JGG, § 47 Rdnr. 21.
726 *Ostendorf*, JGG, § 47 Rdnr. 14.

zu denken, der die Verbrechensqualität im Vergleich zur eingestandenen Tat erheblich steigert.

Als weiterer Aspekt muss berücksichtigt werden, dass die vorgeschlagene Bedingung der Bindung der Staatsanwaltschaft an ihre Zusage den jungen Beschuldigten auch nicht in seinem Vertrauen verletzt oder ihn benachteiligt. Denn anders als beim sonst üblichen Deal nach § 257c StPO oder der bei *Volk*[727] beschriebenen Situation hat der junge Beschuldigte hier im Ermittlungsverfahren die (oder u.U. *eine*) Tat gestanden und musste nicht erst hierzu animiert werden. Beharrt er dann auch nach Erläuterung der Umstände und Bedingungen der Absprache noch immer auf seiner ursprünglichen Einlassung und hofft darauf, dass sein tatsächlicher Tatbeitrag auch weiterhin nicht als solcher erkannt wird (was ohne Zweifel sein Recht entsprechend dem nemo-tenetur-Grundsatz ist), lässt sich dieser Beitrag aber auf Grundlage seiner Zeugenaussage ermitteln und nachweisen, so zeigt gerade dieses Verhalten, dass eine erzieherische Einflussnahme im Rahmen eines weiteren Verfahrens und ggf. einer Verhandlung erforderlich ist.

Dies muss auch für den Fall der eher „üblichen" jugendstrafrechtlichen Verbrechen wie Raub, räuberischer Diebstahl und räuberische Erpressung[728] gelten. Bei diesen Verbrechen kann zwar – anders als wohl bei den meisten anderen Verbrechen – abhängig von den Umständen des Einzellfalls noch eine Einstellung in Betracht kommen. Dies muss der Einschätzung der Staatsanwaltschaft überlassen bleiben. Allerdings wird man im oben erläuterten Szenario auch für diese Verbrechen die Möglichkeit einer Anklageerhebung eröffnen müssen, wenn der geschilderte Tatbeitrag vom nunmehr ermittelten erheblich abweicht und sich der Schuldumfang des jungen Beschuldigten als deutlich schwerwiegender herausstellt als angenommen.

Die Vereinbarung würde auch keinen nach § 302 Abs. 1 S. 2 StPO unzulässigen Rechtsmittelverzicht[729] der Staatsanwaltschaft bedeuten, da die Aufnahme neuer Ermittlungen kein Rechtsmittel darstellt.

Bei abredewidrig eingeleiteten Ermittlungen, ohne dass also die Voraussetzungen der „Ausstiegsmöglichkeit" eröffnet sind, ist an ein Verwertungsverbot der Ermittlungsergebnisse oder ein Verfahrenshindernis[730] im anschließenden

---

727 Siehe Fn. 715.

728 Vgl. die Angaben des Statistischen Bundesamts, Ausgewählte Zahlen für die Rechtspflege, Fachserie 10, Reihe 1–2010, 3. Strafverfolgung, 3.2 Abgeurteilte und Verurteilte 2009 nach Art der Straftat und Altersgruppe.

729 *Meyer-Goßner*, StPO, § 257c Rdnr. 15b.

730 Im Sinne der Definition eines Prozesshindernisses, welches einen Umstand darstellt, der es ausschließt, dass von einem bestimmten Zeitpunkt an über einen bestimmten Prozessgegenstand mit dem Ziel einer Sachentscheidung verhandelt werden darf; dieser Umstand wiegt so

gerichtlichen Verfahren zu denken. Auf diese Weise kann der junge Zeuge in seinem Vertrauen geschützt werden.

Die abredewidrige Ermittlungseinleitung würde sodann einen Verfahrensfehler darstellen, welcher die Prüfungsmöglichkeit der Revision eröffnet.

Maßgeblich für die vorgeschlagene Absprache wäre nach alledem die prozessuale Tat im Sinne der §§ 155 und 264 StPO. Der Beschuldigte muss sich zu seinem Beitrag an dieser Tat eingelassen haben. Ergibt sich auf Grundlage seiner Aussage im Prozess gegen den Erwachsenen, dass sein Beitrag an dieser Tat ein erheblich anderer war (insbesondere die Tat ein Verbrechen) oder dass er eine andere Tat begangen hat, so sind weitere Ermittlungen und ggf. eine (erneute) Anklageerhebung gerechtfertigt.

Erforderlich ist dann aber, dass der junge Beschuldigte auf eine für ihn verständliche Weise darüber belehrt wurde, *was* eine prozessuale Tat ist und *was* ein Vergehen. Dies muss im Einzelfall dergestalt erfolgen, dass je nach Sachverhaltsgestaltung in Betracht kommende Verbrechen erläutert werden und versucht werden muss, dem jungen Beschuldigten zu verdeutlichen, welche Konsequenzen es haben kann, wenn er ein falsches oder beschönigtes Geständnis ablegt.

Um die rechtliche Lage des jungen Beschuldigten gegenüber den Strafverfolgungsbehörden abzusichern, ist zudem eine Protokollierung der Absprache sowie der Belehrung zu fordern.

An der Absprache sind neben dem Beschuldigten und der Staatsanwaltschaft auch die Jugendgerichtshilfe und – nach Maßgabe des § 45 Abs. 3 JGG – der Jugendrichter zu beteiligen. Für den Fall, dass zum Zeitpunkt der Absprache bereits ein Verteidiger für den jungen Beschuldigten bestellt ist, ist dieser selbstverständlich ebenfalls zu beteiligen. Er wird dem jungen Beschuldigten die rechtliche Einordnung und Bewertung des eingestandenen Tatbeitrags bzw. -umfangs am ehesten begreiflich machen können, da er – anders als Staatsanwalt und Richter – aus Sicht des jungen Menschen in dessen „Lager" steht. Die Einschätzung der JGH wiederum ist erforderlich, um angemessen auf das Fehlverhalten des jungen Delinquenten reagieren zu können. Wenn nach Beurteilung der JGH ein gerichtliches Verfahren erforderlich ist, um dem Beschuldigten die Konsequenzen seiner Handlung vor Augen zu führen, kann ggf. von einer Absprache Abstand genommen werden.

Nicht zu beteiligen sind der erwachsene Beschuldigte sowie dessen Verteidiger. Da es sich grundsätzlich um zwei separate Verfahren handelt, die erst durch spezielle Anordnung und unter den Voraussetzungen des § 103 JGG verbunden

---

schwer, dass mit ihm das gesamte Strafverfahren steht und fällt; so *Beulke/Satzger*, Der fehlgeschlagene Deal und seine prozessualen Folgen, JuS 1997, S. 1074 sowie BGHSt 32, 345 (350).

werden können, resultiert aus der Nichtbeteiligung auch keine Beeinträchtigung des erwachsenen Beschuldigten in seiner Verteidigungsmöglichkeit. Er hat keinen rechtlichen Anspruch darauf, dass ein junger Mittäter oder Beteiligter als Zeuge nicht gegen ihn aussagt, wenn sich dieser – anders als er selbst – geständig eingelassen hat. Zudem wurden die Verfahren zu diesem Zeitpunkt seitens des Gerichts noch nicht verbunden, so dass der erwachsene Angeklagte folglich erst gar nicht vor dem Jugendgericht angeklagt wird, sondern vor dem für ihn originär zuständigen Gericht. Dies stellt sogar einen Vorteil für den Erwachsenen dar, denn die Gefahr, dass sich dieser wie vor einem für ihn unzuständigen Gericht empfindet, wird auf diese Weise von vornherein vermieden. Revisionsrechtliche Bedenken stehen diesem Ansatz im Hinblick darauf, dass sich die Staatsanwaltschaft eines zulässigen Beweismittels bedient und dem jungen Beschuldigten gerade keine unzulässigen Vorteile versprochen werden, nicht entgegen.

Bei sehr jungen Beschuldigten im Alter von 14 bis etwa 16 Jahren wird sich die Möglichkeit einer Absprache dann nicht eröffnen, wenn davon auszugehen ist, dass diese die rechtlichen Konsequenzen trotz entsprechender Belehrung nicht überblicken können. Diese jungen Beschuldigten eine Aussage tätigen zu lassen, um anschließend festzustellen, dass die Voraussetzungen der „Austiegsklausel“ erfüllt sind und Ermittlungen wieder aufgenommen werden können, obwohl ein tatsächliches Begreifen der enstsprechenden Vereinbarung seitens des Beschuldigten nicht vorlag, würde einen Verstoß gegen den nemo-tenetur-Grundsatz darstellen. Zur Einschätzung der Frage, ob ein tatsächliches Begreifen des Beschuldigten vorliegt, ist auf die Ausführungen der JGH zurückzugreifen. Geeignet für entsprechende Absprachen erscheinen daher insbesondere Verfahren, in denen ein Heranwachsender oder als überdurchschnittlich reif zu bewertender 17-Jähriger als Zeuge gegen den Erwachsenen in Betracht kommt.

Wie bereits angedeutet, wird eine derartige Vorgehensweise auschließlich dort in Betracht kommen, wo im Hinblick auf die erzieherischen Einwirkung auf den jungen Beschuldigten ein förmliches Gerichtsverfahren nicht für erforderlich gehalten wird, sondern ein solches gerade nur wegen des Hinzutretens des Erwachsenen in Erwägung gezogen wird. Darüber hinaus kann eine derartige Absprache zwischen den staatlichen Instanzen und dem jungen Beschuldigten die Legalbewährung ausdrücklich fördern, wenn der junge Delinquent den Eindruck gewinnt, tatsächlich an der Absprache beteiligt zu sein und sich ernst genommen fühlt. Er kann auf diese Weise ein Entgegenkommen von Behördenseite für sein geständiges Verhalten erfahren. Aus seiner Sicht stellt dies bereits eine Art Würdigung seines Verhaltens dar, denn so erfährt er infolge des Eingestehens seines Fehlverhaltens einer Besserstellung im Vergleich zu einem Verhalten in Form reiner Blockade und Leugnung.

Hinsichtlich der zweiten Problematik muss zunächst die Frage nach Sinn und Zweck der Eintragung vorheriger Verfahrenseinstellungen in das Erziehungsregister des jungen Angeklagten gestellt werden.

Maßgeblich für das Verständnis der Existenz des Erziehungsregisters ist der Charakter des Jugendstrafrechts als Täterstrafrecht. Durch die genaue Registrierung der bisherigen Verfahren gegen den Jugendlichen bzw. Heranwachsenden, der Art des Tatvorwurfs und der Verfahrensbeendigungen soll in einem späteren Verfahren eine zutreffende Beurteilung der Persönlichkeit des jungen Angeklagten ermöglicht werden.[731]

Auskunft aus dem Erziehungsregister erhalten daher gemäß § 61 Abs. 1 Nr. 1 bis 5 BZRG sowohl Staatsanwaltschaft wie auch das Gericht, daneben jedoch zusätzlich Justizvollzugsbehörden, Familiengerichte im Rahmen von Verfahren bzgl. der Sorge für den Jugendlichen, Jugendämter für die Wahrnehmung ihrer Erziehungsaufgaben, Gnadenbehörden sowie Behörden, welche für waffen- und sprengstoffrechtliche Erlaubnisse zuständig sind.[732] Für alle diese Behörden und Gerichte ist es zur Erfüllung ihrer Aufgabe erforderlich, sich ein Bild von der Entwicklung des jungen Menschen machen zu können, um so herauszufinden, welche (ggf. erzieherische) Behandlung der junge Mensch durch sie erfahren soll.

Im Hinblick auf die Strafverfolgung und gerichtliche Behandlung soll durch das Register ermöglicht werden, dass unabhängig vom jeweiligen Wohnort des jungen Angeklagten und der örtlichen Zuständigkeit von Staatsanwaltschaft und Gericht die erforderlichen Informationen zur Persönlichkeitsbeurteilung zur Verfügung stehen. Daher erfolgt gemäß § 60 Abs. 1 Nr. 7 BZRG die Eintragung der Verfahrenseinstellungen nach § 45 oder § 47 JGG sowie gemäß § 60 Abs. 2 BZRG der vom Richter angeordneten Maßnahmen nach § 45 Abs. 3 oder § 47 Abs. 1 S. 1 Nr. 3 JGG.

Im Zusammenhang mit der Eintragung der Verfahrenseinstellungen nach §§ 45, 47 JGG in das EZR ergeben sich Bedenken hinsichtlich eines Verstoßes gegen die Unschuldsvermutung, welche sich als Ausfluss des Rechtsstaatsprinzips aus Art. 20 Abs. 3 GG und Art. 6 Abs. 2 MRK ergibt.[733] Zweck der Unschuldsvermutung ist es, den Beschuldigten vor Nachteilen, die Schuldausspruch oder Strafe gleichkommen, denen aber kein rechtsstaatliches prozessordnungsgemäßes Verfahren zur Schuldfeststellung und Strafbemessung vorausgegangen

731 *Schaffstein/Beulke*, Jugendstrafrecht, § 45 I.

732 Vgl. auch *Bareis*, Nebenstrafen und Nebenfolgen, ZJJ 2006, S. 276.

733 Vgl. *Burscheidt*, Das Verbot der Schlechterstellung, S. 69 f.

ist, sowie Voreingenommenheit im Strafverfahren zu schützen.[734] Sie reicht vom Beginn der Ermittlungen bis zur Rechtskraft der Entscheidung.[735]

Im Hinblick auf Verfahrenseinstellungen liegt ein Verstoß gegen sie dann vor, wenn die Einstellungsgründe dem Beschuldigten Schuld zuweisen oder Schuld feststellen, obwohl die Hauptverhandlung nicht bis zur Schuldspruchreife durchgeführt wurde und daher die strafprozessuale Voraussetzung für eine Schuldfeststellung fehlt.[736]

Durch die bloße Eintragung einer Verfahrenseinstellung nach §§ 45 oder 47 JGG in das Erziehungsregister werden dort indes nicht auch die Einstellungsgründe offenbart. Das Register gibt den in § 61 Abs. 1 BZRG aufgeführten Behörden und Gerichten lediglich Auskunft über den Umfang, in welchem der junge Betroffene bisher strafrechtlich in Erscheinung getreten ist (über etwaige Eintragungen im BZR hinaus). Auch die Art der bisher gegen ihn eingeleiteten Erziehungsmaßnahmen ist ersichtlich. Diese Informationen dienen der Aufgabenerfüllung der auskunftsberechtigten Stellen, da sie die Beurteilung des jungen Betroffenen sowie die Auswahl der zu ergreifenden Maßnahmen erleichtern und fördern. Eine Schuldfeststellung enthält die Eintragung indes nicht, so dass ein Verstoß gegen die Unschuldsvermutung und somit verfassungsrechtliche Bedenken nicht bestehen.[737]

Die Informationen des Erziehungsregisters gehen über die im Bundeszentralregister eingetragenen Daten hinaus.[738] Im Gegensatz zum EZR erfolgt für keine der drei Altersgruppen eine Eintragung von Verfahrenseinstellungen in das BZR, lediglich strafrechtliche Verurteilungen werden gemäß § 3 Nr. 1 BZRG darin aufgenommen. Gemäß § 4 BZRG sind rechtskräftige Entscheidungen der Strafgerichte wegen rechtswidriger Taten einzutragen, in welchen auf Strafe erkannt, eine Maßregel der Besserung und Sicherung angeordnet, jemand mit Strafvorbehalt verwarnt oder nach § 27 JGG die Schuld eines Jugendlichen oder Heranwachsenden festgestellt wurde. Auskunft über *diese* Daten erhalten nach § 41 Abs. 1 Nr. 1 BZRG u.a. Gerichte und Staatsanwaltschaften zum Zwecke der Rechtspflege. Verfahrenseinstellungen sind indes nicht als eintragungsfähige

---

734 BVerfGE 82, 106 (117); BVerfGE 74, 358 (371).

735 BVerfGE 35, 202 (232).

736 BVerfGE 74, 358 (373).

737 *Burscheidt*, Das Verbot der Schlechterstellung, S. 70; a.A. *Albrecht*, Jugendstrafrecht, § 14 B II Nr. 8, der jedoch von dem „*Makel einer registrierten Straftat*" ausgeht, was jedoch in der bloßen Eintragung des Umstands, *dass* ein Verfahren wegen einer bestimmten Tat geführt und eingestellt wurde, nicht gesehen werden kann.

738 Generell werden in das EZR ausschließlich solche Maßnahmen eingetragen, die keinen Strafcharkter besitzen, vgl. *Burscheidt*, Das Verbot der Schlechterstellung, S. 68.

Informationen vorgesehen, so dass die Gerichte auf diesem Wege keine entsprechenden Daten erlangen können.

Folglich hat das Gericht bzgl. des erwachsenen Angeklagten keine Kenntnis über vorherige Einstellungen, auch wenn ihm ein BZR-Auszug vorliegt.

Die Staatsanwaltschaft hingegen erhält durch Auskunft des zentralen staatsanwaltschaftlichen Verfahrensregisters (§§ 492–495 StPO) auch Informationen über vorherige Verfahrenseinstellungen zugunsten des Erwachsenen. In dieses Register werden zum Zwecke der internen Nutzung der Strafverfolgungsbehörden *sämtliche* Verfahrenseinstellungen und Verfahrenserledigungen bei der Staatsanwaltschaft und bei Gericht eingetragen. Hiervon ist auch das Jugendstrafrecht erfasst.[739] Möchte das Gericht Auskunft aus diesem Verfahrensregister erhalten, so muss es sich zunächst an die zuständige Staatsanwaltschaft wenden und diese um Einholung der Auskunft bitten.[740]

An dem Umfang des Auskunftsanspruchs, wonach entsprechend § 492 Abs. 3 S. 2 StPO *„nur Strafverfolgungsbehörden zum Zwecke eines Strafverfahrens"* Auskunft erteilt werden darf (mit Ausnahme der Finanzbehörden, Steuer- und Zollfahndungsdienststellen, Verfassungsschutzbehörden des Bundes oder der Länder, des Amts für den Militärischen Abschirmdienst und des Bundesnachrichtendienstes)[741], wurde in der Vergangenheit Kritik geübt. Der Umstand, dass Strafgerichte bei der Staatsanwaltschaft die entsprechende Auskunft explizit erbitten müssen, um diese anschließend (regelmäßig) ohne Probleme zu erhalten, wird in der Literatur als „wenig sachdienlich" bezeichnet.[742] Um diesen „unnötigen Formalismus" zu beseitigen, forderte der Bundesrat in seinem Gesetzesentwurf aus dem Jahr 2003 eine Erstreckung des Auskunftsrechts auf die Gerichte.[743] Begründet wurde der Vorschlag mit der bestehenden Kritik an der derzeitigen Gesetzeslage durch Praxis und Literatur, ohne dies näher zu erläutern. Genau dieser Umstand führte sodann auch zur Ablehnung des Gesetzesentwurfs durch die Bundesregierung. Aus datenschutzrechtlichen Gründen sei ein enger Nutzerkreis des ZStV sinnvoll, wobei die gewährten Auskünfte zur Aufgabenerfüllung der Nutzer erforderlich sein müssten. Aus dem Gesetzesentwurf gehe jedoch nicht hervor, in welchen Fällen die Gerichte eine Auskunft aus dem ZStV benötigten. Aus Praxis und Literatur seien diesbezügliche Unzulänglichkeiten nicht bekannt.[744]

---

739 *Schaffstein/Beulke*, Jugendstrafrecht, § 45 V.

740 *Schmitt/Meyer-Goßner*, StPO, § 492 Rdnr. 7.

741 *Schmitt/Meyer-Goßner*, StPO, § 492 Rdnr. 8.

742 *Schmitt/Meyer-Goßner*, StPO, § 492 Rdnr. 7; zustimmend *Hilger*, in: LR-StPO, § 492 Rdnr. 26, Fn. 16.

743 BR-Drucks. 390/03, S. 7 und 19.

744 Vgl. BT-Drucks. 15/1492, S. 13.

Folglich blieb es bei der Einschränkung des § 492 Abs. 3 S. 2 StPO, wonach nur den Strafverfolgungsbehörden eine entsprechende Auskunft zu erteilen ist.

Die oben angesprochene Benachteiligung entweder des jungen Angeklagten, weil das Gericht bereits im Vorfeld der Hauptverhandlung und im Gegensatz zum Erwachsenen seine bisherigen Verfahrenseinstellungen einsehen und ggf. eine ablehnende Haltung bzgl. einer weiteren Einstellung einnehmen könnte, oder des Erwachsenen, da besagte ablehnende Haltung sich u.U. auch negativ auf die Einstellungsbereitschaft ihm gegenüber auswirken kann, nimmt ihren Ursprung folglich ausschließlich in der Eintragung der Verfahrenseinstellungen in das Erziehungsregister und dem diesbezüglichen Auskunftsanspruch der Strafgerichte.

Unter Zugrundelegung des oben erläuterten Zwecks des Erziehungsregisters erscheint die Auskunftserteilung an die Gerichte hinsichtlich der bisherigen Verfahrenseinstellungen nach § 45 und § 47 JGG jedoch nicht zwingend erforderlich. Die Aufnahme dieser Daten in das zentrale staatsanwaltschaftliche Verfahrensregister kann auch für das gerichtliche Informationsinteresse als ausreichend angesehen werden, um dem Ziel einer Persönlichkeitsbeurteilung und Bewertung des strafrechtlichen „Werdegangs" des jungen Angeklagten gerecht zu werden. Denn im Rahmen der richterlichen Einstellung ist ohnehin die Zustimmung des Jugendstaatsanwalts erforderlich (§ 47 Abs. 1 S. 2 JGG), so dass in einem Verhandlungsgespräch zwischen den Beteiligten die Information über vorherige Einstellungen einfließen wird, sollte der Staatsanwalt seine Zustimmung unter Hinweis auf diesen Umstand verweigern. Bezüglich der staatsanwaltschaftlichen Einstellung im Rahmen des § 45 JGG liegen die entsprechenden Informationen ohnehin vor.

Hinsichtlich der bisherigen Verurteilungen des jungen Angeklagten erhält das Gericht bereits Auskunft aus dem Bundeszentralregister. Hinsichtlich der für gegebenenfalls weitere Maßnahmen wichtigen Frage der bisherigen gerichtlichen Anordnungen ergibt sich nach wie vor gemäß § 60 Abs. 1 Nr. 2 JGG aus dem Erziehungsregister, ob bereits eine Anordnung von Erziehungsmaßregeln, Zuchtmitteln, Nebenfolgen oder Nebenstrafen erfolgt ist. Diese Auskunftsquellen zusätzlich zur weiterhin bestehenden Möglichkeit, bei der Staatsanwaltschaft die Auskunft über vorherige Einstellungen zu erbitten, sind als ausreichend anzusehen, um die Persönlichkeit des jungen Angeklagten während der Hauptverhandlung im Hinblick auf seine strafrechtliche „Entwicklung" zu beurteilen.

Zur Erreichung dieses Ziels wäre eine Modifikation des § 61 Abs. 1 Nr. 1 nach dem Vorbild des § 61 Abs. 1 Nr. 5 BZRG denkbar. Ebenso wie dort könnte in Nr. 1 eine Einschränkung des Auskunftsanspruchs der Strafgerichte erfolgen, indem diesen zwar Auskunft zu erteilen ist, jedoch *„mit der Maßgabe, dass nur*

*Entscheidungen und Anordnungen nach § 60 Abs. 1 Nr. 1 bis 6 mitgeteilt werden dürfen.*“[745]

Auf diese Weise könnte die Eintragung einer Einstellung nach § 45 und § 47 JGG in das Erziehungsregister beibehalten, gleichzeitig aber die Schlechterstellung des einen oder des anderen Angeklagten infolge einer (unbewussten) Beeinflussung der richterlichen Einstellungsbereitschaft vermieden werden. Der vom normativen Gesetzeszweck geforderten Persönlichkeitserforschung zum Zwecke der Prognose, welche Maßnahmen der Legalbewährung am ehesten dienen, kann auch mittels der gerichtlichen Auskunftsquellen entsprochen werden, die bei Änderung des § 61 Abs. 1 Nr. 1 BZRG bestehen bleiben. Folglich kann ohne eine Gefährdung des Ziels der Legalbewährung die Gefahr einer Beeinflussung der Einstellungsbereitschaft gebannt werden.

Eine Konsequenz der Modifikation des § 61 Abs. 1 Nr. 1 BZRG wäre zudem, dass im Meinungsstreit hinsichtlich des Verhältnisses der §§ 45, 47 JGG zu den allgemeinen Einstellungsvorschriften[746] ein Hauptstreitpunkt entfiele.

Denn als eines der gewichtigsten Argumente gegen eine ausschließliche Anwendung der speziellen Vorschriften §§ 45, 47 JGG auf Jugendliche wird immer wieder die Schlechterstellung und Stigmatisierung des Jugendlichen bzw. Heranwachsenden durch die Eintragung ins Erziehungsregister genannt, welche bei Anwendung der allgemeinen Vorschriften vermieden werde.[747] Infolge der Modifikation des § 61 Abs. 1 Nr. 1 BZRG entfiele diese Schlechterstellung im Vergleich zu Erwachsenen in ähnlicher Lage jedoch. Denn es käme zwar noch immer zu einer Eintragung der Einstellung, die eigentliche Schlechterstellung des jungen Delinquenten, die darin gesehen wird, dass die Strafgerichte im Gegensatz zu der Einstellung zugunsten Erwachsener hiervon Kenntnis erlangen können[748], wäre jedoch nicht mehr zu befürchten. Der Auskunftsanspruch der übrigen in § 61 Abs. 1 BZRG genannten Behörden und Gerichte rechtfertigt sich durch deren erzieherische und fürsorgerechtliche Aufgabenstellung und kann nicht als Benachteiligung oder Schlechterstellung des Jugendlichen bezeichnet werden.

---

745 Aufgrund des weiterhin bestehenden Auskunftbedürfnisses der übrigen in § 61 Abs. 1 BZRG Genannten wird im obigen Vorschlag nicht der Gedanke von *Albrecht* aufgegriffen, § 60 Abs. 1 Nr. 7 JGG de lege ferenda gänzlich zu streichen, *Albrecht*, Jugendstrafrecht, § 14 B II Nr. 8; auch *Ostendorf* befürwortet zumindest die Streichung der Eintragung der Absätze 1 und 2 des § 45 JGG, *Ostendorf*, JGG, Grdl. z. §§ 45 und 47 Rdnr. 9.

746 Vgl. die Ausführungen unter 5.1.2.2.

747 So bspw. *Bohnert*, Die Reichweite der staatsanwaltlichen Einstellung im Jugendstrafrecht, NHW 1980, S. 1931 und *Bottke*, Zur Ideologie und Teleologie des Jugendstrafverfahrens, ZStW 95 (1983), S. 92 f.

748 Vgl. *Laubenthal/Baier/Nestler*, Jugendstrafrecht, Rdnr. 311.

Die ausschließliche Anwendung der speziell jugendstrafrechtlichen Einstellungsvorschriften mit den in ihnen vorgesehenen speziell jugendstrafrechtlichen Reaktionsmöglichkeiten als leges speciales wäre somit ohne weitere Einschränkungen möglich.[749] Denn die teilweise abweichenden, engeren Voraussetzungen der jugendstrafrechtlichen Einstellungsvorschriften im Vergleich zu den allgemeinen Vorschriften sind für sich genommen kein Grund, einen Rückgriff auf die StPO-Vorschriften zu rechtfertigen. Die speziellen Einstellungsvorschriften dienen dem Zwecke der Normverdeutlichung und Legalbewährung und bieten zudem eine größere Bandbreite an Reaktionsmöglichkeiten. Ihre im Vergleich zum allgemeinen Verfahrensrecht teilweise engeren Voraussetzungen sind durch diese Zwecke legitimiert und führen über § 2 JGG zu einem Vorrang der speziellen Regelungen.[750]

Schließlich ist infolge der oben[751] bereits vorgeschlagenen gänzlichen Einbeziehung der Gruppe der Heranwachsenden in das Jugendstrafrecht auch die Frage nach den auf sie anwendbaren Einstellungsvorschriften[752] geklärt. Ebenso wie für die Gruppe der Jugendlichen stellen §§ 45, 47 JGG entsprechend dem soeben Erläuterten nach Modifikation des § 61 Abs. 1 Nr. 1 BZRG Spezialvorschriften dar, welche infolge des § 2 JGG Vorrang vor den allgemeinen Vorschriften genießen.

### 6.2.4 Anwesenheitsrechte und -pflichten

#### 6.2.4.1 Bewertung am Maßstab der Gesetzesintention

Hinsichtlich des Anwesenheitsrechts des Jugendlichen finden sich im JGG ausdrückliche Modifizierungen im Vergleich zum allgemeinen Verfahrensrecht. Eine Regelung auch der gemeinsamen Verhandlung ist jedoch nicht erfolgt.

Wie bereits zuvor erläutert[753], kann sich die Situation ergeben, dass der Jugendliche während des Berichts der Jugendgerichtshilfe, der Verlesung psychologischer oder anderer Gutachten über die Schuldfähigkeit, das Elternhaus oder seine Entwicklungserwartung gemäß § 51 Abs. 1 S. 1 JGG zeitweilig von der

749 Mit einem Verständnis der §§ 45, 47 JGG als leges speciales, die jedoch bei Benachteiligung der Jugendlichen/Heranwachsenden den allg. Vorschriften weichen müssen, *Eisenberg*, JGG, § 45 Rdnr. 9; für eine generelle Anwendung als leges speciales *Diemer*, in: D/S/S, JGG, § 45 Rdnr. 9 sowie § 47 Rdnr. 6.

750 Ebenso *Diemer*, in: D/S/S, JGG, § 45 Rdnr. 9 sowie § 47 Rdnr. 6.

751 Siehe die Ausführungen unter 6.2.2.2.

752 Vgl. hierzu die Ausführungen unter 5.1.2.3.

753 Vgl. hierzu die Ausführungen unter 5.2.3.

Verhandlung ausgeschlossen wird, wohingegen der erwachsene Angeklagte sowie u.U. dessen Verteidiger anwesend bleiben. Ob in diesem Fall der Erwachsene ebenfalls von der Verhandlung ausgeschlossen und somit ein Persönlichkeitsschutz zugunsten des Jugendlichen gewährleistet werden kann, ist in der Rechtslehre umstritten.[754]

Misst man diese Problematik an der normativen Intention, ein jugendadäquates Verfahren zu gewährleisten, in welchem der Jugendliche nicht stigmatisiert wird, möglichst unbefangen mit den Verfahrensbeteiligten reden können soll und ein weit reichender Persönlichkeitsschutz gewährt wird, so bleibt nur der Schluss, dass auch dem erwachsenen Angeklagten die Anwesenheit während dieser Erörterungen nicht gewährt werden kann. Sein Ausschluss rechtfertigt sich umso mehr, als in der Regel die fraglichen Erörterungen und Berichte für die Tatfragen nicht mehr von Bedeutung sind.[755] Die aus seinem zeitweiligen Ausschluss resultierende Beeinträchtigung des erwachsenen Angeklagten, auf sein Anwesenheitsrecht während der Verhandlung zeitweilig verzichten zu müssen, betrifft somit nicht den Kern dieses Rechts, da sich in der Verhandlung während seines Ausschlusses nicht mit ihm oder der ihm zur Last gelegten Tat befasst wird. Bejaht man eine Ausschlussmöglichkeit des erwachsenen Mitangeklagten, so muss jedoch auch die Problematik Berücksichtigung finden, dass dann zeitweilig *keiner* der Angeklagten mehr anwesend ist.

Zudem ist in Anbetracht des maßgeblichen Gesetzessinns des Jugendstrafrechts nicht nachvollziehbar, weswegen die Gruppe der Heranwachsenden nicht in den Geltungsbereich der §§ 50, 51 JGG miteinbezogen wurde. Auch bei ihnen ist die Anwesenheit während der Verhandlung aufgrund der vorzunehmenden Persönlichkeitserforschung nach §§ 109 Abs. 1 S. 1, 43 JGG von erhöhter Bedeutung, was eine Einbeziehung in den § 50 JGG rechtfertigt.

Entscheidet das Gericht zudem später, dass der Heranwachsende entsprechend § 105 Abs. 1 JGG nach Jugendstrafrecht zu behandeln ist, und liegen die vorgeworfene Tat und die Verhandlung zeitlich nicht erheblich auseinander[756], so geht das Gericht selbst davon aus, dass der Heranwachsende in seiner sittlichen und geistigen Entwicklung noch einem Jugendlichen gleichsteht. Löst man sich von einer engen Auslegung des Begriffes „*Erziehung*“ in § 51 Abs. 1 S. 1 JGG, so muss in diesem Fall die Möglichkeit einer schädlichen Beeinflussung auch des

---

754 Vgl. bspw. die unterschiedlichen Ansichten bei *Eisenberg*, JGG, § 51 Rdnr. 6 und *Ostendorf*, FS-Rieß, S. 853 f.

755 So auch die 2. Jugendstrafrechtsreform-Kommission in DVJJ-J Extra 5, S. 51; anders jedoch *Mitsch*, der hierin keine Beeinträchtigung sieht, *Mitsch*, Die Anwendbarkeit des Jugendstrafrechts auf Heranwachsende, Jura 2002, S. 246.

756 Zum Falle des erheblichen Auseinanderliegens dieser beiden Zeitpunkte sogleich im folgenden Abschnitt.

Heranwachsenden anerkannt werden, wenn er während der oben genannten Erörterungen anwesend ist. Da der staatliche Erziehungsauftrag gerade nicht mit Erreichen der Volljährigkeit endet, sondern bis zur Vollendung des 21. Lebensjahrs andauert[757], ist kein Grund ersichtlich, weswegen nicht zugunsten des Heranwachsenden eine Aufnahme in den Geltungsbereich des § 51 Abs. 1 JGG erfolgen soll. Auf diese Weise würde eine noch umfangreichere jugendspezifische Verfahrensgestaltung ermöglicht.

### 6.2.4.2 Ergänzungen zum Anwesenheitsrecht

Als Konsequenz der soeben erläuterten Problematik bietet sich eine Ergänzung des § 51 Abs. 1 JGG an, in welcher ausdrücklich auch der zeitweilige Ausschluss von Mitangeklagten festgelegt wird.[758] Dieser dürfte sich nicht lediglich auf Erwachsene beziehen, sondern auf Mitangeklagte aller Altersgruppen, da die Erörterungen im Sinne des § 51 Abs. 1 S. 1 JGG regelmäßig ausschließlich den Angeklagten betreffen, dessen Person Gegenstand der Ausführungen ist. Für alle übrigen Angeklagten sind diese Erörterungen für den ihnen gegenüber angestrebten Tat- und Schuldnachweis – und damit für ihre Verteidigung – nicht von Bedeutung. Diese Erörterungen betreffen Umstände aus dem Persönlichkeitsbereich des ausgeschlossenen, jungen Angeklagten. Sie betreffen gerade nicht den Tathergang oder Schuldvorwurf im Verhältnis zu den Mitangeklagten.

Bei jugendlichen Mitangeklagten besteht zudem die Gefahr, dass sie das Achtungsgefühl gegenüber der Privatheit intimer Informationen verlieren, wenn sie deren Erörterung vor Gericht miterleben, weswegen ihr Ausschluss eine umso größere Rechtfertigung findet.[759]

Da dem Anwesenheitsrecht jedoch eine überragend wichtige Bedeutung zukommt, die bzgl. des erwachsenen Mitangeklagten auch nicht durch Erziehungsinteressen relativiert wird[760], und zumindest die Möglichkeit nicht auszuschließen ist, dass im Rahmen der Erörterungen nach § 51 Abs. 1 S. 1 JGG doch etwas für die Verteidigung des Mitangeklagten Relevantes zur Sprache gelangt, ist dem Verteidiger des zeitweilig ausgeschlossenen Mitangeklagten die Anwesenheit zu gewähren.[761] Die sich anschließende Frage, wie verfahren werden kann, sollte

757 Vgl. BVerfGE 74, 102 (125) sowie *Brunner/Dölling*, JGG, Einf II Rdnr. 11.

758 Dies fordert auch die 2. Jugendstrafrechtsreform-Kommission in DVJJ-J Extra 5, S. 51.

759 Zu dieser Problematik *Ostendorf*, JGG, § 51 Rdnr. 6.

760 Vgl. die Ausführungen unter 5.1.3.

761 In die gleiche Richtung gehen auch die Ausführungen bei *Mohr*, Jugendliche, Heranwachsende und Erwachsene gemeinsam vor dem Strafgericht, S. 120; zudem *Ostendorf*, FS-Rieß, S. 853 ff.

dem Mitangeklagten kein Verteidiger zur Seite stehen, erübrigt sich (vorgreiflich) im Hinblick auf die noch folgenden Ausführungen unter 6.2.5.2, wonach bei verbundenen Verfahren *jedem* Angeklagten zur Wahrung seiner Rechte *stets* ein Verteidiger beizuordnen ist.

Unter dieser Prämisse sind die Rechte des ausgeschlossenen Jugendlichen insofern gewahrt, als dass es nicht mehr alleine im Ermessen des Richters liegt zu entscheiden, was im Sinne von § 51 Abs. 1 S. 2 JGG *„für seine Verteidigung erforderlich"* ist, da nun auch der Verteidiger selbst diese Entscheidung treffen kann.

Die Rechte der zeitweilig ausgeschlossenen Mitangeklagten sind ebenfalls durch die Anwesenheit ihrer Verteidiger weitestgehend gewahrt, da das möglicherweise zu *ihrer* Verteidigung Erforderliche ebenfalls einem Vertreter ihrer Position zur Kenntnis gelangt. Ein Fragerecht eines Angeklagten im Hinblick auf diese Erörterungen besteht ohenhin nicht.

Dabei muss den Strafverteidigern als (unabhängigen) Organen der Rechtspflege[762] das Vertrauen entgegengebracht werden, dass sie die im Rahmen der Erörterungen nach § 51 Abs. 1 S. 1 JGG gewonnenen intimen bzw. persönlichen Informationen nicht in einer den Sinn und Zweck des Jugendstrafverfahrens gefährdenden Weise verwenden. Dieses Restrisiko muss in Kauf genommen werden, will man rechtsstaatlichen Grundsätzen entsprechend die Verteidigungsmöglichkeit des Mitangeklagten nicht zu weit einschränken. Im Rahmen der richterlichen Verhandlungsleitung nach § 238 StPO verbleibt zudem noch eine Einflussnahmemöglichkeit des Richters, eine ungerechtfertigte Verwendung besagter intimer bzw. persönlicher Informationen im weiteren Verfahren (bspw. im Schlussvortrag) zu unterbinden.

Durch die Anwesenheit der Verteidiger kann zudem etwaigen Bedenken hinsichtlich einer Tendenz zur Geheimjustiz begegnet werden.

Infolge der stets zu gewährleistenden Anwesenheit der Verteidiger der ausgeschlossenen Angeklagten ist zudem eine für die Beteiligten akzeptable Lösung gefunden, das Verfahren auch bei der nun zwangsläufig eintretenden Abwesenheit *aller* Angeklagten weiterführen zu können, ohne diese übermäßig in ihren Rechten beschränken zu müssen.

Eine Ergänzung des § 51 Abs. 1 JGG wäre in der folgenden Form denkbar:

*§ 51 Zeitweilige Ausschließung von Beteiligten*

*(1) Der Vorsitzende soll den Angeklagten für die Dauer solcher Erörterungen von der Verhandlung ausschließen, aus denen Nachteile für die Erziehung entstehen können. Er hat ihn von dem, was in seiner Abwesenheit verhandelt wor-*

762 *Meyer-Goßner*, StPO, Einl Rdnr. 82; BVerfGE 39, 156 (165).

*den ist, zu unterrichten, soweit es für seine Verteidigung erforderlich ist. Im Falle des Satzes 1 sind auch alle weiteren Angeklagten für die Dauer der Erörterungen von der Verhandlung auszuschließen.*
*[(2)...(5)]*

Die unter 6.2.4.1 erörterte und für erforderlich erachtete Einbeziehung der Heranwachsenden in den Geltungsbereich der §§ 50 und 51 JGG wäre bereits Folge der weiter oben befürworteten generellen Erstreckung des gesamten Jugendstrafrechts auch auf die Gruppe der Heranwachsenden.[763] Die in diesem Zusammenhang vorgeschlagenen Modifikationen des JGG, welche weiterhin besondere Vorschriften für Heranwachsende vorsehen, betreffen grundsätzlich nicht deren Anwesenheitsrechte und -pflichten, sondern den Kanon an Reaktionsmöglichkeiten sowie eine denkbare Sonderform eines jugendspezifischen Strafbefehlsverfahrens.

Andererseits muss die Frage aufgeworfen werden, ob im Fall von zeitlich erheblich auseinander fallenden Tat- und Verhandlungszeitpunkten von u.U. mehreren Jahren nicht eine nur begrenzte Anwendungsdauer der §§ 50, 51 JGG auf den Heranwachsenden in Betracht zu ziehen ist. Konkret erscheint gegenüber einem zum Zeitpunkt der Tat Heranwachsenden, welcher jedoch zu Beginn der Hauptverhandlung das 25. Lebensjahr vollendet hat[764], der durch §§ 50, 51 JGG vermittelte und beabsichtigte Schutz nicht mehr erforderlich. Ein solcher Angeklagter ist, auch wenn ihm gegenüber ein Jugendstrafverfahren abzuhalten ist, im Hinblick auf seine Anwesenheitsrechte und -pflichte einem Erwachsenen gleichzustellen. Insbesondere kann bei einem über 25-Jährigen regelmäßig davon ausgegangen werden, dass seine Anwesenheit während einer Erörterung im Sinne des § 51 Abs. 1 JGG keine negativen Einflüsse auf seine Psyche oder sein weiteres Verhalten haben wird. Negative Einflüsse auf seine „Erziehung“ sind zumindest ausgeschlossen, da von einer „Erziehung“ im Sinne des JGG bei einem Menschen in diesem Alter schwerlich ausgegangen werden kann.

Diese zeitliche Geltungsbegrenzung könnte in beiden Vorschriften oder alternativ in einem neu zu fassenden § 1 Absatz 3 JGG eingeführt werden.

---

763 Vgl. die Ausführungen unter 6.2.2.2.

764 Diese Altersgrenze ist der Diskussion um die Einbeziehung der sog. Jungerwachsenen (also der 21- bis unter 25-Jährigen) in den Geltungsbereich des Jugendstrafrechts entnommen, welcher die Erkenntnis zugrunde liegt, dass die Sozialisation des jungen Menschen bis etwa um die Vollendung des 25. Lebensjahrs andauert, vgl. 2. Jugendstrafrechtsreform-Kommission in DVJJ-J Extra 5, S. 10 f.; *Ostendorf*, JGG, Grdl. z. §§ 105 und 106 Rdnr. 13 mit Verweis auf BGH, StV 2002, S. 420.

## 6.2.5 Der „fair-trial"-Grundsatz

### 6.2.5.1 Bewertung am Maßstab der Gesetzesintention

Betrachtet man die Ausgestaltung des Jugendstrafverfahrens in der Praxis, so ist dort eine eindeutige Tendenz zur Entformalisierung des Verfahrens zu erkennen, durch welche das Kommunikations- und Machtgefälle zwischen Angeklagtem und Gericht abgemildert werden soll.[765] Eine gesetzliche Regelung dieser Ausgestaltung findet sich nicht en detail, jedoch entspricht diese Praxis der Vorgabe des § 2 Abs. 1 JGG.

Die Abkehr von den starren Vorgaben der Strafprozessordnung hin zu einer kommunikativen Verfahrensgestaltung darf indes nicht dazu führen, dass Vertrauen erschlichen und über den Umstand hinweggetäuscht wird, dass es sich nach wie vor um ein Strafverfahren mit strafrechtlichen Konsequenzen handelt.[766]

Zudem besteht in diesem Zusammenhang die Gefahr, zu übersehen, dass durch die Entformalisierung der Verhandlung auch das prozessuale Schutzniveau des Angeklagten herabgesetzt wird, da die justizförmige Verfahrensgestaltung gerade dem Schutze des Angeklagten dient.[767] Insbesondere die Beschleunigung des Verfahrens, die Ermittlungsbefugnisse der JGH (im Hinblick auf deren gerichtliche Berichterstattung) sowie die Einschränkung des Anwesenheitsrechts des jungen Angeklagten im Rahmen des § 51 JGG mindern sein prozessuales Schutzniveau.[768] Da diese Einschränkungen jedoch als Konsequenz der jugendspezifischen Verfahrensgestaltung anzusehen sind (im sprichwörtlichen Sinne als die zwei Seiten einer Medaille), können sie im Grunde als mit der normativen Gesetzesintention vereinbar akzeptiert werden.[769]

Im Falle der gleichzeitigen Verhandlung mit einem erwachsenen Mitangeklagten ergibt sich zusätzlich die Gefahr, dass dieser die entformalisierte Verhandlungsatmosphäre zu seinen Gunsten nutzt und bspw. das Verhandlungsgespräch torpediert oder an sich reißt.[770] Zumindest ein „gerichtserfahrener"

765 So *Kudlich*, Besonderheiten des jugendstrafgerichtlichen Verfahrens, JuS 1999, S. 877 f.; ebenso *Jung*, Die jugendrichterliche Entscheidung, ZRP 1981, S. 36 ff.

766 Vgl. *Ostendorf*, JGG, Grdl. z. §§ 48–51 Rdnr. 4 f.; *Böhm/Feuerhelm*, Einführung in das Jugendstrafrecht, § 9 1.

767 *Kudlich*, Besonderheiten des jugendstrafgerichtlichen Verfahrens, JuS 1999, S. 878.

768 *Albrecht*, Jugendstrafrecht, § 36 B.

769 So auch *Kudlich* Besonderheiten des jugendstrafgerichtlichen Verfahrens, JuS 1999, S. 878, der die Tat- und Schuldfrage jedoch gesondert behandelt wissen will; *Lackner*, Das Jugendgerichtsgesetz, JZ 1953, S. 530; a.A. *Albrecht*, Jugendstrafrecht, § 36 D.

770 Vgl. *Ostendorf*, JGG, § 103 Rdnr. 5.

Mitangeklagter wird in der Lage sein, die mangelnde Erfahrung des Jugendlichen (und auch eines Heranwachsenden) im Umgang mit staatlichen Instanzen sowie dessen fehlende Ausdrucksfähigkeit zu seinem Vorteil zu nutzen. Der ursprünglich angestrebte Ausgleich des Kommunikationsgefälles zwischen Jugendlichem und Gericht kommt dann vorwiegend dem Erwachsenen zugute. Auch wenn der JGH und den übrigen Verfahrensbeteiligten zugute gehalten werden muss, dass eine Benachteiligung des Jugendlichen nicht beabsichtigt ist, sondern diese im Gegenteil sogar gerade vermieden werden soll, darf doch nicht verkannt werden, dass die JGH nicht in der Lage ist, die rechtlichen Interessen des Jugendlichen im ausreichenden Maße wahrzunehmen.[771]

Aus diesem Grunde ist zur konsequenten Beachtung der gesetzgeberischen Vorgabe, ein jugendadäquates Strafverfahren zu ermöglichen, welches unter rechtsstaatlichen Gesichtspunkten nicht zu beanstanden ist und daher die prozessuale Rechtsstellung des Jugendlichen nicht beschränkt, ein Interessenvertreter des Jugendlichen für den Fall der gemeinsamen Verhandlung erforderlich.

Schließlich muss auch im Rahmen des „fair-trial"-Grundsatzes die Einbeziehung der Gruppe der Heranwachsenden in die soeben erläuterte Regelung gefordert werden. Auch hier wäre es nicht mit dem normativen Gesetzessinn vereinbar, den jungen Angeklagten, der aufgrund seiner geringen Erfahrungswelt den Anforderungen an ein Strafverfahren nicht gewachsen ist und sich zum einen der staatlichen Gewalt, zum anderen einem „gerichtserfahrenen" erwachsenen Mitangeklagten gegenüber sieht, in dieser Situation sich selbst zu überlassen. Auch ihm ist gemäß § 2 Abs. 1 JGG ein jugendadäquates Verfahren zu gewähren, was die angemessene Wahrnehmung seiner Rechte beinhaltet.

Im Rahmen der obigen Betrachtung darf der Aspekt, dass sich der erwachsene Mitangeklagte seinerseits einem „fremden" Verfahrensrecht gegenübersieht und durch die entformalisierte Verfahrensgestaltung mit ihrer Fokussierung auf den jungen Angeklagten eine Benachteiligung erleiden kann[772], nicht außer Betracht bleiben. Im Hinblick auf die normative Gesetzesintention, welche mittels § 2 JGG den jugendstrafrechtlichen Grundsätzen und Verfahrensvorschriften Vorrang gewährt, ist diese mögliche Benachteiligung jedoch als erforderliche Konsequenz der unterschiedlichen Gewichtung der kollidierenden Verfahrensrechte grds. zu akzeptieren, könnte aber ihrerseits durch einen Interessenvertreter, der sich ausschließlich um die Wahrung der Rechte des Erwachsenen bemüht, weitestgehend ausgeglichen werden.

---

771 So *Walter*, Stellung und Bedeutung des Strafverteidigers, NStZ 1987, S. 486; ebenso *Arbeitsgruppe der DVJJ*, „Kölner Richtlinien" zur notwendigen Verteidigung in Jugendstrafverfahren, NJW 1989, S. 1025; *Rieß*, Verteidigung in Strafsachen, S. 42.

772 *Ostendorf*, JGG, § 103 Rdnr. 5.

### 6.2.5.2 Erweiterung der notwendigen Verteidigung im Sinne des „fair-trial"-Grundsatzes

Die mit den Besonderheiten des Jugendstrafverfahrens einhergehende Minderung des prozessualen Schutzniveaus des jungen Angeklagten kann ebenso wie die beschriebene Benachteiligung des Erwachsenen, sich einem für ihn fremden Verfahrensrecht und Prozessgericht ausgesetzt zu sehen, durch die Bestellung eines Vertreters weitestgehend ausgeglichen werden, wenn dieser die rechtlichen Interessen des jeweiligen Angeklagten wahrnimmt.

Zu denken ist an eine notwendige Verteidigung zugunsten eines jeden Angeklagten im Falle der gemeinsamen Verhandlung.

Die Forderung nach einer Ausweitung der Fälle der notwendigen Verteidigung zugunsten junger Angeklagter wird immer wieder erhoben, wobei die jeweilige Begründung der Forderung von unterschiedlichen Ausgangspunkten her erfolgt.[773] Auch der Gesetzgeber selbst geht von einem erhöhten Erfordernis einer Verteidigerbestellung bei jungen Angeklagten aus, weil wegen *„ihrer mangelnden Lebenserfahrung, ihrer Unerfahrenheit im Umgang mit staatlichen Instanzen und ihren eingeschränkten sprachlichen Ausdrucksmöglichkeiten (...) diese jungen Menschen ohnehin in ihrer Verteidigungsmöglichkeit gegenüber Erwachsenen in aller Regel erheblich eingeschränkt (sind).*"[774]

Die bisherigen Forderungen und Erkenntnisse aufgreifend, fordert die Arbeitsgruppe der DVJJ im Rahmen der sog. Kölner Richtlinien, dass im Hinblick auf die gesteigerte Fürsorgepflicht des Staates gegenüber jungen Menschen, in deren Lebensverhältnisse er aufgrund des (ihnen vorgeworfenen) straffälligen Verhaltens einzugreifen beabsichtigt, und deren eigene Interessenwahrnehmung er als vermindert ansieht, im Sinne des Fairnessgebotes für einen Ausgleich der Interessen gesorgt wird. Der Fairness gegenüber den jungen Angeklagten im gerichtlichen Verfahren komme eine Vorbildhaftigkeit zu, sie stelle den glaubwürdigsten Beitrag zur Erziehung dar.[775] Hierzu sei wiederum eine sachgerechte

---

773 Vgl. u.a. *Jung*, Die jugendrichterliche Entscheidung, ZRP 1981, S. 44, der von einer geringen „Artikulations- und Beschwerdemacht" des jungen Menschen ausgeht, und daher wesentlich öfter eine notwendige Verteidigung für erforderlich hält; ebenso in *Jung*, Zur Reform des Jugendstrafrechts, JuS 1992, S. 191; die Jugendstrafrechtskommission des DVJJ fordert eine notwendige Verteidigung in Fällen der anwaltlichen Vertretung des Geschädigten und der Entscheidung über einen Bewährungswiderruf, *2. Jugendstrafrechtsreform-Kommission* in DVJJ-J Extra 5, S. 46 f.; *Momsen*, Die Rechtsmittel in Jugendstrafsachen, ZJJ 2004, S. 53, knüpft im Rahmen der Frage nach der Einlegung von Rechtsmitteln an die Einsichtsfähigkeit des jungen Delinquenten an, um zu einer notwendigen Verteidigung zu gelangen.

774 Gesetzesentwurf zum 1. JGGÄndG, BT-Drucks. 11/5829, S. 28.

775 Vgl. *Arbeitsgruppe der DVJJ*, „Kölner Richtlinien" zur notwendigen Verteidigung in Jugendstrafverfahren, NJW 1989, S. 1025.

Verteidigung wesentlich, da nur so ein Gefühl des Ausgeliefertseins gegenüber den Strafverfolgungsbehörden vermieden werden könne. Als Beispielsfall für ein solches Ausgeliefertsein kommt insbesondere die bereits oben erläuterte Abwesenheit während der Erörterung i.S.d § 51 Abs. 1 S. 1 JGG in Betracht, da dem jungen Angeklagten die Möglichkeit fehlt, zu überprüfen, ob nicht doch Verteidigungsrelevantes gesagt wurde.

Im Hinblick auf das gemeinsame Verfahren lässt sich die Forderung nach einer umfangreichen Verteidigerbestellung noch weiter untermauern.

Denn aus Sicht des jungen Angeklagten folgt aus der Situation des § 103 Abs. 1 JGG stets eine erhebliche Beeinträchtigung seiner Verteidigungsmöglichkeiten, weswegen im Sinne des jugendstrafrechtlich auszulegenden[776] § 68 Nr. 1 JGG i.V.m. § 140 Abs. 2 S. 1 StPO bei ihm eine Unfähigkeit zur Selbstverteidigung zu bejahen ist.

Denn entsprechend der Richtlinie Nr. 1 zu § 103 JGG ist eine Verfahrensverbindung grds. als unzweckmäßig anzusehen, insbesondere dann, wenn der zugrunde liegende Sachverhalt als einfach zu bezeichnen ist. Als Umkehrschluss hieraus lässt sich daher folgern, dass der einem Verfahren nach § 103 Abs. 1 JGG zugrunde liegende Sachverhalt regelmäßig als komplex und schwierig anzusehen ist. Hierfür sprechen auch die restriktiv auszulegenden, besonderen Voraussetzungen einer Verbindung nach § 103 Abs. 1 JGG, so dass für den Fall der Verbindung das Gericht seinerseits vom Vorliegen eines unüberschaubaren Sachverhalts oder einer komplizierten Verfahrenssituation ausgegangen ist.[777] Setzt man den jungen Angeklagten einem derartigen Verfahren aus, muss aufgrund der oben beschriebenen mangelnden Kompetenz, sich vor Gericht angemessen zu artikulieren und seine Rechte als solche zu erkennen und wahrzunehmen, der Schluss gezogen werden, dass bereits aufgrund der besonderen Verfahrenssituation der junge Angeklagte als zur Selbstverteidigung nicht in der Lage anzusehen ist.

Hinzu tritt der Umstand, dass die Anwesenheit des mitangeklagten Erwachsenen und dessen erhöhte Fähigkeiten zur Selbstverteidigung, zum Erfassen des Verfahrensablaufs sowie dessen regelmäßig souveräneres Auftreten vor Gericht

776 Vgl. *Beulke*, FS-Böhm, S. 656 f.; AG Hamburg, StV 1998, S. 326; *Molketin*, Die Rechtsprechung zu § 140 Abs. 2 S. 1 StPO, AnwBl 2001, S. 92.

777 *Mohr*, Jugendliche, Heranwachsende und Erwachsene gemeinsam vor dem Strafgericht, S. 144 f.; auf dieser Grundlage kann auch die von *Schüler-Springorum* angemahnte Gefahr einer Aufwertung „bagatellarischer Vorwürfe“ durch die notwendige Verteidigung in der weiteren Darstellung unberücksichtigt bleiben, da von Bagatellen im Verfahren nach § 103 Abs. 1 JGG nicht auszugehen ist, *Schüler-Springorum*, Verteidigung in Strafsachen, S. 196.

die Verteidigungschancen des jungen Angeklagten wiederum schmälern.[778] Dieser Effekt wird zweifelsohne noch weiter verstärkt, sollte der Erwachsene verteidigt, der jungen Angeklagte indes unverteidigt sein.[779]

Aber auch zugunsten des erwachsenen Angeklagten muss bei einem verbundenen Verfahren ein Fall der notwendigen Verteidigung angenommen werden. Dies ergibt sich als Konsequenz der soeben dargelegten Notwendigkeit einer Beiordnung zum Vorteil des jungen Angeklagten. Denn mit einer Stärkung der Rechte des Jugendlichen/Heranwachsenden durch Beiordnung eines Verteidigers wird der Erwachsene im noch größeren Maße an den Rand der Aufmerksamkeit gedrängt, als dies beim verbundenen Verfahren ohnehin der Fall ist. Der Fokus des Jugendstrafverfahrens liegt – auch im gemeinsamen Verfahren – vorwiegend auf dem jungen Angeklagten, seiner Entwicklung und Erziehung. Durch die Verteidigung des jungen Angeklagten können dessen prozessuale Rechte stärker geltend gemacht werden, der Verteidiger kann etwa nach § 240 Abs. 2 S. 1 StPO den (unverteidigten) Erwachsenen befragen, ohne das diesem das gleiche Fragerecht gegenüber seinem jungen Mitangeklagten zusteht, vgl. § 240 Abs. 2 S. 2 StPO. Auch hat der Erwachsene im Gegensatz zum Verteidiger des jungen Angeklagten kein Akteneinsichtsrecht.[780]

Gegen diese Argumentation lässt sich zunächst zwar einwenden, dass die beschriebene Schlechterstellung des unverteidigten gegenüber dem verteidigten Angeklagten dem Wesen der Strafprozessordnung innewohnt, da der unverteidigte Angeklagte gerade deswegen keinen Verteidiger beigeordnet bekam, weil er als in der Lage angesehen wurde, sich angemessen selbst zu verteidigen. Die Verteidigung des Jugendlichen beschränke ihn demnach nicht in seinen eigenen Verteidigungsmöglichkeiten.[781]

Gleichwohl ist im Unterschied zur beschriebenen Konstellation bei Angeklagten der gleichen Altersgruppe im Fall des § 103 Abs. 1 JGG das gesamte Verfahren auf den nicht-erwachsenen Angeklagten zugeschnitten. Vor allem unter Beachtung der bereits oben erläuterten und vorgeschlagenen Ergänzungen und

---

778 Im diesen Sinne, wenn auch insgesamt mit einer ablehnenden Haltung zur generellen Verteidigerbeiordnung aufgrund der Verteidigung des Mitangeklagten *Bärens*, Pflichtverteidiger für Jugendlichen, NStZ 1996, S. 53.

779 Vgl. *Schmitz-Justen*, Strafverteidigung in der Praxis, § 26 Rdnr. 50; ebenso *Mohr*, Jugendliche, Heranwachsende und Erwachsene gemeinsam vor dem Strafgericht, S. 137 ff.; *Bottke*, Verteidigung in Strafsachen, S. 86 und *Beulke*, Verteidigung in Strafsachen, S. 179 mit dem Hinweis, der Jugendliche könne u.U. als Sündenbock dienen; *Beulke*, FS-Böhm, S. 653; OLG Hamm StV 2009, 85.

780 Vgl. *Schmitt/Meyer-Goßner*, StPO, § 147 Rdnr. 3; LG Verden, StV 1982, S. 164.

781 So *Mohr*, Jugendliche, Heranwachsende und Erwachsene gemeinsam vor dem Strafgericht, S. 143 f.

Modifikationen der Rechte und Pflichten der JGH[782] sowie der Möglichkeit des zeitweiligen Ausschlusses des Erwachsenen gemäß § 51 Abs. 1 JGG[783] muss auch diesem zur Wahrung seiner Verfahrensrechte und im Sinne eines fairen Verfahrens gegenüber allen Angeklagten ein Verteidiger zur Seite gestellt werden. Die Stärkung der Position eines Verfahrensbeteiligten kann nicht ohne eine gleichzeitige Ausweitung der Möglichkeiten und Rechte des anderen Verfahrensbeteiligten erfolgen. Ihre Interessenlagen müssen durch die ihnen zustehenden prozessualen Handlungsmöglichkeiten ausbalanciert werden. Die Aufwertung der Rechte des jungen Angeklagten zusätzlich zur Stärkung der Rolle der JGH, die ebenso wie Staatsanwaltschaft und Gericht an der Erziehung des Jugendlichen bzw. Heranwachsenden interessiert ist, erfordert eine angemessene Aufwertung der Rechte des Erwachsenen, um nicht Gefahr zu laufen, ihn zum passiven Verfahrensbeteiligten zu degradieren.[784]

Erkennt man die Notwendigkeit des beschriebenen Beiordnungsbedürfnisses an, so ist als Antwort auf die Frage nach dem Zeitpunkt der Verteidigerbestellung konsequenterweise das Ermittlungsverfahren zu nennen, genauer der Zeitpunkt im Ermittlungsverfahren, ab welchem die Staatsanwaltschaft eine Verbindung der Ermittlungsakten vornimmt.

Bezüglich der Verteidigerbestellung zugunsten des jungen Beschuldigten wird in der Lehre immer wieder auf diesen frühen Zeitpunkt abgestellt, da hier die entscheidenden Informationen und Beweise der späteren Anklage zusammengetragen werden. Eine Verteidigung zu diesem frühen Zeitpunkt kann zur Wahrung der Rechte des jungen Beschuldigten beitragen und ggf. auch das Zustandekommen einer informellen Erledigung begünstigen.[785] Da das Ermittlungsverfahren stark formalisiert ausgestaltet ist, wird zumindest beim jungen Beschuldigten davon auszugehen sein, dass er auch und gerade in diesem Verfahrensstadium mit der Wahrnehmung seiner Interessen überfordert sein wird.[786] Dem entspricht

782 Vgl. die Ausführungen unter 6.2.1.2.

783 Vgl. die Ausführungen unter 6.2.4.2.

784 Zum Verbot, den Angeklagten als passives Objekt des Verfahrens zu behandeln, BVerfGE 26, 66 ff.

785 Zu denken ist hier etwa an ein beratendes Gespräch des Verteidigers mit seinem Mandanten, welches infolge der Verschwiegenheitspflicht des Juristen offener geführt werden kann als ggü. der JGH; sollte der Mandant die vorgeworfenen Tat eingestehen, kann ihm so der Vorteil eines Geständnisses ebenso wie das Verwerfliche der Tat erläutert werden; auch verkennen junge Beschuldigte oftmals ihre Rechte, weswegen es bei ihnen bspw. tendenziell öfter zu Geständnissen kommt, vgl. *Ostendorf*, JGG, § 45 Rdnr. 14 m.w.N.

786 Vgl. u.a. *Arbeitsgruppe der DVJJ*, „Kölner Richtlinien“ zur notwendigen Verteidigung in Jugendstrafverfahren, NJW 1989, S. 1025; *Momsen*, Die Rechtsmittel in Jugendstrafsachen, ZJJ 2004, S. 53; *Beulke*, Verteidigung in Strafsachen, S. 185 ff.; *Viehmann/Walter*, Verteidigung in Strafsachen, S. 204; *Beulke*, FS-Böhm, S. 652.

auch der Wortlaut des § 140 Abs. 3 S. 2 StPO, wonach die Staatsanwaltschaft die Verteidigerbestellung beantragt, wenn nach ihrer Auffassung im gerichtlichen Verfahren ein Fall des § 140 Abs. 1 oder 2 StPO gegeben sein wird.[787] Die obigen Ausführungen vorausgesetzt, läge dann stets eine notwendige Verteidigung bei Verfahren vor, die als verbundene Anklage vor Gericht erhoben werden sollen.

Gleiches gilt dann auch für den Erwachsenen ab dem Zeitpunkt, da für die Staatsanwaltschaft erkennbar ist, dass sie eine verbundene Anklage erheben wird.

Nicht länger ausgeführt werden muss, dass die Annahme einer erforderlichen Verteidigerbeiordnung auch auf Heranwachsende zutrifft, da diese ebenso wie Jugendliche in ihrer Verteidigungsmöglichkeit stark eingeschränkt sind, wenn die Verfahrenssituation des § 103 Abs. 1 JGG eintritt. Auch sie sind regelmäßig aufgrund ihrer mangelnden kommunikativen Kompetenzen nicht in der Lage, ihre Interessen vor Gericht angemessen wahrzunehmen.[788]

Um in diesem Zusammenhang jedoch Wertungswidersprüche zu vermeiden, erscheint es sinnvoll, die Fälle der notwendigen Verteidigung im gemeinsamen Verfahren auf solche zu beschränken, in denen zumindest ein Mitangeklagter unter 25 Jahren beteiligt ist. Denn ebenso wie bei den obigen Ausführungen zum zeitweiligen Ausschluss eines Heranwachsenden nach § 51 Abs. 1 S. 1 JGG[789] wird auch hier angenommen werden können, dass ein Erwachsener, der zum Zeitpunkt der Verhandlung das 25. Lebensjahre vollendet hat, zum Zeitpunkt der verhandelten Tat aber noch Heranwachsender war, über die Erfahrung und die Fähigkeiten verfügt, sich angemessen vor Gericht zu verteidigen.

Trifft dies nicht zu, wird auf einen der Fälle der notwendigen Verteidigung nach § 140 Abs. 1 und Abs. 2 StPO zurückgegriffen werden müssen.

### 6.2.6 Zusammenfassung

Als conclusio des Versuchs, die gesetzliche Ausgestaltung und Umsetzung der Verfahrensvorschriften zur gemeinsamen Verhandlung in der Rechtspraxis an der Intention des Jugendstrafrechts zu messen, können die folgenden Aussagen getroffen werden:

Die Gesetzesintention wurde nicht in aller Konsequenz verfolgt. Es fällt zunächst einmal die recht geringe Anzahl an ausdrücklichen Regelungen zur ge-

---

787 Vgl. *Schmitt/Meyer-Goßner*, StPO, § 141 Rdnr. 5

788 Vgl. LG Gera, DVJJ-Journal1998, S. 279; *Beulke*, FS-Böhm, S. 659 f.

789 Siehe die Ausführungen unter 6.2.4.2.

meinsamen Verhandlung auf, lediglich bzgl. der Voraussetzungen des § 103 Abs. 1 JGG und des Öffentlichkeitsgrundsatzes existieren Vorschriften. Regelungsdefizite sind insbesondere hinsichtlich des Anwesenheitsrechts, der Einstellungspraxis und der notwendigen Verteidigung erkennbar.

Gerade aber in der Verfahrenssituation, mit einem Erwachsenen gemeinsam vor einem Gericht angeklagt zu werden, fällt die Unerfahrenheit im Umgang mit staatlichen Institutionen sowie die mangelnde Kommunikations- und Ausdrucksfähigkeit der jungen Angeklagten viel stärker ins Gewicht als bei einem ausschließlich jugendstrafrechtlichen Verfahren. Dieser Aspekt gilt für Jugendliche und Heranwachsende gleichermaßen. Beide Altersgruppen bedürfen daher einer angemessenen, gesetzlich normierten Unterstützung als Ausgleich der vorhandenen Defizite.

Als Konsequenz der soeben aufgeführten Punkte müssen weitere, ausdrückliche Regelungen zum gemeinsamen Verfahren vorgenommen werden, nämlich:

1) Die Voraussetzungen der gemeinsamen Verhandlung sind jugendadäquater zu fassen und der JGH ist eine gewichtigere Rolle bei der Verbindungsentscheidung zuzubilligen. Ihre Ermittlungstätigkeit muss einen größeren Umfang sowie eine zur Frage der schädlichen Auswirkung einer Verfahrensverbindung explizite Stellungnahme umfassen.
2) Heranwachsende sind in den Geltungsbereich des Jugendstrafrechts vollumfänglich aufzunehmen. Es sind jedoch explizite Ausnahmevorschriften für den Fall zu berücksichtigen, dass der zur Tat Heranwachsende zum Zeitpunkt der Verhandlung bereits das 25. Lebensjahr vollendet hat.
3) Die Öffentlichkeit ist im verbundenen Verfahren stets ausgeschlossen.
4) Um eine Beeinflussung der staatsanwaltschaftlichen Einstellungsbereitschaft gegenüber dem jungen Beschuldigten infolge einer denkbaren Verfahrenssituation nach § 103 Abs. 1 JGG zu vermeiden, durch welche gegenüber dem nichtgeständigen Erwachsenen mithilfe der Einlassung des geständigen Jugendlichen bzw. Heranwachsenden der Tat- und Schuldnachweis geführt werden soll, ist die Möglichkeit einer staatsanwaltschaftlichen Vereinbarung zu eröffnen, mittels derer dem jungen Beschuldigten zugesichert wird, dass die Verfahrenseinstellung ihm gegenüber endgültiger Natur ist und nicht aufgrund seiner gerichtlichen Zeugenaussage gegenüber dem ehemaligen Mitbeschuldigten zu neuen Ermittlungen und einer Rücknahme der Einstellung führt. Nur so kann man zu einer jugendspezifischen Auslegung und Anwendung des § 103 Abs. 1 JGG gelangen, im Rahmen derer gerichtliche Verfahren gegenüber dem jungen Beschuldigten vermieden werden, wo diese als nicht unbedingt erforderlich erachtet werden.

Des Weiteren ist eine Modifikation des § 61 Abs. 1 Nr. 1 BZRG vorzunehmen, so dass die Gerichte keine direkte Auskunft mehr über die bisherigen Einstellungen zugunsten des Jugendlichen erhalten, da auf diese Weise eine anderweitige, ebenfalls denkbare Beeinflussung der richterlichen Einstellungsbereitschaft vermieden werden kann.

5) Im Falle des zeitweiligen Ausschlusses des Jugendlichen oder Heranwachsenden nach § 51 Abs. 1 S. 1 JGG sind im Sinne des Persönlichkeitsschutzes dieses Angeklagten auch alle weiteren Angeklagten von der Verhandlung auszuschließen. Den Verteidigern der ausgeschlossenen Angeklagten ist die Anwesenheit jedoch zu gestatten.

6) Im Sinne einer fairen Verfahrensgestaltung ist es erforderlich, jedem Angeklagten eines verbundenen Verfahrens zum frühest möglichen Zeitpunkt einen notwendigen Verteidiger beizuordnen. Gegenüber dem jungen Angeklagten erklärt sich die Beiordnung aus seiner eingeschränkten Kommunikations- und Handlungskompetenz gegenüber staatlichen Instanzen, welche eine angemessene Verteidigung gerade im gemeinsamen Verfahren mit seiner erhöhten Komplexität oder schwierigen Sachverhaltsgestaltung sowie der Anwesenheit eines erwachsenen Mitangeklagten erheblich erschwert.
Gegenüber dem Erwachsenen rechtfertigt sich die notwendige Verteidigung aus dem Umstand heraus, dass er Angeklagter eines Prozesses ist, in dem alle hoheitlichen Beteiligten an der persönlichen Entwicklung und Erziehung des jungen Mitangeklagten interessiert sind, diesem zudem noch ein Rechtsbeistand zur Wahrnehmung seiner Interessen zusteht und das Verfahren selbst sich auch für den erwachsenen Angeklagten als komplex und unübersichtlich darstellt. Als Ausgleich für die Aufwertung der Rechte und der Stellung des jungen Angeklagten sowie der Jugendgerichtshilfe ist eine Stärkung auch der Position des Erwachsenen erforderlich.

Mit Hilfe der aufgelisteten Ergänzungen und Modifikationen des geltenden Jugendstrafrechts ließe sich das gemeinsame Verfahren der Gesetzesintention annähern. Im Hinblick auf den Umstand, dass in dieser Verfahrenssituation stets unterschiedliche Verfahrensarten mit teilweise divergierenden Verfahrensgrundsätzen aufeinander treffen, zwischen denen es eine praktische Konkordanz herzustellen gilt, ist auf diese Weise zumindest das durchaus erreichbare und erstrebenswerte Ziel einer weitest möglichen Berücksichtigung der Gesetzesintention des Jugendstrafrechts im verbundenen Verfahren umsetzbar.

# 7 Einbettung der Modifikationen und Ergänzungen in das System des Verfahrensrechts

Die vier der bisherigen Betrachtung zugrunde liegenden Verfahrensgrundsätze stehen aufgrund vielfacher Verstrebungen im Abhängigkeitsverhältnis zum übrigen Verfahrensrecht der StPO und des JGG sowie weiteren grundlegenden Verfahrensmaximen. So ist das Opportunitätsprinzip beispielsweise nicht denkbar ohne die Existenz des Offizial- und Legalitätsprinzips.[790] Dem Recht auf den gesetzlichen Richter kommt im Zusammenhang mit der Zuständigkeitsregelung in § 103 Abs. 2 JGG eine entscheidende Rolle zu[791] und das Gebot der fairen Verfahrensgestaltung findet seinen Ursprung in dem allem Verfahrensrecht zugrunde liegenden Rechtsstaatsprinzip.[792]

Diese Verstrebung der Grundsätze innerhalb des Systems des Strafprozessrechts macht die folgende Betrachtung erforderlich, welche sich mit der Frage auseinandersetzt, ob sich die vorgeschlagenen Modifikationen und Ergänzungen in dieses System einfügen oder ob es zu Konflikten kommt.

Ausgangspunkt der Betrachtung ist die den Prozessmaximen zukommende rechtsgestaltende Funktion, da sie, an den Gesetzgeber gewandt, diesem vorgeben, in welchem Rahmen eine Rechtsgestaltung möglich ist. Zugleich können sie auch zur Auslegung und Fortentwicklung des bereits geltenden Rechts herangezogen werden, was ihnen auch eine systematisierende und interpretatorische Funktion verleiht.[793]

Nimmt man – wie in den im Abschnitt 6.2 aufgeführten Vorschlägen – Veränderungen oder Ergänzungen an den die Verfahrensgrundsätze normierenden Vorschriften vor, so müssen sich diese an dem Sinngehalt der Maxime messen lassen, da anderenfalls eine Rechtsgestaltung unter Missachtung der wesentlichen Verfahrensgrundsätze die Folge wäre. *J.-P. Becker* führt hierzu kompakt aus: „*Die Gesamtschau aller sich wechselseitig ergänzenden oder begrenzenden Verfahrensgrundsätze mit dem Ziel, im Interesse einer sachgerechten Lösung Widersprüche durch Verzicht auf Extrempositionen zu einer sinnvollen, den Kerngehalt aller Grundsätze wahrenden, praktischen Konkordanz zu bringen, bildet die Grundlage für die Auslegung des Verfahrensrechts. (...). Erst im Zu-*

790 Vgl. *Kühne*, in: LR-StPO, Einl. Abschn. I Rdnr. 20.

791 Vgl. *Eisenberg*, JGG, § 103 Rdnr. 24.

792 Vgl. *Pfeiffer/Hannich*, in: KK-StPO, Einleitung Rdnr. 28.

793 Vgl. *Kühne*, in: LR-StPO, Einl. Abschn. I Rdnr. 2.

*sammenspiel aller Prozessgrundsätze entfaltet sich ihr Sinn als tragende und tragfähige Konstruktion eines prozessökonomischen, zugleich aber rechtsstaatlichen (fairen) Verfahrens, das sich bemüht, den von der Verfassung an die Strafrechtspflege gestellten gegenläufigen Zielsetzungen in ausgewogener Weise Rechnung zu tragen.*"[794]

Die Erweiterung bzw. Modifikation der konkreten Ausgestaltung einer Verfahrensmaxime kann somit aufgrund ihres wechselseitigen Verhältnisses zu den übrigen Maximen Einfluss auf diese nehmen.

Im Folgenden sollen die einzelnen Vorschläge aus Abschnitt 6.2 auf ihre Vereinbarkeit mit den möglicherweise von ihnen tangierten Verfahrensgrundsätzen des Strafprozessrechts überprüft werden.

## 7.1 Ausgestaltung der Voraussetzungen der gemeinsamen Verhandlung

Die unter 6.2.1.2 entwickelten Ergänzungsvorschläge für die Regelung der Voraussetzungen der Verfahrensverbindung sehen eine umfangreichere Ermittlungstätigkeit der JGH vor als dies de lege lata der Fall ist. Durch die vorgeschlagene Einführung der neuen § 38 Abs. 3 S. 3 sowie § 103 Abs. 4 JGG wird ihrem Ermittlungsergebnis zudem eine größere Bedeutung beigemessen als bislang. Denn nur auf Grundlage der Stellungnahme der JGH speziell zur Frage, ob eine gemeinsame Verhandlung schädlichen Einfluss auf die Entwicklung des jungen Angeklagten und sein Verhalten vor Gericht haben wird, darf ein Verbindungsbeschluss ergehen.

Der beschriebene Ausbau der Stellung der JGH verlangt von ihr einen größeren Umfang an Ermittlungstätigkeit hinsichtlich der persönlichen Entwicklung, des Charakters und des sozialen Umfelds des Jugendlichen bzw. Heranwachsenden. Diese Tätigkeit wird von der JGH während des Ermittlungsverfahrens wahrgenommen. Ein Eingriff in die Persönlichkeitssphäre des jungen Beschuldigten im Rahmen der Informationsbeschaffung bei ihm selbst, seiner Familie, seiner Schule oder seinem Arbeitgeber wird in diesem Zusammenhang zwar durchaus zu bejahen sein.[795]

Die Ermittlung der JGH dient im Gegensatz zur Ermittlungstätigkeit der Staatsanwaltschaft jedoch nicht der Sachverhaltsaufklärung und Beweissiche-

794 *Becker*, in: LR-StPO, Vor § 226 Rdnr. 26.

795 Bei der Befragung des jungen Beschuldigten und seiner Eltern handelt es sich prozessual immerhin um eine Vernehmung, so dass die JGH zur Belehrung über die Aussagefreiheit nach §§ 136, 52 StPO verpflichtet ist, *Zieger*, Verteidigung in Jugendstrafsachen, Rdnr. 122.

rung[796] und somit auch nicht der möglichen Tatüberführung. Die gemäß obigem Vorschlag erweiterte Ermittlungstätigkeit und größere Bedeutung ihres Ergebnisses führt viel mehr dazu, den Interessen des jungen Beschuldigten gerecht zu werden und eine seine Erziehung oder für ihn günstige Verfahrensgestaltung gefährdende Verfahrenverbindung zu vermeiden.

Die Entscheidung für oder gegen eine Verbindung soll auf Grundlage einer individuellen Beurteilung der Eigenheiten dieses einen jungen Delinquenten erfolgen. Somit wird infolge des genannten Ergänzungsvorschlags die in § 2 Abs. 1 sowie § 43 JGG geforderte und für überragend wichtig erachtete spezialpräventive Einwirkung und Behandlung zugunsten des jungen Beschuldigten bzw. Angeklagten weiter ausgebaut. Die Ergänzungen lassen sich demnach in das (jugend-)strafprozessuale System einbetten, ohne entscheidenden Einfluss auf andere Verfahrensgrundsätze zu nehmen.

Die weiteren Modifikationsvorschläge im Rahmen der Voraussetzungen der gemeinsamen Verhandlung, namentlich der neu zu fassende § 103 Abs. 1 S. 2 JGG sowie die Ergänzung der Richtlinie Nr. 1 zu § 103 JGG infolge der positiven Formulierung von Verbindungsgründen in Satz 3, engen die Anwendungsfälle des § 103 Abs. 1 JGG weiter ein. Auch diese vorgeschlagene Einschränkung fügt sich in das System des Jugendstrafrechts ein, da die restriktive Handhabung der Verbindung unterschiedlicher Verfahrensarten mit ihren teilweise divergierenden Zielsetzungen noch weiter untermauert wird. Es sind entsprechend dem Entwurf noch strengere Anforderungen an eine Verfahrensverbindung zu stellen, wodurch jedem Angeklagten das ihm ursprünglich zustehende Verfahrensrecht eröffnet, zugleich aber auch der Persönlichkeitsschutz und die § 2 Abs. 1 JGG entsprechende individuelle Behandlung des jungen Angeklagten ermöglicht werden soll. Eine Verbindung *hat* demnach zu unterbleiben, wenn die Zielsetzung des § 2 Abs. 1 JGG gefährdet würde. In der praktischen Konsequenz wird dies zu einer Verringerung der Anzahl verbundener Verfahren führen. Diese Auswirkung entspricht indes dem Ausnahmecharakter, welcher dem Aufeinandertreffen der verschiedenen Verfahrensarten im Falle der Verfahrensverbindung nach dem Gesetzeszweck zukommen soll.

Die genannten Modifikationen haben zudem keinerlei Einfluss auf den Legalitätsgrundsatz, da eine Strafverfolgung bzw. Anklage eines jeden Delinquenten nicht einfach unterbleibt, sondern im geeigneten Fall separat erfolgt, sollte es aufgrund der strengeren Voraussetzungen für eine Verbindung bei getrennten Verfahren bleiben.

Ebenfalls keine Auswirkungen haben die strengeren Voraussetzungen einer Verbindung auf das Recht auf den gesetzlichen Richter. Bleibt es bei getrennten

---

796 *Beulke*, Strafprozessrecht, Rdnr. 312 ff.

Verhandlungen, verbleibt es ohnehin bei den nach (jugend-)strafprozessualen Zuständigkeitsregeln separaten Gerichten. Kommt unter den strengen Voraussetzungen hingegen eine Verbindung in Betracht, so ordnet § 103 Abs. 2 S. 1 JGG den dann zuständigen gesetzlichen Richter an, so dass sich an der bisherigen Praxis nichts ändert.[797]

## 7.2 Ausgestaltung des Öffentlichkeitsgrundsatzes

Im Rahmen der vorgeschlagenen Modifikation des Öffentlichkeitsgrundsatzes, sprich der generellen Nichtöffentlichkeit der Verhandlung bei Beteiligung zumindest eines nicht-erwachsenen Angeklagten[798], stellt sich die Frage, ob sich diese erweiterte Ausschlussmöglichkeit im Hinblick auf die detaillierten Regelungen der §§ 170 ff. GVG in das Gesamtkonzept der Ausschlussgründe einfügt.

Der Ansatzpunkt, die Öffentlichkeit zum Schutze der Persönlichkeit eines Verfahrensbeteiligten auszuschließen, wohnt bereits § 171b Abs. 1 GVG inne, auch wenn der Ausschluss dort mit der Erörterung von Umständen aus dem persönlichen Lebensbereich begründet wird[799], wohingegen der Grund des Ausschlusses im Jugendstrafrecht die Vermeidung von Hemmungen oder einer Stigmatisierung des jungen Angeklagten ist, wodurch die Basis für eine Kommunikation der Beteiligten gelegt werden soll.[800]

Über den Persönlichkeitsschutz in § 171b Abs. 1 GVG hinaus sieht auch Art. 6 Abs. 1 MRK einen Ausschluss der Öffentlichkeit vor, wenn die Interessen eines Jugendlichen oder der Persönlichkeitsschutz einer Prozesspartei dies erfordern oder die Öffentlichkeit der Verhandlung die Interessen der Gerechtigkeit beeinträchtigen würde.[801] Die MRK ist infolge ihrer Ratifizierung innerstaat-

---

797 Vgl. *Eisenberg*, JGG, § 103 Rdnr. 24.

798 Siehe hierzu die Ausführungen unter 6.2.2.2.

799 *Diemer*, in: KK-StPO, § 171b GVG Rdnr. 3.

800 *Ostendorf*, JGG, Grdl. z. §§ 48–51 Rdnr. 3; *Schatz*, in: D/S/S, JGG, § 48 Rdnr. 2; diese Erwägungen stellen gerade keinen Ausschlussgrund im Verfahren gegen Erwachsene dar, vgl. *Kissel/Mayer*, GVG, § 169 Rdnr. 14 ff.

801 Art. 6 Abs. 1 MRK: „*Jedermann hat Anspruch darauf, dass sein Sache in billiger Weise öffentlich und innerhalb einer angemessenen Frist gehört wird, und zwar von einem unabhängigen und unparteiischen, auf Gesetz beruhenden Gericht, das über zivilrechtliche Ansprüche und Verpflichtungen oder über die Stichhaltigkeit der gegen ihn erhobenen strafrechtlichen Anklage zu entscheiden hat. Das Urteil muss öffentlich verkündet werden, jedoch kann die Presse und die Öffentlichkeit während der gesamten Verhandlung oder während eines Teils derselben im Interesse der Sittlichkeit, der öffentlichen Ordnung oder der nationalen Sicherheit in einem demokratischen Staat ausgeschlossen werden, oder wenn die Interessen von Jugendlichen oder der Schutz des Privatlebens der Prozessparteien es verlangen, oder*

liches Recht im Range eines einfachen Bundesgesetzes geworden. Gleichwohl prägen ihre Prinzipien wegen der völkerrechtlichen Bindung der Bundesrepublik die Auslegung und die Anwendung anderen innerstaatlichen Rechts.[802] Art. 6 MRK erweitert die gesetzlichen Ausschlussmöglichkeiten der §§ 171a ff. GVG somit zwar nicht, jedoch lässt sich die Aussage treffen, dass mit der MRK übereinstimmendes Recht gefestigt, mit ihr nicht übereinstimmendes Recht in seiner Auslegung abgeändert wird.[803]

Erkennt man als Zweck der Regelung in Art. 6 Abs. 1 S. 2 MRK an, dass durch den Ausschluss der Öffentlichkeit die *„Interessen der Gerechtigkeit"* sowie der Persönlichkeitsschutz der Prozessparteien gewahrt werden sollen, so entspricht die vorgeschlagene Neuregelung der (Nicht-)Öffentlichkeit im gemeinsamen Verfahren diesen Vorgaben. Denn der Schutz des jungen Angeklagten vor Stigmatisierung und einer drohenden Benachteiligung im späteren Sozial- und Berufsleben dient ebenso wie die Herstellung einer offenen Gesprächsatmosphäre und die Vermeidung von Hemmungen bzw. überheblichen Inszenierungen diesen Zwecken. Es wird zum einen die Persönlichkeit des jungen Angeklagten geschützt, so dass aktuelle und spätere Benachteiligungen als Folge des Umstandes, Angeklagter eines Prozesses gewesen zu sein, weitestgehend ausgeschlossen sind. Zum anderen dient die Herstellung einer Kommunikationsebene sowie einer offenen Gesprächsatmosphäre auch der Wahrheitsfindung und somit der in Art. 6 Abs. 1 S. 2 MRK aufgeführten *„Interesse der Gerechtigkeit"*.

Die grundsätzliche Nichtöffentlichkeit der gemeinsamen Verhandlung auch für den Fall der Beteiligung „nur" eines Heranwachsenden neben dem Erwachsenen fügt sich in diese Vorgabe an möglichen Ausschlussgründen der MRK ein, da die einem Jugendlichen vergleichbaren Verhaltens- und Kommunikationsdefizite regelmäßig auch bei dieser Altersgruppe festzustellen sind.[804]

---

*und zwar unter besonderen Umständen, wenn die öffentliche Verhandlung die Interessen der Gerechtigkeit beeinträchtigen würde, in diesem Falle jedoch nur in dem nach Auffassung des Gerichts erforderlichen Umfang.*"

802 Vgl. *Kissel/Mayer*, GVG, § 169 Rdnr. 82; *Schmidt*, Anm. z. Urt. des BGH v. 02.07.1969 – 4 StR 226/69, JZ 1970, S. 36.

803 Vgl. *Kissel/Mayer*, GVG, § 169 Rdnr. 83; *Meyer-Goßner*, StPO, vor Art. 1 MRK Rdnr. 4; OLG Düsseldorf, NStZ 1985, S. 370.

804 Vgl. die Ausführungen unter 6.2.2.2.

## 7.3 Ausgestaltung des Opportunitätsprinzips

Bezüglich der vorgeschlagenen Möglichkeit einer speziellen Art von Absprache oder Vereinbarung zwischen der Staatsanwaltschaft und dem jungen Beschuldigten, die einmal verfügte Einstellung gegen ihn nicht aufgrund neuer Ermittlungserkenntnisse infolge seiner Zeugenaussage im Prozess gegen den erwachsenen Angeklagten aufzuheben[805], stellt sich die Frage, ob hierin ein Verstoß gegen das Legalitätsprinzip zu sehen ist.

Das Legalitätsprinzip kann auch als Erforschungspflicht[806] oder Verfolgungszwang[807] der Staatsanwaltschaft verstanden werden. Die Staatsanwaltschaft ist verpflichtet, die Strafverfolgung gegen jeden durchzuführen, bei dem die gesetzlich bestimmte Verdachtsschwelle einer Straftat überschritten ist und anschließend, wenn die entsprechenden Voraussetzungen vorliegen, Anklage gegen ihn zu erheben.[808]

Folge der vorgeschlagenen Absprache zwischen Staatsanwaltschaft und jungem Beschuldigten wäre in der Tat der Verzicht der Staatsanwaltschaft auf eine *Weiter*verfolgung der Verdachtsmomente gegen den jungen Beschuldigten, obwohl neue Ermittlungsergebnisse auf Grundlage seiner Zeugenaussage im Prozess gegen den erwachsenen Angeklagten für eine Anklage auch gegen ihn sprechen.

Das Kollidieren einer Prozessabsprache zwischen Verdächtigen und Staatsanwaltschaft mit der staatsanwaltschaftlichen Erforschungspflicht ist als Problem durchaus bekannt. Gleichwohl wird eine Absprache aber dann als zulässig angesehen, wenn anderweitige Überführungsmöglichkeiten fehlen.[809] Vergleicht man den obigen Vorschlag mit diesem als zulässig anerkannten Fall der Verständigung, so kann festgehalten werden, dass hier zwar nicht gegenüber dem jungen Beschuldigten, wohl aber gegenüber dem erwachsenen Angeklagten keine anderweitigen Aufklärungs- und Überführungsmöglichkeiten bestehen.

Der junge Beschuldigte seinerseits ist zudem auch nicht gänzlich der Strafverfolgung entgangen. Als Teil der Einstellungsverfügung, die ja bereits die Beendigung eines strafrechtlichen Ermittlungsverfahrens darstellt, werden regelmäßig erzieherische Maßnahmen verhängt werden. Das staatliche Strafverfolgungsinteresse wird somit gegenüber dem Erwachsenen im vollen Maße, gegenüber dem jungen Beschuldigten im eingeschränkten Maße verwirklicht, wenn man davon

805 Vgl. die Ausführungen unter 6.2.3.2.

806 *Beulke*, in: LR-StPO, § 152 Rdnr. 3.

807 *Meyer-Goßner*, StPO, § 152 Rdnr. 2.

808 *Meyer-Goßner* spricht hier vom „Anklagezwang“ der Staatsanwaltschaft, *Meyer-Goßner*, StPO, § 152 Rdnr. 2.

809 Vgl. *Schoreit*, in KK-StPO, § 152 Rdnr. 13a.

ausgeht, dass aufgrund der neuen Erkenntnisse eine Anklage auch gegen den Jugendlichen bzw. Heranwachsenden angebracht wäre.

Gleichzeitig wird jedoch sichergestellt, dass der junge Beschuldigte nicht der Situation ausgeliefert wird, Angeklagter eines verbundenen Strafverfahrens zu sein, obwohl ihm gegenüber die Staatsanwaltschaft auf Grundlage ihrer bisherigen Erkenntnisse eine Einstellung für ausreichend erachtet hätte, nur um den Tatnachweis gegenüber dem erwachsenen Mitangeklagten zu erbringen. Die Ermöglichung einer derartigen Absprache fügt sich somit nicht nur in die bereits anerkannte Praxis der Ausnahmen vom Legalitätsprinzip ein, sondern verstärkt auch die von § 2 Abs. 1 und § 103 Abs. 1 JGG geforderte restriktive Handhabung der Verfahrensverbindung.[810]

Darüber hinaus finden durch die „Ausstiegsmöglichkeit“ im Falle der nachträglichen Bewertung der Tat als Verbrechen das Strafverfolgungsinteresse des Staates sowie die Notwendigkeit einer weitergehenden erzieherischen Einwirkung auf den jungen Delinquenten Berücksichtigung.

Hinsichtlich der ebenfalls vorgeschlagenen Modifikation des § 61 Abs. 1 Nr. 1 BZRG wurde bereits im Abschnitt 6.2.3.2 ausgeführt, dass die Strafverfolgungsbehörden bzw. die gerichtliche Erkenntnismöglichkeit bezüglich der strafrechtlichen Vergangenheit des jungen Delinquenten keinen wesentlichen Nachteil hierdurch erfahren.

Viel mehr kann eine eventuelle und zumeist unbewusste Beeinflussung der gerichtlichen Einstellungsbereitschaft gegenüber den Angeklagten durch den modifizierten Auskunftsumfang vermieden und gleichzeitig angemessen auf strafrechtlich relevantes Fehlverhalten reagiert werden. Denn eine Einstellung wird auch auf Grundlage der nach Ergänzung der Norm zur Verfügung stehenden und als ausreichend anzusehenden Erkenntnisquellen nur dann von der Staatsanwaltschaft angeregt werden, wenn die hierfür erforderlichen Voraussetzungen vorliegen, so dass eine der Tat angemessene Sanktionierung gewährleistet wird.

Gleichzeitig fügt sich der obige Vorschlag auch in den Grundsatz der Verhältnismäßigkeit und in das Übermaßverbot ein, wonach das Ob und Wie staatlicher Strafverfolgung grundsätzlich in einem angemessenen Verhältnis zur Schwere und Bedeutung der Straftat stehen muss.[811] Durch besagte Modifikation wird zum einen die im Vergleich zum Erwachsenen eintretende Benachteilung junger Delinquenten vermieden, da derzeit mindestens bis zur Vollendung ihres 24. Lebensjahres (§ 63 Abs. 1 BZRG) alle Einstellungsverfügungen nach §§ 45, 47 JGG gegen sie im Erziehungsregister eingetragen werden und für verschiede-

---

810 Siehe hierzu die Verweise in Fn. 108.

811 Vgl. *Pfeiffer/Hannich*, in: KK-StPO, Einleitung Rdnr. 30 f.

ne Stellen einsehbar sind, was – wie bereits erläutert – zumindest für Strafgerichte nicht zwingend notwendig wäre. Zum anderen kann durch die Vermeidung der möglichen Beeinflussung der Einstellungsbereitschaft gegenüber dem einen oder anderen Angeklagten eine der vorgeworfenen Tat angemessene und somit auch verhältnismäßige Sanktion getroffen werden.

Zudem wird durch die grundsätzliche Beibehaltung der Eintragung der Verfahrenseinstellungen die Aufgabenerfüllung der übrigen in § 61 Abs. 1 BZRG genannten Auskunftsberechtigten ermöglicht.

## 7.4 Ausgestaltung des Anwesenheitsrechts

Mit Einführungen des vorgeschlagenen neuen § 51 Abs. 1 S. 3 JGG soll der Persönlichkeitsschutz des jungen Angeklagten verstärkt werden, indem neben ihm auch alle weiteren Angeklagten für die Dauer von Erörterungen nach § 51 Abs. 1 S. 1 JGG von der Verhandlung ausgeschlossen werden können.[812] Fraglich ist jedoch, ob durch eine derartige Erweiterung der Ausschlussmöglichkeiten das Recht der Mitangeklagten auf rechtliches Gehör und ihre Subjektsqualität verletzt werden.

Das Recht des Angeklagten, als Prozesssubjekt behandelt zu werden, eröffnet ihm eigene Handlungs- und Einwirkungskompetenzen, zu denen auch sein Recht auf angemessene Verteidigung gezählt wird.[813] Gerade dieses Recht auf Verteidigung könnte durch den zeitweiligen Ausschluss jedoch beeinträchtigt werden.

Dem ist jedoch entgegenzuhalten, dass nach dem obigen Vorschlag zwar die weiteren Angeklagten ausgeschlossen werden, ihre Verteidiger indes anwesend bleiben. Zudem wird im weitergehenden Entwurf die notwendige Verteidigung eines jeden Angeklagten im gemeinsamen Verfahren befürwortet, so dass gewährleistet ist, dass kein Angeklagter ohne eigenen anwesenden Interessenvertreter zeitweilig von der Verhandlung ausgeschlossen ist. Die Gewährung und Wahrnehmung von Verteidigungsrechten ist somit sichergestellt und nur im vertretbaren und geringen Maße beschränkt.

Auch hinsichtlich der Frage nach der Vorenthaltung des rechtlichen Gehörs kann festgehalten werden, dass eine solche nicht vorliegt. Denn das Recht auf Gewährung rechtlichen Gehörs gemäß Art. 103 Abs. 1 GG besagt lediglich, dass jedem die Gelegenheit zu gewähren ist, sich dem Gericht gegenüber zu den gegen ihn erhobenen Vorwürfen zu äußern, Anträge zu stellen und Ausführungen

---

812 Vgl. die Ausführungen unter 6.2.4.2.

813 Vgl. *Kühne*, in: LR-StPO, Einl. Abschn. J Rdnr. 65 f.

zu machen.[814] Zudem ist das Gericht verpflichtet, diese Ausführungen zur Kenntnis zu nehmen und in Erwägung zu ziehen.[815] Die genannten Rechte und Möglichkeiten werden dem Angeklagten jedoch nicht entzogen oder beschnitten, nur weil er zeitweilig von der Verhandlung ausgeschlossen wird. In der Regel wird das in dieser Zeit Erörterte ihn und den gegen ihn erhobenen Tatvorwurf nicht betreffen. Für den Fall, dass doch verteidigungsrelevante Umstände Erwähnung finden, ist durch die Anwesenheit seines Verteidigers die Wahrung seiner Interessen und Rechte gewährleistet.

Hinzu tritt der Umstand, dass durch die auf diese Weise gesetzlich verankerte Ausschlussmöglichkeit[816] auch der übrigen Angeklagten der dem Jugendstrafrecht innewohnende Gedanke des Persönlichkeitsschutzes des jungen Delinquenten eine Stärkung erfährt. Die ihn betreffenden persönlichen und teilweise sogar intimen Erörterungen werden so lediglich vor einer Mindestanzahl von Personen ausgeführt, welche aufgrund ihrer jeweiligen Profession mit diesen Informationen vertraulich umzugehen verstehen. Folglich fügt sich die vorgeschlagene Ergänzung des § 51 Abs. 1 JGG in das Konzept des Jugendstrafrechts ein und fördert eine jugendadäquate Verfahrensgestaltung.

## 7.5 Ausgestaltung des „fair-trial"-Grundsatzes

Die vorgeschlagenen Ergänzungen im Rahmen des „fair-trial"-Grundsatzes betreffen vor allem die Erweiterung der Fälle der notwendigen Verteidigung, indem nämlich für alle Angeklagten eines verbundenen Verfahrens eine Beiordnung zu erfolgen hat[817], da Kern des Fairnessgebots gerade die Gewährung von Teilhabe- und Abwehrrechten ist.[818] In diesem Zusammenhang stellt sich die Frage, ob besagte Erweiterung den Rahmen der vom Gesetzgeber vorgesehenen notwendigen Verteidigerbestellungen nicht sprengt und somit eine Begünstigung der – ohne eigenes Zutun – im verbundenen Verfahren Angeklagten bewirkt wird.

Das Institut der notwendigen Verteidigung stellt eine Konkretisierung des Rechtsstaatsprinzips in seiner Ausgestaltung als Gebot fairer Verfahrensführung

814 *Meyer-Goßner*, StPO, Einl. Rdnr. 23; BVerfGE 60, 175 (210) sowie BVerfGE 6, 19 (20).

815 Vgl. BVerfGE 64, 135 (144); BGH 28, 44 (46).

816 Welche in analoger Anwendung des § 247 StPO für erwachsene Mitangeklagte bereits von *Ostendorf* vertreten wird, wobei die Unterscheidung nach Altersgruppen nach dem hier vertretenen Entwurf hinfällig ist; *Ostendorf*, Jugendstrafrecht, Rdnr. 66 sowie *ders.*, FS-Rieß, S. 853.

817 Vgl. die Ausführungen unter 6.2.5.2.

818 Vgl. *Kühne*, in: LR-StPO, Einl. Abschn. I Rdnr. 107.

dar. Auf diese Weise sichert der Gesetzgeber das Interesse, welches der Rechtsstaat an einem prozessordnungsgemäßen Strafverfahren hat, wozu auch die wirksame Verteidigung des Angeklagten zählt.[819]

Von einer wirksamen Verteidigung kann aber nur dort gesprochen werden, wo der Angeklagte in der Lage ist, seine Interessen und Rechte vorzubringen, welche auch Beachtung finden müssen. Eine wirksame Verteidigung ist folglich Teil der im vorherigen Abschnitt genannten Stellung als Prozesssubjekt. Ist es dem Angeklagten aufgrund seiner strukturellen oder sonstigen Unterlegenheit nicht möglich, selbst eine wirksame Verteidigung durchzuführen, wird ihm zu diesem Zwecke (u.U. auf Antrag) ein notwendiger Verteidiger bestellt.[820]

Nach den Erläuterungen und Ausführungen unter Abschnitt 6.2.5.2 ist im Falle der gemeinsamen Verhandlung für jeden der Angeklagten von einer solchen Unterlegenheit bzw. Unfähigkeit zur angemessenen Selbstverteidigung auszugehen. Der junge Angeklagte ist infolge seiner nur eingeschränkten Handlungs- und Kommunikationskompetenz sowie der im Falle eines verbundenen Verfahrens regelmäßig komplexen oder schwierigen Sachverhalts- oder Verfahrenslage mit der Selbstverteidigung überfordert. Zudem sieht er sich einem erwachsenen Mitangeklagten gegenüber, der zumindest über eine größere Handlungskompetenz verfügt.

Der Erwachsene seinerseits ist Angeklagter eines Verfahrens, in welchem Jugendgerichtshilfe, Staatsanwaltschaft und Gericht (bereits gesetzlich hierzu verpflichtet) vorwiegend an der Erforschung der Persönlichkeit und des Erziehungsdefizits des jungen Mitangeklagten interessiert sind, um auf diesen individualpräventiv einwirken zu können. Zu diesem Zwecke werden die justizförmigen, z.T. starren Strukturen des Strafverfahrens, welche dem Angeklagten Schutz gewähren[821], zugunsten eines teilweise entformalisierten Verfahrens aufgebrochen, da vielfach ein Nebeneinander der unterschiedlichen Verfahrensrechte nicht möglich ist und entsprechend der Vorgabe in § 2 JGG in diesem Fall dem Jugendstrafrecht Vorrang zu gewähren ist. Hinzu tritt auch hier der Umstand, dass dem verbundenen Verfahren regelmäßig ein schwieriger Sachverhalt oder eine komplexe Verfahrenssituation zugrunde liegt. Um in diesem Verfahren als Prozesssubjekt seine Rechte angemessen wahrnehmen zu können, ist auch zu seinen Gunsten von einer notwendigen Verteidigung auszugehen, zumal die soeben beschriebenen Umstände in *jedem* verbundenen Verfahren vorliegen,

---

819 Vgl. *Laufhütte*, in: KK-StPO, § 140 Rdnr. 1; *Schmitt/Meyer-Goßner*, StPO, § 140 Rdnr. 1; BverfGE 63, 380 (390); BGH 3, 395 (398).

820 Vgl. *Beulke*, Strafprozessrecht, Rdnr. 165 ff.

821 Vgl. *Beulke*, Strafprozessrecht, Rdnr. 5.

unabhängig von den individuellen Handlungskompetenzen des erwachsenen Angeklagten, so dass stets von einer strukturellen Unterlegenheit auszugehen ist.

Die einmal persönliche, einmal strukturelle Unterlegenheit der Angeklagten eines verbundenen Verfahrens begründet deren Unvermögen zur wirksamen Selbstverteidigung. Ihnen daher einen notwendigen Verteidiger zur Übernahme dieser Aufgabe beizuordnen, entspricht folglich dem mit diesem Institut verfolgten Zweck. Von einer Sprengung des Rahmens der Anwendungsfälle kann somit nicht ausgegangen werden.

## 7.6 Zusammenfassung

Betrachtet man die Änderungsvorschläge hinsichtlich der konkreten Ausgestaltung der vier Verfahrensgrundsätze im verbundenen Verfahren sowie hinsichtlich der Voraussetzungen dieses speziellen Verfahrens und stellt die Frage nach deren Einbettung in das Gesamtgefüge der Verfahrensgrundsätze des Strafprozessrechts, so kann die Aussage getroffen werden, dass keine erheblichen Reibungspunkte festzustellen sind.

Das Gleichgewicht der sich gegenseitig bedingenden Verfahrensgrundsätze wird durch keine der vorgeschlagenen Modifikationen bedeutend gestört. Der Ausgangspunkt eines jeden Änderungsvorschlags findet sich in der derzeitigen Regelung oder einer anderen Vorschrift des geltenden Verfahrensrechts, es wurde lediglich der normative Gesetzessinn des Jugendstrafrechts herangezogen, um zu einer an dieser gemessenen Weiterentwicklung zu gelangen. Das bedeutet wiederum, dass keiner der Modifikationsvorschläge dem Wesen des Strafprozessrechts gänzlich fremd ist.

Die zum Teil stärkere Gewichtung eines Verfahrensgrundsatzes gegenüber einem anderen, bspw. des Persönlichkeitsschutzes des jungen Angeklagten gegenüber dem Anwesenheitsrecht des erwachsenen Angeklagten, lässt sich im Hinblick auf die Intention des § 2 JGG mit den Zielen des Jugendstrafrechts rechtfertigen, solange es nicht zu einer gänzlichen Überlagerung des einen Verfahrensgrundsatzes durch den anderen kommt (mit Ausnahme des Öffentlichkeitsgrundsatzes, da dort ein Nebeneinander nicht möglich ist). Durch Stärkung auch der Rechte des auf den ersten Blick durch die Veränderung Benachteiligten lässt sich das ursprüngliche Gleichgewicht wieder herstellen. So kann im Hinblick auf das Fairnessgebot durch eine Verteidigerbestellung auch zugunsten des Erwachsenen dessen an sich geschwächte Position im Verfahren wieder gestärkt und ihm zugleich für den Fall des zeitweiligen Ausschlusses nach § 51 Abs. 1 JGG die Möglichkeit eröffnet werden, seine Rechte auch für die Dauer seiner Abwesenheit zu wahren.

Weder die systematisierende Funktion noch die Funktion der Prozessmaximen als Auslegungsmaßstab stehen einer Reform im vorgeschlagenen Rahmen somit grundsätzlich entgegen, da sich diese in das Gesamtkonzept der Verfahrensgrundsätze einfügt.

# 8 Zusammenfassung der Einzelergebnisse und rechtspolitische Betrachtungen

Die Verbindung von Verfahren gegen Angeklagte verschiedener Altersgruppen vor dem Strafgericht birgt ein nicht unbeachtliches Konfliktpotenzial in sich. Dieses erklärt sich aus den zum Teil unterschiedlichen Zielsetzungen des Verfahrens gegen Jugendliche und Heranwachsende im Vergleich zum Verfahren gegen Erwachsene.

Versucht man diese Ziele trotz ihrer komplexen Natur[822] in wenigen, prägnanten Begriffen einander gegenüberzustellen, so kann das allgemeine Strafverfahren als zur Feststellung und Durchsetzung des staatlichen Strafanspruchs bestimmt beschrieben werden. Ihm kommt eine rechtsfriedenstiftende Funktion zu.[823] Hier erfolgt eine Orientierung an der Tat, nicht am Täter.

Auch im Jugendstrafrecht sind die oben genannten Ziele zwar nicht von der Hand zu weisen. Gleichwohl treten diese Aspekte hinter dem in § 2 Abs. 1 JGG kodifizierten, grundlegenden Ziel der Individualprävention des jungen Delinquenten zurück. Zur Erreichung dieses Ziels werden im Rahmen dieses „Sonderstrafrechts" den Strafverfolgungsbehörden zusätzliche Reaktionsmöglichkeiten eröffnet, es werden spezielle Jugendgerichte und Jugendstaatsanwälte bereitgestellt und ein weiterer Verfahrensbeteiligter in Form der JGH in das Verfahren integriert. All diese Maßnahmen dienen dem Zweck, das Verfahren den gesteigerten Bedürfnissen des jungen Menschen anzupassen.

Zur Zielerreichung ist eine umfangreiche Persönlichkeitserforschung des jungen Delinquenten von Nöten und auch gesetzlich vorgeschrieben. Bereits aus diesem Aspekt heraus lässt sich der Schluss ziehen, dass das Jugendstrafrecht mehr am Täter als an der Tat ausgerichtet ist.[824] Das Anpassen an die Bedürfnisse des jungen Beschuldigten oder Angeklagten schlägt sich vor allem in der Vorgabe nieder, ein jugendadäquates Verfahren zu führen, welches sich an dem streitbaren Begriff der „Erziehung" des jungen Menschen messen lassen muss.

Im Fall der gemeinsamen Verhandlung treffen diese unterschiedlichen Verfahrensausrichtungen aufeinander, so dass für den Konfliktfall zum Zwecke einer einheitlichen Verfahrensgestaltung ein Vorrangverhältnis bestimmt werden

822 Vgl. *Kühne*, Strafprozessrecht, Rdnr. 1 ff.; *Beulke*, Strafprozessrecht, Rdnr. 3.

823 *Beulke*, Strafprozessrecht, Rdnr. 3 und 6.

824 Vgl. *Schaffstein/Beulke*, Jugendstrafrecht, § 1 I.

muss. Dies ist durch Einführung des § 2 Abs. 2 JGG hinsichtlich der Fälle geschehen, in denen die Vorschriften des JGG etwas anderes bestimmen als die allgemeinen Vorschriften.

Die Auslegung der vier ausgewählten, hier maßgeblichen Verfahrensgrundsätze und ihrer Geltung für das gemeinsame Verfahren sowie die Auslegung des § 103 JGG selbst brachten jedoch das Ergebnis hervor, dass über die in § 2 Abs. 2 JGG enthaltenen Fälle ausdrücklicher Bestimmungen hinaus, Vorschriften des allgemeinen Verfahrensrechts unanwendbar sein können, wenn sie den Grundsätzen des Jugendstrafrechts widersprechen oder nicht zu einem jugendgemäßen Ergebnis führen.[825] Im Falle des Aufeinandertreffens divergierender Grundsätze im restriktiv anzuwendenden verbundenen Verfahren führt dies dazu, dass die jugendspezifischen Besonderheiten Vorrang gegenüber den Grundsätzen des allgemeinen Verfahrensrechts genießen.

Im Rahmen der Untersuchung des normativen Gesetzessinns bzw. seiner konkreten Ausgestaltung hat sich zunächst ergeben, dass es mit den Zielen und Zwecken des Jugendstrafrechts vereinbar ist, Heranwachsende gänzlich in den Anwendungsbereich des Jugendstrafrechts aufzunehmen. Vor allem die Abwägung zwischen den negativen Folgen für den Heranwachsenden, wenn er fälschlicherweise nach Erwachsenenstrafrecht behandelt wird, im Vergleich zu den Folgen seiner nicht notwendigerweise erfolgten Behandlung nach dem Jugendstrafrecht lassen diese Erwägung nachvollziehbar erscheinen. Hinzu tritt der Umstand, dass nicht gewährleistet werden kann, dass die Entscheidung nach § 105 Abs. 1 JGG stets auf gesicherten, durch individuelle Erforschung erhaltenen Erkenntnissen beruht.[826]

Bezüglich einiger Verfahrensvorschriften ist jedoch an eine Anwendungsgrenze bei Vollendung des 25. Lebensjahrs zum Zeitpunkt der Eröffnung des Hauptverfahrens zu denken, um Wertungswidersprüche zu vermeiden. Dies ist beispielsweise bei Anwendung der §§ 50, 51 JGG auf zum Zeitpunkt der Tat Heranwachsende sinnvoll.

Dieses Ergebnis vorausgesetzt, hat die Untersuchung des Weiteren ergeben, dass die konkrete Ausgestaltung der hier maßgeblichen Verfahrensgrundsätze zum Teil nur unzureichend den normativen Gesetzessinn umsetzt. Die stringente Verfolgung dieses Gesetzessinns lässt einige Änderungen und Ergänzungen an der derzeitigen Ausgestaltung erforderlich erscheinen.

Um dem – durch die stärkere Fokussierung und Ausrichtung auf den Jugendlichen bzw. Heranwachsenden um das auf ihn anzuwendende Verfahrensrecht

---

825 Vgl. die Ausführungen unter 6.1.5; im Ergebnis ebenso *Sonnen*, in: D/S/S, JGG, § 2 Rdnr. 15.

826 Vgl. hierzu die Ausführungen unter 6.2.2.2; ebenso im Ergebnis *2. Jugendstrafrechtsreform-Kommission* in DVJJ-J Extra 5, S. 7.

gebrachte – Erwachsenen einen Ausgleich gewähren zu können, sind zusätzlich Ergänzungen bzw. Modifikationen der Ausgestaltung der Verfahrensgrundsätze erforderlich.

Bei Auslegung der Voraussetzungen des § 103 Abs. 1 JGG ist zudem ein jugendspezifischer Maßstab heranzuziehen. Dieser wiederum erfordert eine noch weitere Einengung der Verbindungsvoraussetzungen. Hier wurde bzgl. § 103 Abs. 1 JGG ein Ergänzungsvorschlag erarbeitet, der eine Verbindung stets für unzulässig erklärt, wenn die Ziele des § 2 JGG hierdurch gefährdet werden. Der Verbindungsentscheidung sollte notwendigerweise ein auf diese Frage ausgerichteter Bericht der JGH zugrunde liegen. Zu diesem Zwecke ist der JGH im Rahmen des Vorschlags ein umfangreicherer Ermittlungsauftrag zugeteilt worden.[827]

Betrachtet man die Ergebnisse dieser Untersuchung, gelangt man unweigerlich zu der Erkenntnis, dass die Umsetzung der unterbreiteten Vorschläge nicht in allen Fällen den Grundsätzen der Prozessökonomie entspricht. Gerade der geforderten notwendigen Verteidigung eines jeden Angeklagten im gemeinsamen Verfahren wird der allgegenwärtige „Sparzwang“[828] entgegengehalten werden können. Hier ist die Folge naheliegend, dass es bei einer obligatorischen Verteidigerbestellung für jeden Angeklagten aus Kostengründen de facto zu einer starken Reduzierung der Fälle verbundener Verfahren kommen wird.

Diesen Argumenten kann schlicht die Intention des § 2 JGG entgegengehalten werden, welche diese Kosten zur Gewährung eines jugendadäquaten Verfahrens unter steter Beachtung des Ziels der Individualprävention nun einmal erforderlich macht. Unter rechtspolitischen Gesichtspunkten mag der Einwand nachvollziehbar klingen, unter normativen Gesichtspunkten ist ihm indes keine Beachtung zu schenken.

Da sich die Anzahl von Verfahrensverbindungen infolge der enger gefassten Voraussetzungen in § 103 Abs. 1 JGG und der konsequenten Umsetzung der Intention des § 2 JGG aber ohnehin verringern würde, wäre die geforderte generelle Verteidigerbestellung zugunsten *aller* Angeklagten in der dann noch verbleibenden Anzahl von verbundenen Verfahren auch unter prozessokönomischen Gesichtpunkten durchaus vertretbar.

Abschließend sei noch darauf hingewiesen, dass im Rahmen dieser Untersuchung die immer wieder neu aufflammende Diskussion um eine Verschiebung der Altersgrenze der Strafmündigkeit auf 12 Jahre[829] keine Berücksichtigung

827 Vgl. hierzu die Ausführungen unter 6.2.1.2.

828 Im Zusammenhang mit der dort geforderten, grundsätzlich notwendigen Verteidigung Jugendlicher im Jugendstrafverfahren wird dieser Ausdruck verwendet bei *Beulke*, FS-Böhm, S. 650.

829 Vgl. u.a. *Brunner*, Überlegungen zur Strafmündigkeit, JR 1997, S. 492 ff.; *Hinz*, Strafmündigkeit ab vollendetem 12. Lebensjahr?, ZRP 2000, S. 107 ff.; *Paul*, Reform der Altersstufen im

gefunden hat, da die Frage, ob mit Vollendung des 12. oder des 14. Lebensjahrs von einer Strafmündigkeit und Verantwortungsreife ausgegangen werden kann, für die untersuchten Grundsätze im gemeinsamen Verfahren nicht relevant war.

Im Hinblick auf den erörterten normativen Gesetzessinn wird aber auch hier die Herabsetzung des Strafmündigkeitsalters abgelehnt, da ein Kind im Alter von 12 und 13 Jahren im noch erheblich geringeren Maße in der Lage sein wird, seine Interessen vor Gericht in Anwesenheit eines erwachsenen Mitangeklagten vertreten zu können. Die Handlungs- und Kommunikationskompetenz ist bei Kindern dieses Alters im weit größeren Maße eingeschränkt, als dies bereits bei Jugendlichen der Fall ist, so dass schon das Zumuten eines gerichtlichen Verfahrens an sich ihre Kompetenzen übersteigen wird. Diese Wirkung wird im Falle der gemeinsamen Verhandlung noch um einiges verstärkt, so dass bereits unter diesem Gesichtspunkt eine Herabsetzung der Strafbarkeitsgrenze abzulehnen ist.

Hinsichtlich der Frage nach der Ausdehnung des Anwendungsbereichs des Jugendstrafrechts auch auf die Gruppe der sog. Jungerwachsenen im Alter zwischen 21 und 25 Jahren[830] wird die im Rahmen der Untersuchung vorgeschlagene Einbeziehung der Heranwachsenden in das Jugendstrafrecht, verbunden mit einer Geltungsgrenze hinsichtlich einiger Verfahrensvorschriften mit Vollendung des 25. Lebensjahrs, für ausreichend erachtet. Im Hinblick auf die Entwicklungen der letzten Jahre, mit verkürzter Schulzeit und gestrafften Studiengängen besagte Jungerwachsene immer früher in das „Erwachsenenleben“ zu integrieren und ihnen die hiermit im Zusammenhang stehenden Pflichten sowie die Verantwortung für sich und ihr Fortkommen zu übertragen, wäre eine mit der Einbeziehung in das Jugendstrafrecht einhergehende, grundsätzlich attestierbare Erziehungsbedürftigkeit unvereinbar. Als Ergebnis der hiesigen Untersuchung wird viel mehr das weitgehende Verschmelzen der Gruppe der Heranwachsenden mit der Gruppe der Jugendlichen als zielführend erachtet, wobei die zuvor beschriebene Geltungsgrenze in Form des vollendeten 25. Lebensjahrs für einige Verfahrenvorschriften ein fortbestehendes Unterscheidungsmerkmal darstellen soll.

---

Jugendstrafrecht, ZRP 2003, S. 204 ff.; *Momsen*, Der rechtliche Rahmen für die Verschiebung der Altersgrenzen im Jugendstrafrecht, ZJJ 2005, S. 179 ff.

830 Vgl. *2. Jugendstrafrechtsreform-Kommission*, DVJJ-J Extra 5, S. 10 f.

# Anhang

## Schaubild 1:

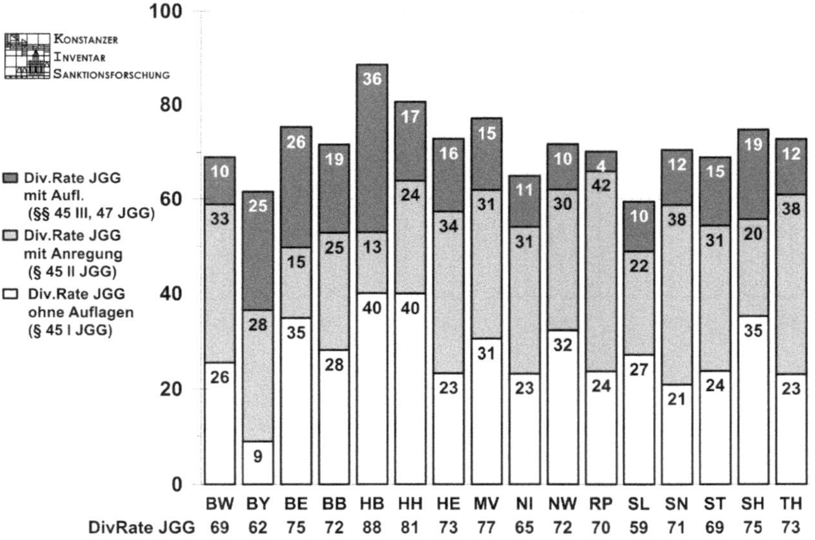


*Schaubild 58: Diversionsraten im Jugendstrafrecht nach Ländern, 2008.*
*Anteil der staatsanwaltlichen und gerichtlichen Einstellungen gem. §§ 45, 47 JGG, bezogen auf nach Jugendstrafrecht informell und formell Sanktionierte*

# Schaubild 2:

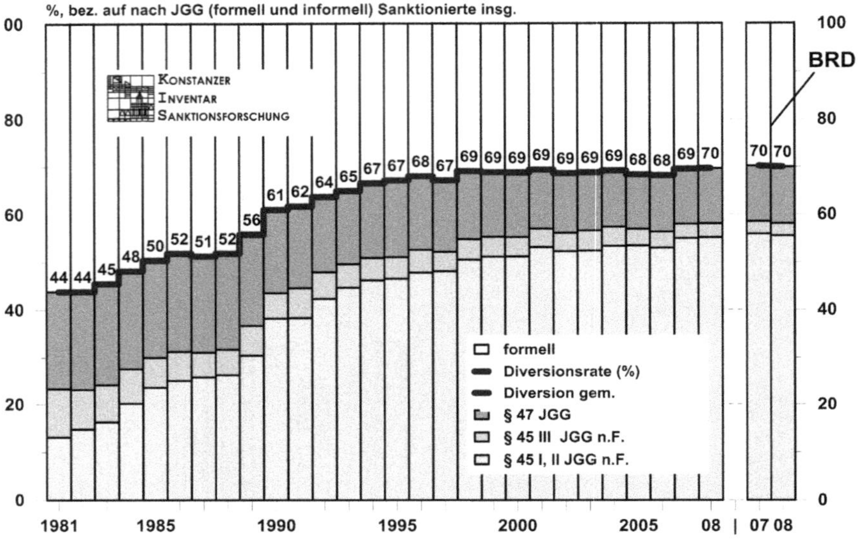


*Schaubild 53:* *Nach Jugendstrafrecht informell und formell Sanktionierte, 1981–2008. Anteile, bezogen auf nach Jugendstrafrecht (formell und informell) Sanktionierte. Früheres Bundesgebiet mit Westberlin, seit 1995 mit Gesamtberlin (FG), seit 2007 FG und Deutschland*

# Schaubild 3:

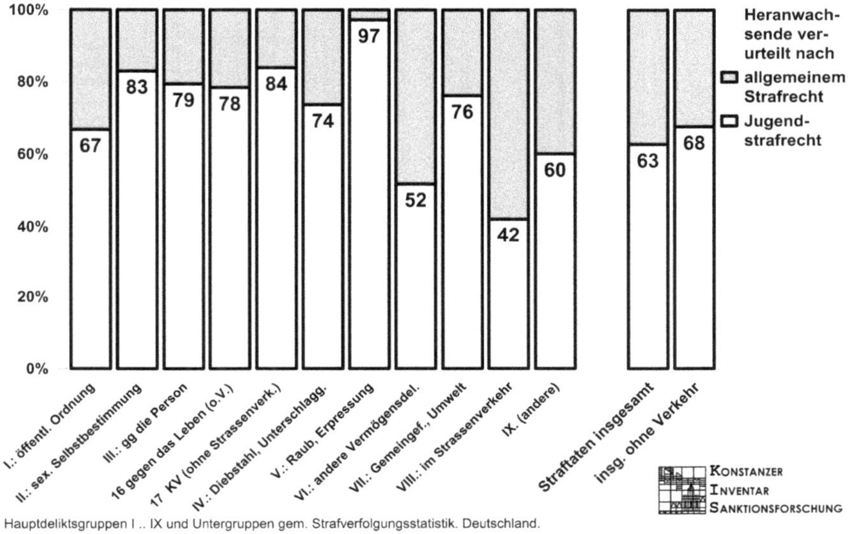


*Schaubild 48:* *Die Einbeziehung der Heranwachsenden in das Jugendstrafrecht, nach Hauptdeliktsgruppen, 2008.*
*Anteile der nach Jugendstrafrecht und nach allgemeinem Strafrecht verurteilten Heranwachsenden; nach Hauptdeliktsgruppen. Deutschland*

# Schaubild 4:

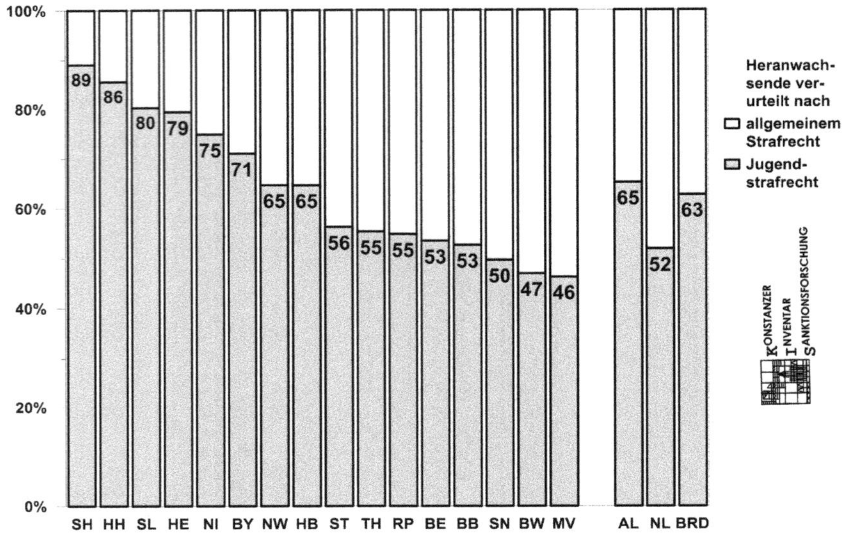


*Schaubild 49: Die Einbeziehung der Heranwachsenden in das Jugendstrafrecht, Straftaten insgesamt, nach Ländern 2008. Anteile der nach Jugendstrafrecht und nach allgemeinem Strafrecht verurteilten Heranwachsenden*

# Schaubild 5:

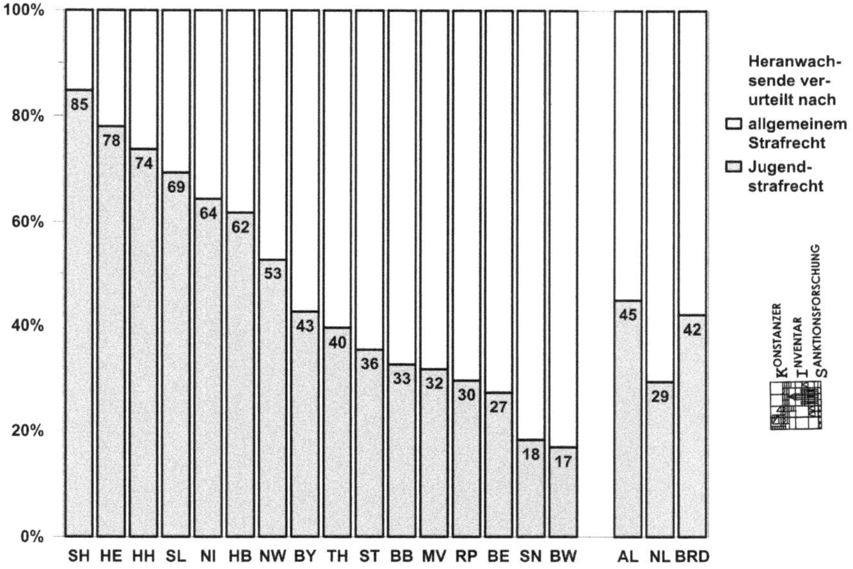


*Schaubild 50: Die Einbeziehung der Heranwachsenden in das Jugendstrafrecht, nach Ländern 2008. Hauptdeliktsgruppe VIII. Straftaten im Straßenverkehr (§§ 142, 315b, 315c, 316, 222, 229,323a StGB i.V. mit Verkehrsunfall, außerdem nach dem StVG). Anteile der nach Jugendstrafrecht und nach allgemeinem Strafrecht verurteilten Heranwachsenden*

*Quelle: Heinz, Wolfgang: Das strafrechtliche Sanktionensystem und die Sanktionierungspraxis in Deutschland 1882–2008 (Stand: Berichtsjahr 2008). Internet-Publikation: Konstanzer Inventar Sanktionsforschung 2008 Version 1/2010 <www.uni-konstanz.de/rtf/kis/Sanktionierungspraxis-in-Deutschland-Stand-2008.pdf>*

# Literaturverzeichnis


Albrecht, Hans-Jörg — Ist das deutsche Jugendstrafrecht noch zeitgemäß?, Gutachten D für den 64. Deutschen Juristentag, in: Verhandlungen des vierundsechzigsten deutschen Juristentages Berlin 2002, München 2002, S. D9–D172 (zitiert als: *H.-J. Albrecht*, Verhandlungen des 64. Dt. Juristentages)

Albrecht, Peter-Alexis — Jugendstrafrecht – Ein Studienbuch, 3. Auflage, München 2000 (zitiert als: *Albrecht*, Jugendstrafrecht)

Arbeitsgruppe der DVJJ — „Kölner Richtlinien" zur notwendigen Verteidigung in Jugendstrafverfahren – Erläuterungen es geltenden Rechts, NJW 1989, S. 1024–1027 (zitiert als: *Arbeitsgruppe der DVJJ*, „Kölner Richtlinien" zur notwendigen Verteidigung in Jugendstrafverfahren)

Bareis, Friederike — Nebenstrafen und Nebenfolgen jugendstrafrechtlicher Verurteilungen, ZJJ 2006, S. 272–281 (zitiert als: *Bareis*, Nebenstrafen und Nebenfolgen)

Bärens, Michael — Pflichtverteidiger für Jugendlichen, NStZ 1996, S. 52–53 (zitiert als: *Bärens*, Pflichtverteidiger für Jugendlichen)

Becker, Walter — Jugendgerichtsgesetz vom 4. August 1953 – Textausgabe mit ergänzenden Gesetzen, Vorschriften, Materialien und Richtlinien; 2. Auflage, Münster 1956 (zitiert als: *Becker*, JGG 1953)

| | |
|---|---|
| Beulke, Werner<br>Satzger, Helmut | Der fehlgeschlagene Deal und seine prozessualen Folgen, JuS 1997, S. 1072–1080<br>(zitiert als: *Beulke/Satzger*, Der fehlgeschlagene Deal und seine prozessualen Folgen) |
| Beulke, Werner | Die notwendige Verteidigung im Jugendstrafverfahren – Land in Sicht?, in: Festschrift für Alexander Böhm zum 70. Geburtstag am 14. Juni 1999, hrsg. v. Wolfgang Feuerhelm/Hans-Dieter Schwind/ Michael Bock, Berlin New York 1999, S. 647–661<br>(zitiert als: *Beulke*, FS-Böhm) |
| Beulke, Werner | Strafprozessrecht, 11. Auflage, München Heidelberg u.a. 2010<br>(zitiert als: *Beulke*, Strafprozessrecht) |
| Bex, Harald | Zu der Möglichkeit und zu den Grenzen der zeitweiligen Ausschließung einzelner Prozessbeteiligter und der Öffentlichkeit bei verbundenen Strafsachen aufgrund eines sachlichen Zusammenhangs für die Dauer des Jugendgerichtshilfeberichtes, DVJJ-Journal 1997, S. 418–422<br>(zitiert als: *Bex*, Ausschließung einzelner Prozessbeteiligter) |
| Bietz, Hermann | Erziehung statt Strafe? Überlegungen zur Weiterentwicklung des Jugendkriminalrechts, ZRP 1981, S. 212–220<br>(zitiert als: *Bietz*, Erziehung statt Strafe?) |
| Blumenthal, Paul | Das Reichsjugendgerichtsgesetz, DJZ 1923, S. 274–278<br>(zitiert als: *Blumenthal*, Das Reichsjugendgerichtsgesetz) |
| Bohnert, Joachim | Die Reichweite der staatsanwaltlichen Einstellung im Jugendstrafrecht, NJW 1980, S. 1927–1931<br>(zitiert als: *Bohnert*, Die Reichweite der staatsanwaltlichen Einstellung im Jugendstrafrecht) |

| | |
|---|---|
| Böhm, Alexander | Zur Änderung des Jugendgerichtsgesetzes, NJW 1991, S. 534–538 (zitiert als: *Böhm*, Zur Änderung des Jugendgerichtsgesetzes) |
| Böhm, Alexander | Zur sogenannten Staatsanwaltsdiversion im Jugendstrafverfahren, in: Festschrift für Günter Spendel zum 70. Geburtstag am 11. Juli 1992, hrsg. von Manfred Seebode, Berlin New York 1992,S. 777–794 (zitiert als: *Böhm*, FS für Spendel) |
| Böhm, Alexander<br>Feuerhelm, Wolfgang | Einführung in das Jugendstrafrecht, 4. Auflage, München 2004 (zitiert als: *Böhm/Feuerhelm*, Einführung in das Jugendstrafrecht) |
| Bottke, Wilfried | Zur Ideologie und Teleologie des Jugendstrafverfahrens, ZStW 95 (1983), S. 69–103. (zitiert als: *Bottke*, Zur Ideologie und Teleologie des Jugendstrafverfahrens) |
| Brunner, Rudolf | Überlegungen zur Strafmündigkeit, JR 1997, S. 492–496 (zitiert als: *Brunner*, Überlegungen zur Strafmündigkeit) |
| Brunner, Rudolf<br>Dölling, Dieter | Jugendgerichtsgesetz Kommentar, 12. Auflage, Berlin/Boston 2011 (zitiert als: *Brunner/Dölling*, JGG) |
| Budelmann, Hannes | Jugendstrafrecht für Erwachsene? Zur Anwendbarkeit von Jugendstrafrecht auf sich zum Verfahrenszeitpunkt im Erwachsenenalter befindliche Personen, Frankfurt a. M. 2005 (zitiert als: *Budelmann*, Jugendstrafrecht für Erwachsene?) |

Burscheidt, Ulrike — Das Verbot der Schlechterstellung Jugendlicher und Heranwachsender gegenüber Erwachsenen in vergleichbarer Verfahrenslage, Baden-Baden 2000 (zitiert als: *Burscheidt*, Das Verbot der Schlechterstellung)

Dallinger, Wilhelm; Lackner, Karl — Jugendgerichtsgesetz mit den ergänzenden Rechts- und Verwaltungsvorschriften des Bundes und der Länder, Kommentar, München Berlin 1955 (zitiert als: *Dallinger/Lackner*, JGG)

Deiters, Mark; Weßlau, Edda; Rogall, Klaus — Systematischer Kommentar zur Strafprozessordnung, Mit GVG und EMRK, Hrsg. Wolter, Jürgen
Band II §§ 94–136a StPO, 4. Auflage, Köln 2010
Band III §§ 137–197 StPO, 4. Auflage, Köln 2011
Band IV §§ 198–246 StPO, 4. Auflage, Köln 2011
(zitiert als: *Bearbeiter,* in: SK-StPO)

Diemer, Herbert; Schatz, Holger; Sonnen, Bernd-Rüdeger — Jugendgerichtsgesetz mit Jugendstrafvollzugsgesetz Kommentar, Diemer, Herbert/Schatz, Holger/Sonnen, Bernd-Rüdeger (Hrsg.), Heidelberger Kommentar, 6. Auflage, Heidelberg München u.a. 2011 (zitiert als: *Bearbeiter,* in: D/S/S, JGG)

Drewes, Paul; Sandré, Emil — Das Reichsgesetz für Jugendwohlfahrt vom 9. Juli 1922 und Jugendgerichtsgesetz vom 16. Feburuar 1923 nebst Nebengesetzen, 2. Auflage, Berlin Leipzig 1928 (zitiert als: *Drewes/Sandré*, RJGG 1923)

DVJJ — Denkschrift über die kriminalrechtliche Behandlung junger Volljähriger; Göttingen 1977 (zitiert als: DVJJ-Denkschrift)

Eisenberg, Ulrich — Anmerkung zum Beschluss des LG Aachen vom 20.07.1990 – 91 Qs 18/90, NStZ 1991, S. 450–452 (zitiert als: *Eisenberg*, Anmerkung zum Beschluss des LG Aachen)

Eisenberg, Ulrich — Anmerkung zum Urteil des BGH vom 06.11.1996 – 2 StR 391/96, NStZ 1998, S. 53–55 (zitiert als: *Eisenberg*, Anmerkung zum Urteil des BGH)

Eisenberg, Ulrich — Anwendungsmodifizierung bzw. Sperrung von Normen der StPO durch Grundsätze des JGG, NStZ 1999, S. 281–286 (zitiert als: *Eisenberg*, Anwendungsmodifizierung bzw. Sperrung von Normen der StPO)

Eisenberg, Ulrich — Anmerkung zum Beschluss des KG Berlin vom 06.01.2006 – 4 Ws 183/05, NStZ 2006, S. 521–524 (zitiert als: *Eisenberg*, Anmerkung zum Beschluss des KG)

Eisenberg, Ulrich — Jugendgerichtsgesetz Kommentar, 15. Auflage, München 2012 (zitiert als: *Eisenberg*, JGG)

Eisenberg, Ulrich — Beweisrecht der StPO – Spezialkommentar, 7. Auflage, München 2011 (zitiert als: *Eisenberg*, Beweisrecht der StPO)

Eisenberg, Ulrich; Haeseler, Christian — Anmerkung zum Beschluss des KG Berlin vom 27.09.2005 – 4 Ws 128/05, JR 2006, S. 301–306 (zitiert als: *Eisenberg/Haeseler*, Anmerkung zum Beschl. des KG)

| | |
|---|---|
| Erb, Volker<br>Becker, Jörg-Peter<br>Beulke, Werner<br>Gollwitzer, Walter<br>Hilger, Hans<br>Kühne, Hans-Heiner<br>Lemke, Michael<br>Rieß, Peter<br>Wickern, Thomas | Löwe-Rosenberg, Die Strafprozessordnung und das Gerichtsverfassungsrecht, Großkommentar,<br>– Erster Band §§ 1–47, 26. Auflage, Berlin 2006<br>– Zweiter Band §§ 112–197, 24. Auflage, Berlin New York 1989<br>– Fünfter Band §§ 151–212b, 26. Auflage, Berlin 2008<br>– Sechster Band §§ 213–295<br>Erster Teilband §§ 213–255a; 26. Auflage, Berlin 2010<br>– Neunter Band §§ 449–495; EGStPO, 26. Auflage, Berlin New York 2010<br>– Zehnter Band GVG, EGGVG, 26. Auflage, Berlin New York 2010<br>(zitiert als: *Bearbeiter,* in: LR-StPO) |
| Fahl, Gundolf | Zur Verbindung von Strafsachen gegen Jugendliche und Erwachsene gemäß § 103 JGG, NStZ 1983, S. 309–310<br>(zitiert als: *Fahl*, Zur Verbindung von Strafsachen) |
| Feigen, Jan Philipp | Staatsanwaltschaftliche Diversion in Theorie und Praxis, ZJJ 2008, S. 349–356<br>(zitiert als: *Feigen*, Staatsanwaltschaftliche Diversion) |
| Fischer, Thomas<br>Diemer, Herbert<br>Engelhardt, Hanns<br>Gmel, Duscha<br>Hannich, Rolf<br>Laufhütte, Heinrich<br>Pfeiffer, Gerd<br>Schoreit, Armin | Karlsruher Kommentar zur Strafprozessordnung mit GVG, EGGVG und EMRK, Rolf Hannich (Hrsg.), 6. Auflage, München 2008<br>(zitiert als: *Bearbeiter,* in: KK-StPO) |
| Francke, Herbert | Das Jugendgerichtsgesetz vom16. Februar 1923, 2. Auflage, Berlin München 1926<br>(zitiert als: *Francke*, RJGG 1923) |

Friedeberg, (Vorname unbekannt) | Grundzüge eines Jugendgerichtsgesetzes, DJZ 1920, S. 192–199 (zitiert als: *Friedeberg*, Grundzüge eines Jugendgerichtsgesetzes)

Fritsch, Markus | Die jugendstrafrechtliche Reformbewegung (1871–1923) – Die Entwicklung bis zum ersten Jugendgerichtsgesetz unter besonderer Berücksichtigung der Diskussion über die Altersgrenzen der Strafmündigkeit, Freiburg i.Br. 1999 (zitiert als: *Fritsch*, Die jugendstrafrechtliche Reformbewegung (1871–1923))

Gaede, Karsten | Schranken des fairen Verfahrens gemäß Art. 6 EMRK bei der Sperrung verteidigungsrelevanter Informationen und Zeugen, StV 2006, S. 599–607 (zitiert als: *Gaede*, Faires Verfahren und Zeugensperrung)

Geppert, Klaus | Das Opportunitätsprinzip, Jura 1986, S. 309–319 (zitiert als: *Geppert*, Das Opportunitätsprinzip)

Geppert, Klaus | Zum „fair-trial-Prinzip" nach Art. 6 Abs. 1 Satz 1 der Europäischen Menschenrechtskonvention, Jura 1992, S. 597–604 (zitiert als: *Geppert*, Zum „fair-trial-Prinzip")

Goerdeler, Jochen | Das „Ziel der Anwendung des Jugendstrafrechts" und andere Änderungen des JGG – Zum 2. JGG-Änderungsgesetz vom 13. Dezember 2007, ZJJ 2008, S. 137–147 (zitiert als: *Goerdeler*, Das „Ziel der Anwendung des Jugendstrafrechts")

| | |
|---|---|
| Gollwitzer, Walter | Die Verfahrensstellung des in der Hauptverhandlung nicht anwesenden Angeklagten, Festschrift für Herbert Tröndle zum 70. Geburtstag am 24. August 1989, Hrsg. Hans-Heinrich Jescheck und Theo Vogler, Berlin New York 1989, S. 455–472<br>(zitiert als: *Gollwitzer*, FS-Tröndle) |
| Graul, Eva | Anmerkung zum Beschluss des BGH vom 18.10.1995 – 2 StR 470/95, NStZ 1996, S. 402–403, Sachverhalt und Entscheidungsgründe in NStZ 1996, S. 149–150<br>(zitiert als: *Graul*, Anmerkung zum Beschl. des BGH) |
| Hanft, Christian | Ausbildungsrelevante Besonderheiten in Strafverfahren gegen Jugendliche und Heranwachsende, Jura 2008, S. 368–372<br>(zitiert als: *Hanft*, Ausbildungsrelevante Besonderheiten) |
| Hanten, Mathias | Das Reichsgericht zum publizistischen Landesverrat während der Weimarer Republik – Zugleich ein Beitrag zum Ossietzky-Prozeß von 1931, StraFo 1999, S. 9–13<br>(zitiert als: *Hanten*, Das Reichsgericht zum publizistischen Landesverrat während der Weimarer Republik) |
| Hartmann, Arthur<br>Schmidt, Rolf | Strafprozessrecht (Grundzüge des Strafverfahrens), 3. Auflage, Grasberg bei Bremen 2010<br>(zitiert als: *Hartmann/Schmidt*, Strafprozessrecht) |
| Hartmann, Bernd J.<br>Apfel, Henner | Das Grundrecht auf ein faires Strafverfahren, Jura 2008, S. 495–501<br>(zitiert als: *Hartmann/Apfel*, Das Grundrecht auf ein faires Strafverfahren) |
| Hase, Peter | Bundeszentralregistergesetz mit Verwaltungsvorschrift zur Durchführung des BZRG, Kommentar, München 2003<br>(zitiert als: *Hase*, BZRG) |

Heinrich, Bernd — Rechtsstaatliche Mindestgarantien im Strafverfahren, Jura 2003, S. 167–173
(zitiert als: *Heinrich*, Rechtsstaatliche Mindestgarantien im Strafverfahren)

Heinz, Wolfgang — Diversion im Jugendstrafrecht und im Allgemeinen Strafrecht, Teil 1, DVJJ-Journal 1998, S. 245–257; Teil 2 DVJJ-Journal 1999, S. 11–19
(zitiert als: *Heinz*, Diversion im Jugendstrafrecht und im Allgemeinen Strafrecht)

Heinz, Wolfgang — Die Staatsanwaltschaft – Selektions- und Sanktionsinstanz im statistischen Graufeld, in: Internationale Perspektiven in Kriminologie und Strafrecht, Festschrift für Günther Kaiser zum 70. Geburtstag, Hrsg. Hans-Jörg Albrecht, Frieder Dünkel u.a., Erster Halbband, Berlin 1998
(zitiert als: *Heinz*, FS-Kaiser)

Heinz, Wolfgang — Die jugendstrafrechtliche Sanktionierungspraxis im Ländervergleich, in: Das Jugendstrafrecht an der Wende zum 21. Jahrhundert, Symposium zum 80. Geburtstag von Dr. Rudolf Brunner am 17. Juni 2000 in Heidelberg, Hrsg. Dieter Dölling, Berlin New York 2001, S. 63–97
(zitiert als: *Heinz*, Das Jugendstrafrecht an der Wende zum 21. Jahrhundert)

Heinz, Wolfgang — Zahlt sich Milde aus? Diversion und ihre Bedeutung für die Sanktionspraxis, Teil 1, ZJJ 2005, S. 166–179; Teil 2, ZJJ 2005, S. 302–312
(zitiert als: *Heinz*, Zahlt sich Milde aus?)

Heß, Walther — Jugendwohlfahrtsrecht – Reichsjugendwohlfahrtsgesetz, Bayerisches Jugendamtsgesetz, Reichsjugendgerichtsgesetz samt den einschlägigen weiteren Gesetzen und Bestimmungen des Reichs und Bayerns, München 1926
(zitiert als: *Heß*, RJGG 1923)

Hillermeier, Karl — Zum Öffentlichkeitsgrundsatz im Strafverfahren, DriZ 1982, S. 281–285
(zitiert als: *Hillermeier*, Zum Öffentlichkeitsgrundsatz im Strafverfahren)

Hinz, Werner — Strafmündigkeit ab vollendetem 12. Lebensjahr? – Ein rechtspolitisches Reizthema, ZRP 2000, S. 107–114
(zitiert als: *Hinz*, Strafmündigkeit ab vollendetem 12. Lebensjahr?)

Hinz, Werner — Jugendstrafrecht auf dem Prüfstand, ZRP 2001, S. 106–112
(zitiert als: *Hinz*, Jugendstrafrecht auf dem Prüfstand)

Jugendstrafrechtsreform-Kommission — DVJJ-Journal Extra 5; Vorschläge für eine Reform des Jugendstrafrechts – Abschlussbericht der Kommissionsberatungen von März 2001 bis August 2002, Hannover 2002
(zitiert als: DVJJ-J Extra 5)

Julius, Karl-Peter — Heidelberger Kommentar Strafprozessordnung, 4. Auflage, Heidelberg 2009
(zitiert als: *Bearbeiter* in HK-StPO)

Jung, Heike — Die jugendrichterliche Entscheidung – Anspruch und Wirklichkeit, ZRP 1981, S. 36–45
(zitiert als: *Jung*, Die jugendrichterliche Entscheidung)

Jung, Heike — Zur Reform des Jugendstrafrechts – eine Zwischenbilanz, JuS 1992, S. 186–192
(zitiert als: *Jung*, Zur Reform des Jugendstrafrechts)

Kaiser, Günther — Kleines Kriminologisches Wörterbuch, 2. Auflage, Günther Kaiser/Hans-Jürgen Kerner/Fritz Sack/Hartmut Schellhoss (Hrsg.), Heidelberg 1985
(zitiert als: *Kaiser*, KKW)

Kaiser, Günther | Die Behandlung junger Rechtsbrecher zwischen informeller Konfliktregelung und defensivem Formalismus – Erziehungsstrafrecht als Chance?, in: Erziehung und Strafe – Jugendstrafrecht in der Bundesrepublik Deutschland und Polen – Grundfragen und Zustandsbeschreibung, Hrsg. Wolff, Jörg/Marek, Andrzej, Bonn 1990
(zitiert als: *Kaiser*, in: Erziehung und Strafe)

Kaiser, Günther | Strafen statt Erziehen?, ZRP 1997, S. 451–458
(zitiert als: *Kaiser*, Strafen statt Erziehen?)

Kaiser, Günther
Schöch, Heinz | Kriminologie Jugendstrafrecht Strafvollzug, Juristischer Studienkurs, 7. Auflage, München 2010
(zitiert als: *Kaiser/Schöch*, Kriminologie Jugendstrafrecht Strafvollzug)

Katholnigg, Oskar | Die gerichtsverfassungsrechtlichen Änderungen durch das Strafverfahrensänderungsgesetz 1979, NJW 1978, S. 2375–2379
(zitiert als: *Katholnigg*, Die gerichtsverfassungsrechtlichen Änderungen durch das StVÄG)

Keßler, (Vorname unbekannt) | Die besonderen Erziehungsmaßnahmen des Jugendgerichtsgesetzes, ZakDtR 1939, S. 120–122
(zitiert als: *Keßler*, Die besonderen Erziehungsmaßnahmen des Jugendgerichtsgesetzes)

Kiesow, Wilhelm | Das Jugendgerichtsgesetz, Leipziger Zeitschrift für Deutsches Recht 1923, S. 431–445
(zitiert als: *Kiesow*, Das Jugendgerichtgesetz)

Kiesow, Wilhelm | Jugendgerichts-Gesetz vom 16. Februar 1923, Mannheim Berlin u.a. 1923
(zitiert als: *Kiesow*, RJGG 1923)

Kissel, Otto Rudolf
Mayer, Herbert | Gerichtsverfassungsgesetz, Kommentar, 6. Auflage, München 2010
(zitiert als: *Kissel/Mayer*, GVG)

| | |
|---|---|
| Kleinknecht, Theodor | Schutz der Persönlichkeit des Angeklagten durch Ausschluss der Öffentlichkeit in der Hauptverhandlung, Festschrift für Erich Schmidt-Leichner zum 65. Geburtstag, Hrsg. Rainer Hamm, Walter Matzke, München 1977 (zitiert als: *Kleinknecht*, FS-Schmidt-Leichner) |
| Klier, Rudolf<br>Brehmer, Monika<br>Zinke, Susanne | Jugendhilfe in Strafverfahren – Jugendgerichtshilfe: Handbuch für dich Praxis Sozialer Arbeit, Regensburg/Berlin 2002 (zitiert als: *Klier/Brehmer/Zinke*, Jugendhilfe in Strafverfahren – Jugendgerichtshilfe) |
| Kohlmann, Günter | Waffengleichheit im Strafprozess? Festschrift für Karl Peters zum 70. Geburtstag, Hrsg. Jürgen Baumann und Klaus Tiedemann, Tübingen 1974, S. 311–321 (zitiert als: *Kohlmann*, FS-Peters) |
| Köhne, Paul | Entwurf zu einem Reichsgesetz, betreffend die Ahndung und Verfolgung strafbarer Handlungen, welche von jugendlichen Personen begangen werden, nebst Begründung; Berlin 1908; in: Beiträge zur Reform des Strafprozesses, Band I, Hrsg. Franz Adickes/ P.F. Achrott/Karl v. Lilienthal/Franz v. Liszt, Berlin 1909 (zitiert als: *Köhne*, Entwurf 1908) |
| Kost, Hans-Jürgen | Verbindung und Trennung von Strafverfahren – Eine Strafprozessuale Untersuchung unter Berücksichtigung des Jugendstrafrechts, Darmstadt 1989 (zitiert als: *Kost*, Verbindung und Trennung im Strafverfahren) |
| Kraft, Bettina | Tendenzen in der Entwicklung des Jugendstrafrechts seit der Jugendgerichtsbewegung, Frankfurt a.M. u.a. 2004 (zitiert als: *Kraft*, Tendenzen in der Entwicklung des Jugendstrafrechts) |

| | |
|---|---|
| Kramer, Bernhard | Grundbegriffe des Strafverfahrensrechts – Ermittlung und Verfahren, 7. Auflage, Stuttgart 2009 (zitiert als: *Kramer*, Grundbegriffe des Strafverfahrensrechts) |
| Kreuzer, Arthur | Junge Volljährige im Kriminalrecht – aus juristisch-kriminologisch-kriminalpolitischer Sicht, MschrKrim 1978, S. 1–21 (zitiert als: *Kreuzer*, Junge Volljährige im Kriminalrecht) |
| Kudlich, Hans | Besonderheiten des jugendstrafgerichtlichen Verfahrens, JuS 1999, S. 877–881 (zitiert als: *Kudlich*, Besonderheiten des jugendstrafgerichtlichen Verfahrens) |
| Kühne, Hans-Heiner | Strafprozessrecht – Eine systematische Darstellung des deutschen und europäischen Strafverfahrensrechts, Heidelberg München u.a. 2010 (zitiert als: *Kühne*, Strafprozessrecht) |
| Kümmerlein, Heinz | Das neue Reichsjugendgerichtsgesetz, II. Jugendgerichtsverfassung und Jugendgerichtsverfahren, DJ 1943, S. 553–564 (zitiert als: *Kümmerlein*, Das neue Reichsjugendgerichtsgesetz) |
| Kümmerlein, Heinz | Reichsjugendgerichtsgesetz mit den ergänzenden Rechts- und Verwaltungsvorschriften auf dem Gebiet des Jugendstrafrechts, Jugendhilferechts und des strafrechtlichen Jugendschutzes, München Berlin 1944 (zitiert als: *Kümmerlein*, RJGG 1943) |
| Kusch, Roger | Aus der Rechtsprechung des BGH zum Strafverfahrensrecht, NStZ 1994, S. 227–230 (zitiert als: *Kusch*, Aus der Rechtsprechung des BGH zum Strafverfahrensrecht) |

| | |
|---|---|
| Lackner, Karl | Das Jugendgerichtsgesetz, JZ 1953, S. 527–531 (zitiert als: *Lackner*, Das Jugendgerichtsgesetz) |
| Laubenthal, Klaus | Jugendgerichtshilfe im Strafverfahren, Köln Berlin u.a. 1993 (zitiert als: *Laubenthal*, Jugendgerichtshilfe im Strafverfahren) |
| Laubenthal, Klaus<br>Baier, Helmut<br>Nestler, Nina | Jugendstrafrecht, 2. Auflage, Berlin und Heidelberg 2010 (zitiert als: *Laubenthal/Baier/Nestler*, Jugendstrafrecht) |
| Linke, Alexander | Diversionsrichtlinien im Jugendstrafverfahren – Bundeseinheitliche Einstellungspraxis durch Verwaltungsvorschriften der Länder? NStZ 2010, S. 609–614 (zitiert als: *Linke*, Diversionsrichtlinien im Jugendstrafverfahren) |
| Messerer, Richard | Jugendgerichtsgesetz vom 16. Februar 1923 nebst Jugendwohlfahrtsgesetz und den Vollzugsvorschriften Preußens und Bayerns, München Berlin u.a. 1926 (zitiert als: *Messerer*, RJGG 1923) |
| Meyer-Goßner, Lutz<br>Schmitt, Bertram | Strafprozessordnung – Gerichtsverfassungsgesetz, Nebengesetze und ergänzende Bestimmungen, 54. Auflage, München 2011 (zitiert als: *Bearbeiter/Meyer-Goßner*, StPO) |
| Meyer-Goßner, Lutz | Zur Zulässigkeit von Verfahrensverbindungen und zu den Folgen einer zulässigen Verbindung (§§ 2 ff. StPO), DriZ 1990 S: 284–287 (zitiert als: *Meyer-Goßner*, Zur Zulässigkeit von Verfahrensverbindungen) |
| Miehe, Olaf | Die neuere Entwicklung der Altersgruppenfrage im Strafrecht und Strafprozessrecht, ZblJugR 1982, S. 82–92 (zitiert als: *Miehe*, Die neuere Entwicklung der Altersgruppenfrage) |

Mitsch, Wolfgang — Die Anwendbarkeit des Jugendstrafrechts auf Heranwachsende, Jura 2002, S. 242–248
(zitiert als: *Mitsch*, Die Anwendbarkeit des Jugendstrafrechts auf Heranwachsende)

Mohr, Christian — Jugendliche, Heranwachsende und Erwachsene gemeinsam vor dem Strafgericht – eine strafprozessuale Untersuchung des Verfahrens gegen Angeklagte aus verschiedenen Altersgruppen unter besonderer Berücksichtigung der Problemfelder der Erstreckung der Revision auf den Nichtrevidenten gem. § 357 StPO, der notwendigen Verteidigung und der Nebenklage, Aachen 2005
(zitiert als: *Mohr*, Jugendliche, Heranwachsende und Erwachsene gemeinsam vor dem Strafgericht)

Molketin, Rüdiger — Die Rechtsprechung zu § 140 Abs. 2 S. 1 StPO in den Jahren 1996/97 (1. Teil), AnwBl. 2001, S. 85–93
(zitiert als: *Molketin*, Die Rechtsprechung zu § 140 Abs. 2 S. 1 StPO)

Momsen, Carsten — Die Rechtsmittel in Jugendstrafsachen – Beschränkung oder Vereinheitlichung?, ZJJ 2004, S. 49–56
(zitiert als: *Momsen*, Die Rechtsmittel in Jugendstrafsachen)

Momsen, Carsten — Der rechtliche Rahmen für die Verschiebung der Altersgrenzen im Jugendstrafrecht, ZJJ 2005, S. 179–185
(zitiert als: *Momsen*, Der rechtliche Rahmen für die Verschiebung der Altersgrenzen im Jugendstrafrecht)

Mosbacher, Andreas — Aktuelles Strafprozessrecht, JuS 2004, S. 974–979
(zitiert als: *Mosbacher*, Aktuelles Strafprozessrecht)

Müller, Egon — Der Grundsatz der Waffengleichheit im Strafverfahren, NJW 1976, S. 1063–1067
(zitiert als: *Müller*, Der Grundsatz der Waffengleichheit)

| | |
|---|---|
| Nothacker, Gerhard | Das Absehen von der Verfolgung im Jugendstrafrecht (§ 45 JGG) – Überlegungen zu Anwendungsproblemen und Anregungen für eine Neugestaltung, JZ 1982, S. 57–64<br>(zitiert als: *Nothacker*, Das Absehen von der Verfolgung) |
| Nowak, Norbert | Die Zulässigkeit der öffentlichen Zustellung im Sinne von § 40 Abs. 3 StPO im Jugendstrafverfahren, JR 2008, S. 234–238<br>(zitiert als: *Nowak*, Die Zulässigkeit der öffentlichen Zustellung) |
| Nowak, Norbert | Zur Zulässigkeit einer Verständigung im Jugendstrafverfahren, JR 2010, S. 248–256<br>(zitiert als: *Nowak*, Zur Zulässigkeit einer Verständigung) |
| Odersky, Walter | Die Öffentlichkeit in der Hauptverhandlung nach dem Opferschutzgesetz, Strafrecht, Unternehmensrecht, Anwaltsrecht – Festschrift für Gerd Pfeiffer zum Abschied aus dem Amt als Präsident des Bundesgerichtshofs, Hrsg. Otto Friedrich Freiherr von Gamm, Peter Raisch und Klaus Tiedemann, Köln Berlin u.a. 1988<br>(zitiert als: *Odersky*, FS-Pfeiffer) |
| Ostendorf, Heribert | Das deutsche Jugendstrafrecht – zwischen Erziehung und Repression, StV 1998, S. 297–303<br>(zitiert als: *Ostendorf*, Das deutsche Jugendstrafrecht – zwischen Erziehung und Repression) |
| Ostendorf, Heribert | Persönlichkeitsschutz im (Jugend-)Strafverfahren bei mehreren Angeklagten, Festschrift für Peter Riess zum 70. Geburtstag am 4. Juni 2002; Hrsg. Ernst-Walter Hanack, Hans Hilger, Volkmar Mehle, Gunter Widmaier; Berlin New York 2002<br>(zitiert als: *Ostendorf*, FS-Rieß) |

| | |
|---|---|
| Ostendorf, Heribert | Jugendgerichtsgesetz Kommentar, 8. Auflage, Baden-Baden 2009 (zitiert als: *Ostendorf*, JGG) |
| Ostendorf, Heribert | Jugendstrafrecht, 5. Auflage, Baden-Baden 2009 (zitiert als: *Ostendorf*, Jugendstrafrecht) |
| Ott, Georg | Probleme des Jugendstrafrechts, JA 2010, S. 886–890 (zitiert als: *Ott*, Probleme des Jugendstrafrechts) |
| Paul, Andreas | Reform der Altersstufen im Jugendstrafrecht, ZRP 2003, S. 204–207 (zitiert als: *Paul*, Reform der Altersstufen im Jugendstrafrecht) |
| Peschel-Gutzeit, Lore Maria | J. von Staudingers Kommentar zum Bürgerlichen Gesetzbuch mit Einführungsgesetz und Nebengesetzen, Buch 4 Familienrecht, §§ 1626–1631; Anhang zu § 1631: RKEG; §§ 1631a–1633 (Elterliche Sorge 1 – Inhaberschaft und Inhalt), Berlin 2007 (zitiert als: *Peschel-Gutzeit*, Staudinger-BGB) |
| Peters, Karl | Jugendgerichtsgesetz vom 16. Februar 1923 mit ergänzenden Gesetzen, Verordnungen und Verwaltungsvorschriften auf dem Gebiete des Jugendstrafrechts, Berlin 1942 (zitiert als: *Peters*, RJGG 1923) |
| Peters, Karl | Das neue Jugendgerichtsgesetz (Verfahrensrechtlicher Teil), ZakDtR 1944, S. 35–38 (zitiert als: *Peters*, Das neue Jugendgerichtsgesetz) |
| Peters, Karl | Reichsjugendgerichtsgesetz vom 6. November 1943 mit ergänzenden Gesetzen, Verordnungen und Verwaltungsvorschriften auf dem Gebiete des Jugendstrafrechts, 2. Auflage, Berlin 1944 (zitiert als: *Peters*, RJGG 1943) |

| | |
|---|---|
| Peters, Karl | Werdendes Jugendstrafrecht – Gedanken, Entwurf und Begründung zur Neugestaltung des Jugendgerichtsgesetzes; Hrsg. Referat für Jugendfürsorge des Deutschen Caritasverbandes; Bonn 1947<br>(zitiert als: *Peters*, Werdendes Jugendstrafrecht) |
| Peters, Karl | Strafprozesslehre im System des Strafprozessrechts, Festschrift für Reinhart Maurach zum 70. Geburtstag, Hrsg. Friedrich-Christian Schroeder und Heinz Zipf, Karlsruhe 1972, S. 453–467<br>(zitiert als: *Peters*, FS-Maurach) |
| Peters, Karl | Strafprozessrecht – Ein Lehrbuch, 4. Auflage, Heidelberg 1985<br>(zitiert als: *Peters*, Strafprozessrecht) |
| Peukert, Wolfgang | Die Garantie des „fair trial“ in der Straßburger Rechtsprechung, Die Auslegung des Art. 6 EMRK durch die Organe der Europäischen Menschenrechtskonvention; EuGRZ 1980, S. 247–269<br>(zitiert als: *Peukert*, Die Garantie des „fair trial“ in der Straßburger Rechtsprechung) |
| Pfeiffer, Christian | Wird nach Jugendstrafrecht härter gestraft?, StV 1991, S. 363–370<br>(zitiert als: *Pfeiffer*, Wird nach Jugendstrafrecht härter gestraft?) |
| Pfeiffer, Gerd | Strafprozessordnung, Kommentar, 5. Auflage, München 2005<br>(zitiert als: *Pfeiffer*, StPO) |
| Pieplow, Lukas | Erziehung als Chiffre, in: Beiträge zur Erziehung im Jugendkriminalrecht, Hrsg. Walter, Michael, Köln 1989<br>(zitiert als: *Pieplow*, Beiträge zur Erziehung) |

Potrykus, Gerhard
Kommentar zum Jugendgerichtsgesetz mit ergänzenden Gesetzen, Verordnungen und Verwaltungsvorschriften auf dem Gebiete des Jugendstrafrechts, der Jugendpflege und des strafrechtlichen Jugendschutzes; 2. Auflage, Nürnberg Düsseldorf 1952
(zitiert als: *Potrykus*, RJGG 1943)

Potykus, Gerhard
Kommentar zum Jugendgerichtsgesetz mit ergänzenden Gesetzen, Verordnungen und Verwaltungsvorschriften auf dem Gebiete des Jugendstrafrechts, der Jugendhilfe und des strafrechtlichen Jugendschutzes, 4. Auflage, Nürnberg Düsseldorf u.a. 1955
(zitiert als: *Potrykus*, JGG 1953)

Prittwitz, Cornelius
Der Mitbeschuldigte – ein unverzichtbarer Belastungszeuge? Sachverhaltsaufklärung durch Rollenmanipulation, NStZ 1981, S. 463–469
(zitiert als: *Prittwitz*, Der Mitbeschuldigte)

Radtke, Henning
Hohmann, Olaf
Britz, Guido
Ullenbruch, Thomas
Strafprozessordnung, Kommentar, München 2011
(zitiert als: *Bearbeiter*, in: Radtke/Hohmann-StPO)

Ranft, Otfried
235trafprozessrecht – Systematische Lehrdarstellung für Studium und Praxis, 3. Auflage, Stuttgart München u.a. 2005
(zitiert als: *Ranft*, 235trafprozessrecht)

Rieß, Peter
Die Durchführung der Hauptverhandlung ohne Angeklagten – Zugleich ein Beitrag zum neuen § 231a StPO, JZ 1975, S. 265–272
(zitiert als: *Rieß*, Die Durchführung der Hauptverhandlung ohne Angeklagten)

Rieß, Peter
Das Strafverfahrensänderungsgesetz 1979, NJW 1978, S. 2265–2272
(zitiert als: *Rieß*, Das Strafverfahrensänderungsgesetz 1979)

| | |
|---|---|
| Rieß, Peter<br>Beulke, Werner<br>Bottke, Wilfried<br>Schüler-Springorum, Horst<br>Viehmann, H.<br>Walter, Michael | Verteidigung in Jugendstrafsachen – Symposium an der Kriminologischen Forschungsstelle der Universität zu Köln 26.–29. März 1987, Hrsg. BMJ, Bonn 1987 (zitiert als: *Bearbeiter*, Verteidigung in Jugendstrafsachen) |
| Rieß, Peter | Über die Aufgaben des Strafverfahrens, JR 2006, S. 269–277<br>(zitiert als: *Rieß*, Über die Aufgaben des Strafverfahrens) |
| Rössner, Dieter | Erziehungsgedanke und Systematik des Jugendgerichtsgesetzes, in: Grundfragen des Jugendkriminalrechts und seine Neuregelung, Bundesministerium für Justiz (Hrsg.), 1. Auflage, Bonn 1992<br>(zitiert als: *Rössner*, Grundfragen) |
| Roxin, Claus | Aktuelle Probleme der Öffentlichkeit im Strafverfahren, in: Einheit und Vielfalt des Strafrechts, Festschrift für Karl Peters zum 70. Geburtstag, S. 393–409, hrsg. von Jürgen Baumann und Klaus Tiedemann, Tübingen 1974<br>(zitiert als: *Roxin*, FS-Peters) |
| Roxin, Claus<br>Schünemann, Bernd | Strafverfahrensrecht – Ein Studienbuch, 26. Auflage, München 2009<br>(zitiert als: *Roxin/Schünemann*, Strafverfahrensrecht) |
| Schäfer, Gerhard | Die Praxis des Strafverfahrens: an Hand einer Akte, 6. Auflage, Stuttgart Berlin u.a. 2000<br>(zitiert als: *Schäfer*, Die Praxis des Strafverfahrens) |
| Schaffstein, Friedrich | Die strafrechtliche Verantwortlichkeit Heranwachsender nach Herabsetzung des Volljährigkeitsalters; MschrKrim 1976, S. 92–107<br>(Zitiert als: *Schaffstein*, Die strafrechtliche Verantwortlichkeit Heranwachsender) |

Schaffstein, Friedrich Beulke, Werner — Jugendstrafrecht – Eine systematische Darstellung, 14. Auflage, Stuttgart 2002
(zitiert als: *Schaffstein/Beulke*, Jugendstrafrecht)

Schilf, Werner — Das neue Jugendstrafrecht, Deutsche Jugendhilfe – Früher Zentralblatt für Jugendstrafrecht und Jugendwohlfahrt, 35. Jahrgang 1943/1944, S. 81–84
(zitiert als: *Schilf*, Das neue Jugendstrafrecht)

Schlüchter, Ellen — Das Strafverfahren, 2. Auflage, Köln Berlin u.a. 1983
(zitiert als: *Schlüchter*, Das Strafverfahren)

Schlüchter, Ellen — Wider die Entwurzelung des Jugendstrafrechts, ZRP 1992, S. 390–395
(zitiert als: *Schlüchter*, Wider die Entwurzelung des Jugendstrafrechts)

Schlüchter, Ellen — Wert der Form im Strafprozeß, in: Zur Theorie und Systematik des Strafprozessrechts, Jürgen Wolter (Hrsg.), Für Hans-Joachim Rudolphi, Neuwied, Berlin u.a. 1995
(zitiert als: *Schlüchter*, in: Woter (Hrsg.), Zur Theorie und Systematik des Strafprozessrechts)

Schlüchter, Ellen — Kernwissen Strafprozessrecht, 3. Auflage, Thüngersheim Frankfurt a.M. 1999
(zitiert als: *Schlüchter*, Kernwissen Strafprozessrecht)

Schmidt, Eberhard — Anmerkung zum Urteil des BGH vom 02.07.1969 – 4 StR 226/69, JZ 1970, S. 34–36
(zitiert als: *Schmidt*, Anm. z. Urt. des BGH)

Schmitz-Justen, Joachim — Strafverteidigung in der Praxis, Hrsg. Rainer Brüssow/Norbert Gatzweiler/Wilhelm Krekeler/Volkmar Mehle, 4. Auflage, Bonn 2007
(zitiert als: *Schmitz-Justen*, Strafverteidigung in der Praxis)

| | |
|---|---|
| Schöch, Heinz | Wie soll die Justiz auf Jugendkriminalität reagieren?, in: Das Jugendstrafrecht an der Wende zum 21. Jahrhundert, Symposium zum 80. Geburtstag von Dr. Rudolf Brunner am 17. Juni 2000 in Heidelberg, Hrsg. Dieter Dölling, Berlin New York 2001, S. 125–139<br>(zitiert als: *Schöch*, in: Das Jugendstrafrecht an der Wende zum 21. Jahrhundert) |
| Schüler-Springorum, Horst | Denkschrift über die Reform des Jugendgerichtsgesetzes im Rahmen der großen Strafrechtsreform, MschrKrim 1964, S. 1–23<br>(zitiert als: *Schüler-Springorum*, Denkschrift) |
| Siegismund, Eberhard | Zur Verbesserung des Opferschutzes im Jugendstrafverfahren – Überlegungen zur Einführung von Nebenklage und Adhäsionsverfahren gegen Jugendliche, Festschrift für Peter Rieß zum 70. Geburtstag am 4. Juni 2002; Hrsg. Ernst-Walter Hanack, Volker Mehle, Hans Hilger, Gunter Widmaier, Berlin, New York 2002, S. 857–872<br>(zitiert als: *Siegismund*, FS-Rieß) |
| Steffen, Erich | Haftung für Amtspflichtverletzungen des Staatsanwalts, DriZ 1972, S. 153–156<br>(zitiert als: *Steffen*, Haftung für Amtspflichtverletzungen des Staatsanwalts) |
| Streng, Franz | Die Jugendstrafe wegen „schädlicher Neigungen" (§ 17 II 1. Alt. JGG) – Ein Beitrag zu den Grundlagen und zum System der Jugendstrafe –, GA 1984, S. 149–166<br>(zitiert als: *Streng*, Die Jugendstrafe wegen „schädlicher Neigungen") |
| Streng, Franz | Jugendstrafrecht, 2. Auflage, Heidelberg 2008<br>(zitiert als: *Streng*, Jugendstrafrecht) |

Temming, D. Anmerkung zum Urteil des BGH vom 25.07.1990 – 3 StR 172/90, NStZ 1990, S. 584–586
(zitiert als: *Temming*, Anmerkung zur Entscheidung des BGH)

Trenczek, Thomas Das neue Jugendstrafrecht – Zu den Änderungen des Jugendstrafrechts durch das 1. JGGÄndG und das KJHG, NJ 1991, S. 195–197, S. 245–247, S. 288–290
(zitiert als: *Trenczek*, Das neue Jugendstrafrecht)

Volk, Klaus Kronzeugen praeter legem? – Vernehmungspraxis, Vorteilsversprechen, Verdunklungsgefahr; NJW 1996, S. 879–883
(zitiert als: *Volk*, Kronzeugen praeter legem?)

Volk, Klaus Grundkurs StPO, 7. Auflage, München 2010
(zitiert als: *Volk*, Grundkurs StPO)

Voß, Michael Diversion und Rechtssicherheit – ein Widerspruch?, ZfJ 1989, S. 8–16
(zitiert als: *Voß*, Diversion und Rechtssicherheit)

Walter, Michael Stellung und Bedeutung des Strafverteidigers im jugendkriminalrechtlichen Verfahren, NStZ 1987, S. 481–486
(zitiert als: *Walter*, Stellung und Bedeutung des Strafverteidigers)

Walter, Michael Über die Bedeutung des Erziehungsgedankens für das Jugendkriminalrecht, in: Beiträge zur Erziehung im Jugendkriminalrecht, Hrsg. Walter, Michael, Köln 1989,S. 59–89
(zitiert als: *Walter*, Beiträge zur Erziehung)

Walter, Michael Die Krise der Jugend und die Antwort des Strafrechts, ZStW 2001 (113), S. 743–773
(zitiert als: *Walter*, Die Krise der Jugend und die Antwort des Strafrechts)

Walter, Michael — Heranwachsende als kriminalrechtliche Problemgruppe, GA 2007, S. 501–517
(zitiert als: *Walter*, Heranwachsende als kriminalrechtliche Problemgruppe)

Walter, Michael
Wilms, Yvonne — Kriminalrechtlicher Erziehungsgedanke und elterliches Erziehungsrecht – Zur Zulässigkeit und den Voraussetzungen jugendrechtlicher Weisungen gemäß § 10 I JGG –, NStZ 2004, S. 600–607
(zitiert als: *Walter/Wilms*, Kriminalrechtlicher Erziehungsgedanke und elterliches Erziehungsrecht)

Wank, Rolf — Die Auslegung von Gesetzen, 5. Auflage, München 2011
(zitiert als: *Wank*, Die Auslegung von Gesetzen)

Weber, Martin — Die Anwendung der Jugendstrafe, Rechtliche Grundlagen und gerichtliche Praxis, Frankfurt a.M. Bern u.a. 1990
(zitiert als: *Weber*, Die Anwendung der Jugendstrafe)

Weigend, Th. — Anmerkung zum Urteil des BGH vom 18.04.1990 – 3 StR 252/88, JR 1991, S. 256–260
(zitiert als: *Weigend*, Anmerkung zum Urt. des BGH)

Wölfl, Bernd — Anmerkung zum Urteil des BGH vom 25.02.1998 – 3 StR 362/97, JR 1999, S. 172–174
(zitiert als: *Wölfl*, Anmerkung zum Urt. des BGH)

Zieger, Matthias — Verteidigung in Jugendstrafsachen, 5. Auflage, Heidelberg 2008
(zitiert als: *Zieger*, Verteidigung in Jugendstrafsachen)

Zöller, Mark A. — Heidelberger Kommentar Strafprozessordnung, 4. Auflage, Heidelberg 2009
(zitiert als: *Bearbeiter* in HK-StPO)

# Abkürzungsverzeichnis

| | |
|---|---|
| a.A. | andere Ansicht |
| a.E. | am Ende |
| a.F. | alte Fassung |
| Abs. | Absatz |
| Anm. | Anmerkung |
| AnwBl | Anwaltsbaltt |
| Art. | Artikel |
| Bem. | Bemerkung |
| BGB | Bürgerliches Gesetzbuch |
| BGBl. | Bundesgesetzblatt |
| BGH | Bundesgerichtshof |
| BGHSt | Bundesgerichtshofentscheidungen in Strafsachen |
| BR-Drucks. | Bundesrat Drucksache |
| bspw. | beispielsweise |
| BT-Drucks. | Bundestag Drucksache |
| BverfG | Bundesverfassungsgericht |
| BverfGE | Bundesverfassungsgerichtsentscheidung |
| bzgl. | bezüglich |
| BZR | Bundeszentralregister |
| BZRG | Bundeszentralregistergesetz |
| bzw. | beziehungsweise |
| d.h. | das heißt |
| DJ | Deutsche Justiz |
| DJZ | Deutsche Juristen-Zeitung |
| DriZ | Deutsche Richterzeitung |
| D/S/S | Kommentar zum JGG von Diemer/Schatz/Sonnen |
| DVJJ | Deutsche Vereinigung für Jugendgerichte und Jugendgerichtshilfen |
| DVJJ-J | Deutsche Vereinigung für Jugendgerichte und Jugendgerichtshilfen – Journal |
| EGMR | Europäischer Gerichtshof für Menschenrechte |
| EuGRZ | Europäische Grundrechte-Zeitschrift |
| evtl. | eventuell |

| | |
|---|---|
| EZR | Erziehungsregister |
| Fn. | Fußnote |
| FS | Festschrift |
| GA | Goltdammer's Archiv für Strafrecht |
| GG | Grundgesetz |
| ggf. | gegebenenfalls |
| grds. | grundsätzlich |
| GVG | Gerichtsverfassungsgesetz |
| h.M. | herrschende Meinung |
| HK-StPO | Heidelberger Kommentar zur StPO |
| i.S.d. | im Sinne des |
| i.V.m. | in Verbindung mit |
| JA | Juristische Arbeitsblätter |
| JGG | Jugendgerichtsgesetz |
| JGH | Jugendgerichtshilfe |
| JR | Juristische Rundschau |
| Jura | Juristische Ausbildung |
| JuS | Juristische Schulung |
| JZ | Juristenzeitung |
| KG | Kammergericht |
| KK-StPO | Karlsruher Kommentar zur StPO |
| LG | Landgericht |
| LR-StPO | Löwe-Rosenberg Kommentar zur StPO |
| m.E. | meines Erachtens |
| m.w.N. | mit weiteren Nachweisen |
| MRK | Menschenrechtskonvention |
| MschrKrim | Monatsschrift für Kriminologie und Strafrechtsreform |
| NJ | Neue Justiz |
| NJW | Neue Juristische Wochenschrift |
| Nr. | Nummer |
| NStZ | Neue Zeitschrift für Strafrecht |
| NStZ-RR | Neue Zeitschrift für Strafrecht Rechtsprechungsreport |
| OLG | Oberlandesgericht |
| Rdnr. | Randnummer |
| RGBl. | Reichsgesetzblatt |
| RGSt | Reichsgerichtshofentscheidungen in Strafsachen |
| S. | Seite oder Satz |
| SK-StPO | Systematischer Kommentar zur StPO |
| sog. | sogenannte/er/es |
| StPO | Strafprozessordnung |

| | |
|---|---|
| StraFo | Strafverteidiger Forum |
| StV | Strafverteidiger |
| u.a. | unter anderem |
| Urt. | Urteil |
| u.U. | unter Umständen |
| vgl. | vergleiche |
| z.B. | zum Beispiel |
| ZAkDtR | Zeitschrift der Akademie für deutsches Recht |
| ZblJugR | Zentralblatt für Jugendrecht und Jugendwohlfahrt (1924–1937) |
| ZfJ | Zentralblatt für Jugendrecht |
| ZJJ | Zeitschrift für Jugendkriminalrecht und Jugendhilfe |
| ZRP | Zeitschrift für Rechtspolitik |
| ZStV | zentrales staatsanwaltschaftliches Verfahrensregister |
| ZStW | Zeitschrift für die gesamte Strafrechtswissenschaft |

## SCHRIFTEN ZUM STRAFRECHT UND STRAFPROZESSRECHT

Herausgegeben von Manfred Maiwald und Carsten Momsen

Band 1 Christian-Peter Frees: Die steuerrechtliche Selbstanzeige. Zur kriminalpolitischen Zweckmäßigkeit des § 371 AO. 1991.

Band 2 Norbert Joachim: Der Hörensagenbeweis im Strafverfahren. 1991.

Band 3 Alfred A. Göbel: Die Einwilligung im Strafrecht als Ausprägung des Selbstbestimmungsrechts. 1991.

Band 4 Karl-Heinz Vehling: Die Abgrenzung von Vorbereitung und Versuch. 1991.

Band 5 Heiko Hartmut Lesch: Das Problem der sukzessiven Beihilfe. 1992.

Band 6 Dirk Schwerdtfeger: Besondere persönliche Unrechtsmerkmale. 1992.

Band 7 Stefan Göhring: Polizeiliche Kontrollstellen und Datenverarbeitung. § 163 d StPO und novellierte Polizeigesetze der Länder zwischen Strafverfolgung, Gefahrenabwehr und vorbeugender Straftatenbekämpfung. 1992.

Band 8 Werner Kemper: Horizontale Teilrechtskraft des Schuldspruchs und Bindungswirkung im tatrichterlichen Verfahren nach der Zurückverweisung. §§ 353, 354 Abs. 2 StPO. 1993.

Band 9 Ovvadias Namias: Die Zurechnung von Folgeschäden im Strafrecht. 1993.

Band 10 Jan Zopfs: Unfallflucht bei eindeutiger Haftungslage? Unverzüglichkeitsgebot und Wahlmöglichkeit in § 142 Abs. 2 und 3 StGB. 1993.

Band 11 Stefan Hiebl: Ausgewählte Probleme des Akteneinsichtsrechts nach § 147 StPO. 1994.

Band 12 Ralf Krack: List als Straftatbestandsmerkmal. Zugleich ein Beitrag zu Täuschung und Irrtum beim Betrug. 1994.

Band 13 Henning Radtke: Zur Systematik des Strafklageverbrauchs verfahrenserledigender Entscheidungen im Strafprozeß. 1994.

Band 14 Bernd J. A. Müssig: Schutz abstrakter Rechtsgüter und abstrakter Rechtsgüterschutz. Zu den materiellen Konstitutionskriterien sog. Universalrechtsgüter und deren normentheoretischem Fundament – am Beispiel der Rechtsgutsbestimmung für die §§ 129, 129a und 324 StGB. 1994.

Band 15 Heinz Koriath: Über Beweisverbote im Strafprozeß. 1994.

Band 16 Burkhard Niepoth: Der untaugliche Versuch beim unechten Unterlassungsdelikt. 1994.

Band 17 Karsten Altenhain: Die Strafbarkeit des Teilnehmers beim Exzeß. 1994.

Band 18 Ina Walbaum: Schuldspruch in der Revisionsinstanz nach freisprechendem Urteil des Tatgerichts. 1996.

Band 19 Birgit Dalbkermeyer: Der Schutz des Beschuldigten vor identifizierenden und tendenziösen Pressemitteilungen der Ermittlungsbehörden. 1994.

Band 20 Thomas Hackner: Der befangene Staatsanwalt im deutschen Strafverfahrensrecht. 1995.

Band 21 Hartmut Loritz: Kritische Betrachtungen zum Wert des strafprozessualen Zwischenverfahrens. 1996.

Band 22 Heinz-Hermann Berghof: Therapie und Strafe im Betäubungsmittelrecht. Recht und Wirklichkeit der Behandlung Drogenabhängiger unter besonderer Berücksichtigung der §§ 35 ff BtMG. 1995.

Band 23 Oliver Mertens: Strafprozessuale Grundrechtseingriffe und Bindung an den Wortsinn der ermächtigenden Norm. 1996.

Band 24 Sönke Bahnsen: Das Akteneinsichtsrecht der Verteidigung im Strafverfahren. Dogmatische Grundlagen und Einzelprobleme im Lichte einer rechtsstaatlichen Verfahrensgestaltung. 1996.

Band 25 Dirk Schwieger: Der Vorteilsbegriff in den Bestechungsdelikten des StGB. 1996.

Band 26 Stephanie Meinecke: Die Auswirkungen von Verfahrensfehlern auf die Strafbarkeit nach den Aussagedelikten. 1996.

Band 27 Ute Lambrecht: Strafrecht und Disziplinarrecht. Abhängigkeiten und Überschneidungen. 1997.

Band 28 Carsten Momsen: Verfahrensfehler und Rügeberechtigung im Strafprozeß. Die Strukturen der Revisionsberechtigung unter besonderer Berücksichtigung des Begriffs "Rechtsnormen, die lediglich zugunsten des Angeklagten gegeben sind" in § 339 StPO. 1997.

Band 29 Ursula Epp: Die Abgeordnetenbestechung – § 108 e StGB. 1997.

Band 30 Bernd Scheiff: Wann beginnt der Strafrechtsschutz gegen kriminelle Vereinigungen (§ 129 StGB)? 1997.

Band 31 Ulrike Fontaine: Max Grünhut (1893-1964). Leben und wissenschaftliches Wirken eines deutschen Strafrechtlers jüdischer Herkunft. 1998.

Band 32 Claudia Keiser: Das Kindeswohl im Strafverfahren. Zur Notwendigkeit eines am Kindeswohl orientierten Umgangs mit minderjährigen Opfern und Zeugen, den Möglichkeiten de lege lata und den Erfordernissen de lege ferenda. 1998.

Band 33 Wiebke Schürer-Mohr: Erlaubte Risiken. Grundfragen des "erlaubten Risikos" im Bereich der Fahrlässigkeitsdogmatik. 1998.

Band 34 Stephan Voigtel: Zum Freibeweis bei Entscheidungen der Strafvollstreckungskammer. Eine Untersuchung zu ausgewählten Fragen des Beweisrechts im gerichtlichen Verfahren in Strafvollstreckungs- und Strafvollzugssachen. 1998.

Band 35 Volkmar Wißgott: Das Beweisantragsrecht im Strafverfahren als Kompensation der richterlichen Inquisitionsmaxime. Die Judikatur des Reichsgerichts zum strafprozessualen Beweisrecht. 1998.

Band 36 Susanne Merz: Strafrechtlicher Ehrenschutz und Meinungsfreiheit. 1998.

Band 37 Uwe Schlömer: Der elektronisch überwachte Hausarrest. Eine Untersuchung der ausländischen Erfahrungen und der Anwendbarkeit in der Bundesrepublik Deutschland. 1998.

Band 38 Michael Liedke: Die Vermögensstrafe gemäß § 43a StGB in ihrer kriminalpolitischen Bedeutung. 1999.

Band 39 Danja Domeier: Gesundheitsschutz und Lebensmittelstrafrecht. Zur Konkretisierung der Verkehrspflichten und ihrer Strafbewehrung, insbesondere mit Blick auf §§ 8 ff. LMBG. 1999.

Band 40 Ritva Westendorf: Die Pflicht zur Verhinderung geplanter Straftaten durch Anzeige. Eine kritische Betrachtung der §§ 138, 139 StGB im Kontext der Unterlassungsdelikte. 1999.

Band 41 Hans Theile: Tatkonkretisierung und Gehilfenvorsatz. 1999.

Band 42 Nicole Lange: Vorermittlungen. Die Behandlung des staatsanwaltschaftlichen Vorermittlungsverfahrens unter besonderer Berücksichtigung von Abgeordneten, Politikern und Prominenten. 1999.

Band 43 Tanja Gunder: Der Umgang mit Kindern im Strafverfahren. Eine empirische Untersuchung zur Strafverfolgung bei Sexualdelinquenz. 1999.

Band 44 Sven-Markus Thiel: Die Konkurrenz von Rechtfertigungsgründen. 2000.

Band 45 Jan Schlüter: Die Strafbarkeit von Unternehmen in einer prozessualen Betrachtung nach dem geltenden Strafprozeßrecht. 2000.

Band 46 Detlef Heise: Der Insiderhandel an der Börse und dessen strafrechtliche Bedeutung. Eine Untersuchung des neuen deutschen Insiderrechts speziell unter Bezugnahme auf die strafrechtstheoretischen und strafrechtsdogmatischen Grundlagen. 2000.

Band 47 Hermann Wichmann: Das Berufsgeheimnis als Grenze des Zeugenbeweises. Ein Beitrag zur Lehre von den Beweisverboten. 2000.

Band 48 Rainer T. Cherkeh: Betrug (§ 263 StGB), verübt durch Doping im Sport. 2000.

Band 49 Kristian Hohn: Die Zulässigkeit materieller Beweiserleichterungen im Strafrecht. Eine Untersuchung über Erscheinungsformen und Grenzen der Lösung beweisrechtlicher Probleme im materiellen Strafrecht. 2000.

Band 50 Malte Rabe von Kühlewein: Der Richtervorbehalt im Polizei- und Strafprozeßrecht. 2001.

Band 51 Donata Meinecke: Die Gesetzgebungssystematik der Versuchsstrafbarkeit von Verbrechen und Vergehen im StGB. 2001.

Band 52 Joachim Bock: Begriff, Inhalt und Zulässigkeit der Beweislastumkehr im materiellen Strafrecht. 2001.

Band 53 Gabriele Rose: Grenzen der journalistischen Recherche im Strafrecht und Strafverfahrensrecht. 2001.

Band 54 Wiebke Reitemeier: Täuschungen vor Abschluß von Arbeitsverträgen. Zum Verhältnis zwischen dem Straftatbestand des Betrugs und dem Anfechtungsrecht wegen arglistiger Täuschung (§§ 263 Abs. 1 StGB, 123 Abs. 1 Alt. 1 BGB). 2001.

Band 55 Peter Rackow: Das DNA-Identitätsfeststellungsgesetz und seine Probleme. 2001.

Band 56 Frank Zschieschack: Geiselnahme und erpresserischer Menschenraub (§§ 239a, 239b StGB) im Zwei-Personen-Verhältnis. 2001.

Band 57 Natascha Sëyfi: Das Sicherungsverfahren (§§ 413 - 416 StPO). 2002.

Band 58 Dirk Seiler: Die *Sperrwirkung* im Strafrecht. 2002.

Band 59 Dorothee Sydow: Die actio libera in causa nach dem Rechtsprechungswandel des Bundesgerichtshofs. 2002.

Band 60 Inga Metrikat: Die Unterbringung in einer Entziehungsanstalt nach § 64 StGB – Eine Maßregel im Wandel? Eine vergleichende, empirische Untersuchung zur Entscheidung des Bundesverfassungsgerichts vom 16.03.1994, BVerfGE 91, 1 ff. 2002.

Band 61 Sabine Caroline Bechtoldt: Die Erledigungserklärung im Maßregelvollzug des § 63 StGB. Eine empirische Untersuchung der Erledigungserklärung und zugleich rechtsdogmatische Erörterung ihrer Rechtskraftproblematik. 2002.

Band 62 Sandra Schulte-Nover: Strafrichter in Deutschland und England. Ein systematischer Rechtsvergleich im Hinblick auf die richterlichen Kompetenzen im Strafverfahren. 2003.

Band 63 Tim Schurig: Belehrung und Beratung des Beschuldigten über sein Aussageverhalten. Eine gemeinsame Aufgabe von Gericht und Verteidigung? 2003.

Band 64 Markus Laski: Die strafrechtlichen Bezüge des Bundes-Bodenschutzgesetzes. 2003.

Band 65 Gunnar Lüer: Die Versäumung im Berufungsverfahren. Das strafprozessuale Anwesenheitsprinzip im Spannungsfeld von autonomer Subjektstellung und öffentlichen Interessen am Beispiel des § 329 Abs. 1,2 StPO. 2003.

Band 66 Thomas Grützner: Die Sanktionierung von Submissionsabsprachen. Eine Untersuchung der bestehenden Möglichkeiten einer Bekämpfung von Submissionsabsprachen unter besonderer Berücksichtigung des § 298 StGB. 2003.

Band 67 Bettina Noltenius: Kriterien der Abgrenzung von Anstiftung und mittelbarer Täterschaft. Ein Beitrag auf der Grundlage einer personalen Handlungslehre. 2003.

Band 68 Bettina Kraft: Tendenzen in der Entwicklung des Jugendstrafrechts seit der Jugendgerichtsbewegung. 2004.

Band 69 Jessica Däbritz: Die Bestimmung strafbaren fahrlässigen Verhaltens in der Forschung am Beispiel ärztlicher Humanerprobungen. Ein Beitrag zur methodischen Ermittlung und inhaltlichen Bestimmung von Sorgfaltspflichten in der Humanforschung. 2004.

Band 70 Maike Steenbock: Über die Unfallflucht als Straftat. Eine kritische Untersuchung zum Zusammenhang der Strafbarkeit der Unfallflucht mit den Besonderheiten des Straßenverkehrs. 2004.

Band 71 Holger Mann: Beschleunigungspotential im Jugendstrafverfahren. 2004.

Band 72 Dorothee Krutisch: Strafbarkeit des unberechtigten Zugangs zu Computerdaten und -systemen. 2004.

Band 73 Heinz-Helmut Fuhrmann: Das Begehen der Straftat gem. § 25 Abs. 1 StGB. Unter besonderer Berücksichtigung der sogenannten "eigenhändigen" Delikte. 2004.

Band 74 Gerwin M. Moldenhauer: Eine Verfahrensordnung für Absprachen im Strafverfahren durch den Bundesgerichtshof? 2004.

Band 75 Dirk Busch: Konzernuntreue. Eine Untersuchung spezifischer Untreuestrafbarkeit innerhalb von Konzernverbindungen mit Aktiengesellschaften und Gesellschaften mit beschränkter Haftung. 2004.

Band 76 Mitsuru Iijima: Die Entwicklung des strafrechtlichen Unrechtsbegriffs in Japan. Eine kritische Betrachtung aus strafrechtsdogmatischer und rechtsphilosophischer Perspektive. 2004.

Band 77 Lena Barbara Kötter: Private Elemente in der Strafvollstreckung. Zur Privatisierung von Bewährungshilfe, Gerichtshilfe und gemeinnütziger Arbeit. 2004.

Band 78 Martin Maria Laufen: Der Wucher (§ 291 Abs. 1 Satz 1 StGB). Systematische Einordnung und dogmatische Struktur. 2004.

Band 79 Maike Aselmann: Die Selbstbelastungs- und Verteidigungsfreiheit. Ein Beitrag zu den Garantiewirkungen von Verfahrensrechten im Hinblick auf die Beweiswürdigung, Strafzumessung und Strafbarkeit des Beschuldigten im Strafprozess. 2004.

Band 80 Ingmar Wolf: Graffiti als kriminologisches und strafrechtsdogmatisches Problem. 2004.

Band 81 Misuk Son: Straftatfolgen im deutschen und koreanischen Strafrecht. Ein prinzipieller Vergleich. 2004.

Band 82 Matthias Saal: Die Beteiligung an einer Schlägerei (§ 231 StGB). Ein Plädoyer für die Streichung der schweren Folge. 2004.

Band 83 Michael Stüber: Die Entwicklung des Prinzips der Unmittelbarkeit im deutschen Strafverfahren. 2005.

Band 84 Patrick Gerberding: Das Rechtsmittelsystem im US-amerikanischen Strafverfahren. Eine rechtsvergleichende Betrachtung. 2005.

Band 85 Rouven Seeberg: Aufgedrängte Nothilfe, Notwehr und Notwehrexzess. 2005.

Band 86 Andre Knoerchen: Schadenswiedergutmachung über anwaltliche Schlichtungsstellen. Rechtsökonomische Analyse eines Modellprojekts. 2005.

Band 87 Andreas Quante: Sanktionsmöglichkeiten gegen juristische Personen und Personenvereinigungen. 2005.

Band 88 Gundula Momsen-Pflanz: Die sportethische und strafrechtliche Bedeutung des Dopings. Störung des wirtschaftlichen Wettbewerbs und Vermögensrelevanz. 2005.

Band 89 Klaus Kleinbauer: Rechtsmittelverzicht und Rechtsmittelzurücknahme des Beschuldigten im Strafprozeß. 2006.

Band 90 Manuel Fumagalli: Rechtsprobleme vorgeburtlicher Diagnoseverfahren. Die personenrechtliche Begründung von Pränataldiagnostik und Präimplantationsdiagnostik. 2006.

Band 91 Matthias Dann: Staatliche Tatprovokation im deutschen, englischen und schottischen Recht. Rechtsvergleichende Untersuchung unter besonderer Berücksichtigung europäischer und internationaler Entwicklungslinien. 2006.

Band 92 Shahryar Ebrahim-Nesbat: Die Herausbildung der strafrechtlichen Teilnahmeformen im 19. Jahrhundert. 2006.

Band 93 Christoph Paglotke: Notstand und Notwehr bei Bedrohungen innerhalb von Prozesssituationen. 2006.

Band 94 Sebastian Olk: Die Abgabe von Sacherklärungen des Angeklagten durch den Verteidiger. 2006.

Band 95 Bernadette Pape: Legalverhalten nach Sexualdelinquenz. Eine empirische Analyse der Delinquenzkarrieren nach Sexualstraftaten an Kindern. 2007.

Band 96 Uttam Das: Möglichkeiten der Angleichung materiellen Strafrechts zwischen England und Deutschland im Rahmen des Art. K 31 EUV. 2007.

Band 97 Dennis Miller: Die Beteiligung am Verbrechen nach italienischem Strafrecht. Ein Beitrag zur Geschichte und Gegenwart von Einheits- und Differenzierungsmodellen der strafbaren Beteiligung mehrerer Personen. 2007.

Band 98 Michael Nehring: Kriminelle und terroristische Vereinigungen im Ausland. Auslegung und Analyse des im Zuge der Terrorismusbekämpfung nach dem 11. September 2001 geschaffenen § 129b Strafgesetzbuch. 2007.

Band 99 Bernadette Berger: Das Gesinnungsmoment im Strafrecht. 2008.

Band 100 Peter Rackow: Neutrale Handlungen als Problem des Strafrechts. 2007.

Band 101 Simone Mölders: Bestechung und Bestechlichkeit im internationalen geschäftlichen Verkehr. Zur Anwendbarkeit des § 299 StGB auf Sachverhalte mit Auslandsbezug. 2009.

Band 102 Anke David: Die Entwicklung des Mordtatbestandes im 19. Jahrhundert. 2009.

Band 103 Arne Habenicht: Die Beteiligung an sexuellen Gewalttaten. 2009.

Band 104 Marwan Hamdan: Drittmittelforschung in der Medizin. Eine Gratwanderung zwischen strafbarer Vorteilsannahme und verfassungsgarantierter Forschungsfreiheit. 2009.

Band 105 Carl-Friedrich von Scherenberg: Die sozialethischen Einschränkungen der Notwehr. 2009.

Band 106 Andreas Poppe: Die Akzessorietät der Teilnahme. Eine kritische Analyse der dogmatischen Grundlagen. 2011.

Band 107 Jonathan Burmeister: Die schuldangemessene Bewertung von Ehrenmorden im deutschen Strafrecht. Differenzierte Schuldmerkmale auf Tatbestandsebene bei sonstigen niedrigen Beweggründen. 2011.

Band 108 Philipp Reinhold: Amtsträgerbestechung. Unrechtsgehalt und Grenzen der §§ 331 ff. StGB. 2011.

Band 109 Simone Reiß: Verbotsirrtum und Subventionsbetrug. Unter Berücksichtigung der Besonderheiten bei der betrügerischen Erlangung von EU-Subventionen. 2012.

Band 110 Johannes Altenburg: Die Unlauterkeit in § 299 StGB. Ein Beitrag zur Harmonisierung von Strafrecht und Wettbewerbsrecht. 2012.

Band 111 Christoph Skoupil: Handeltreiben mit Betäubungsmitteln. Strafbarkeitsvorverlagerungen vor und nach der Entscheidung des Großen Senats für Strafsachen vom 26.10.2005. 2012.

Band 112 Frederike Wewerka: Internal Investigations. Private Ermittlungen im Spannungsfeld von strafprozessualen Grundsätzen und Anforderungen eines globalisierten Wirtschaftsstrafverfahrens. Eine Problemanalyse unter besonderer Berücksichtigung des Falles Siemens. 2012.

Band 113 Lena Witzmann: Die gemeinsame Verhandlung. Eine Untersuchung des Öffentlichkeitsgrundsatzes, des Opportunitätsprinzips, des Anwesenheitsrechts und des Fairnessgrundsatzes im verbundenen Verfahren. 2012.

www.peterlang.de